DEVELOPMENT OF
THE SPORT INDUSTRY
IN LEADING ECONOMIES

国际体育产业
发展报告

上海体育学院体育产业发展研究院
〔美〕张建辉　黄海燕　〔英〕约翰·诺瑞德 / 主编

社会科学文献出版社
SOCIAL SCIENCES ACADEMIC PRESS (CHINA)

《国际体育产业发展报告》
编委会成员

主　　　编　张建辉　黄海燕　约翰·诺瑞德

学 术 顾 问　张　林

编委会成员　（按姓氏笔画排序）

丁云霞　广隆·松岗元　马克·基奇

万德莱·马尔奇·儒尼奥　卡米拉斯·沃特

王俊奇　王湘涵　弗拉迪米尔·季姆琴科

托比亚斯·诺维　托马斯·吉尔　亚纪子·新井

朱启莹　阿什莉·摩根　克莉丝汀·霍尔曼

芭芭拉·斯考斯塔克·德·阿尔梅达

克谢尼娅·卡谢娃　克里斯托弗·布鲁尔

张靖弦　周　进　胡利亚·诺德索萨　施怡娜

埃里克·麦金托什　徐开娟　康俊浩

特雷西·泰勒　袁媛园　维克多·姆琴科

瑞克·波顿　詹姆斯·杜　詹尼克·迪施

鲍　芳　戴炳炎

目　录

体育产业进入全球化时代 / 1
　　一　体育产业进入全球化时代 / 5
　　二　全球化对亚洲体育产业发展的影响 / 9
　　三　不同国家的体育产业发展比较 / 16
　　四　结语 / 19

第一章　澳大利亚：纵深推进遇挑战 / 25
　　一　澳大利亚体育产业发展简史 / 29
　　二　当代澳大利亚的体育产业 / 32
　　三　澳大利亚体育产业发展的趋势和存在的问题 / 47
　　四　结语 / 51

第二章　巴西：发展提升有空间 / 61
　　一　巴西体育与体育组织 / 67
　　二　主办大型体育赛事 / 73
　　三　大型体育赛事遗产：信仰与冲突 / 78
　　四　总结 / 82

第三章　加拿大：民族文化谱新篇 / 91
　　一　加拿大体育的历史渊源 / 96
　　二　加拿大的"体育年" / 100

001

三　加拿大的体育组织与管理 / 103

　　四　政策与措施 / 107

　　五　体育组织 / 111

　　六　面临的挑战与发展趋势 / 119

第四章　中国：共享发展奔强国 / 125

　　一　中国体育产业认知与发展脉络 / 129

　　二　中国体育产业发展概况 / 133

　　三　分业态发展情况 / 136

　　四　结语 / 143

第五章　德国：三驾马车齐驱动 / 155

　　一　体育近代史 / 162

　　二　体育现状 / 164

　　三　发展特点 / 174

　　四　发展趋势和展望 / 183

第六章　日本：新旧交织起波澜 / 193

　　一　日本体育的发展简史 / 197

　　二　体育产业的规模 / 200

　　三　参与性体育 / 202

　　四　观赏性体育 / 208

　　五　体育传媒 / 213

　　六　体育旅游 / 217

　　七　结语 / 218

第七章　俄罗斯：发展取决于政局 / 221

　　一　近代俄罗斯体育产业的历史及发展阶段 / 225

目录

　　二　俄罗斯体育产业发展纲要 / 230
　　三　俄罗斯体育用品和体育服务业市场 / 233
　　四　2014年索契冬奥会及残奥会回顾 / 239
　　五　发展及进步趋势 / 250
　　六　俄罗斯体育产业发展的问题 / 255

第八章　南非：提升地位添助力 / 261
　　一　近代体育的演进 / 265
　　二　南非体育产业的现状 / 267
　　三　发展特征 / 289
　　四　当代的机遇与挑战 / 295
　　五　发展趋势和优势 / 297

第九章　韩国：从量到质促转变 / 309
　　一　韩国体育市场的发展阶段 / 313
　　二　韩国现代体育市场 / 316
　　三　韩国体育市场价值网络面临的挑战及问题 / 336
　　四　结语 / 341

第十章　美国：发展势头正强劲 / 345
　　一　体育产业的历史发展 / 350
　　二　美国体育产业的现状 / 363
　　三　当代美国体育产业所面临的挑战与问题 / 373

第十一章　英国：迅速发展看未来 / 379
　　一　英国早期的体育与政治 / 384
　　二　英国体育的历史发展 / 385
　　三　社区体育中的国家框架 / 389

四　政府的角色 / 390
　　五　英国体育理事会及其他机构的角色 / 392
　　六　2012年伦敦奥运会及残奥会 / 397
　　七　公共资金和2012年伦敦奥运会之外的职业体育 / 401
　　八　英国体育产业发展的挑战及预期 / 405

第十二章　代表性国家体育产业的比较分析 / 409
　　一　近代历史的发展 / 413
　　二　体育产业的现状 / 416
　　三　发展特点、潜力和重点 / 421
　　四　当代的挑战和问题 / 424
　　五　发展和未来趋势 / 427
　　六　结语 / 428

体育产业进入全球化时代

张建辉 黄海燕 王俊奇

张建辉（James J. Zhang）博士，美国佐治亚大学（UGA）体育管理学教授。研究方向为测量和研究体育消费和组织行为学的应用。北美体育管理协会（NASSM）会长，体育和运动科学（MPEES）体育管理部测评主编。上海杰出的东方学者，上海体育学院经济管理学院名誉院长。

黄海燕 教授，博士生导师，中国上海体育学院体育产业发展研究院副院长、中国体育科学学会体育产业分会秘书处主任。上海体育学院体育人文社会学博士，上海财经大学应用经济学博士后，美国佐治亚大学国际体育管理研究中心博士后。入选教育部新世纪优秀人才支持计划和上海市浦江人才计划。

王俊奇（Jerry J.Wang），美国佐治亚大学体育管理专业博士生。研究方向为体育营销和消费者行为，探索运用相关性分析和实验方法探究环境和心理变化对消费者市场需求的影响。

在全球体育产业快速发展的背景下，分析和比较特定的国家体育产业发展状况具有重要意义。本书在确定遴选各大洲代表国家标准的基础上，首先概述了体育市场全球化研究的进展，然后探讨了全球化背景下国际体育发展的机遇和挑战，最后进行简要总结。

一 体育产业进入全球化时代

21世纪以来，资本、思想、人、商品、服务的自由流动愈发频繁，经济和社会的相互作用、交换和融合也日益凸显。全球化促进企业、组织甚至国家之间通过开展贸易、进行投资及举办活动等方式结成伙伴、组成联盟，并提高了成员各自的竞争力。

（一）体育产业全球化日益发展的影响因素

（1）人力资源（教练、运动员和留学生等）的国际性流动，也包括游客甚至移民；

（2）企业和政府机构研发的技术和制造的物品；

（3）以货币及其等价物的快速流通为中心的经济投资；

（4）媒体借助报纸、杂志、广播、电影、电视、录像、卫星、有线电视和互联网等方式，实现图像和信息的即时分享；

（5）与价值流有关的由国家信仰、态度和观点导致的意识形态的变化（Hill &Vincent，2006）。

（二）全球化的趋势使得体育产业受益颇多

（1）世界范围内的体育传播；

（2）来自不同国家的运动员加入世界各地的各类专业或业余联盟；

（3）越来越多的国家参与各种国际性体育赛事；

（4）越来越多的运动员超越性别和信仰的差异，打破了气候等自然条件的限制，加入丰富多彩的体育运动中；

（5）参加体育运动的机会越来越多，雇用球员、教练和球队经理更加便利（Thibault，2009）。

全球化给体育产业的发展带来新的机遇，而诸多业余运动联盟、球队、体育用品制造商、体育服务公司以及其他体育组织也在国际上寻求进入新市场、发展新客户、扩大营销的机会以促进体育品牌的成长、获取资源、追求更高利润等，国际体育产业竞争形式随之多样化。例如，面对趋于饱和的国内市场时，越来越多的美国体育组织将视野扩大至全球范围；停滞不前乃至不断恶化的国内市场，也促使许多体育组织进行全球化扩张。当然，也有许多体育管理者相信，国际性合作将使体育产业的长期增长或是保持稳定成为可能（Walker & Tehrani，2011）。例如，美国国家篮球协会（NBA）除了常规性发布国际广播节目、举行表演赛之外，还举办了诸如"篮球无国界"等活动，以提升篮球运动本身的魅力获得NBA"草根"全方位的支持，促进青少年的发展（Means & Nauright，2007）。

如今，一家公司可以较容易地在世界各地开设分公司。全球科技、交通和通信的发展正在创造一个全新的世界，即世界上任何东西都可以在地球的任意地方制造和出售。尽管体育国际化进程始于19世纪，但是其真正的飞速发展却是近20年间，这主要得益于现代科技进步等因素而形成的全球化体育生产和体育消费。全球化已经被用来描述以下两大意识形态：消费主义和资本主义。在体育市场的全球化时代，体育已经成为一种满足商业需求的商品（Gupta，2009；Nauright，2015）。

近年来，多种力量导致体育传播、体育赛事及体育事务参与者的多样化。技术变革使得转播权收入发生了转变，这在为球迷创造更多体育娱乐选择的同时，也为相关体育组织提供了更多的收入来源；资本对体育的投资增长迅速，体育产业出现了许多新的体育场馆、新的球队和新的商业发展机会；优秀运动员被视作娱乐明星的趋势明显；体育运动的经济影响通过传媒清晰地显示出来，如企业赞助和影响力，品牌塑造和名人文化，以及广义上的体育商业化等；体育经理人寻求资产、资本的多样化，也在一定程度上推进了体育产品或相关产品的市场开拓。因此，若从一开始就以国际化的视野进行现代体育管理，能更好地帮助体育管理者服务其所在的机构。随着跨国企业的增加，北美和欧洲的体育企业也逐步升级（Pfahl，2011）。放眼全球，北美和欧洲体育类公司的本地市场已趋于饱和，为实现全球影响力，这些公司开始打开国际市场，产品销售的范围已远远超出其最初规划的目标市场。全球化市场使得公司的运行在独立性、歧义问题和多元文化主义等方面变得更为复杂。与国内环境不同，全球化市场的领导人必须面对交往能力、跨边界管理、道德准则、冲突和矛盾、文化差异等方面的严峻挑战（Mendenhall，2013）。源于西方语境的传统的管理模式，极少有更宽泛的国际应用问题，并且基于文化差异等诸多因素，某一国的管理模式放之其他国家并不一定奏效。例如，因文化、国家和地区差异而导致的价值观、道德观、信仰、观念和态度的差别以及交往能力、短期利润、层次结构、就业保障、多样性和风险性等变量的不尽相同，西方国家的管理模式并不一定适用于非洲、亚洲和拉丁美洲地区。不过，一个企业若不能将全球视角融入管理之中，其在全球化市场中的竞争力必将大大减弱。对于一个组织来说，要在全球化背景下维持竞争优势，其领导人必须具备克服文化、国家、地区差异以及乐于采用适合世界不同地区的最佳实践的能力（Morrison，2000；Yeung & Ready，1995；Zhang, Chen & Kim，2014）。因此，负责为体育组织制定战略、文化、政治及经济类决策的体育专家、学者和管理人员必须做好准备，迎接挑战。他们必须有包容性，具备可以区分不同文化及其他要素的知识、技能、能力和全球眼光（Thibault，2009；Zhang, Cianfrone & Min，2011）。这也是发展中国家的学生去西方国家接受研究生教育的主要原因，因为这些国家的体育管理项目相对发展得更好、更为先进（Danylchuk, Baker, Pitts & Zhang，2015；Mao & Zhang，2012；Zhang et al.，2014）。

全球化和本土化的二元共存关系要求体育组织在国内市场树立品牌形象

7

的同时，也要努力寻求如何在全球树立或提高其国际形象，尽管全球、国家、地区和地方社区之间的差异使这个任务极具挑战性。负责为体育团体或组织制定战略、文化、政治和经济类决策的体育管理者必须做好准备，迎接挑战。他们必须具备可以区分不同文化要素的技能、能力和全球眼光，以在国际化市场中保持有效的竞争力。试图开展全球竞争的体育组织必须认识到，进入全球市场需要在规划、投资、组织、领导和监控等一系列管理过程中进行大量投入。制定目标明确的战略计划，是全球扩张成功的基石，当然成功实施战略计划离不开有效的领导。跨国交易的双方共同努力，深刻理解全球化的体育理念和措施达成的一致目标共识及采用的政策、法规、最佳实践模式和培训计划等内容，开发培养管理技能，并最终保障组织实现跨越国界、洲界和文化边界的产品和服务供给（Zhang et al.，2014）。

尽管全球不同大洲和地区的体育产业发展势头迅猛且日益接近北美地区，但后者仍处于"领头羊"位置。北美地区体育产业的预估规模，从20世纪90年代末的2130亿美元大幅增长到2014年的4600亿美元。国内体育生产总值中的体育商业交易主要集中在以下领域：广告代言（14.1%）、体育用品（13.2%）、观众消费（12.9%）、门票销售（11.99%）、博彩（9.86%）、体育旅游（8.38%）、专业培训与指导服务（7.95%）、运动康复（6.57%）、特许经营（5.48%）、媒体转播权（3.64%）、体育赞助（3.34%）、设施建设（1.29%）、新兴媒体（1.15%）、互联网（0.12%）。尽管北美地区的体育产业并不依托于举办国际大型体育赛事，但体育联盟、体育联合会和体育团队所举办的大、中、小规模的赛事对于许多体育团体而言，已经成为奠定其文化和经济基础的重要部分，并且这些赛事已成为北美地区最受欢迎的娱乐休闲选择之一。尤其是观赏型体育，在过去的20年里已经显示出稳定且惊人的增长势头，近年来，每年的门票收入增长率保持在5%~6%。参与型体育构成了北美地区体育产业的另外一个部分，且发展较为迅猛。其部分原因是肥胖人数增多、医疗费用问题、疾病预防意识的觉醒，以及对体育运动生活方式的接纳。例如，超过五千万的美国人每年至少有100天参加体育健身活动（Plunkett Research，2014；Zhang et al，2011）。

根据 Chelladurai and Riemer（1997）研究，专心致志参加有组织的体育活动使得个人和团队的生理和心理都得到了锻炼。在个体层面，提高了个体技能，提高了运动成绩，实现了运动目标，磨炼了毅力，促进了个人成长，为团队做出贡献，获得归属感，收获了友谊，得到社会支持；在团队层面，获得团队绩效、目标实现、团队成熟、群体整合、人际和谐、规范和道德、平等、决策和领导能力。

关于体育的力量，联合国前秘书长科菲·安南曾做过以下论述："每一个国家的人都热爱体育运动。它的价值观，健身，公平竞争，团队合作，追求卓越是普遍的。对于饱受战争或贫穷摧残的人民，特别是儿童而言，它可以是一个强大的正能量。可以借助国际体育运动年以及体育教育提醒各国政府，国际组织和社会团体都要借鉴体育促进人权、发展与和平的承诺。"（United Nation，2005，p.2）运动员精神的核心价值是使体育成为促进和平、维护平等、保持健康、获得教育的重要工具。

二 全球化对亚洲体育产业发展的影响

亚洲大陆目前有 51 个国家，居民人数超过 42 亿（United Nations，2011），占世界总人口的比重超过60%。近几十年来，亚洲国家经济和体育产业迅速发展，成功举办了数次大型体育赛事，展示了亚洲国家的成就、成长和潜力。比如1988年汉城夏季奥运会、1998年长野冬季奥运会、2002年由日本和韩国共同主办的足球世界杯，以及2008年的北京夏季奥运会。Bloom，Canning，and Malaney（1999）的研究显示，尽管在南亚和东亚地区存在发达国家、发展中国家、欠发达国家和最不发达国家，但是在过去的30年中，亚洲国家特别是东亚国家的人均收入翻了3倍。这是21世纪最令人震惊的经济现象。"奇迹"般的经济增长，在很大程度上是贸易和产业政策、技术进步、储蓄和资本积累、有效的管理、教育投资，以及医疗保健改善等因素共同促进的结果。

Dolles and Söderman（2008）指出，正如其他地区的发展趋势一样，亚洲大型体育赛事活动现今已进入重要阶段，运动员代表其国家追求卓越，东道国借此提升自己的国家形象、展示国家文化，并利用举办赛事的主动权为本国社会和经济的发展注入活力。这是目前存在于亚洲的新现象，在这里，体育和娱乐被赋予全新的意义，不仅吸引居民参与其中，还引发了政治和商业部门的兴趣。诸多重大赛事、赞助和电视转播权的增长、体育参与者和消费者数量的持续增加，使得亚洲国家对未来充满希望。Horne and Manzenreiter（2006）的研究显示，大型赛事活动有两大重要特征：一是能够对主办城市、地区或是国家的经济、社会和旅游产生有益的影响；二是能吸引大量的国际媒体竞相报道。

亚洲举办的大型体育赛事有国际性的综合赛事，如夏季和冬季奥运会，以及国际足联世界杯比赛；有区域性锦标赛，如由亚洲奥林匹克理事会管理的亚洲运动会（OCA）或是由英联邦体育联合会（CGF）管理的英联邦运动会；还有一些国际单项体育赛事，如世界游泳锦标赛和亚洲足球锦标赛。

在1964年东京奥运会期间，来自93个国家的5151名运动员参加了19个大项的163个小项比赛。东京奥运会首次使用计算机记录比赛结果，并通过一年前发射的地球同步卫星向世界各地的彩色电视机传输信号。这是奥运会受关注度和受欢迎度提升的一个转折点。东京奥运会并没有被当作吸引大量赞助和电视转播的商业活动，而是被用来向世界展示"二战"后国家恢复状况。这届奥运会成为日本战后恢复重建的象征，各类城市基础设施建设发展起来，甚至远远超前于城市的发展进程；韩国是继日本之后第二个承办奥运会的亚洲国家，1988年的汉城奥运会共有8391名运动员参加了25个大项237个小项的比赛，并有11331名媒体代表参加本届奥运会。汉城奥运会成为韩国提升其国家形象、进行国际外交的一个跳板，促进了其经济和旅游业的发展，增强了国家的整体实力；2020年日本东京夏季奥运会的口号是"发现明天"。通过准备和主办这一多国参与、多种运动项目组成的运动盛事，组委会期望能够为正从海啸灾难中复原的日本人民带来希望，加速国家的自愈过程，为日本塑造一个充满创新能力的世界最安全国家的形象。

对中国而言，自经历19世纪屈辱的历史岁月后，获得国际声望成为其一个重要的外交政策。而举办奥运会便是一种催化剂，可促进北京和周边地区的经济增长，提升中国的国际威望，并宣传国家富强、中国人民和世界人民大团结的国家形象（Ong，2004）。当国际奥委会主席胡安·安东尼奥·萨马兰奇在2001年7月13日宣布北京获得2008年夏季奥运会主办权时，整个北京城都陷入巨大的狂欢之中（Abrahamson，2002）。实际上，自1984年洛杉矶奥运会以后，奥运会主办权的竞争变得日益激烈。在申请2000年夏季奥运会失败后，北京加倍努力并最终于2001年7月13日被选中成为第29届奥林匹克运动会的主办城市。北京奥运会组织委员会（北京奥组委）表示，第29届奥运会最为长远的目标是促进自然环境成为奥林匹克主义的第三大支柱，体育能够成为提升当地和全球范围内可持续发展意识的重要动力。"绿色奥运"的概念由北京奥组委和北京市政府于2000年提出，目的是推动可持续发展的理念（United Nations Environmental Program，2007）。

1972年在日本札幌举行的冬奥会，是首届在欧洲和美国之外的地区举行的冬奥会，共有来自35个国家的1006名运动员参加了6个大项35个小项的比赛。1998年，冬奥会重回亚洲，在日本长野举行，来自72个国家的2176名运动员参加了6个大项68个小项的比赛。值得一提的是，共有8329名媒体代表登记参加并报道了此次冬奥会。2022年，冬季奥运会又将回归亚洲，中国的北京和张家口两个城市将合办这一奥运盛事。

亚洲运动会的起源可追溯至1913年的亚洲综合性体育比赛。1949年，亚洲运动联合会正式成立，1951年，第一届官方举办的亚运会在印度新德里举行。亚洲奥委会同意亚运会每4年定期举行一次。由于亚洲的地区冲突，20世纪70年代，亚洲奥委会决定重新修订亚洲运动会联合会章程。在国际奥委会的主持下，一个新的协会——亚洲奥林匹克理事会（简称"亚奥理事会"）在1986年韩国亚运会期间正式成立，对亚洲体育联合会进行监督。

2006年第15届亚运会的主办城市是卡塔尔的多哈，该市投入26亿美元筹办亚运会。卡塔尔的城市定位为重大国际活动、文化关系、旅游和投资的目的地。共有9530名运动员代表45个亚洲国家参加比赛，此外还有来自110个国家的1300名记者参加了此次亚运会。除了体育设施、住房和基础设施获得巨额投资外，参加此次多哈亚运会的人数远超2004年的希腊雅典奥运会，显然，亚运会已成为一个超级大型的体育赛事。在2010年，有45个国家参加了在中国广州举行的亚运会。这些国家中，有来自地中海沿岸的国家，如黎巴嫩；有来自太平洋西海岸的国家，如日本；有来自亚洲南部的国家，如印度尼西亚；也有来自亚洲北部的国家，如蒙古国。如果算上俄罗斯和土耳其这两个并不完全归属于亚洲版图的国家，"亚洲"的人口将超过40亿，相当于世界总人口的66%，其中约25亿的人口居住在中国和印度（Central Intelligence Agency，2013）。

随着将世界杯的主办权首次同时授予两个亚洲国家（日本和韩国）这一历史性决定的做出，国际足联开始推动足球走向世界（Baade & Matheson，2004；Dolles & Söderman，2005）。日本和韩国各有举办2002年世界杯的理由：韩国人旨在使世界杯决赛成为朝鲜半岛"和平的催化剂"（Sugden & Tomlinson，1998）；日本则将注意力放在世界杯能够提升政治稳定性，发展高科技，以及完善国家的基础设施方面。截至目前，2002年世界杯是亚洲最大的国际单项体育赛事。32个参赛队伍共进行了64场比赛，两国共计有2705197名观众到场观看比赛，全世界的电视观众累计近500亿人。东道主日本和韩国共计花费44亿美元（其中日本28.81亿美元，韩国15.13亿美元）建造了20座新场馆，并对部分旧场馆进行翻新。卡塔尔最近被选为2022年世界杯的主办国家。卡塔尔在国际足联世界排名榜排名第90位，在亚洲排名第10位（FIFA，2012），人口145万，陆地面积适中。显然，国际足联选择未来世界杯主办城市的观点有了转变。卡塔尔表达了亚洲的许多国家及其人民对足球的热情和激情，其领导者向国际社会发出极具说服力的诉求，即一个小小的亚洲国家乐意并能够举办大型国际体育赛事。

这些大型体育赛事和其他许多规模较小的体育赛事共同促进了亚洲体育的发展。自20世纪90年代至今，因为商业和媒体利益的推动和社会的持续

体育产业进入全球化时代

繁荣，竞技体育迅速流行并取得一些成就。基于"奥运争光"的理念，中国的竞技体育取得令全球瞩目的成就，2008年北京奥运会就是对此做出的最好诠释。北京奥运会一直被认为是体育史上具有划时代意义的事件。2001年中国加入世界贸易组织（WTO），标志着其已成为全球经济强国，随后便获得2008年奥运会的主办权，这简直是促进其地缘政治发展的良机。

亚洲已成为世界各大职业体育联盟、团队、制造企业和媒体公司扩张性战略的主要目标市场。位于亚洲的跨国广播公司和西方体育组织的密集营销工作给欧洲和美国的体育联盟，如英格兰足球超级联赛和美国职业篮球联赛，提供了控制市场的巨大优势，但同时也给亚洲本土体育产品的发展、生存和繁荣造成了阻碍。目前，亚洲的体育消费者已经开始倾向性选择进行全球营销的西方体育联盟、球队、明星，以及亚洲制造的一些特许产品。虽然亚洲的媒介产品普遍蓬勃发展，但体育传媒到目前为止仍然主要被西方所控制，英国足球超级联赛（EPL）、世界一级方程式锦标赛（F1）、美国职业篮球联赛（NBA）、美国职业棒球联赛（MLB）控制着多个媒体平台。西方体育在亚洲的存在和振兴源于世界上一些大型媒体集团提供的财力支持，如迪士尼集团（Disney）、新闻集团（News Corporation）、娱乐与体育节目电视网（ESPN）、福克斯体育（Fox Sports）和天空体育网（Sky Sports Networks）。

英国足球超级联赛在整个亚太地区和美国职业篮球联赛在中国的大规模流行，促成一种高度集中的消费形式，将相比较之下不那么光鲜的当地球队排挤了出去。由于西方体育联赛的风靡，亚洲企业，如三星、亚洲航空、泰国啤酒、阿联酋航空、马来西亚航空和老虎啤酒，更愿意赞助英超以吸引亚洲客户，而很少将广告预算投向亚洲职业俱乐部。虽然，很长时间以来，人们认为，在亚洲举办大型体育赛事标志着亚洲的城市和国家已经出现在世界体育城市的舞台上，然而，除了围绕大型体育赛事的体育民族主义的间歇性繁荣，区域体育赛事，如除板球和曲棍球以及一些成功的职业俱乐部比赛、日本足球联赛之外，几乎没有迹象表明亚洲已形成具有地方特色的体育文化。亚洲的体育文化仍以进口消费为主，它在等待一个切实可行的体育生产系统和本地导向消费的出现（Rowe & Gilmour，2010）。

全球化的文化和体育产品虽然会对当地的文化和体育元素构成压力，但当地的体育传统和体育特质也会与之产生冲突，使外部的文化力量遭到抵制。比如美国职业橄榄球联盟（NFL）在欧洲并不受欢迎，棒球在韩国遭遇冷落，以及足球在美国的尴尬。究竟是保护本土和国家的体育利益还是通过进口体育产品改变体育消费兴趣？是出口投资还是开发体育产品？是引进人才（运动员和教练）还是培养本土人才？是支持体育商业开发还是继续坚持"奥运争光"计划？亚洲国家在处理地方行政管理权威以及对体育失去控制力的焦虑与斗争等问题上，正面临特殊的挑战和困境（Zhang & Min，2012）。

关键是"亚洲国家该怎么做？"从根本上说，亚洲国家需要遵循有效的管理、营销和发展体育事业的原则和实践，建立自己的体育竞赛系统。众多学者指出，体育比赛和赛事项目是体育产业的基本要素，也是体育产业的主要驱动力。赛事的上座率是体育联赛、球队和组织方的主要收入来源，是观众体育消费的最好表现形式（Mullin, Hardy, & Sutton，2014；Pitts & Stotlar，2012；Zhang，2015），从根本上影响了许多衍生产品的消费水平，如停车场、特许经营权、计划销售、赞助、代言、使用球队标志、体育旅游和媒体产品（Leonard，1997；Noll，1991；Zhang et al.，2004）。在很大程度上，各种类别的体育商业交易都是竞技性体育赛事直接或间接的功能或延伸（Crawford，2008）。例如，没有一个完善的竞赛体系，体育明星将不会产生，体育英雄也不会出现，这将大大阻碍体育代言收入的产生（Braunstein & Zhang，2005）。同样，没有体育赛事，也不会有电视转播、活动赞助商及针对比赛结果的博彩（Zhang et al.，2011）。

成熟的战略计划和明确的目标是在全球市场竞争成功的基石。国际化的框架之下也存在区域化。现代社会是在一个特定的地理、文化或经济条件下的国家或市场领域内的联盟发展起来的。纵观古今，不同国家为了不同的目的结盟，全球化时代的一些正式的实体联盟，如欧盟、东南亚国家联盟及不结盟国家，都在为应对各种力量的全球竞争而发展。区域内也可设立机构，管理各项体育运动和地区性比赛,发展区域网络、战略、产品(如体育联盟、比赛、新闻媒体、商业杂志、体育报道),并进行宣传。分辨、加强和完善地方体育文化遗产是加强地方体育市场竞争力的必要条件,毕竟,体育从历史上就根植于文化土壤之中。例如,认识到外国运动员和国内市场之间的紧密联系,西方国家的体育组织采取了一系列措施,招募并买卖外国球员和教练,有5种基本方法已被西方专业运动队、联盟和巡回赛采用并作为其国际化战略的一部分,包括广播、授权许可和销售、表演赛和正式比赛、营销外国运动员和草根项目(如练习赛、青少年培训、媒体普及和教育节目)。人们不禁要问:亚洲体育联盟和球队也一样吗?以跆拳道为例,目前世界上有13950所武术学校,有超过600万名武术练习者和15亿美元的相关产业。而世界跆拳道联合会(WTF)是世界上最大的武术组织之一,有185个成员国,世界范围内超过7000万人在学习跆拳道,且这一数字以每年20%~25%的速度递增(Zhang & Pifer,2014)。

亚洲的企业应将亚洲体育作为向国内外推销其产品的一种工具。亚洲经济的增长,庞大的人口,以及国家的购买力,可以成为吸引西方企业赞助亚洲体育项目及相关产品的基础。所有的组织必须努力完善跨文化管理中的公平、诚实和尊重的原则。许多体育类机构不仅在寻求建立和应用国际管理标准,而且也对东道国人民生活质量的提升做出积极的贡献。为了确保组织在与公众打交道时采取公正、公平的行为,公司必须制定社会责任准则并按照准则对所有员工进行培训(Zhang & Pifer,2014)。跨国机构的行为准则或国际商业道德标准,包含这些机构对所接触的人和企业应遵循的道德规范。

近年来,中国经济和体育产业都经历了巨大的发展。大型体育赛事,如2008年北京奥运会的成功举办,凸显了中国体育发展取得的成就和未来的潜力。与其他国家和地区的发展趋势一致,在中国,大型体育赛事已从外围关注转变为如今的政府主导阶段,运动员代表国家在国际竞赛中争金夺银,政府则注重通过赛事提升国家形象,并提出了多民族文化,利用举办体育赛事的机会进一步促进社会和经济的发展,体育和娱乐被赋予全新的意义,引起了民众乃至政治和商业部门的关注。毫无疑问,国务院(2014)提出的

《关于加快发展体育产业促进体育消费的若干意见》将进一步推进中国体育产业的发展速度和规模，强调了体育产业对提升国民经济、国家认同、国民健康和幸福以及国际竞争力的重要意义（Altukhov，2015；Nauright，2015）。

虽然中国政府继续为体育产业的发展提供大力支持，但体育产业持续发展的坚实基础和良好的协调机制尚未建立，不同的管理层面都面临着许多挑战。中国从政府主导的计划经济体制转变为促进私有化、市场平衡、国际贸易和社区重建的市场驱动型经济，一项重要的挑战就是要适应、维持和推进体育产业在新经济体制、社会和市场环境中的发展。中国运动员在国际比赛中摘金夺银已屡见不鲜，然而，如何在新的商业体系内保持高水平的体育成就，如何发动群众参与体育活动，培养群众积极的生活方式，以及如何使体育产业的管理和市场营销与优秀的运动员取得的成绩相匹配，是中国体育管理者、专业人员和研究人员所面临的重要课题。当然，在体育产业运行过程中与有经验的机构合作，并向学者和专家寻求帮助，是极为有益且明智的做法，这将推进中国体育产业的发展。最重要的，它是中国体育产业走向日益全球化市场的必需（Zhang & Pifer，2014）。

三　不同国家的体育产业发展比较

比较法是社会科学研究的重要方法，也是人们认识事物的基本方法。本文对不同国家或不同文化背景的体育发展、组织结构等方面进行对比，找出它们之间的共同点、相似处与差异。体育比较研究一般有以下4个目的：①描述、理解和学习体育运动系统、过程或结果；②分析和完善体育机构的管理及取得的成就；③着重探究体育运动与社会之间的关系；④探索并建立广义理论或实用性报告。体育比较研究的一个重要因素是情境。社会、文化、政治、行政、经济和教育条件都涉及体育系统并决定其结果，若不考察这些情境因素，一个国家的体育就不能被充分地认识。例如，与体育的发展及其成就在历史上并没有很大价值的国家相比，有着强烈的体育民族传统的国家投入较少的资金就可能会有较好的结果。在开发一个新的具有普适性的体育项目时，了解社会、文化和历史的影响是十分重要的；但现实却是适用于某一国家的管理实践在另一国家可能不起作用。比较研究可以帮助提供发展新的运动体系、项目乃至框架的依据，通过结合在其他国家已证实有效的元素实现振兴某一系统的想法，并实时跟踪发展进度。比较研究不仅可以帮助深层次地了解国内政策和体育发展机会，还可以通过汲取重要的经验教训，帮助更高效地设计并调整国内政策。体育比较分析，不仅强调对体育运动的建立、组织、管理和培养方法的比较，还要明白促进或阻碍不同国家体育发展的原因，并尝试根据其自身的社会、政治、文化和民族思想差异解决问题。仅仅知道别的体育系统不同于自己的系统还不够，尚需解释这种差异存在的原因。Dimanche（1994）的研究显示，有4个因素阻碍了比较研究，即对跨文化研究的价值和益处的误解、民族优越感和对其他文化的无知、资源的缺乏以及文化和语言的差异影响。

　　文化，是指"社会系统的共享符号、意义、观点，是人们在与他人的关系中相互协商产生的社会行为"（Stead，2004，p.392）。由于人们从他们生活的文化背景中习得其自身价值，所以不可能将人们的发展和行为与他们成长的环境分开。与此同时，文化背景差异不容忽视，它不会被个体所改变。民族文化价值观与特色可塑造和影响人的思想及行为。文化是导致个体行为差异的主要因素（Berry，Poortinga & Pandey，1997）。Whiting and Whiting（1975）试图揭示存在于文化现象和该文化区域内人员的行为之间的因果联系。他们认为，任何一种有着特定的环境和历史背景的文化都可以被理解为一个维护系统，这是儿童训练实践的前例，符合每种文化的特殊需要。这些做法反过来则会导致某种民族人格类型的发展，如音乐、艺术、娱乐、游戏行为、犯罪和自杀率高等。关于文明是否正在多样化或聚合的争论越来越多。虽然跨文化心理学衍生出了主观文化问题的理论，但几乎还没有成熟的实证研究，且大多数研究是初步的且带有推测性质。文化是消费决策的重要影响因素。不同国家的购买模式和动机往往不同。理解文化差异的一种方法是个人主义与集体主义的理论（Triandis，1995）。个人主义是一种强调个人的文化，而不是一种相互依赖的自我建构。个人主义文化认为个人目标比团体目标更重要。人们期望关心他们自身和他们的直系亲属；集体主义强调整合、归属、共鸣和依赖。在集体主义文化中，人们都属于群体和集体，集体应该照顾他们以换取忠诚（Hofstede & Bond, 1984）。

许多国家和地区采取战略性发展，并采用全面的计划将体育赛事和全民健身作为改造社区、振兴城市环境、完善公共基础设施、提升旅游和商业项目形象的催化剂。它会提高居民的生活质量，培养积极的生活方式，促进社会和谐与团结，提升组织间协作和工作效率（Thibault, 2009；Zhang, Cianfrone & Min, 2011）。尽管如此，Coakley（2009）认为，"所有有组织的运动依赖于物质资源，观看和参与运动都需要依赖个人、家庭、政府或企业。经济能力对体育的组织、供给和成就有着重要的影响。体育越来越商业化，以下经济要素将逐渐主导体育的发展和成就：包含物质回报的市场经济；国家、社会和拥有大量人口的城市社区；工业或后工业社会，以及有金融资源的社会和先进的城市发展；为资本投资意愿和感知到的投资回报；强调消费和物质地位象征的文化和生活方式；利用体育作为一种意识形态给人以启发，提倡任人唯贤，维护社会秩序，甚至展示体制优势。例如，休闲活动、健康生活方式的需求越来越大，体育竞技活动和体育赛事数量持续增加，体育传播技术不断发展，最重要的依托——体育市场全球化发展，体育产业呈现快速增长的态势，并成为北美规模最大的产业之一（Pitts & Stotlar, 2012；Zhang, Cianfrone & Min, 2011）。其他大洲和地区的体育增长趋势与北美相类似。

本书选定在经济和体育发展驱动下的11个国家的体育产业发展情况进行比较研究。这11个国家分别是：中国、日本和韩国，代表亚洲；俄罗斯、英国和德国，代表欧洲；美国、加拿大，代表北美洲；巴西，代表南美洲；南非，代表非洲；澳大利亚，代表大洋洲。选择这些国家是基于以下考虑：①在该大洲具有代表性；②国家人口；③国内生产总值及其在该大洲的排名；④奥运奖牌数（金牌和总数）；⑤总奖牌在该大洲的排名；⑥近期显著的体育事件或成就同相关标准变量的比较（见表1）。除了俄罗斯在欧洲

GDP 排名第 4 位外，其他国家在各自大洲都是顶级的；由于经济和体育之间的关系是相互的，因此考量一国的国内生产总值是十分必要的。虽然有很多指标都能够对一个国家体育产业的整体实力进行评价，但最近的夏季奥运会奖牌数量（包括金牌和总数）无疑是一个重要变量。基于这一标准变量，所有选定的国家的体育实力在各洲处于领先地位。此外，能够举办或赢得一项大型体育赛事也是体现一个国家管理和推进体育产业能力的有力指标。

表1 代表性国家若干标准变量的比较

国家	所属大洲	国家人口（人）	2013~2014年GDP（百万美元）	GDP在所属大洲排名	2008年夏季奥运会奖牌数（块）金牌	2008年夏季奥运会奖牌数（块）总数	2012年夏季奥运会奖牌数（块）金牌	2012年夏季奥运会奖牌数（块）总数	2012年奖牌数在所属大洲排名	举办过或将要举办的重要体育赛事或冠军赛事
澳大利亚	大洋洲	23821400	1252	1	14	46	7	35	1	2018年英联邦运动会
巴西	南美洲	203657210	1904	1	3	15	3	17	1	2016年夏季奥运会
加拿大	北美洲	35675834	1615	2	3	19	1	18	2	2015年女足世界杯
中国	亚洲	1401586609	11212	2	51	100	38	88	1	2008年夏季奥运会
德国	欧洲	82562004	3413	1	16	41	11	44	3	2014年世界杯冠军
日本	亚洲	126818019	4210	2	9	25	7	38	2	2020年夏季奥运会
韩国	亚洲	50348758	1435	3	13	31	13	28	3	2012年世界杯
俄罗斯	欧洲	142098141	1176	2	23	73	24	81	2	2018年世界杯
南非	非洲	53491333	324	1	0	1	3	6	1	2010年世界杯
英国	欧洲	63843856	2853	2	19	47	29	65	2	2012年夏季奥运会
美国	北美洲	325127634	18125	1	36	110	46	103	1	2015年女足世界杯冠军赛

四 结语

通过了解各国所取得的成就、行政程序，以及该国的最佳管理实践，并以此作为参考，政府机构和国家的体育组织也许能够找出自身需要加强的领域，有助于促进本国体育产业的发展和成长。鉴于入选本书的均为世界上具有主导地位的国家，它们的管理实践、经验、见解和教训对其他国家和地区是极为有用的信息、资源和智慧。另外，本书在对代表国家逐一进行单独论述的基础上，还列章专门对这些国家进行系统性的综合比较，从五个角度形成该国体育产业的单独报告，即近代历史及体育产业发展阶段；当前的状态，如范围、规模、结构、治理、重大政策、设施、项目和重大事件；发展的特点、力量和亮点；面临的挑战和问题；发展趋势。

现代体育发展的国际性要求体育组织改变它们的管理实践，以在国际市场中保持高效和竞争力。这对于那些组织的领导人形成观念意识（理解差异性）、全球意识（理解全球性）、跨文化意识（理解文化多样性和相似性）、系统性意识（国际组织运行）、参与的激情（从事体育事业）、个体反思，以及形成文化和社会适应能力是十分有必要的。组织和管理者必须形成对在其他国家经营运行有关的法律、法规、价值观、规范及标准的理解和敏感。

本书主编（James J. Zhang 博士，Roger Haiyan Huang 博士和 John Nauright 博士）谨借此机会感谢 11 组杰出学者对本书所做的卓越贡献。能够与来自世界各地的优秀同事一起工作，我们感到荣幸之至。最后，需要指出的是，本书对于样本国家的选择仅仅是根据一国的经济规模、体育产业规模，在最近的夏季奥运会上的成绩及在该大洲的名次。未来的研究工作还应考虑到一个国家在冬季奥运会上的表现；应开展基于城市、地区、文化、体育甚至大陆的比较分析，而不是仅仅以国家作为分析单位。总之，从历史中学习和体育组织之间的相互学习，是每个国家、地区、大洲甚至整个世界体育产业继续前进不可或缺的推动力。

参考文献

Abrahamson, A., (2002) "Beijing Costs Rise", *Los Angeles Times*, 10 February (Online), Available at: http://articles.latimes.com/2002/feb/10/sports/sp-olyioc10.

Altukhov, S. (2015), "China: An untapped gold mine", *Sport Diplom*. Retrieved July 15, 2015, http://www.sportdiplom.ru/blogs/sergey-altuhov/sport-v-kitae-eto-neispolzovannyy-zolotoy-rudnik-sr-15072015-1100.

Baade, R. A., & Matheson, V. A. (2004), "The quest for the cup: Assessing the economic impact of the World Cup", *Regional Studies*, 38, 343 – 354.

Berry, J. W., Poortinga Y. H., & Pandey, J. (1997), *Handbook of cross-cultural psychology*, Needham Heights, MA: Allyn and Bacon.

Bloom, D. E., Canning, D. & Malaney, P. N. (1999). *Demographic change and economic growth in Asia*. Boston, MA: Harvard University.

Braunstein, J. R., & Zhang, J. J. (2005), "Dimensions of athletic star power associated with Generation Y sport consumption", *International Journal of Sport Marketing and Sponsorship*, 6 (4), 242 – 267.

Central Intelligence Agency, (2013) *World fact book*, Washington, DC: United States Government.

Chelladurai, P., & Riemer, H. A. (1997), "A classification of facets of athlete satisfaction", *Journal of Sport Management*, 11 (2), 133 – 159.

Chinese State Council. (2014). 国务院关于加快发展体育产业促进体育消费的若干意见. Beijing, China: Chinese State Council.

Coakley, J. (2009), *Sports in society: Issues and controversies* (10th ed.). Boston: McGraw – Hill.

Crawford, G. (2008), *Consuming Sport* (2nd ed.), London: Routledge.

Creswell, J. W. (2012), *Qualitative inquiry and research design: Choosing among five approaches*, Newbury Park, CA: Sage.

Danylchuk, K., Baker, R. E, Pitts, B., & Zhang, J. J. (2015), Supervising international graduate students in sport management: Experiences and challenges", *Sport Management Education Journal*, 9: 51 – 65.

Dimanche, F. (1994), "Cross-cultural tourism marketing research: An assessment and recommendations for future study", *Journal of International Consumer Marketing*, 6 (3): 123 – 134.

Dolles, H., & Söderman, S. (2008), "Mega-sporting events in Asia-Impacts on society, business and management: An introduction", *Asian Business & Management*, 7: 147 – 162.

Fédération Internationale de Football Association (2012), *FIFA World Ranking*. Retrieve November 15, 2012. http://www.fifa.com/worldranking/index.html.

Gupta, A. (2009), "The globalization of sports, the rise of non – Western nations, and the impact on international sporting events", *The International Journal of the History of Sport*, 26, 1779 – 1790.

Horne, J., & Manzenreiter, W. (2006), "Sports mega-events: Social scientific analyses of a global phenomenon", *Sociological Review*, 54, 1 – 24.

Hill, J. S., & Vincent, J. (2006), "Globalization and sports branding: The case of

Manchester United", *International Journal for Sport Marketing and Sponsorship*, 2, 213 – 230.

Hofstede, G. H., & Bond, M. (1984), "Hofstede's culture dimensions: An independent validation using Rokeach's value theory", *Journal of Cross-cultural Psychology*, 15, 417 – 433.

Leonard, W. M. (1997), "Some economic considerations of professional sports", *Journal of Sport Behavior*, 20 (3), 338 – 346.

Mao, L. L., & Zhang, J. J. (2012), "Exploring the factors affecting the perceived program quality of international sports education programs: The case of a Chinese sports university", *Journal of Applied Marketing Theory*, 3 (2), 14 – 35.

Means, J., & Nauright, J. (2007), "Going global: The NBA sets its sights on Africa", *International Journal of Sports Marketing and Sponsorship*, 3, 40 – 50.

Mendenhall, M. E. (2013), "Leadership and the birth of global leadership", In M. E. Mendenhall, J. S. Osland, A. Bird, G. R. Oddou, M. L. Maznevski, M. J. Stevens, & G. K. Stahl (Eds.), *Global leadership* (2nd ed., pp. 15 – 32), New York: Routledge.

Morrison, A. J. (2000), "Developing a global leadership model", *Human Resource Management*, 39, 117 – 131.

Mullin, B. J., Hardy, S., & Sutton, W. A. (2014). *Sport Marketing* (4th ed.). Champaign, IL: Human Kinetics.

Nauright, J. (2015, September), "Awakening the sleeping giant: China and global football", *FC Business Magazine*, 16.

Noll, R. G. (1991), "Professional basketball: Economic and business perspectives", In P. D. Staudohar & J. A. Mangan (Eds.), *The Business of Professional Sports* (pp. 18 – 47). Urbana, IL: University of Illinois.

Pfahl, M. E. (2011), "Key concepts and critical issues", In M. Li, E. W. MacIntosh, & G. A. Bravo (Eds.), *International Sport Management* (pp. 3 – 29). Champaign, IL: Human Kinetics.

Pitts, B. G., & Stotlar, D. K. (2012), *Fundamentals of Sport Marketing* (4th ed.), Morgantown, WV: Fitness Information Technology.

Plunkett Research (2014), *Sports Industry Trends & Statistics*, Rockville, MD: Market Research.

Pope, S., & Nauright, J. (Eds.) (2010), *The Routledge Companion to Sports History*, London: Routledge.

Rowe, D. & Gilmour, C. (2010), "Sport, media, and consumption in Asia: A merchandised milieu", *American Behavioral Scientist*, 53, 1530 – 1548.

Stead, G. B. (2004). Culture and career psychology: A social constructionist perspective. *Journal of Vocational Behavior*, 64, 389 – 406.

Sugden, J., & Tomlinson, A. (1998), *FIFA and the Contest for World Football: Who*

Rules the People's Game? Cambridge, England: Polity.

Thibault, L. (2009), "Globalization of sport: An inconvenient truth", *Journal of Sport Management*, 23, 1 - 20.

Triandis, H. C. (1995), *Individualism and Collectivism*, Greeley, CO: Westview.

United Nations. (2005), *International Year of Sport and Physical Education*, Geneva, Switzerland: United Nations Office of Geneva.

United Nations - Department of Economic and Social Affairs, Population Division (2011). World population prospects: The 2010 revision, Volume II: Demographic profiles.

United Nations Environmental Program (UNEP) (2007), *Beijing 2008 Olympic Games: An environmentalreview*. Nairobi: UNEP Division of Communications and Public Information.

Walker, S., & Tehrani, M. (2011), "Strategic management in international sport", In M. Li, E. W. MacIntosh, & G. A. Bravo (Eds.), *International Sport Management* (pp. 31 - 51). Champaign, IL: Human Kinetics.

Whiting, B. B., & Whiting, J. W. M. (1975), *Children of Six Cultures: A Psycho-cultural Analysis*, Cambridge, MA: Harvard University.

Yeung, A., & Ready, D. (1995), "Developing leadership capabilities of global corporations: A comparative study in eight nations", *Human Resource Management*, 34, 529 - 547.

Zhang, J. J. (2015), "Significance of sport event and perspectives of promoting sport event management", *Journal of Shanghai University of Sport*, 39 (4), 1 - 5.

Zhang, J. J., Chen, K. K., & Kim, J. J. (2014), "Leadership on a global scale", In J. F. Borland, G. M. Kane, & L. J. Burton (Eds.), *Sport Leadership in the 21st Century* (pp. 327 - 346), Burlington, MA: Jones & Bartlett.

Zhang, J. J., Cianfrone, B. A., & Min, S. D. (2011), "Resilience and growth of the sport industry in North America", *International Journal of Asian Society for Physical Education, Sport, and Dance*, 9, 132 - 139.

Zhang, J. J., & Min, S. D. (2012), "What should Asian countries do in a globalized sport marketplace?" *International Journal of Asian Society for Physical Education, Sport, and Dance*, 10, 59 - 65.

Zhang, J. J., Pease, D. G., Smith, D. W., Wall, K. A., & Saffici, C. L., Pennington - Gray, L., & Connaughton, D. P. (2004), "Spectator satisfaction with the support programs of professional basketball games", In B. Pitts (Ed.), *Sharing Best Practices in Sport Marketing* (pp. 207 - 229). Morgantown, WV: Fitness Information Technology.

Zhang, J. J., & Pifer, N. D. (2014, November), Challenges and conceivable strategies of Asian sport industry development in a globalized marketplace, Paper presented (keynote) at the 2014 International Conference on Sport Science and Technology, Changsha, China.

第一章
澳大利亚：纵深推进遇挑战

阿什莉·摩根　特雷西·泰勒

阿什莉·摩根（Ashlee Morgan）博士，澳大利亚悉尼科技大学管理学院讲师。研究方向为组织尤其是商业体育组织的战略联盟和伙伴关系。现任澳大利亚和新西兰体育管理协会董事会成员，澳大利亚橄榄球联盟悉尼战略组咨询顾问。

特雷西·泰勒（Tracy Taylor），澳大利亚悉尼科技大学商学院教授和副院长。研究方向为体育人力资源管理。《欧洲体育管理》季刊现任编辑和《体育管理评论》的前任主编，《国际体育营销管理和休闲体育管理》期刊的编委会成员。澳大利亚体育研究院现任主席，橄榄球联盟研究委员会成员。

第一章　澳大利亚：纵深推进遇挑战

澳大利亚是一个四面环海、仅 2370 多万人口且地理分布不均的国家（澳大利亚统计局［ABS］，2015a）。但国家制定了大量的体育法规，拥有诸多体育赛事和职业体育联盟（团体），澳门利亚是一个体育强国。澳大利亚体育产业是多方面的，包括政府、非营利组织、商业和私营企业，产值达数百万美元，有历史悠久的体育传统，形成了现代体育竞赛、组织和消费方式。澳大利亚人视体育为民族认同的一部分，经常称自己来自一个"为体育而疯狂的国家"，他们认为自己的国家与其他国家相比，运动员人均数更多，体育社团优势更明显。

本章叙述了澳大利亚体育产业发展简史，联邦政府的主要体育政策和倡议，职业体育联盟的概况，体育在国家经济和社会中的角色以及面临的时代问题和发展趋势。

一　澳大利亚体育产业发展简史

英国体育及其体育发展模式为澳大利亚后白人定居时代（1788 年）的体育发展提供了框架（Toohey & Taylor，2011）。英国人向澳大利亚输出他们最喜爱的有组织的体育活动（如拳击、板球、足球、赛马），同时输出的还有体育俱乐部系统和志愿者服务体系。业余体育意识也被传输到澳大利亚和新西兰（Cashman，1995）。与其他国家相距较远也促成了澳大利亚唯一的国家联赛，强大的本地俱乐部系统和社区资助的设施或场地规定的发展。另一个显著特点是特定体育的运动区域，例如新南威尔士州和昆士兰州是橄榄球联盟和橄榄球社团的中心地带，而始于维多利亚州的足球则牢牢占据了南澳大利亚区域。

从 19 世纪中期到 20 世纪 70 年代，业余体育的优势支撑着澳大利亚体育，涵盖田径、足球、赛艇、网球和板球。在这期间，体育组织被划分成业余组织和职业组织，并以前者为主导。与业余活动相关的体育深深地扎根于私人学校教育系统，通常与精英主义有关。业余体育通过活动维持使其保持"纯粹"，确保杜绝所有的赌博，秉持道德（Cashman，1995）。当所谓的业余活动的道德优越感最终在体育（如网球）中破灭的时候，基于业余活动的争论到了关键时刻。随着一系列其他体育项目的沦陷，20 世纪 90 年代，橄榄球成为最后一个沦陷的项目，之后体育向专业化转变（Adair & Vamplew，1997）。

大众传媒的兴起、体育用品公司的出现以及相关的体育赞助、广告和观众的增长，为体育产业带来大量以商业化为基础的企业，随着体育电视和体育广播的日益增长，体育媒体从 20 世纪 70 年代开始进一步加速发展。直至 80 年代，体育在管理、结构和经营方面变得更加"社团主义"。尽管相对较全面的体育法规使体育变得商业化和职业化，但其所有权在很大程度上仍以联盟的方式被非营利组织控制。

直到 20 世纪 70 年代，联邦政府参与干预的体育比赛达到最低点并且提供的体育资金支持非常有限。大部分体育组织的实施和管理基本依赖志愿者，只雇用少量的报酬低的管理员。联邦政府的改变以及 1972 年惠特拉姆的选举促使工党在国家体育、娱乐中发挥作用。由此产生的"布鲁姆菲尔德报告"建议增加对精英体育的财政支持，但是实际上并没有发生什么改变。1974 年，澳大利亚旅游和娱乐部门仅有 11% 的开支直接用于援助国家体育事务（Green，2007）。

然而，当澳大利亚奥运代表团在 1976 年蒙特利尔奥运会上没有获得任何金牌时，继而发生的公众抗议促使体育系统和资金改革。通过鼓动对澳大利亚体育发展系统主要结构的改变，澳大利亚能够从这个看似灾难性的结果中恢复过来。联邦政府通过引入新的机构和投资，在体育中承担了更大的责任。最引人注目的是，澳大利亚体育学院（AIS）和澳大利亚体育委员会（ASC）在国家首府堪培拉的建立。后者主要承担提升国家竞技体育水平，提高体育参与率和增加私人部门财政援助的数量。1989年，澳大利亚体育委员会法案变成一个主体和一个新的委员会，开始在许多连续的项目下分配资金，最新的是澳大利亚获胜优势（2012～2022年）。这一最新的资助和评估框架制定了明确的绩效目标和高性能体育部门合作模式。Sotiriadou（2009）指出，澳大利亚体育政策的发展可分为三个主要阶段（见表1）。

表1 现代澳大利亚体育系统的政策发展阶段

阶段	第一阶段 （20世纪50年代至70年代中期）	第二阶段 （20世纪70年代中期至世纪末）	第三阶段 （21世纪初至今）
典型的主导价值观	视澳大利亚为自然优越的体育强国	体育作为一项合法的公众政策得到关注	新自由主义：体育组织的分散和权力下放——增强了其独立作为商业生存的必要性
政府	缺乏系统的参与	增加了政府投资和参与	ASC扩展NSO的能力，以提升行政和商业效率，并执行委员会的独立功能
管理	高度依赖志愿者，表现为业余、无组织和不协调	引入大量的体育机构和组织，趋向于专业化和商业化，导致志愿者数量减少，弗雷泽（自由）政府（1975～1983）重新关注精英人员	为了争夺商业生存，体育组织更多地被看作是自治实体
表现	有限地支持旅游		霍华德（自由）政府（1998～2007）的目标是更具有奖牌潜力的精英体育，精英体育仍是体育政策的重点
参与程度	以在19世纪三四十年代建立的基础设施为基础，60年代末创了国家健康委员会和健身澳大利亚活动	惠特拉姆（工党）政府（1972～1975），将体育作为改善民生的工具。弗雷泽（自由）政府（1975～1983）"生活在其中"项目期望为基层人民模拟精英的成功	注重人才意识，强调基层参与的重要性

资料来源：改编自Sotiriadou（2009）。

二 当代澳大利亚的体育产业

当代澳大利亚体育产业包含联邦政府立法参与，由国家体育组织（NSO）支撑的国家体育系统，几乎专门依靠非盈利框架运转的体育联赛以及一个日益增长的商业部门。依靠利润丰厚的电视转播权协议、企业赞助以及观众兴趣的支持，体育产业正在不断扩大。其增长速度估计为每年3.5%，2010~2011年的总营业额约为62亿澳元（McMillan，2011）。

（一）国家体育组织

各级政府，即国家、州和地方/自治市在体育中都发挥着作用，它们旨在支持和增加体育参与度，改善健康和福利并且带给社区更大的凝聚力。地方政府规划、建设、运营和管理体育设备和体育基础设施。州政府关注战略举措，通过资助设施和项目、为有能力的人提供教育和培训并使其成为体育教练、官员、体育组织的管理者等方式支持、参与体育活动。在国家层面上，澳大利亚体育学院（AIS）是国家高水平运动员的战略实施机构，肩负促进澳大利亚体育走向国际并获得成功的使命。AIS和国家统计局、国家体育院校（SIS/SAS）还有权威机构（澳大利亚奥林匹克委员会、澳大利亚残奥委员会和澳大利亚英联邦体育协会）一起工作来争取体育在国际上的成功。AIS认为澳大利亚体育的成功表现在以下几方面[1]。

第一，运动员和团队在世界大赛舞台上持续的成功；

第二，对高要求的表现结果实行问责制；

第三，改善管理、当代的报道和投入性能监测；

第四，投入、团结、鼓舞和激励所有澳大利亚人。

此外，主要的联邦机构还有澳大利亚体育委员会（ASC），其领导、协调和支持所有澳大利亚人去参加体育运动。ASC还致力于推动体育项目持续

---

[1] 澳大利亚体育委员会［ASC］，2012，p.1。

发展并继续在国际上取得成功。最近的 NSO 在《法定体育管理原则（2012）》中，从政策上对国家体育组织做出法定要求。

1. 体育组织结构

一个涵盖所有形式运动的全国性体育机构。

当体育具有联邦机构时，各地的联盟必须增强凝聚力，坚持和执行由民族体育实体制定的战略方向，使得体育利益最大化；

国家机构应该建成一个担保有限公司。

2. 董事会的组成和运营

实行董事会成员最长任期的交错轮换制度；

成员投票提名、董事空缺的提名委员会；

审计和风险委员会，至少包含一个外部和独立的注册会计师；

主席由董事会选举产生；

年度董事会绩效评估过程引入外部评价；

董事会性别平衡；

董事会技术组合适当满足 NSO 的战略目标，包括董事会任命少量具有技术综合能力的董事；

离开岗位三年的 CEO 不被任命为董事；

强制的利益注册冲突；

每年最少举行 5 次董事会会议。

3. 体育的透明度、计划、预算及报告

发布符合公司章程需求的年度报告；

每年向 ASC 报告，整合国家金融账户以及民族实体信息；

明确和制定为期三年的量化目标策略计划，内含下一个财政年度的具体的可实施预算；

充分披露政府在体育中的开支，包括最高行政官的赔偿金、相关费用以及所有的集团内交易；

及时提供 ASC 提出的所有信息。

ASC 最近强调，体育部门需要增加体育参与，并宣布新的参与投资策略。2014~2015年,活动目标整体为:员工发展、信息技术、传播策略、产品开发及传输、客户调查。澳大利亚体育要实现的目标是:运动员和团队在世界舞台上持续的成功、对高要求的结果实行问责制、改善管理结构、当代报道以及投入性能监测,投入、团结、鼓舞和激励所有澳大利亚人(ASC,2012)。

(1) 引入一个更清晰、更强健的国家资金和问责制模式

新的投资准则;

资金直接与"澳大利亚赢得优势"的体育目标相连接;

对资金的收入和支出效果负责;

使体育报道情况成为检验澳大利亚体育发展水平的手段。

(2) 帮助体育降低成本/复杂性,发展他们的能力

结合具体体育项目特征,展现最佳管理能力;

通过共享服务为体育创造效率和降低成本;

利用体育基金会增加商业收入和慈善投资。

(3) 按效率将投资分红分为三个关键领域

①对运动员更好地直接支持,使其达到全球竞争水平;与"体育促进澳大利亚发展"联系起来,更改 DAS 的分类结构;

②对教练和高技能人员加大投资,为教练和高水平运动员建立一个新的体育中心,提供资金,促进创新,吸引/保留/发展教练或者高水平运动员;

③重新关注澳大利亚的人才挖掘和培养,为奥运会、残奥会和英联邦运动会开展一年一度的"体育草案"和"第二次机会"项目,实施特定运动人才计划(例如,对抗运动、目标运动、杂技运动),探索女性加入高水平运动、专门的国家体育组织(NSO)管理人员和竞技体育后备人才团队的机会。

(4) 重新整合澳大利亚体育学院(AIS)的功能,使其成为国家高水平运动员的培养基地并培养有潜力的竞技运动员;

负责 ASC 所有高水平运动员的经费;

截至2013年底,赋予体育能力来决定从 AIS 转化成直接的项目交付中

最佳竞技项目交付；

关注：战略/投资+运动员/体育服务+研究/创新。

（二）职业体育联盟

职业性和半职业性的体育联盟有：澳洲足球联盟（AFL：澳式足球），大狂欢联盟（板球），国家橄榄球联盟（NRL），超级橄榄球联盟（橄榄球），澳超联赛（男足）和W联赛（女足），国家篮球联赛和国家女子篮球联赛以及澳新银行锦标赛（篮网球）。

澳大利亚职业体育每年产生超过100亿澳元的收入（Whytcross，2014）。赞助和电视转播权是其最大的收入来源。有些联赛还利用联赛俱乐部通过赌博等活动产生收入。比如2013年仅有两个橄榄球联盟俱乐部能够从足球收益中自给自足（例如赞助、商品、门票销售），其他14个俱乐部依靠他们的联赛俱乐部或者私人援助保持收支平衡，常规的收入为10亿~50亿澳元（悉尼先驱晨报，2013a）。

澳大利亚俱乐部所有权性质各不相同，也不同于典型的美国私人所有的团队，澳大利亚俱乐部主要是运营组织而不是寻求利益，商业活动由企业负责。例如，在AFL里，所有的俱乐部是以成员为基础的组织，球迷可以购买会员资格并有权参加游戏，获得董事会投票表决权。一些AFL俱乐部有可持续的年收入，例如Collingwood俱乐部在2013年收入7500万美元（Baker，2014），但他们是以非营利组织性质运营的，所有的收入用于俱乐部运营（如支付球员和员工工资、维护设施设备以及推销俱乐部）。虽然有一些俱乐部经济上可维持，但大部分很难保持收支平衡。比如，the Brisbane Lions AFL俱乐部在2014年损失了350万澳元（Hamilton，2014）。这种情形在澳大利亚所有的俱乐部中很常见，所以AFL的管理机构依赖提供资金援助计划来支持俱乐部使其有盈利的可能。

AFL由澳式足球联盟委员会管理，它有一名首席执行官和8名委员。2014年AFL赛季报告显示，仅有4/10的维多利亚州俱乐部和两个西澳大利亚州俱乐部，用它们的权益实现盈利，其余的都是联盟管理机构通过财政资源资助的（Stensholt & Pierik，2015）。AFL 的收入主要是通过转播权的交易生成。AFL 在 2011 年 4 月签署了 12.5 亿澳元的转播权协议，之前转播权交易是 7.8 亿澳元（澳洲足球联盟 AFL，2011）。

（三）商业部门

体育商业部门覆盖范围包括体育器材、体育科技公司、体育设施、赛马和体育博彩，提供体育服务（如冲浪指令）或支持体育（如运动数据分析）的私人公司。

（四）体育在国家经济和社会中的角色

体育一直是澳大利亚社会的核心部分，也产生了巨大的健康和社会效益，澳大利亚体育产业正成为经济中越来越重要的部分。体育产业雇用了成千上万的澳大利亚人，得到大量的政府投资，产生可持续的收入。正在发展中的健身产业，如健身房、私人教练、游泳池、健身器材、运动装备和营养补充剂，2011～2012 年 IBISWorld（MacGowan，2011）行业营收为 29 亿澳元。

在过去的五年里，澳大利亚体育产业经历了强劲的发展。尽管全球金融危机导致可自由支配开支的减少，但体育经济反弹，2009～2014 年，体育产业产值年增长率为 3.2%。2013～2014 年财政年度，体育产业产生了 146 亿澳元的收入和 8.487 亿澳元的利润。据预测，在未来五年（2014～2019 年）内，体育产业将继续以每年 2.7% 的速度增长（Whytcross，2014）。

《前沿经济》（2010）的报道指出，体育带来的社会效益表现在三个方面。第一，社区体育鼓励体育锻炼，它可以降低医疗成本，提高劳动生产率。研究估计，通过社区健身活动每年可以节省医疗费用 14.9 亿澳元，一个更健康的劳动力可以提高生产价值 1200 万澳元（占 GDP 的 1%）（Frontier Economics，2010）。第二，体育志愿者贡献的劳动力价值约为 40 亿澳元（Frontier Economics，2010）。第三，竞技体育在国际上的成功，成为社会幸福感最重要的影响因素之一。幸福感的增加带来的益处大于国家对于竞技体育年度预算的投入（Frontier Economics，2010）。

2014年，在澳大利亚体育行业中有9030项运营业务，雇用107256人，花费42亿澳元的工资（Whytcross，2014）。就业人数从2011年开始增长，比2006年上升了21%（ABS，2013）。

近年来，由于创造了收入，增加了国家就业，澳大利亚体育产业的国际货物出口大幅增加。2012~2013年体育和健身休闲娱乐的出口货物总价值为3.585亿澳元，比2011~2012年增长了26%。2006~2012年，新西兰和美国是其体育用品出口的主要目的地。而其对新加坡的出口从2011~2012年的1560万澳元增加到2012~2013年的7340万澳元，远远超过对美国的出口价值（4260万澳元）。2012~2013年，澳大利亚体育和健康休闲娱乐的进口货物价值为2108.7亿澳元。中国是其进口商品的主要来源国，价值8.474亿澳元，显著高于从美国进口的3.329亿澳元（ABS，2013）。

澳大利亚体育产业的一个不可或缺的部分是体育行政服务，包括运营商从事管理或控制的运动、体育娱乐组织。近年来，体育行政服务的年度收入经历了大幅增长。2009~2014年的收入年复合增长率约为6.6%，2013~2014年的总收入为34亿澳元（IBIS World，2014a）。预计体育行政服务部门的年收入将继续以6%的速度增长至2019年（IBIS World，2014a）。这种增长主要是由于部分体育转播权的交易产生的价值额。

根据Hone概述（2005），体育和娱乐正成为澳大利亚经济中一个越来越重要的部分，公共和私营部门的体育活动财政支出显著增加。2000年举办悉尼奥运会花费了35亿澳元，其中公共部门支付约2/3，私人部门支付1/3。新南威尔士州政府花了13.26亿澳元，联邦政府直接和间接（与安全相关的）的支出是6.48亿澳元（Cashman，2006）。

在过去的几年中，在联邦政府和州政府的财政支持下，全国体育场馆大范围重建升级。2012年，维多利亚州政府拨款3000万澳元，为墨尔本板球场（MCG）完成了看台翻新（Williams，2014）。2014年，南澳大利亚政府投资5.35亿澳元，为阿德莱德椭圆体育场完成重建，其总成本超过6.1亿澳元（Naughton，2014）。墨尔本公园的多级重建始于2010年，总成本预计将达到 7.04 亿澳元（墨尔本公园和奥林匹克公园，2015）。这些因设施设备升级而产生的巨大的财政投资被认为是正当的，可通过举办世界级的赛事和提供广泛的就业机会产生收入。例如，墨尔本公园每年举办超过 200 场赛事，为维多利亚州产生 2.41 亿澳元的经济效益和创建了 3140 个 FTE 就业岗位（维多利亚州政府，2015）。此外，翻新过的 MCG 里面高质量的设施和积极的营销，有助于吸引国际赛事，例如 2015 年板球世界杯的比赛。

政府在体育赛事上的支出远远超出对设施和场所的投资。例如，联邦政府用 1450 万澳元协助 2015 年板球世界杯的宣传和举办（澳大利亚政府，2013）。总额中的很大比例用于联邦警察（900 万澳元），他们提供安全和保护服务，其中总检察长部门获得 360 万澳元用于监督安全操作（澳大利亚政府，2013）。尽管政府继续投资于体育产业，但关于申办和举办大型赛事的经济效益仍有争论。

对举办澳大利亚 F1 大奖赛的财政可行性争论和讨论最多的是这项赛事要花费政府多少钱？它能带来多少经济效益？2014 年 F1 赛事花费维多利亚州政府 5997 万澳元的成本（澳大利亚广播公司，2014）。

由经济学家（委任于 Save Albert Park 倡导组）对 2011 年 F1 大奖赛的成本效益分析显示，维多利亚州政府净经济损失大约是 5170 万澳元（经济学家，2013）。经济学家认为，考虑到近年来竞赛成本的大幅增加以及对维多利亚州严重的经济损失，不应该继续举办该赛事（经济学家，2013）。

而维多利亚政府声称，这项比赛可产生巨大的经济、社会和文化效益，包括增加旅游和创造工作，吸引国内国际游客到墨尔本。赛车运动在 AFL、赛马和橄榄球联赛之后，是澳大利亚人最重要的比赛（澳洲汽车运动联合会，2013）。汽车运动产业产生了 27 亿澳元的直接输出，有超过 15 万人在不同层面上的参与，例如在澳大利亚参加比赛或者执行职务（澳洲汽车运动联合会，2013）。尽管如此，还是必须考虑到政府投资规模和报道的经济损失。

第一章 澳大利亚：纵深推进遇挑战

体育健身休闲娱乐部门涉及的不仅仅是参与运动的人、体育赛事或游戏，还包括提供体育服务的组织、体育设备制造商和分销商，以及其他涉及有偿就业的人或部门内的志愿工作。2010年，澳大利亚体育有160万人（15岁以上）不参加比赛，总计体育健身休闲组织的体育志愿者达230万（占成年人的14%）（ABS，2013）。

体育是澳大利亚人生活的一个重要组成部分。遍布全国的体育俱乐部在社区中发挥了关键作用。没有志愿者的支持，许多体育俱乐部和体育赛事不可能存在，志愿者的角色多种多样，包括教练（训练者）、管理员、董事会成员和官员。志愿者对澳大利亚体育产业和体育俱乐部的可持续性发展做出了重大贡献。

2009~2010年澳大利亚家庭平均每周在体育健身休闲娱乐方面花费18.94澳元（ABS，2013）。在此期间，体育健身休闲产品总支出是8293.8万澳元（占澳大利亚家庭总支出的1.5%）（ABS，2013）。

1. 观众人数上升

澳大利亚的体育景观非常独特，因为它有4个职业足球项目——澳式足球（AFL）、英式橄榄球、橄榄球（超级橄榄球，Super Rugby）和足球（澳超，A-League）——争夺观众、媒体和商业的关注。其他运动如板球、网球和篮网球，都在为增加参与人数、观众和商业投资而竞争。就观众而言，AFL位居第一位并且每场比赛上座率居世界排名第4位，仅次于美国国家足球联盟、德甲和英超联赛（AFL，2013）。四大足球上座人数对比（见表2）。

表2 2013年四大足球项目上座人数对比

单位：人

足球项目	AFL	NRL	A-League	Super Rugby
每周平均	32163	15940	12347	19629
总决赛上座人数	100007（满场）	81491（容量为83000）	42102（容量为45500）	25800（满场）

资料来源：卫报和媒体有限公司（2015）。

39

2009~2010年，大约有7.6万15岁以上的澳大利亚人（占成年人的43%）一年至少参加一个体育赛事（ABS，2013），其中男性为50%，女性为37%。15~17岁的出席率最高，为58%，而年龄超过65岁的仅占23%。澳式足球和赛马是澳大利亚人最常参加的体育运动。2013年，澳式足球联盟总决赛观众达100007人，是世界上最受欢迎的专业团队体育赛事（AFL，2013）。而2014年的墨尔本杯狂欢节（赛马）观众人数是32.5万多人，墨尔本杯日记录十多万观众（维多利亚赛车俱乐部，2015）。

墨尔本杯——"停止一个国家的比赛"

墨尔本杯，澳大利亚一年一度的赛马比赛，被称为"停止一个国家的比赛"。赛马是澳大利亚一个非常重要的产业，墨尔本杯赛事是赛马比赛的顶峰。据估计，每年赛车是一个80亿澳元的出口产业，大约有17亿澳元是单独来自墨尔本杯狂欢节的网络（Ryan，2014）。考虑到饲养、花车、活马输出、旅游和时尚，一些人认为墨尔本杯更像一个国际交易赛事。据报道，澳大利亚在2014年的墨尔本杯狂欢节花费了4.555亿澳元，包括赌博、时尚、旅游、食物和饮酒（Ricci，2014）。

墨尔本杯值得注意的是在赛马时的赌博。赌博在澳大利亚已经变成一个严重的社会问题。在2014年3月之前的12个月里，澳大利亚人在各种赌博活动中花费了163亿澳元（Roy Morgan，2014）。其中25亿澳元用于比赛博彩。澳大利亚人在赌博上输的钱比其他任何国家都多（Asteron Life，2014）。

与赛马有关的另一个问题是马的安宁和人道对待。这在2014年的墨尔本杯上被强调提出，因为在比赛后不久，两匹赛马死掉了。Admire Rakti完成比赛后不久在它的栅栏里意外死亡。这匹马由于异常心率死于急性心力衰竭（Ricci，2014）。第二个事故是比赛后安乐死的Araldo。当马进入院子后，一位观众的旗子使马受惊，随后马踢出后腿回应，造成了不可弥补的破坏。

像防止虐待动物皇家协会（RSPCA）讨论的一样，这些死亡"是对赛马真正风险社区的严酷提醒，马支付的价值是为了我们的娱乐"（RSPCA，

2014)。所以尽管墨尔本杯在澳大利亚是一个前沿的体育赛事，收益大，媒体和公共高度关注，但并不是没有争议的。

2. 参与者有所下降

当体育观众不断增加的时候，最近澳大利亚人口中体育健身休闲娱乐的人数比例反而有所下降。2013~2014年，60%的澳大利亚人（15岁以上）参与了体育健身休闲娱乐（ABS，2015b），2011~2012年为65%（ABS，2012）。估计有28%的15岁及以上的澳大利亚人（约520万）参与有组织的运动。这包括470万参加比赛的人和140万不参加比赛的人。最新数据表明，健身最受男性欢迎，而步行锻炼在女性中排名最高。澳大利亚人打网球的比例从2011~2012年的4.2%降至2013~2014年的3.0%。其他活动参与度也在降低，如游泳、骑自行车、高尔夫和板球（ABS，2015b）。

2012年，一份对儿童（5~14岁）参与文化和休闲活动的调查显示，60%的人在之前的12个月中参与了组织活动（ABS，2012）。男孩最喜欢室外足球，女孩最喜欢的是游泳和潜水，其次是篮网球（ABS，2012b）。

最近几年，女性对传统的男性体育运动的参与度显著提高。2012~2013年，女子参加橄榄球联赛的人数每年大约增加了20%（National Rugby League［NRL］，2013）；参加AFL的增加了24%；2013~2014年，参加板球的增加了39%（Cricket Australia，2014）。

为了重视澳大利亚体育活动的下降率和不断上升的肥胖率（1/4的孩子目前超重或肥胖），有许多公共和私人资助项目鼓励孩子们参加体育运动。2014年5月，联邦政府宣布，在各地的学校里资助一个新的以体育为基础的体育活动计划。2014~2015年的联邦预算将提供超过1亿澳元用于学校管理之前、其间或之后35个不同体育运动的学校项目（卫生部，2014年）。预期将使超过5000所小学和80所中学的85万名学生受益（卫生部，2014）。私人运营商也为儿童提供运动项目。例如，Ready Steady Go Kids在2004年开始这个项目，它是澳大利亚为学前生（2.5~6岁）设计的最大的交叉体育项目，为学习不同体育项目打下基础（Ready Steady Go Kids,

2015）。

澳大利亚的主要体育项目还用明确的目标去吸引儿童的参与。例如，AFL 运营 NAB Auskick 项目，对 5~12 岁的男孩女孩进行每周教学，教授 AFL 的技能（AFL, 2015）。这个项目有超过 17 万的参与者，2 万的志愿者，全国有 2900 个运营中心（AFL, 2015）。相似的，澳大利亚板球实施 in2CEICKET 的项目，为 5~8 岁的孩子提供启蒙教育活动（Cricket Australia, 2012）。

澳大利亚政府还宣布用 2014~2015 年度预算的一部分，为澳大利亚药品基金会提供四年超过 1900 万澳元的优秀体育项目（澳大利亚政府，2014 年）。优秀体育项目是澳大利亚体育中最大的健康项目，覆盖从草根到精英的每个等级的体育（澳大利亚药品基金会，2015）。项目的目标是重视酒精、抽烟、肥胖和心理的健康问题，在俱乐部场地和职能的管理范围之内给予特别关注。

T20——创造板球下一代

挑战：板球面临一个严重的挑战，即失去年轻一代人的粉丝及其家庭。这是由于板球运动被视为一项慢节奏的运动，与年轻一代粉丝所追求的强度和速度不一致。

解决方案：T20 是一种新的快节奏形式的板球，关注的焦点是娱乐，一系列的变化和 T20 的关键元素使它能够成功。

时间紧凑：与典型的 5 天测试赛相比，一场典型的 T20 比赛仅持续 3.5 个小时。在当今快节奏的世界，大部分人崇尚快节奏，不愿意奢侈地花一整天的时间观看一场体育比赛。所以，T20 是一个很好的选择，已经成功地吸引那些没有足够耐心或时间的人。

快节奏：T20 比赛的特点是，它以快步伐不断地向不同方向移动，这很吸引年轻人。此外，比赛大部分是友好地打击三门柱，经常会看到运动员正在尝试狠狠地击打。

娱乐和魅力：T20 板球是一种娱乐与体育结合的特殊产物，拥有歌曲和啦啦队，是对传统保守板球的一种创新。

结果：根据澳大利亚报道，T20 的广播影响力在 2012 年增加了 80%，比赛参与人数显现出了戏剧性的增长，参加者主要来自年轻观众（Niche Media，2012）。2014 年早期，IPL 的市场价值是 32 亿美元（Warc，2014）。2012 年，百事和 IPL 签订了一份五年的赞助协议，价值 7400 万美元（Warc，2014）。2015 年，ESPN 被授予美国区域三年的媒体转播权，支付了 1240 万美元（印度板球超级联赛，2015）。

（五）体育商业产业的收入

在澳大利亚，广播、媒体、赞助为商业、职业体育提供了资金保障。实况转播、高清技术和数字媒体的到来已经改变了体育的消费模式。

1. 电视转播收入

在澳大利亚，体育赛事直播是最高等级的电视节目之一，拥有高额转播权费和大量广告收入。体育联赛转播是由免费和付费电视网络组成的。目前付费电视还没成功地完全覆盖澳大利亚市场，不过自 1995 年第一个付费节目以来，付费电视的覆盖范围在不断扩大。Foxtel 拥有 260 万订阅者，是澳大利亚最主要的付费电视供应商（Ramli，2014）；马来西亚挑战者 FetchTV 拥有 14 万订阅者，位居第二（Ramli，2014）。

电视转播收入是澳大利亚体育产业的主要收入来源，同时体育广播在免费和收费电视网络商业模式中也占据关键地位。近年来，广播协议的价值已经在大幅度提高，广播公司也乐意支付一定的费用来确保拥有重大赛事的播放权利。2011 年，AFL 宣布与第七频道（免费收看）和 Foxtel（付费收看）签署了价值 13 亿澳元的 5 年协议（IBIS World，2014a）；2012 年，NRL 宣布与第九频道（免费）和 Foxtel 签署了价值 10.25 亿澳元的 5 年协议；2013 年，澳大利亚板球赛事与第九频道（免费）和第十频道（免费）签署了价值 6.9 亿澳元的五年协议。

电视转播收入是澳大利亚体育产业中最主要的收入来源。在每四年一次的澳大利亚板球赛事收入来源中，70%来自媒体合作伙伴，20%来自赞助，剩下的10%来自门票销售。在这所有的收入中，65%来自国内电视网（第九和第十频道），35%来自国际合作伙伴（Star，BSkyB and Willow）(Evans，2014)。

广播协议的价值正在不断提高。当前与NRL签署的价值10.25亿澳元协议，其价值较前五年协议翻了一倍多。广播安排的范围也在不断发展。AFL董事长Gillon McLachlan，已经在讨论当前协议2016年到期时是否要和广播公司签署长达十年的协议（Pierik，2014）。媒体分析评估，和AFL签署新的五年协议需价值16亿澳元，签署十年协议需35亿~40亿澳元(Pierik，2014)。

最近，Fox体育台和免费的第十频道网络电视声称，要和一级方程式赛车联合签署一份五年的广播协议（开始于2015年）（每日电讯报，2015）。这一协议将为澳大利亚市场增加赛车运动的报道，不仅澳大利亚国际汽车大奖赛和其他国内赛事被报道播出，Fox体育台将给澳大利亚观众带来来自Sky体育台对世界赛车运动的实况转播（之前只有英国观众可享受）。

NRL在澳大利亚体育格局中获得最高收视率。2012年的州源系列是橄榄球联盟足球比赛系列年度前三，在Blues和Maroons之间，分别代表新南威尔士州和昆士兰州，吸引了1200万观众，并且有望向热门城市墨尔本、悉尼和布里斯班投入四千多万澳元（NRL，2013）。全国395.1万观众看了NRL的2014年度总决赛，人数显著超过AFL的2014年度总决赛351.3万观众（NRL，2014）。NRL占据2014年年度电视节目前三名——州比赛第一场、第二场以及总决赛（NRL，2014）。Repucom于2014年底发布的一份报告显示，坎特伯雷-宾士镇在斗牛犬比赛中位居NRL榜首。2220万观众通过免费频道观看了比赛，另外还有165万观众通过收费电视台观看（澳大利亚赞助新闻，2015a）。2014年任何一个NRL俱乐部都有高收视率，这似乎已经在不断吸引更多的俱乐部赞助，2015年初其另签了两个新品牌。

体育赛事电视转播已经受到反虹吸式法律的很大影响，这点值得高度重视。1992年，澳大利亚政府把反虹吸式规定引入广播服务修正案中（宽带、通信和数字经济部门，2010）。两年后，澳大利亚正式颁布反虹吸式方案，旨在确保对国家重要性和文化意义事件的免费电视报道（宽带、通信和数字经济部门，2010）。反虹吸式方案不仅仅限制体育产业，最主要的还是集中于体育赛事。通讯部长负责决定哪些赛事需要受反虹吸式条款限制。这一条款通过许可条件来运营，阻止付费电视网络在免费广播购买之前购买电视播放列表中的事件（宽带、通信和数字经济部门，2010）。

澳大利亚体育广播也一直深受数字电视的影响。澳大利亚最近一直进行从模拟到数字免费电视传输的模式转变（完成于 2013 年）。数字电视推广是自彩色电视出现以来澳大利亚广播面临的最大改变。数字电视有助于扩大对偏远地区的覆盖，以及增强图片声音质量，并且提供了 17 个可选的免费频道（通信部，2015）。现在澳大利亚的多数免费网络通过多媒体频道提供丰富的内容，体育报道已经受益，而且不断增加的平台也通过对体育内容的广播报道获得益处。

女子体育停播

2014 年末，国家广播、澳大利亚广播公司（ABC）宣布将大大减少体育报道。特别是两个女子体育联赛——W 联赛（足球）和 WNBL（篮球），2015 年赛季这两项联赛将不会在澳大利亚广播公司播报。这是国家广播遭受联邦政府预算持续削减资金的直接后果。这对澳大利亚女子体育是一个沉重打击，女子体育将继续争取媒体关注和报道。停止报道 WNBL 和 W 联赛这个有争议的方案已经引起公众和媒体的争论。如记者 Searle（2014）所说，澳大利亚广播公司关于女子体育的报道对推动平等体育、创造积极作用模型和促进澳大利亚女子体育是至关重要的。

2. 赞助

2013 年，国际营销报告（IMR）对澳大利亚和新西兰的体育赞助环境进行了分析，推断出两者年价值分别是 7.35 亿美元和 1.45 亿美元。澳式足球是最多企业投资的，年总价值是 1.36 亿美元，其次是橄榄球联盟（1.05

亿美元）、英式橄榄球联盟（9000万美元）以及赛车运动（7700万美元）（国际营销报告［IMR］，2013）。橄榄球联盟拥有高额赞助的排名是由于新西兰全黑队确保了非常大的赞助额。当分别分析两个国家时，橄榄球联盟在澳大利亚国家赞助所得排名降到第七位。

澳大利亚的赞助形式不同于其他西方国家。通常，金融服务部门掌管体育赞助和先进的赞助产业领域，代表投资的20%~25%。但是，在澳大利亚该份额仅为13.4%（IMR，2013）。澳大利亚汽车（13.2%）、酒精（7.4%）、政府（6.1%）和软饮料（6%）产业的投资明显高于其他国家（IMR，2013）。

澳大利亚体育赞助收入如图1所示，澳式足球是澳大利亚最受欢迎的运动，这反映了它的赞助的总体价值。当按照赞助价值来分析澳大利亚体育产业时，赛车运动优于足球、板球和橄榄球联盟，这是由于赛车运动团队具有巨大商业价值。车辆、线路两旁和屏幕上的巨大的 logo 覆盖面，使得汽车运动产生较高的媒体曝光度。相反的，板球的品牌曝光度比较低，所以，版权费用价值取决于杠杆作用和宣传。

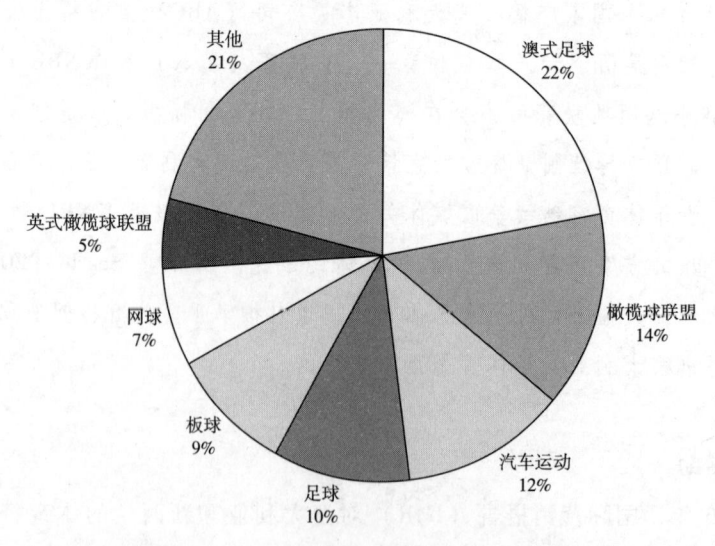

图1 2013年澳大利亚体育赞助分配份额

资料来源：IMR（2013）。

第一章 澳大利亚：纵深推进遇挑战

　　酒精行业赞助体育在澳大利亚明显高于美国、英国、德国和加拿大等国家。2012年，澳大利亚政府努力引进"影响力"活动以减少体育对酒精行业赞助的依赖。最初，12个主要的体育公司（包括篮球、篮网球、自行车、游泳等）同意终止酒精赞助协议。作为一种激励，政府给参与的体育公司2500万澳元的奖励（Brown，2012）。但是，澳大利亚最大的体育公司AFL没有签订这个项目，他们继续接受酒精赞助。在"影响力"活动颁布的前一个星期，他们同意和卡尔顿联合酿酒商延长10年的主要赞助协议（The Australian，2012）。

　　除了对酒精赞助的担忧之外，澳大利亚体育赞助环境还充满了垃圾食品和赌博赞助。从ASC接受资金的53个体育组织的审计，指出到处存在的出售"不健康"产品的赞助形象（Alexander，2014）。在与酒精、赌博和垃圾食品公司的赞助联系紧密程度上，板球排名第一，总量达到赞助的27%（Alexander，2014）。政府对体育健康要求的提升与垃圾食品广告之间的不协调，在产业里仍有争论。

　　对体育和赞助商来说，赞助协议越来越多地涉及在线杠杆和社交媒体接触。例如，NRL正在与他们的电信合作伙伴Telstra开发他们的数字影响力。2014年，NRL的网站观众增长了65%，超过140万人下载了NRL的APP以及750万人的融合社交媒体（澳大利亚赞助商新闻，2015b）。每月在NRL所有的数字平台上，有330万独特的采样数（比2013年增长了21%）。主办视频被观看了2800万次（澳大利亚赞助商新闻，2015b）。这给赞助商提供了巨大的机会，通过NRL数字空间，利用他们的协会直接和粉丝交流。

三　澳大利亚体育产业发展的趋势和存在的问题

　　除了上文提到的产业趋势和影响外，一些新兴的领域也正在影响着澳大利亚现在及未来的体育产业。

47

（一）数字媒体

数字媒体将不再是一个特设的市场工具，它对体育组织的战略发展和未来繁荣是不可或缺的。线上活动为粉丝管理和市场宣传带来了巨大潜力。例如，在2013年，澳大利亚板球与Nine Entertainment Company（市值6千万澳元）建立一个合资企业，创办自己的数字媒体团队（Evans，2014），用来支持澳大利亚板球网站、社交媒体频道和它们的官方应用。在2013年11月到2014年3月，这个官方应用被下载次数超过100万次，有超过2800万次的访问量（Evans，2014）。在2014年12月，澳大利亚板球官网成为澳大利亚位列第一的体育类网站，访客人数达到108万（Vojdinoski，2015）。

体育组织越来越期望从替代来源获得收益，如线上流媒体平台。如今，数字媒体和实时流媒体是广播和媒体包的重要元素。在2015年1月，澳大利亚板球又宣布与科技巨头苹果公司的合作关系（澳大利亚板球，2015）。这说明板球将成为在苹果电视平台上转播的第一个澳大利亚体育项目。它涉及到由澳大利亚板球和Nine Network提供丰富的题材的板球频道，通过广告获得收益。苹果公司是希望用这种首创精神提高苹果电视数字媒体播放器在澳大利亚市场上的销售量（Stensholt，2015）。

数字媒体对体育组织的数字战略是关键的。它为体育产业，包括运动员、团队、教练、管理者、社团等与消费市场之间提供了交流平台。线上媒体对澳大利亚的体育组织在发布新闻和管理他们的交流信息方面越来越重要。社交媒体平台的实体运用在加强社团参与、大众互动和吸引媒体注意力方面有着巨大的潜能。

澳大利亚奥委会（AOC）鼓励参加奥运会的运动员使用社交媒体，要求他们负责任地使用。AOC给运动员提供了团队会员协议和若不遵守导致纪律处分的媒体指南。这个指南制定了2014年索契冬奥会的准则，要求运动员在训练或比赛场馆使用社交媒体和指定的任何意见"应反映和提升奥林匹克价值观"（澳大利亚奥委会，2013年，第3页）。在地方层面的运动，播放规则为由体育俱乐部主动提供工具包和信息供社交媒体使用和管理。

（二）大数据

科技的发展影响着澳大利亚的体育产业。最近几年，大数据分析已经彻底改变体育实行、消耗和分析的方式。体育为统计数据的商品化横跨多个领域使用提供了平台。例如，大数据已经改变教练的分析，允许对团队和球员在比赛中的表现作详细评估，GPS 跟踪，并改进信息，以协助预防伤害和恢复。例如，新南威尔士州 Waratahs 橄榄球（橄榄球联盟）使用 IBM 预测性分析，以防止球员受伤，整个赛季橄榄球优化场上的表现。IBM 提供数百个数据点上的每一个球员的分析，预测允许损伤的可能性（IBM，2015）。这让教练组进行个性化培训方案，以减少球员受伤的风险。

从体育营销的角度来看，数据分析可以提供有关消费者行为、参与以及最佳的沟通渠道的详细信息。例如，在 2014 年，全国橄榄球联盟（NRL）形成与 Facebook 营销的合作伙伴关系，努力使用社交媒体数据来定位潜在的球迷。NRL 把其成员的增加（2013 年同比增长 11%）和电视收视率归功于他们新的社交媒体战略（Durkin，2014）。Facebook 发布独特的视频内容，以推动产生新的受众，把边缘球迷变为核心球迷。NRL 正在使用 Facebook 的数据来了解市场，更好地定位他们的广告。据预测，社交媒体在 NRL 营销上的重要性将成为他们在下一个转播权交易上的一个重要因素，因为在 2017 年进行谈判（Durkin，2014）。

（三）体育博彩

目前，在澳大利亚体育的一个主要关注点是体育博彩部门的扩张。体育博彩，关于未来事件的结果下注，是一个快速发展的体育产业领域。体育博彩是一种赌博形式，并由澳大利亚政府承认，问题赌博可能会导致严重的社会问题。生产力委员会关于赌博在澳大利亚州现状的调查报告表明，澳大利亚人大约有 70% 在前几年参加了某种形式的赌博，问题赌博的社会成本至少每年有 47 亿澳元（生产力委员会，2010）。

体育投注的机会，在过去的几年里已经显著增加。在澳大利亚体育博彩有很多选择，包括在澳大利亚挂牌的众多运营商和境外赌博网站提供给澳大利亚人的非法赌博服务。国外运营商正越来越多地进入澳大利亚市场，近期进入者包括英国的威廉希尔、Bet365、立博和爱尔兰公司 Paddy Power。网上投注增强了可访问性，智能手机的使用进一步促进了投注的方便和快捷。现在一半的体育博彩在网上进行（家庭研究澳大利亚学院，2014）。在澳大利亚，每年的体育博彩营业额大约 45 亿澳元（克鲁格，2013）。马和体育博彩行业预测 2014~2019 年由年复合增长率 2.1% 增长达到收入耗资 36 亿澳元（IBISWorld，2014b）。

澳大利亚体育产业现已渗入体育实体之间的商业安排（如体育场馆，俱乐部、社团）和庄家。澳大利亚家庭研究学院认为（2014），这些合作伙伴都拓宽了体育博彩市场，并有助于行业的持续增长。体育事件现在打包带网络赌博，使消费者能够及时对澳大利亚和国际体育赛事增加数组比较博彩产品（联合专责委员会赌博改革 [JSCGR]，2011）。

澳大利亚两个最大体育组织 AFL 和 NRL，与企业庄家的商业合作伙伴关系也日益突出，而这些运动的消费者下注同时上升。这两个项目吸引了大约一半在澳大利亚的体育赌注（家庭研究澳大利亚学院，2014）。在 2012 年，德勤报告的结论是投注额将使 NRL 和 AFL 在 5 年内翻一番——NRL 从 7.5 亿澳元增长到 15 亿澳元，AFL 从 9 亿澳元增至 18 亿澳元（家庭研究澳大利亚学院，2014）。

随着竞争日益激烈，市场营销对体育博彩运营商实现市场划拨至关重要。其结果是，体育博彩运营商的赞助和宣传促销活动现已嵌入澳大利亚体育风景线。体育被利用作为一个营销平台为这些运营商招募并留住客户；提供退款保障，为客户改善赔率和奖金，努力鼓励消费者考虑体育博彩。

体育博彩和运营商之间的关系或联系现在产生显著的争议，因为博彩宣传嵌入体育赛事的实况转播。体育博彩赞助的增长导致在电视报道时的正常投注更新。2012 年，研究分析两周电视 NRL 和 AFL 方案确定的 72 个赌博宣传活动，其中构成 2.5% 的播出时间（米尔纳，兴，Vitartas 与拉蒙特，2013）。体育博彩广告在澳大利亚体育的饱和度使其正面临着赌博活动正常化和合法化的风险。

（四）人口和项目变化

在未来几年里，澳大利亚体育产业需要适应人口的变化。澳大利亚正在经历前所未有的不断增长的人口老龄化和更大的文化多元化。根据最近一份对澳大利亚体育未来预测的报告，澳大利亚人将参与体育直到他们老了（CSIRO，2013）。改变文化多元化是另外一个重要的考虑因素，不同的文化混合在语言社区里，人们的体育偏好、行为和习惯不同（CSIRO，2013）。为了确保强劲的参与以及体育产品消费，老年人的不同需要和创建多元文化社区需要考虑。

在过去的十年里，参与无组织的体育活动和身体锻炼与有组织的活动相比，参与度显著上升（CSIRO，2013）。同样，参与个性化运动的人数也一直在增加（CSIRO，2013）。这些趋势可能是由于组织的时间要求以及团队体育参与。澳大利亚体育产业中另外一个重要的趋势是探险或其他类似运动的流行，尤其在年轻人中比较流行。这些体育（例如小轮车、风筝、冲浪、滑板）为参与者和粉丝提供了社交途径和文化表达。这些曾被认为是"极端体育"的活动，将会逐渐成为澳大利亚社会的运动主流（CSIRO，2013）。它们的成功发展以及 2008 年北京奥运会对小轮车运动的纳入，是对这些新时代体育活动的流行预示。

四 结语

澳大利亚有引以为豪、积极参与的体育传统和丰富的体育遗产。在过去的三十年左右的时间里，体育产业发生了巨大改变，由体育俱乐部和志愿者支撑的业余体育模式转变成由职业和商业驱动的产业。尽管有明确的证据显示，澳大利亚人对体育活动积极性下降，传统体育俱乐部会员和正式组织体育也在下滑，但澳大利亚人仍然认为，体育是国家民族认同和精神的一部分。

　　澳大利亚公众体育参与的类型和形式的改变，也界定了当代澳大利亚体育的形式和范围。商品化、商业化、全球化和新技术支撑着今天的体育产品和可以消费体育的系列方法。在经济形式上，体育价值在赞助、观众、体育产品消费和体育商品这些方面不断增长。体育赛事市场，包括票务、媒体、电视、广告和市场收入在继续增长。澳大利亚举办大型国际体育赛事，如奥运会、英联邦运动会、F1澳大利亚大奖赛、澳网、世界杯橄榄球赛、板球世界杯、篮网球世界杯、亚洲足球杯等，增强民族自豪感。

　　像许多西方国家一样，澳大利亚体育产业在性质和范围方面正在改变，并充分利用这些改变发展新的技术、商业模式和体育相关产品。另外，传统体育系统和产品，会对一些目前流行的体育活动的纵深推进带来一定的挑战。毫无疑问，活动等级、体育形式、娱乐竞争形式和全球化趋势的性质改变，将会影响澳大利亚体育产业的未来。

参考文献

　　Adair, D. & Vamplew, W. (1997). *Sport in Australian History*. Oxford, England：Oxford University.

　　Alexander, H. (2014, October 15). *Junk Food, Alcohol and Gambling Sponsors "Saturate" Sport*. The Sydney Morning Herald. Retrieved from：http://www.smh.com.au/national/health/junk-food-alcohol-and-gambling-sponsors-saturate-sport-20141015-116c9i.html.

　　Asteron Life. (2014, October). *Risky Nation：A Research Report*. Retrieved from：http://www.asteronlife.com.au/sites/default/files/fm/pdf/asteron-life-risky-nation-report.pdf.

　　Australian Broadcasting Corporation. (2014, September 10). *Melbourne F1 Grand Prix Cost Victorian Taxpayers almost MYM60 Million*. ABC News. Retrieved from：http://

www. abc. net. au/news/2014 – 09 – 10/grand – prix – cost – victorian – taxpayers – 2460 – million/5733582.

Australian Bureau of Statistics. (2011). *Sports and Physical Recreation: A Statistical Overview*, *Australia*, *2011* (No. 4156.0). Retrieved from: http://www. abs. gov. au/ausstats/abs@. nsf/Products/462065C532CC792ECA25787000149AD5? opendocument.

Australian Bureau of Statistics. (2015a). *Population Clock*. Retrieved from: http://www. abs. gov. au/AUSSTATS/abs@. nsf/Web + Pages/Population + Clock? opendocument# from – banner = LNretrieved 22 March 2015.

Australian Bureau of Statistics. (2015b). *Participation in Sport and Physical Recreation*, *Australia*, *2013 – 14* (No. 4177.0). Retrieved from: http://www. abs. gov. au/AUSSTATS/abs@. nsf/Latestproducts/4177.0Main% 20Features99992013 – 14? opendocument & tabname = Summary&prodno = 4177.0&issue = 2013 – 14&num = &view = .

Australian Bureau of Statistics. (2013). *Value of Sport*, *Australia*, *2013* (No. 4156.0.55.002). Retrieved from: http://www. abs. gov. au/AUSSTATS/abs@. nsf/Latest-products/4156.0.55.002Main% 20Features12013? opendocument&tabname = Summary & prodno = 4156.0.55.002&issue = 2013&num = &view = .

Australian Bureau of Statistics. (2012a). *Sports and Physical Recreation: A Statistical Overview*, *Australia*, *2012* (No. 4156.0). Retrieved from: http://www. abs. gov. au/ausstats/abs@. nsf/Products/FC8A8FD7A0DD9DC5CA257AD9000E246E? opendocument.

Australian Bureau of Statistics. (2012b). *Children's Participation in Cultural and Leisure Activities* (No. 4901.0). Retrieved from: http://www. abs. gov. au/ausstats/abs @. nsf/Latestproducts/4901.0Main% 20Features5Apr% 202012? opendocument&tabname = Summary&prodno = 4901.0&issue = Apr% 202012&num = &view = .

Australian Drug Foundation. (2015). *About the Good Sports Program*. Retrieved from: http://goodsports. com. au/about/the – program/.

Australian Football League. (2015). *NAB and AFL Auskick*. Retrieved from: http://www. aflauskick. com. au/nab – and – afl – auskick/.

Australian Football League. (2013). *Annual Report 2013*. Retrieved from: http://s. afl. com. au/staticfile/AFL% 20Tenant/AFL/Files/Annual% 20Report/2013% 20AFL% 20Annual% 20Report. pdf.

Australian Football League. (2011). *15th Annual Report 2011*. Melbourne: Australian Football League.

Australian Government. (2013). *Budget Paper No. 2: Budget Measures*. Retrieved from: http://www. budget. gov. au/2013 – 14/content/bp2/html/bp2_ expense – 20. htm.

Australian Government. (2014). *Budget Paper No. 2: Budget Measures*. Retrieved from: http://www. budget. gov. au/2014 – 15/content/bp2/html/bp2_ expense – 14. htm.

Australian Institute of Family Studies. (2014). *Sports Betting and Advertising. AGRC Discussion Paper No. 4*. Retrieved from: https://www3.aifs.gov.au/agrc/publications/sports-betting-and-advertising/introduction.

Australian Olympic Committee. (2013). *Media Guidelines 2014 Australian Olympic Winter Team*. Retrieved from: http://corporate.olympics.com.au/files/dmfile/2014_Media_Guidelines_FINAL_Schedule_5.pdf.

Australian Sponsorship News (2015a, March 4). *Bulldogs Lure Two New Brands after Topping NRL Broadcast Charts*. Retrieved from: http://www.sponsorshipnews.com.au/nl06_news_selected.php?act=2&nav=11&selkey=44547&utm_source=daily+email&utm_medium=email&utm_campaign=Daily+Email+Article+Link.

Australian Sponsorship News. (2015b, March 2). *Digital Platforms Next Growth Engine for NRL*. Retrieved from: http://www.sponsorshipnews.com.au/nl06_news_selected.php?act=2&stream=1&selkey=44539&hlc=2&hlw.

Australian Sports Commission. (2012). *Australia's Winning Edge 2012–2022*. Retrieved from: http://www.ausport.gov.au/__data/assets/pdf_file/0011/509852/Australias_Winning_Edge.pdf.

Baker, G. (2014, January 27). *The Spending Gap between the AFL's Rich and Poor has Ballooned to MYM5.6 Million*. Herald Sun. Retrieved from: http://www.heraldsun.com.au/sport/afl/the-spending-gap-between-the-afls-rich-and-poor-has-ballooned-to-56-million/story-fni5ezdm-1226811508363.

Brown, A. (2012, June 25). Three Major Sports Spurn Australian Government Anti-alcohol Sports Campaign. *Australian Food News*. Retrieved from: http://ausfoodnews.com.au/2012/06/25/three-major-sports-spurn-australian-government-anti-alcohol-sports-campaign.html.

Cashman, R. I. (1995). *Paradise of Sport: The Rise of Organized Sport in Australia*. Oxford, England: Oxford University.

Cashman, R. (2006). *The Bitter-Sweet Awakening: Legacy of the Sydney 2000 Olympic Games*. Sydney, Australia.

Confederation of Australian Motor Sport. (2013). *Economic Contribution of the Australian Motor Sport Industry*. Retrieved from: http://docs.cams.com.au/Public%20Documents/CAMS_EYReport_201014_LR.pdf.

Cricket Australia. (2015, January 14). *Cricket.com.au launches on Apple TV*. Retrieved from: http://www.cricket.com.au/news/cricket-australia-launches-apple-tv-channel/2015-01-14/.

Cricket Australia. (2014, August 11). *National Participation Hits One Million*. Retrieved from: http://www.cricket.com.au/news/media-release-national-cricket-participation-hits – one – million/2014 – 08 – 11.

Cricket Australia. (2012). *In 2cricket Program Details.* Retrieved from: http://www.in2cricket.com.au/parents/get – involved.

CSIRO. (2013, April). *The Future of Australian Sport: Megatrends Shaping the Sports Sector over Coming Decades.* Retrieved from: http://www.ausport.gov.au/information/nsr/the_future_of_australian_sport/reports.

Department of Broadband, Communications and the Digital Economy. (2010). *Sport on Television: A Review of the Anti – siphoning Scheme in the Contemporary Digital Environment.* Retrieved from: https://secure.ausport.gov.au/__data/assets/pdf_file/0004/405850/ReviewReport.pdf.

Department of Communications. (2015). *Digital TV in Australia.* Retrieved from: http://www.communications.gov.au/television/digital_tv_in_australia.

Department of Health. (2014, May 13). *Encouraging Good Health through Sport.* Retrieved from: http://www.health.gov.au/internet/budget/publishing.nsf/content/budget 2014 – hmedia11.htm.

Durkin, P. (2014, September 22). *NRL use Facebook's big data to take on AFL.* Financial Review. Retrieved from: http://www.afr.com/technology/social – media/facebook/nrl – use – facebooks – big – data – to – take – on – afl – 20140921 – jfll7.

Economist at Large. (2013, February). *BLOWOUT! A Cost Benefit Analysis of the Australian Grand Prix.* Retrieved from: http://www.ecolarge.com/wp – content/uploads/2013/03/Blowout – A – cost – benefit – analysis – of – the – Australian – Grand – Prix – Ecolarge – Final.pdf.

Evans, L. (2014, November 21). *Cricket Australia Sets the Field for a Lucrative Summer of Sport.* The Australian. Retrieved from: http://www.theaustralian.com.au/business/the – deal – magazine/cricket – australia – sets – the – field – for – a – lucrative – summer – of – sport/story – e6frgabx – 1227127294532.

Frontier Economics. (2010, January). *The Economic Contribution of Sport to Australia.* Retrieved from: http://www.ausport.gov.au/__data/assets/pdf_file/0017/341072/Frontier_Research_The_Economic_Contribution_of_Sport_summary_report.pdf.

Green, M. (2007). Olympic Glory or Grassroots Development?: Sport Policy Priorities in Australia, Canada and the United Kingdom, 1960 – 2006. *The International Journal of the History of Sport*, 24(7), 921 – 953.

Guardian News and Media Limited (2015, April 16). *Battle of the Codes: Australia's Four Sports Leagues Compared.* The Guardian. Retrieved from: http://www.theguardian.com/news/datablog/interactive/2014/apr/15/australia – football – interactive – statistics.

Hamilton, A. (2014, November 25). *AFL to Help Lions as Club Loss for Year Hits*

Staggering MYM3. 5 million. The Courier Mail. Retrieved from: http: // www. heraldsun. com. au/sport/afl/afl‐to‐help‐lions‐as‐club‐loss‐for‐year‐hits‐staggering‐35‐million/story‐fni5f3kt‐1227135139298.

Hone, P. (2005). *Assessing the Contribution of Sport to the Economy.* Retrieved from: https: //www. deakin. edu. au/buslaw/aef/workingpapers/papers/swp2005_ 02. pdf.

IBISWorld. (2014a, April). *Sport Administrative Services in Australia: Market Research Report.* Retrieved from: http: //www. ibisworld. com. au/industry/default. aspx? indid = 659.

IBISWorld. (2014b, September 22). *Betting on Brownlow Second Only to Melbourne Cup* [Press release]. Retrieved from: http: //media. ibisworld. com. au/2014/09/22/betting‐brownlow‐second‐melbourne‐cup‐ibisworld‐reveals/.

IBM. (2015). *IBM Predictive Analytics Reduces Player Injury and Optimises Team Performance for NSW Waratahs Rugby Team.* Retrieved from: https: //www‐07. ibm. com/au/eraofsmart/.

Indian Premier League. (2015). *ESPN Awarded IPL Media Rights for US.* Retrieved from: http: //www. iplt20. com/news/2015/announcements/5644/espn‐awarded‐ipl‐media‐rights‐for‐us.

International Marketing Reports. (2013). *Australia & New Zealand Sponsorship Data Analysis Report.* Retrieved from: http: //www. imrpublications. com/Executive‐Summary. aspx? sid = 40&rid = 2.

Joint Select Committee on Gambling Reform. (2011). *Interactive and Online Gambling and Gambling Advertising.* Canberra, Australia: Commonwealth of Australia.

Kruger, C. (2013, February 15). *At Odds with Sports Betting.* The Sydney Morning Herald. Retrieved from: http: //www. smh. com. au/business/at‐odds‐with‐sports‐betting‐20130215‐2ehud. html.

MacGowan, I. (2011). *Fitness in Australia.* Melbourne: IBIS World Industry Report.

McMillan, P. (2011). *Sport Organizations and Other Sports Services in Australia.* Melbourne: IBIS World Industry Report.

Melbourne and Olympic Parks. (2015). *Melbourne Park Masterplan.* Retrieved from: http: //www. mopt. com. au/about/melbourne‐park‐masterplan/.

Milner, L., Hing, N., Vitartas, P. & Lamont, M. (2013). Embedded Gambling Promotion in Australian Football Broadcasts: An Exploratory Study. *Communication, Politics & Culture, 46* (2). 177‐198.

National Rugby League. (2014, October 6). *2014 NRL Telstra Premiership Grand Final Breaks Records.* Retrieved from: http: //www. nrl. com/2014‐nrl‐telstra‐premiership‐grand‐final‐breaks‐records/tabid/10874/newsid/82407/default. aspx.

National Rugby League. (2013). *The Game Plan 2013‐2017.* Retrieved from:

http：//rugbyleague2013. nrl. com/PDF/NRL – Rugby – League – 2013. pdf.

Naughton, K. (2014, May 7). *Adelaide Oval Costs Wrap up at MYM610m*. Adelaide Independent News. Retrieved from：http：//indaily. com. au/news/2014/05/07/oval – costs – wrap – 610m/.

Niche Media. (2012, May 15). *Branding Australian Cricket's Subversive Little Brother*. Retrieved from：https：//www. marketingmag. com. au/hubs – c/branding – australian – crickets – subversive – little – brother/.

Pierik, J. (2014, August 26). *Channel Ten Expresses Interest in 10 – year AFL broadcast deal*. The Age. Retrieved from：http：//www. theage. com. au/afl/afl – news/channel – ten – expresses – interest – in – 10year – afl – broadcast – deal – 20140826 – 108ni8. html.

Productivity Commission. (2010, February). *Gambling*：Productivity Commission Inquiry Report. Retrieved from：http：//www. pc. gov. au/inquiries/completed/gambling – 2009/report/gambling – report – volume1. pdf.

Ramli, D. (2014, October 6). *Telstra Leads Telco Charge into TV*. Financial Review. Retrieved from：http：//www. afr. com/business/telecommunications/telstra – leads – telco – charge – into – tv – 20141006 – jlu7z.

Ready Steady Go Kids. (2015). *About Ready Steady Go Kids*. Retrieved from：http：//www. readysteadygokids. com. au/about.

Ricci, C. (2014, November 17). *Horse Racing in Spotlight after Melbourne Cup deaths*. The Age. Retrieved from：http：//www. theage. com. au/national/education/horse – racing – in – spotlight – after – melbourne – cup – deaths – 20141116 – 11l9tu. html.

Roy Morgan. (2014, June 6). *Most of Australia's Gambling Dollars Spent on Poker Machines*. Retrieved from：http：//www. roymorgan. com/findings/5627 – most – of – australias – gambling – dollars – spent – on – pokies – 201406060048.

RSPCA. (2014, November 4). *Tragedy at Melbourne Cup*. Retrieved from：http：//www. rspca. org. au/media – centre/news/2014/tragedy – melbourne – cup.

Ryan, P. (2014, November 4). *Melbourne Cup More than just a Horse Race*. ABC News. Retrieved from：http：//www. abc. net. au/am/content/2014/s4120992. htm.

Schetzer, A. (2014, October 26). *A – League Drops Ball on Anti – alcohol Sponsorship Stance*. The Sydney Morning Herald. Retrieved from：http：//www. smh. com. au/sport/soccer/aleague – drops – ball – on – antialcohol – sponsorship – stance – 20141025 – 11a1oe. html.

Searle, L. (2014, November 30). *Your ABC Cuts A Personal Foul on Women's Sport and Our Community*. The Sydney Morning Herald. Retrieved from：http：//www. smh. com. au/comment/your – abc – cuts – a – personal – foul – on – womens – sport – and – our – community – 20141130 – 11wa5f. html.

Sotiriadou, K. (2009). The Australian Sport System and Its Stakeholders: Development of Cooperative Relationships. *Sport in Society*, 12 (7), 842 – 860.

State Government of Victoria. (2015, January 19). *Melbourne Park Redevelopment – Stage 2 Commences*. Retrieved from: http://www.majorprojects.vic.gov.au/melbourne – park – redevelopment – stage – 2 – commences/.

Stensholt, J. (2015, January 13). Cricket Australia Lines up Deal with Apple TV. *Financial Review*. Retrieved from: http://www.afr.com/technology/technology – companies/apple/cricket – australia – lines – up – deal – with – apple – tv – 20150113 – 12njk2.

Stensholt, J., & Pierik, J. (2015). Unprofitable Clubs Get Millions in Aid. *Australian Financial Review*, 2 March 2015, p. 42.

Toohey, K., & Taylor, T. (2011). *Australian Sport: Antipodean Waves of Change*. London: Routledge.

The Australian. (2012, June 23). *Sports Ditch Alcohol Sponsorship*. The Australian. Retrieved from: http://www.theaustralian.com.au/sport/sports – ditch – alcohol – sponsorship/story – e6frg7mf – 1226406509485.

The Daily Telegraph. (2015, February 13). *Formula 1 Australian TV Rights to Be Shared by Ten, Fox Sports, Foxtel in Five – year Deal from 2015*. The Daily Telegraph. Retrieved from: http://www.dailytelegraph.com.au/sport/motor – sport/formula – 1 – australian – tv – rights – to – be – shared – by – ten – fox – sports – foxtel – in – five – year – deal – from – 2015/story – fni2fu80 – 1227217569413.

The Sydney Morning Herald. (2013a, August 30). *Moneyball: How is your Club Placed?*. The Sydney Morning Herald. Retrieved from: http://www.smh.com.au/rugby – league/league – news/moneyball – how – is – your – club – placed – 20130830 – 2swhv.html.

The Sydney Morning Herald. (2013b, March 17). *Has the Melbourne Grand Prix Run Its Race?* The Sydney Morning Herald. Retrieved from: http://www.smh.com.au/federal – politics/editorial/has – the – melbourne – grand – prix – run – its – race – 20130316 – 2g7hc.html.

Thomas, R. (2011, November 4). *A 700 Million – strong Audience Proves*. The Daily Telegraph. Retrieved from: http://www.dailytelegraph.com.au/sport/superracing/a – 700 – million – strong – audience – proves/story – fn67rc85 – 1226185061138.

Victoria Racing Club. (2015). *Track Records and Attendances*. Retrieved from: http://www.melbournecup.com/racing/race – results – statistics/track – attendances/.

Vojdinoski, C. (2015, January 14). *Cricket Australia Signs Exclusive Deal with Apple TV*. Sports Business Insider. Retrieved from: http://sportsbusinessinsider.com.au/news/cricket – australia – signs – exclusive – deal – with – apple – tv/.

Warc. (2014, February 13). *IPL Cricket Valued at MYM3.2bn*. Retrieved from:

http：//www. warc. com/LatestNews/News/IPL_ cricket_ valued_ at_ 3. 2bn. news? ID = 32580.

Whytcross，D. （2014，June）. *IBISWorld Industry Report X0028.* Retrieved from：http：//www. ibisworld. com. au/industry/default. aspx? indid = 1975.

Williams. T. （2014，January 21）. *Government Funding Determines Stadium Winners and Losers.* IBISWorld. Retrieved from：http：//media. ibisworld. com. au/2014/01/21/government – funding – determines – stadium – winners – losers/.

第二章
巴西：发展提升有空间

芭芭拉·斯考斯塔克·德·阿尔梅达

胡利亚·诺德索萨

万德莱·马尔奇·儒尼奥尔

芭芭拉·斯考斯塔克·德·阿尔梅达（Bárbara Schausteck de Almeida），巴西巴拉那联邦大学的博士后学者，研究方向是巴西大型体育赛事及活动的财政和管理。2012~2013年英国奇切斯特大学的访问学者。拉丁美洲社会文化研究（ALESDE）编辑。

胡利亚·诺德索萨（Juliano de Souza），巴西巴拉纳联邦大学体育教育学硕士、博士。休闲体育和社会体育学研究中心研究员，拉丁美洲体育社会学学会成员。研究领域为体育社会学、社会学在巴西体育教育和体育实践中的应用。

万德莱·马尔奇·儒尼奥尔（Wanderley Marchi Júnior）博士，巴西金边大学体育教育学和社会学教授。巴拉纳联邦大学体育、休闲体育及社会学研究中心研究员。拉丁美洲体育社会和体育文化研究协会主席（ALESDE），国际体育社会学协会董事会长期成员。

第二章　巴西：发展提升有空间

巴西国土面积是世界第五大国，大部分领土位于赤道和南回归线之间，属于南美洲国家，东濒大西洋，与 10 个南美洲国家接壤；总人口 2.02 亿（巴西国家地理统计局，2010），是世界第五大人口国。巴西民族历史的形成有四大主导因素：第一，1500 年，巴西成为葡萄牙的殖民地，直至 1822 年才通过民族独立运动成为独立的国家；第二，在殖民地时期，大批的非洲裔群体被当作奴隶运往巴西，这为巴西文化烙下了深刻的印记；第三，1888 年废除奴隶制后，巴西本土大量未开垦的土地吸引了大批欧洲和亚洲移民，其中以德国、意大利、西班牙和日本人居多；第四，巴西民族历史的形成受当地土著居民的影响。在葡萄牙殖民者到来之前，这些土著居民散居在巴西各地，葡萄牙殖民者入侵后对土著居民大肆屠杀，摧毁了大量土著部落，时至今日，土著居民仅占其总人口的百分之一还不到，但是土著文化对巴西文化产生了重要影响。

从政治视角来看，巴西是一个民主共和国，有 27 个联邦区（州）和 5565 个城镇（巴西国家地理统计局，2010）。自 1988 年联邦宪法颁布实现民主开放以来，巴西开始实行直接选举并采取四年选举制。参选者可直接竞选行政职位（市长、州长直至总统）以及享有立法权的职位（市议员、国会议员以及联邦参议员）（巴西，1988）。

根据世界银行的统计，2013 年巴西国民生产总值快速增长，成为世界第七大经济体；然而其人均国民生产总值却大大下降至世界第 62 位。与此同时，基尼指数（代表财富分配是否平均）也显著提高。对比显示：2011 年，巴西基尼指数为 0.531，同年，中国和美国在 2010 年分别为 0.421 和 0.41。与很多国家一样，巴西社会发展的最主要挑战是缩小贫富差距，使财富在民众间公平分配。

在教育领域，巴西仍面临着严峻的挑战。2010年的人口普查数据显示，巴西有9.6%的人口是文盲，其中将近50%的25岁以上的成年人未完成小学教育（基础教育）。在竞争激烈的市场上，这些人的收入大部分没有最低工资限制，因此往往挣的钱非常少。据统计，有1/3的人口收入仅达到最低工资标准，1/3人口的收入处于最低工资和两倍最低工资之间（巴西国家地理统计局，2010）。尽管在很多国家最低工资已足够支付人们一个月的基础开支，但是在巴西最低工资还不足以支付一个人每月的住房、食物以及休闲费用。

这一数据对巴西体育产业的发展具有重要参考和分析价值。一般情况下，人们在商品和服务方面消费的增长潜力更大，但是在巴西大部分人在运动、健身以及休闲领域方面的消费都受到很大的限制。这是因为考虑到人们的购买力，在巴西只有收入达到最低工资三倍的人群才是体育产业的潜在消费者，这部分人群仅占总人口的17.5%。这并不是说其他群体就不会接触体育，毕竟95%的巴西家庭都有电视（巴西国家地理统计局，2010），他们可以收看一些有互动性的体育节目和体育赛事转播。然而，对大部分居民来说，当一个人处于低收入和低水平教育状态时，他们是很难通过收看体育节目而被激发体育消费的。

相关研究证实，巴西仅有10%的人每周休闲运动时间达到了150分钟。而达此指标的人群通常是年轻、有着高学历的男性（Knuth et al., 2011）。相关研究数据还证明，巴西有2500万过度肥胖人口（占总人口的18.5%），还有41%的人口超重。在经济贫困地区，过度肥胖人口达到28%（Komarchesqui，2015）。

将这种现象与大型体育赛事，如2014年巴西世界杯以及2016年即将在里约热内卢举办的奥运会和残奥会的推广进行对比，笔者对当前的局面产生了质疑——至少可以这样说。对于巴西举办大型体育赛事，有着无数的争议，许多人认为在巴西这样的环境中，其处于边缘化的社会和经济情况并不适宜优先投资举办超大型体育项目（Marchi Júnior, Souza & Starepravo,

2014)。而如果尽最大可能减少或忽视这些争议,对于类似于巴西这种举办大型体育赛事的国家来说,它们的体育、经济和政治机构会努力调整国家状态,使其能够承办此类赛事。有关举办大型赛事成功结果的假设,会对巴西体育产业的发展产生至关重要的影响。此外,这部分人也认为,举办大型体育赛事有助于巴西体育产业在全球体育产业中的重新定位,虽然这种重新定位可能是临时的。

为了更好地了解巴西体育产业的发展现状,本文将对其进行全面论述。第一,巴西的体育组织构成,包括管理系统、法律系统以及各系统与国家的关系;第二,详细描述巴西最受欢迎的两大运动项目——足球和排球,包含主要投资者、主要赛事以及项目管理;第三,以国家、体育组织以及其他私人企业对大型体育赛事的投标策略为基础,分析体育赛事所面临的机遇与挑战;第四,审视和反思赛事"遗产"对社会意识形态的影响。对类似于巴西这种国家来说,它们的"遗产"主要依赖于神秘、有象征意义的民族主义,进而使得原本受排斥的体育产业得到发展的空间。这种排斥最初在巴西是一种自然现象,体育成为机会主义者统治的工具。

一 巴西体育与体育组织

根据1988年巴西宪法,参加体育运动是每位公民应当享有的权利。因此,对于公共组织(联邦、州和市政府)来说,推广体育运动是其义不容辞的责任。为了促进体育产业的发展,宪法还规定,其他体育组织在组织运营和事务管理上享有自治权(巴西,1988)。随后,巴西对本国的体育法等相关法规进行了修正,即要求根据国际法的相关规定,公共组织必须重视发展竞技体育;根据不同年龄阶段的需求发展休闲体育;综合考虑学校内外体育运动的时长发展学校体育。为了进一步促进竞技体育、休闲体育以及学校体育的发展,修正后的法律充分尊重体育组织的自主经营权,任何公民都有创办私人机构或成为私人机构会员的权利(巴西,1996)。

体育机构是国家体育系统的一部分。因此它必须按照相关体育法规来进行管理和运营，注重并支持体育实践。根据相关法律，以下实体得到了国家的承认：巴西奥委会、巴西残奥委会、国家和区域体育管理机构、国家和区域体育协会，以及与以上组织相关的体育机构和巴西俱乐部联合会（巴西，1996）。对于国家和区域单项体育协会的管理，每个体育项目在巴西的27个联邦州和一个联邦区中都有自己的联合会。比如，在这种等级结构中，巴西奥委会有30个附属单项协会（均来自奥林匹克运动项目），其中有18个是相关协会，有3个得到了法律认证。这些协会受到巴西奥委会的制度保障，但不会得到资金支持。在国际层面上，国家单项体育协会通常隶属于自身项目的国际单项体育联合会；在国家层面上，它们接收并管理每个区域的协会。一些比较受欢迎的项目，如足球和排球，在巴西的每个州都有自己的协会。地方单项协会负责该项目在本区域内的发展和推广，它们的日常工作不仅包括组织项目比赛，还要帮助运动员保持和提高运动成绩。

巴西主管体育的行政机构是体育局。巴西体育局成立于2003年，负责体育产业的发展并提供财政支持，因此，巴西体育局的成立被视为国家体育领域发展的里程碑。体育局无法得到国家的直接拨款，但可以从体育彩票中获得一定比例的收益（巴西，2006）。体育局还需对体育产业私营组织的运营情况进行分析，它们常通过对公司和个人企业的免税政策来获得企业的金融投资（巴西，2006）。巴西于2006年通过一项具有激励性质的法律，即公司和私营企业可将部分税收投资于政府的体育项目。该法律颁布后，企业可能更多地将其所应缴纳的税收转变为体育赞助的形式来交付给政府部门，进而获得更为长远的利益。体育产业除了会得到体育局的资金支持外，还可从其他部门获得资金，如国家、市政部门的拨款以及国会通过的相关扶持项目。如，2004~2009年，国家对体育产业的拨款为13亿美元，占这一时期国家财政拨款总额的0.044%（Almeida et al.，2012）。

下面将综合更多要素来剖析巴西体育供给与消费的管理模式和政治结构。现以足球和排球——巴西人消费最高的两大运动为例。

第二章 巴西：发展提升有空间

（一）足球管理体制

巴西足球一直居于国际领先地位，曾赢得5届男子世界杯冠军（1958、1962、1970、1994、2002年），拥有很多世界顶级球员，如贝利、罗马里奥、罗纳尔多和卡卡等。其成功还表现在不断变革足球赛制上，比如室内5人制足球和沙滩足球，这使得巴西足球在国际锦标赛上也有着相当的霸权地位。

巴西足球协会由巴西足球联盟（CBF）统领。CBF是一个私营组织，直至1979年才被官方认可，成为正式组织。其部分创始者曾是巴西体育联盟（CBD）的成员。CBD成立于1914年，负责全国体育运动的相关事宜，现已不存在。

巴西1959年首次尝试举办巴西足球锦标赛，直至1971年在CBD的组织下巴西足球锦标赛才成为一项全国性的赛事。但参赛的俱乐部大部分来自巴西南部和东南部区域。

如今，巴西足球锦标赛分为A、B、C、D四个级别。A、B、C级各有20个俱乐部，D级有40个俱乐部。其中A级是顶尖足球俱乐部，它们大部分来自巴西南部和东南部区域，更具体地说，主要来自圣保罗和里约热内卢这两个州。

2014年Portal（一个由建筑和工程集团创办的网站）的数据显示，巴西现有俱乐部29208家。而2009年CBF的调查数据显示，巴西有783家职业足球俱乐部，分布于27个足球联盟。

对比这些数据发现，专业管理与非专业管理对俱乐部所造成的差别显著，这种差别也同样存在于国际领域。对巴西足球锦标赛A级的俱乐部来说，它们大部分能通过出卖转播权获得大笔收益，这是因为它们有着无数的支持者。这类俱乐部有弗拉门戈（RJ）、科林蒂安（SP）、圣保罗（SP）、帕尔梅拉斯（SP）和瓦斯科·达伽马（RJ）。当然，这些A级俱乐部受欢迎并不是因为运气，而是因为它们在1990~2014年的国家足球锦标赛上共赢得了15个冠军。为了获得更高的收入，这些俱乐部又开始抢收顶尖球员。

而与此同时，对俱乐部收入的不当管理也会使得顶尖俱乐部降至 B 级，如帕尔梅拉斯、瓦斯科·达伽马和科林蒂安。

巴西四个等级的足球锦标赛每年举办的时间晚于国内 27 个足球联盟的比赛。这些区域比赛在历史上早于巴西锦标赛，对塑造俱乐部与区域竞争对手之间的关系产生了重要的作用。这也可以解释为什么足球在巴西有着如此高的地位，扮演着如此重要的角色。巴西足球之所以受到大众的喜爱是因为区域足球俱乐部及其社会团体的带动作用，这是由神秘的民族主义而创办的巴西国家队所难以企及的。

然而，这种逻辑也有一定的局限性。其中一个原因是，巴西有着近 30000 家足球俱乐部，其中 800 家左右是职业足球俱乐部。那为什么那么多家俱乐部中只有少数赢得声望取得成功呢？答案只能用体育市场的再生机制来解释。从全球视角来看，资本主义市场激发了足球产业的市场化发展，使得各大俱乐部优胜劣汰，像企业一样展开竞争，造成的结果必然是一部分俱乐部战胜其他俱乐部赢得威望和利润。这种现象只有通过历史演变才能说明，但是笔者认为，正是这种物质的不平等，才产生了这种供给与消费关系。在巴西，这种不平等是一个经济资本积累的过程，这些俱乐部能够满足球迷的心理需求。球队间的比赛类似于"没有硝烟的战争"，各大俱乐部通过激烈的竞赛来博取球迷的眼球，获得高额收益 (Souza, 2014)。换言之，这些俱乐部基于足球而形成的象征性资本——声望以及在足球界的统治地位会在资本主义市场背景下进一步转变为经济资本。

（二）排球管理体制

排球是巴西在世界上处于领先地位的另一大运动项目。巴西男子排球和女子排球在 2014 年国际排球联合会（FIVB）上处于领导地位。尤其是在沙滩排球技术领域，巴西女子排球队居于世界之首，男子位列第二。当然，如今的成功也是来自他们在过去四十年间的努力。

巴西排球的转折点发生在 1981 年。它们开始允许赞助商在其赞助服上印上其品牌的标志。私人赞助的出现使得幸存下来的俱乐部开始盈利，新兴俱乐部引起了体育社团间的等级分层。随着俱乐部收入的增加，球员的工资水平和训练环境都得到了改善。这就是巴西排球职业化的萌芽（Marchi Júnior，2004）。这种职业化的管理方式打破了以往业余管理模式，巴西开始效仿美国、意大利和日本，进行排球管理体制的改革（DiMaggio，1983）。

这种新的管理模式，旨在将赞助费作为俱乐部收入的主要来源以代替国家拨款。这一策略吸引了大量赞助商，取得了空前的成功。巴西银行自1991年开始赞助巴西排球，两者似乎早已成为一个不可分割的整体。虽然巴西银行是国有银行，但是，自1964年始，它同时向私有企业和国有企业开放。在失去这种市场垄断地位之后，为了争取更多的客户，巴西银行开始与其他的公司合作。巴西银行注意到自己的客户群体逐渐衰老，而又无法很好地吸引年轻的客户群体。因此，为了更好地培育目标群体的品牌忠诚度，巴西银行进行了市场调研。体育运动当时是人们的首选活动，而排球又是收视率最高的体育运动（巴西银行，2012）。所以，为了吸引更多的年轻顾客，塑造良好的品牌形象，体育市场营销是巴西银行所采取的众多营销策略之一。

巴西排球的另一大赞助商是奥林匹库斯。其于1974年涉足体育产业，最初是为体育教学课程生产运动鞋。1980年巴西提出打造体育用品世界品牌的口号，为了增强自身的竞争力，奥林匹库斯开始加大投资、提高产品的技术含量，这也是其回归自身品牌、平衡投资与收入所做出的必要选择。奥林匹库斯于1997年开始赞助巴西排球，在接下来的十几年里其将赞助领域扩展到了运动员、排球队以及其他项目。

赞助商都在积极寻求自己的利益相关市场。巴西排球在1997年有75400名运动员，至2006年达到了85125人，数量增长了15%。沙滩排球运动员人数为2856人，1999年，巴西排球判断其92%的运动员和消费者年龄为10～30岁。

当与体育实践市场进行对比时，这一数据对普通大众来说意义就不大了。当然，如果我们认为排球运动的市场份额代表了潜在消费者的数量，这样会更有意义，如本章开头中所提到的巴西17%的高收入人群。

1999年，一项调查显示，对受访者来说，排球是其第二喜爱的运动。对热爱运动的人士来说，排球也是他们最常做的运动（Cordeiro Filho & Albergaria，2006）。考虑到人们对排球运动的需求，2004年公共排球设施的覆盖率在全巴西达到了67%（Graça Filho，2010）。同年的另一项研究表明，巴西女性最喜爱排球运动，其次是游泳、足球、篮球、网球和赛车。巴西男性最喜爱的运动是足球（87.4%），其次是排球（63%）、游泳、赛车、篮球和网球（Coelho，2009）。

对一项运动来说，电视传播也很重要。比如，2006年巴西主要广播公司转播了巴西球队的28场比赛。根据收视率的统计，有70%的上层家庭收看了比赛。收看观众男女性（52%男性）均有，大部分（69%）年龄在25岁以上。巴西体育产业的总产出有24%与排球相关。2008年，排球产业产生了20000个直接工作岗位，150000个间接工作岗位（俱乐部、协会、学校工作人员）。

近年来，我们越发感觉到排球的重要性。在2016年里约热内卢奥运会门票的预售中，排球是人们最感兴趣的运动项目。根据2016年奥组委的统计，有27%的群众打算购买排球赛的门票，而足球是21.9%，游泳为21%，田径为20.6%。尽管这一数据显示的是国内外消费者的共同偏好，但是，国内消费者的偏好对这一数据的影响更大。

同时，巴西室内排球在区域内占有统治地位，这种统治地位与足球相似。体育运动，作为一种文化产物，其男子和女子锦标赛都有着一些比较优秀的队伍，这些队伍主要来自巴西东南部和南部区域。这些俱乐部通过赢得比赛获得高额赞助，进而聘用顶级球员，提高技术水平。当俱乐部的整体运营收获良好的市场效益时，他们就可以进一步更换赞助商，提升自身的竞技水平。至此，一个垄断性循环体系就形成了。

1992~1993年的赛季，巴西就开始采取一种运动员排名策略，以确保球队间的均衡状态。比如说，竞技水平高、经济效益好的俱乐部严禁聘用7分球员，即国家队队员或国际精英球员。这一策略的目的是确保球队之间竞技水平的平衡,实现竞赛的趣味性以及对观众的吸引力。然而,虽然任何一个俱乐部都可以从这一策略中受益,但各俱乐部的结构不同,所拥有的财富和资本也不尽相同,因此并不能实现真正的竞争性平衡。

二 主办大型体育赛事

巴西曾在1950年举办足球世界杯,1963年在圣保罗举办了泛美运动会,2007年在里约热内卢再次举办泛美运动会。同年,巴西又获得2014年足球世界杯的举办权。随后,巴西又将在2016年举办奥运会和残奥会。

关于足球世界杯举办权的竞选机制,其所遵循的一个重要原则是2000年制定的大陆轮换机制,即世界杯在非洲大陆举办之后,南美足球联合会成功地获得2014年足球世界杯的举办权。2006年12月,两大南美洲国家——哥伦比亚和巴西开始争夺2014年足球世界杯的举办权。

根据国际足联公布的新闻稿,哥伦比亚总统Luis H. Bedoya Giraldo以一封信的形式宣布放弃2014年足球世界杯的申办权,但信中并没有表明停申的原因。因此,作为唯一的候选国,巴西递交了相关申办文件并很快得到认可。2007年10月30日,国际足联宣布巴西成为2014年足球世界杯的举办国。可能是因为对举办世界杯感兴趣的国家较少,所以同年国际足联放弃了大陆轮换机制。国际足联主席Joseph Blatter说:"轮换原则符合世界杯比赛的初衷,它使得我们有机会将这一最负盛名的赛事的举办权给予非洲国家。"

由于是唯一的投标国家,人们对巴西获得足球世界杯的最终举办权并不感到惊奇。因此,媒体关注的重点是:在2014年巴西足球世界杯上,巴西国家队能否扭转1950年世界杯决赛上败给乌拉圭的局面,赢得总冠军。在这种大背景下,2014年巴西世界杯在筹备工作中,形成了乐观主义者阵营和悲观主义者阵营。乐观主义者认为,举办大型体育赛事能够加快国家经济的发展以及促进城市更新;悲观主义者主要关注举办赛事所需要的主要公共设施投资。众所周知,巴西世界杯在赛事初期投入就已经比早期的预期投入高了25%。其中最主要的问题是公共资金问题,之所以会出现项目延期和预算增加这些问题，主要是因为公开招标和官僚主义对所应支付款项的延迟到位。

巴西政府和国际足联都认为，2014年巴西世界杯是一项成功的赛事。国际足联也甚为欣赏巴西政府提出的"世界杯中的世界杯"这一办赛理念。然而，世界杯的举办为巴西体育局和整个巴西社会都带来了严重的经济问题。12个在建或重建的场馆中有6个都面临着维护费用和运营资金问题。这主要是因为这些场馆处于巴西北部、东北部和中西部区域，而这部分地区球迷需求并不大。比如，亚马逊竞技场的运营成本为6.7亿雷亚尔，而每月的维护费用就达到70万雷亚尔。在2014年世界杯结束的八个月里，亚马逊竞技场只举办了7场比赛，产生了200万雷亚尔的赤字。由于在2015年巴西第一联赛和国家锦标赛中亚马逊州并没有俱乐部参加，因此，整个亚马逊州现场观赛人数仅有659人，其收入对维系场馆运营的费用来说是微不足道的。

据估计，2014年巴西世界杯为国际足联带来了50亿美元的利润，创造了历史新高，并将1亿美元用于巴西本国的足球发展。然而，国际足联却不愿意将亚马逊竞技场作为2016年奥林匹克运动会足球比赛的办赛场馆，这可能主要是因为本文之前所提到的管理赤字。一如2014年世界杯举办前，在世界杯举办后国际足联丝毫不在意场馆的情况。它的主要观点是亚马逊竞技场的管理赤字是巴西的问题并不是足球的问题。早在2014年世界杯筹备之时，巴西政府打算在12个城市建设12个场馆，而国际足联要求建设8~10个，结果也证实了该观点是对的。因此，我们不得不思考：如果举办世界杯和大型体育赛事总是有益的，那么，它们为什么只适合特定的城市和国家来举办呢？如果在赛后无法维持场馆的正常运营，那么是谁从中获得利益呢？

2016年奥运会和残奥会的举办也将会出现类似的问题。据估计，巴西将会花费370.7亿雷亚尔（约150亿美元）。巴西奥林匹克委员会以及巴西政府（国家、市）的此次申奥是为了在南美洲国家树立举办大型体育赛事的典范。

第二章　巴西：发展提升有空间

里约热内卢是巴西人口最多的城市之一（世界第16大人口城市、巴西第二大人口城市），经济繁荣（2020年GNP将居世界第31位，巴西第二位），旅游业发达，每年往来里约热内卢旅游的国际游客占了巴西游客总量的30%。从2002年起巴西开始举办属于奥林匹克比赛项目的国际体育赛事，如沙滩排球、游泳、现代五项、体操、铁人三项、田径和柔道。综合性体育赛事也在其举办范围内，如2007年泛美运动会、第七届南美运动会。

很多人认为，巴西是近年来才有办赛意识的。笔者必须指出，这种看法是不全面的。Rubio（2010）指出，早在20世纪20年代巴西就开始有意举办奥运会。根据Rubio的研究，1927年，巴西奥林匹克委员会向国际奥林匹克委员会提交了举办1936年奥运会的申请。然而，1929年的经济危机影响了巴西咖啡豆的出口，这对巴西经济造成重创，从而使得巴西退出奥运会的申办。几十年后，巴西再次萌发出举办奥运会的欲望，前任总统费尔南多（Fernando Collor de Melo）提出，在巴西首府——巴西利亚举办2000年奥运会并支持商业赞助；而巴西奥委会更倾向于在里约热内卢举办奥运会并取消了此次申请。这是巴西第二次申奥失败。后来，里约热内卢成为举办2004年和2012年奥运会的候选城市，然而，其申请在国际奥委会的第二轮投票中被驳回（Rubio，2010）。随后，巴西申办2016年奥运会并成功通过国际奥委会的第二轮投票，于2009年10月击败芝加哥（美国）、马德里（西班牙）以及东京（日本）获得2016年奥运会的举办权。

国际奥委会批准奥运会举办国家的因素很多。巴西在2016年奥运会的申请中不仅提供了正式的财政应急方案以及关于比赛的后勤保障方案，还向奥委会表示了其政治战略，取得了政府，尤其是联邦政府的支持，对奥运会的成功申办有着重大的影响。这是因为奥运会申办的一半资金来自政府拨款。此外，巴西前总统Fernando Collor de Melo及世界各地巴西大使馆的努力和支持，与申奥的成功也有着密切的关系，巴西将2016年里约奥运会视为其主要国际事务（Almeida，2015）。

2008年，巴西国际事务部成立了有关体育的特殊协调机构，即"体育交流与合作协调机构"。该机构主要负责大型体育赛事的相关事宜，主要包含以下五个方面：①与友国的体育合作；②大型体育赛事；③国际事务；④沟通与交流；⑤实时行动（巴西，2014）。在此机制创办之前，卢拉政府最初是将体育作为一种外交手段进而实现政治目标。2004年巴西与海地间的一场足球比赛被称为"和平比赛"。在这场赛事之前，巴西作为2002年足球世界杯的冠军国还参加了海地的阅兵仪式。巴西政府种种举动正是希望通过体育来塑造巴西在海地人民心中的正面形象，展示巴西国家政策与联合国的和平进程相一致，表现巴西积极参与国际事务的决心（Resende，2010）。

当将体育产业融入整个国家的大环境时，就可以发现巴西的体育战略尤其是足球战略及其典型事例的重要意义。体育不仅仅是一种社会象征，更是集表演性与个人技艺于一体的运动项目，但是尽管如此，体育仍被视为一种政治和外交手段而得到不断使用。在巴西的体育文化中，体育仅仅被看做是一种体能运动，作为学校和军队的一门训练课程而要求强制执行（Soares，2009）。如今，体育被看作是国际事务谈判和政治信息传播的一种手段而被广为应用，虽然这并不是体育的主要功能（Defrance & Charmot，2008）。

在巴西，体育的政治作用并不明显，但它确实是政府一个强有力的工具。巴西足球的霸权地位已得到国际范围的普遍认可，足球与巴西之间已形成一种独特的关系。这种独特的关系是一种积极的联系，从政治层面看，其不仅能够提升巴西的国际形象，还能够发展巴西的国际贸易（Resende，2010；Vasconcellos，2011）。

约瑟夫奈指出，足球和狂欢节是与巴西软实力息息相关的两大元素（Resende，2010；Suppo，2012）。也就是说，巴西足球和狂欢节增强了巴西在国际舞台上的吸引力。约瑟夫奈（2008）指出，这种吸引力是由一个国家的文化、政治理念和政策共同作用而形成的。

虽然有一些研究指出，体育对于对外政策、国际协调或者人权促进来说，并不是一个随时可用的工具，我们也不可期望技术和经验不经鉴别就直接出口；但是，笔者所要承认和强调的是，巴西体育主要是足球，作为一种政治手段，在促进经济发展和提升国际形象上具有潜力。用这一观点诠释大型体育赛事可概括为：体育赛事不仅为展示政治和意识形态的冲突提供了舞台，还能够促进合作，增进理解，消除固有的成见，搭建消除文化差异的桥梁，将冲突表现在竞技场而不是战场（Merkel，2008）。

这也是根据韩国和朝鲜的案例得出的结论。但笔者认为，这一观点适用于类似的冲突。如果巴西不存在与邻国的历史性矛盾，他们也不会如此努力在大国林立的国际体系中寻求自己的一席之地。因此，体育赛事和体育活动在一般情况下可作为政治策略来接近别国并与其建立合作关系。尤其是关于大型体育赛事的新闻报道，往往在全世界范围内传播赛事举办国的积极信息，这不仅能够增进国家间的了解，还能以体育的名义打破政治壁垒。通过开幕、闭幕式以及体育竞赛而传递的关于举办国的形象和信息都是正面报道的一部分。

巴西通过大型节事活动来传播国家形象主要始于21世纪。外交部部长阿莫林指出，随着经济的发展、民主程度的提高、社会政治的完善、外交行动的加强，巴西在国际上的地位不断提高。这些努力既是巴西作为区域领导者所采取的行政战略的一部分，又是代表弱势国家在传统的强国面前发出的强有力的"声音"。因此，作为一个外围国家，巴西反复强调要申办2016年里约奥运会，尤其是在卢拉总统的演讲中。这位总统在不同的场合均指出奥运会不只是发达国家才能举办的，虽然巴西仍存在很多问题，但是仍有足够的财力来举办一场奥运会（Almeida，2015）。

在申办阶段，里约热内卢预期奥委会将会为赛事的举办投资32亿美元，在体育设施和相关基础设施方面社会投资额将达到134亿美元（2016年里约奥运会申办委员会，2009）。这些数据是将2008～2016年汇率波动和通货膨胀考虑在内而做出的预测结果。然而，随着汇率和通货膨胀率已经高于同期预测，估计这些数据还会增长。

根据2015年1月公开的巴西官方文件，75%的建筑物和体育基础设施建造的相关合同已签订并生效，其中有64%的资金由私人主动捐赠。奥运村和残奥村就是私人投资建造的主要项目，这一花费接近总成本的50%（Autoridade Pública Olímpica，2015）。还有25%的项目由于成本不明确，因此，赞助商在2016年奥运会和残奥会举办前的18个月并不能获得直接的投资金额。

撇开最后的数据，事实已证实2016年里约奥运会和残奥会以及2014年足球世界杯已获得可持续的投资。这些赛事将对巴西体育产业的发展产生重大影响。然而，证据也表明，并不是所有的潜力得到了发掘，只有那些在市场上占据主导地位的一方才可获得真正的经济利益。

三　大型体育赛事遗产：信仰与冲突

提起大型国际体育赛事，人们首先想到的是举办体育赛事所能带来的影响。在文献上通常表述为"遗产"。虽然每个城市、区域或国家的历史构成不同，体育对其造成的影响也不同，但是笔者将这些影响统称为体育"遗产"、经济"遗产"、社会"遗产"、城市"遗产"、基础设施"遗产"、旅游"遗产"、环境"遗产"、交通运输"遗产"、教育"遗产"、知识"遗产"、公共安全"遗产"、文化"遗产"、象征性"遗产"、情感"遗产"和城市形象"遗产"等。

首先，应该对文献中所描述的这些"遗产"加以仔细思考。不同的学术团体试图在其研究学科和子学科范围内将这项"新"的研究合法化。那么，所处的市场环境会对大型体育赛事的研究和其所谓的遗产造成影响吗？答案是肯定的。但是，赛事遗产的创造和发现并没有受到限制。这是因为一些学者正在试图使这场辩论日益明朗化。这种途径确保了研究工作在违背市场需求的条件下还享有一定的自主权，不幸的是影响了相关领域以及未被论及的相关领域的研究与成果出版。

基于这种理解，巴西关于大型体育赛事的学术研究及"遗产"测量主要为这两类观点：提倡举办体育赛事和反对举办体育赛事。人们的政治态度和文化底蕴都会对这两类观点造成影响。社会团体更倾向于鼓励学者来质疑举办体育赛事，强调举办赛事所引起的社会矛盾。也就是说，一方面，有一部分学者认为市场自由，提倡举办体育赛事；另一方面，还有一部分学者站在马克思批判主义的立场，反对举办体育赛事，认为其加大了社会差异。

与以上观点不同,第三类学者跳出了以上片面的乐观主义与悲观主义的阵营,他们用更开阔的视野来看待大型体育赛事及赛事"遗产"。需要强调的是,乐观主义和悲观主义在科学术语中属同一范畴。第三类群体提倡对现有理论进行反思,增强对现实的理解。也就是说,他们认为在对这个社会世界进行解读时既要批判又要理性。为促进大型体育赛事社会遗产的发展,在分析之初首先需要抛掉遗产的概念,把它归类于社会学范畴,结合社会哲学和实证主义来研究。只有从这一角度来理解才能相对比较接近对"遗产"的价值判断。因此,在筹备和举办体育赛事时,我们需要更多地注意那些能够对巴西社会结构进行建构的程序动态。

根据这种理论方法,之前所提到的各种"遗产"也应该被解读为模糊性事件。此种理论方法还使得从结构和心理上区分外围国家和中心国家。一部分巴西学者在其国际性学术论文中认为,对中心国家来说大型体育赛事"遗产"通常是积极的;而对于巴西这样的外围国家,在现代化的进程中,其市场和国家所需要的"情感经济"和中心国家并不相同。"情感经济"是指无论一个人的社会地位如何,其人格、尊严、社会认知以及争夺社会稀缺资源的机会均等,"情感经济"存在于核心国家,但是巴西尚未达到这种社会水平(Souza,2003;2006;2009;2010)。

鉴于这种原因,需要特别注意以下两方面:第一,在对大型体育赛事进行对比分析时,由于社会历史的差异,欧洲和北美的对比并不包含在本研究对比范围内;第二,核心资本主义国家关于大型体育赛事学术研究的理论和经验对我们来说可能是不正确的。因此,在学术领域对巴西体育赛事"遗产"的评估,需要充分考虑自身的社会文化形态,尤其是那些建立在社会科学基础上的理论解释。

接受资本主义核心国家和外围国家间的差异,是研究巴西大型体育赛事理论和方法时的重要一步,尤其是对赛事遗产和影响的评估。同时要注意避免陷入"遗产"原有的、流行的概念。根据 Damo 的研究,"遗产"是一个有意义的非固定的形态,含义宽泛,因此,我们无法说明"遗产"是什么。从这个意义上讲,"遗产"并不是一种特殊奖励也不是指那种美好的积极的事物。也就是说,"遗产"可能会是一项需要付出代价或需要收费的项目,对社会边缘群体来说,它可能会带来消极影响。

2014年世界杯所带来的消极"遗产"主要有两方面。第一,大量的赛事投入主要是来自公共资本的投资,这导致只有少数有特权的人才能进场观看比赛;第二,对社会群体开放的一些资源和特权往往是他们本来就已经享有的。因此,由于与赛事举办地距离的不同和社会地位的不平等,巴西不同的社会阶层对赛事"遗产"有着不同的看法和态度。

Horne和Manzenreiter指出(2006:12):大型体育赛事的主要遗产之一是促进社会两极分化。此外,在边缘社会中,只有少部分人群获益,却使得全社会来共同承担其债务。因此,大型体育赛事给穷人带来的影响是负面的。在赛事筹备期间,由于场馆建设或整顿市容等原因,这部分人会受到强行拆迁而被迫离开自己的居住地,而在赛事结束后,他们所获得的补偿完全赶不上因赛事举办而增加的税收。

从体育产业视角看大型体育赛事及其"遗产",在发达社会举办的赛事,如2012年伦敦奥运会和残奥会使社会尚存在冲突和矛盾(Sadd,2012),在边缘社会这种矛盾会更加激烈和复杂。例如,根据Benedicto(2008)的调研,2007年里约泛美运动会引起了核心利益相关者(政府、施工人员、组委会)和弱势群体之间的至少22种社会矛盾。该作者强调了社会运动的重要性,在泛美运动会中,弱势群体成功阻止了Favela Belém-Belém, Favela Vila Autódromo和Favela Canal do Anil这三个贫民窟的拆迁。

理解并加强社会冲突的概念对大型体育赛事社会学的研究具有重要价值,对平衡不同国家,尤其是类似于巴西这种外缘国家的多类型的赛事遗产具有重要作用。同样,无论社会冲突的呈现形式如何,都会出现象征性暴力的系统形式。Bourdieu指出(2009):"任何温和和处于萌芽时期的暴力形式都有可能爆发。"这也是必须仔细评估文献中所说的"无形资产"的原因。尚须明白,无形或非物质遗产在赛事遗产中处于主导地位,因为它不仅能够传播民族意识形态,还能够弥补有形或物质遗产所留下来的空白。该理论形态涉及大型比赛、音乐会、典礼和节庆活动等的物质和非物质形态,但

第二章 巴西：发展提升有空间

在其提出初期并没有用于大型体育赛事研究。后来，如何将其用于大型体育赛事及其遗产研究仍不得而知。然而，在任何意义上，我们都可以肯定的是，所谓的社会现实都是历史文化的产物，时间的推移和物质的积累赋予了产物新的意义和价值，一种事物可能会以另一种形态表现出来。

关于大型体育赛事有形"遗产"和无形"遗产"的研究已有很多。比如由 Burbank，Andranovich 和 Heying（2001）合著的有关大型体育赛事的一书。Preuss（2007）对大型体育赛事的研究做出了突出贡献。Sadd（2012）关于 2012 年伦敦奥运会和残奥会影响的研究对赛事"遗产"研究有很大的参考价值。在巴西，二进制表征常被用于学术和政治领域，这主要是由于其理论较为容易理解且便于应用（Tavares，2011）。体育赛事的有形影响或"遗产"可以通过经济、城市更新以及基础设施来衡量，而无形影响或"遗产"包括"增强民族自豪感、展示国家形象、加强国际交流、增强内部凝聚力"等，这种无形影响很难被测量（Damo，2012）。这种模糊的元素通常会自然而然地表现出来，进而会被转化为多种意识形态。在类似于巴西这种多民族主义形态的社会背景下，这种现象会更加明显，这是因为其允许信仰自由。不过需要指出的是，无论信仰如何，无论需要克服何种困境，每个巴西人都受到要热爱自己国家的教育。

巴西社会学家 Jessé Souza 认为，统治巴西民族主义情绪的是一个叫作"Brazilianity myth"的具有虚幻弥补价值的神话。当前的巴西社会面临着种种问题和困难，其最尖锐的问题是贪污腐败以及人情社会。而那个具有弥补性的神话把巴西刻画成一个幸福的国家，那里生活着富有同情心的人民，最优秀的足球运动员、顶尖的桑巴舞者、完美的派对以及世界上最美丽最性感的姑娘。就是这个对社会表象进行集合的故事构成了塑造巴西个人主义和维系民族团结的纽带。因此，这个社会开始厌恶矛盾，不再愿意面对现实困境。令人惊讶的是，这一具有强大感染力、虚幻的构想，竟然被很多有名望的理论家如 Gilberto Freyre，Sérgio Buarque de Hollanda 以及近期的 Roberto DaMatta 使用（Souza，2006；2009）。

笔者发现，"Brazilianity myth"主义频繁出现于大型体育赛事筹备期间

(Souza，2011)。这种民族主义元素频繁出现在官员的讲话、媒体的报道、学术界以及市民口中，其主要目的是展示巴西国家举办赛事的意义。这些信仰在 2007 年泛美运动会的开幕式上表现得特别明显，后来又在 2012 年伦敦奥运会闭幕式上得到展现，其目标是为下一个举办奥运会的国家奠定基础。该虚构主义另一次最明显地出现在获得 2016 年奥运会主办权后，卢拉总统讲话说："巴西需要举办奥运会，巴西不仅是一个大国，还是一个拥着顶尖人才的重要国家。我常常说世界上可能存在和我们国民一样幸福、开心、富有创造力的人民，但是他们仅仅是类似，从未超越过我们……"(Silva，2009)。

巴西各个阶层的人民都分享着这种补偿性幻想，这是因为这种幻想已成为巴西民族身份的象征。虽然大型体育赛事所呈现的这些论述对他们来说并不合理，但是将民族主义具体化对巴西和巴西人民是有意义的。举办大型体育赛事能够提升巴西人民的自豪感，这主要来自体育赛事的国际化元素，如通过举办赛事呈现出热情温暖的国家形象。人们对这些印象进行感知进而形成所谓的"无形遗产"。

这种理解并没有忽视体育消费和供给所带来的情绪和象征性潜力。体育在全世界有着强烈的反响，这是因为其开展在典型情绪化和象征性的经济条件下，并根据各个国家的环境来重新构造。然而，这些情绪化和象征性经济并不能与民族主义神话混淆。人们所讨论的大型体育赛事的"无形"影响使得虚幻的神话更加巩固，而不是去评估体育赛事所带来影响的实际程度。这种情形无疑是不好的，虚幻主义使得大型体育赛事误传了社会凝聚力增加和集体感良好的信息，这就使得社会差异化日益加剧。这种虚幻式的弥补主义已存在超过八十年，统治者发现体育和足球是使得这种思想合法化的有力武器。因此，要注意避免将"无形遗产"作为巴西主导性的统治工具。

四 总结

第一，巴西体育产业遵循着高度合理化和官僚化的模式。在这两种情况下，体育生产和体育消费之间的距离加大。巴西体育产业的发展还有很大的提升空间，如尽量减少在电视上观看体育活动，更多地发展休闲体育和社会体育。然而，这里需指出，通过电视来转播体育赛事尤其是足球和排球比赛，这种方式影响了大众参与体育赛事的积极性，阻碍了巴西的体育产业发展。

第二，足球和排球在巴西是占据主导地位的体育项目，受到各个阶层人民的喜爱。它们是在国家体育管理体制下合法化的产物。这种管理体制满足了赞助商的利益诉求，从而导致体育领域的资源分配不公。此外，球队和俱乐部结构和运营情况的差异，造成各个俱乐部间运动员的职业生涯的差异。不同地域的人们享受的体育权利也不均等，如巴西东南部和南部地区的体育发展水平要远远超过东北部、北部和中西部区域。

第三，对于在巴西举行的这两大体育赛事，社会各界力量——联邦和地方政府、国际足联、奥委会、媒体和赞助商等都付出很大努力。这表明随着巴西经济的发展，主办国的选择并不再依据党派来决定。如果巴西有着向世界展示自身经济状况的地缘性政治利益，巴西当地政府有着向全国以及世界展示举办区域的政治诉求，大型体育赛事无疑是一个增强国家和地域全球化的很好途径。国际体育管理体制垄断着这些赛事，它也整合着不同利益团体的诉求。一旦政府可以承担举办赛事的花费或大部分花费，国际足联和奥委会会做出一定的让步，并从中获得最大限度的利润，如2014年足球世界杯。

第四，类似于巴西这种外围国家举办的体育赛事，其象征意义大于其实际收益。这种结论需要一种理论概念的处理才能够被理解，包括本国的社会历史形态、赛事举办体系、赛事举办后果，而不只是对"遗产"的评价和测量。

第五，所谓的大型体育赛事的"有形"和"无形"影响，即是体育赛事社会"遗产"，在某种程度上赛事遗产即是信仰的再生产。他们忽略了不同阶层所感知的赛事影响尤其是无形影响的不同。主办方只是以自身的利益诉求为基础来进行市场定位，立足于增加人们对产品、品牌、符号和社会迹象的消费，但是忽略了人口之间的差异。

本章中所探讨的一系列问题，都需要在理论和实践上进行更深层次的探究，巴西体育产业发展的历史矛盾也会受到社会学的质疑。在此，需强调两点：①体育运动，尤其是足球和排球运动，对整个巴西社会的民族情绪都有着很大的调动作用，促进了巴西体育产业的发展；②大型体育赛事在为少部分人带来经济效益的同时，侵害了很多人，尤其是弱势群体的利益并引起社会冲突。虽然这些矛盾在赛事的举办过程中会得到调节，人们也更多地被鼓励通过收看电视转播来消费赛事。但是，与此同时，整个体育产业通过举办赛事所获得的收益十分有限，社会收益减少又会引起新的冲突。

参考文献

Almeida, B. S., Coakley, J, Marchi Júnior, M, & Starepravo, F. A. (2012). Federal Government Funding and Sport: the Case of Brazil, 2004 - 2009. *International Journal of Sport Policy and Politics*, 4 (3), 411 - 426.

Almeida, B. S. (2015). *Altius, Citius, Fortius... ditius*? Lógicas e estratégias do Comitê Olímpico Internacional, comitê de candidatura e governo brasileiro na candidatura e escolha dos Jogos Olímpicos e Paralímpicos Rio 2016. Tese (doutorado em Educação Física). Curitiba, Universidade Federal do Paraná.

Amorim, C. (2007). *A Diplomacia Multilateral do Brasil*: um tribute a Rui Barbosa. Brasília: Fundação Alexandre de Gusm? o e Instituto de Pesquisa de Relações Internacionais.

Autoridade Pública Olímpica. (2015). Matriz de Responsabilidades (2a atualização). 28 jan. 2015. Available at http://www.apo.gov.br/wp-content/uploads/2015/01/Matriz_V3_28_01_2015.pdf], accessed on 12 feb. 2015.

Banco do Brasil. (2012). BB e CBV renovam parceria por mais cinco anos. 20 apr. 2012. Available at http://www.bb.com.br/portalbb/page118,3366,3367,1,0,1,0.bb?codigoNoticia=33503, accessed 17 February 2014.

Benedicto, D. B. M. (2008). *Desafiando o coro dos contentes*: vozes dissonantes no processo de implementação dos Jogos Pan - Americanos, Rio 2007. Dissertação (Mestrado em Planejamento Urbano e Regional). Rio de Janeiro, Universidade Federal do Rio de Janeiro.

Bourdieu, P. (2009). *O senso prático*. Petrópolis: Vozes.

Brasil. (1988). *Constituição da República Federativa do Brasil*. Brasília, 5 oct. 1988.

Brasil. (1996). *Lei n. 9166*, de 24 de março de 1996. Brasília, 24 mar. 1996.

Brasil. (2006). *Lei n. 11.438*, de 29 de dezembro de 2006. Brasília, 29 dez. 2006.

第二章　巴西：发展提升有空间

Brasil. (2009). *Estudo da demanda turística internacional 2004 – 2009*. Ministério do Turismo. Available at http：//www. dadosefatos. turismo. gov. br/export/sites/default/dadosefatos/demanda_ turistica/internacional/download_ internacional/Estudo_ da_ Demanda_ Turxstica_ Internacional_ –_ 2004 – 2009. pdf, accessed on 09 feb. 2015.

Brasil. (2014). Ministério das Relações Exteriores. Coordenação – Geral de Intercambio e Cooperação Esportiva CGCE. Available at http：//www. itamaraty. gov. br/o – ministerio/conheca – o – ministerio/organograma/coordenacao – geral – de – intercambio – e – cooperacao – esportiva – cgce, accessed on 25 jun. 2014.

Burbank, M. , Andranovich, G. D. , Heying, C. H. (2001). *Olympic Dreams*：The Impact of Mega – events on Local Politics. Boulder, CO：Lynne Rienner.

Citymayors Statistics. (2007a). Largest Cities in the World by Population (1 to 125). 6 January 2007a. Available at http：//www. citymayors. com/statistics/largest – cities – population – 125. html, accessed on 09 feb. 2015.

Citymayors Statistics. (2007b). The 150 Richest Cities in the World by GDP in 2020. 11 March 2007b. Available at http：//www. citymayors. com/statistics/richest – cities – 2020. html, accessed on 09 feb. 2015.

COB. (2015). Confederações Brasileiras. Available at http：//www. cob. org. br/confederacoes – brasileiras, accessed on 05 feb. 2015.

Coelho, J. (2009). Voleibol：um espaço híbrido de sociabilidade esportiva. In：L. H. Toledo & C. E. Costa (Eds.). *Visões de Jogo*：antropologia das práticas esportivas. São Paulo：Editora Terceiro Nome.

Confederação Brasileira de Voleibol. (1999). *O esporte como indústria*：solução para criação de riqueza e emprego. São Paulo：Fundação Getúlio Vargas.

Cordeiro Filho, C. , & Albergaria, M. (2006). Voleibol masculino e feminino. [Men's and Women's Volleyball] In：L. DaCosta (Ed.), *Atlas do Esporte no Brasil* [Atlas of Sport in Brazil]. Rio de Janeiro：CONFEF.

Correio do Povo. (2015). Custos dos Jogos Olímpicos de 2016 chega a 37, 7 bilhões. Available at [http：//www. correiodopovo. com. br/Esportes/547581/Custos – dos – Jogos – Olimpicos – de – 2016 – chega – a – 37, 7 – bilhoes], accessed 22 mar. 2015.

Costa, M. M. (2007). Esporte de Alto rendimento：produção social da modernidade – o caso do vôlei de praia. *Sociedade & Estado*, 22 (1)：35 – 69.

Damo, A. S. (2012). O desejo, o direito e o dever – A trama que trouxe a Copa ao Brasil. *Revista Movimento*, Porto Alegre, 18 (2), 41 – 81.

Defrance, J. , & Chamot, J. M. (2008). The voice of Sport：Expressing a Foreign Policy through a Silent Cultural Activity：the Case of Sport in French Foreign Policy after the Second World War. *Sport in Society*, 11 (4)：395 – 413.

DiMaggio, P. J., & Powell, W. W. (1983). The Iron Cage Revisited: Institutional Isomorphism and Collective Rationality in Organizational Field. *American Sociological Review*, 48, 147-160.

Esportes, R. (2009). Há no Brasil 783 clubes profissionais de futebol, diz CBF. Available at http://esportes.r7.com/futebol/noticias/ha-no-brasil-783-clubes-profissionais-de-futebol-diz-cbf-20091023.html], accessed 18 feb. 2015.

FIFA. (2007a). 'Inspection Report for the 2014 FIFA World Cup.' 30 October 2007. Available at http://www.fifa.com/mm/document/affederation/mission/62/24/78/inspectionreport%5fe%5f24841.pdf, accessed 8 March 2012.

FIFA. (2007b). "Brazil Confirms Bid - Colombia Withdraws." Media Release, 13 April 2007. Available at http://www.fifa.com/worldfootball/releases/newsid = 123706.html, accessed 8 March 2012.

FIFA. (2007c). "Brazil Confirmed as 2014 Hosts." News, 30 October 2007 available at http://www.fifa.com/worldcup/news/newsid = 625695/index.html, accessed 8 March 2012.

FIFA. (2007d). "Rotation ends in 2018" available at http://www.fifa.com/worldcup/russia2018/organisation/media/newsid = 625122/index.html, accessed 8 March 2012.

FIVB. (2014a). Fédération Internationale de Volleyball. FIVB Senior World Ranking - Women. 13 October 2014. Available Online at http://www.fivb.org/en/volleyball/VB_Ranking_W_2014-10.asp, accessed 12 feb. 2015.

FIVB. (2014b). Fédération Internationale de Volleyball. FIVB Senior World Ranking - Men. 22 September 2014. Available online at http://www.fivb.org/en/volleyball/VB_Ranking_M_2014-09.asp, accessed 12 feb. 2015.

FIVB. (2014c). Fédération Internationale de Volleyball. FIVB Entry NF Ranking - Men. December 2013, available online at: http://www.fivb.org/EN/BeachVolleyball/NFRanking_M.asp, accessed 12 feb. 2015.

FIVB. (2014d). Fédération Internationale de Volleyball. FIVB Entry NF Ranking - Women. December 2014, available online at http://www.fivb.org/EN/BeachVolleyball/NFRanking_W.asp, accessed 12 feb. 2015.

Folha na Copa. (2014). Copa do mundo termina com 23 obras inacabadas. Available at http://www1.folha.uol.com.br/esporte/folhanacopa/2014/07/1486053-copa-do-mundo-termina-com-23-obras-inacabadas.shtml, accessed 12 mar. 2015.

Folha Online. (2007). "Brasil é o quinto país a organizar duas Copas do Mundo." 30 October 2007. Available at: [http://www1.folha.uol.com.br/folha/esporte/ult92u341091.shtml], accessed 8 March 2012.

Gold, J. , & Gold, M. (2010). *Olympic Cities: City Agendas, Planning and the World's Games, 1896 - 2016*. London: Routledge.

Graça Filho, A. (2010). *Estratégia institucional do esporte no Brasil: reflexões estratégicas a favor do esporte democrático e solidário*. Rio de Janeiro: Menthor Textual.

Horne, J. , & Manzenreiter, W. (2006). An Introduction to the Sociology of Sports Mega - events. *The Sociological Review*, 54 (2), 1 - 24.

IBGE. (2010). *Censo demográfico 2010* - Resultados gerais da amostra. Rio de Janeiro, p. 1 - 139.

Jesus, D. S. V. (2011). Triunfo, desgraça e outros impostores: um ensaio sobre hierarquia e exclusão no esporte e nas relações internacionais. *Revista Brasileira de Educação Física e Esporte*, 25 (3), 417 - 430.

Knuth, A. G. , Malta, D. C. , Dumith, S. C. , Pereira, C. A. , Morais Neto, O. L. , Temporão, J. G. , Penna, G. , & Hallal, P. C. (2011). Prática de atividade física e sedentarismo em brasileiros: resultados da Pesquisa Nacional por Amostra de Domicílios (PNAD) - 2008. *Ciência & Saúde Coletiva*, 16 (9), 3697 - 3705.

Komarchesqui, B. (2015). Com 25 milhões de obesos, o Brasil está cada vez mais acima do peso. *Gazeta do Povo*, 09 feb. 2015. Available at http://www.gazetadopovo.com.br/vidaecidadania/conteudo.phtml?tl=1&id=1531596&tit=Com-25-milhoes-de-obesos-o-Brasil-esta-cada-vez-mais-acima-do-peso, accessed on 09 feb. 2015.

Marchi Júnior, W. (2004). *Sacando o Voleibol*. São Paulo: Hucitec; Ijuí: Unijuí.

Marchi Júnior, W. , Souza, J. , & Starepravo, F. A. (2014). Esporte de inclusão social: reflexões sobre o *Brazil Sportive* dos megaeventos. In: Marinho, A et al (org.). *Legados do Esporte brasileiro*. Florianópolis: Editora da UDESC: 519 - 559.

Merkel, U. (2008). The Politics of Sport Diplomacy and Reunification in Divided Korea: One Nation, Two Countries and Three Flags. *International Review for the Sociology of Sport*, 43 (3), 289 - 311.

Nye, J. (2008). Public Diplomacy and Soft Power. *The ANNALS of the American Academy of Political and Social Science*, 616, 94 - 109.

O Estado de São Paulo. (2015a). Fifa fatura RMYM 16 bilhões com a disputa da Copa do Mundo no Brasil. Available at [http://esportes.estadao.com.br/noticias/futebol, fifa-fatura-r-16-bilhoes-com-a-disputa-da-copa-do-mundo-no-brasil, 1653669], accessed 22 mar. 2015.

O Estado de São Paulo. (2015b). Brasil que ser vire com as arenas vazias, diz Fifa. 'O problema é de vocês'. Available at [http://esportes.estadao.com.br/noticias/futebol, brasil-que-se-vire-com-as-arenas-vazias-diz-fifa-o-problema-e-de-voces, 1655094], accessed 22 mar. 2015.

Olympikus. (2014). Patrocínios, available online at http：//www.olympikus.com.br/site/#/esportes/patrocinios/undefined/cbv, accessed 17 February 2014.

Portal 2014. (s.d.). O futebol brasileiro. Available at http：//www.portal 2014.org.br/o-futebol-brasileiro, accessed 18 feb. 2015

Poynter, G., & Macrury, I. (2009). *Olympic Cities*：2012 and the Remaking of London. Aldershot：Ashgate.

Preuss, H. (2007). FIFA World Cup 2006 and Its Legacy on Tourism. In R. Conradi & M. Buck (Eds.), *Trends and Issues in Global Tourism* (pp. 83-102). Berlin；Germany：Springer.

Proni, M. W. (1998). *Esporte-espetáculo e futebol-empresa*. Tese (doutorado em Educação Física). Campinas, Universidade Estadual de Campinas.

Rede Globo. (2007). Projeto Vôlei 2007. Informações adicionais de mídia. Available at http：//comercial.redeglobo.com.br/programacao_esporte/volei_midia.php, accessed 25 jun. 2012.

Resende, C. A. R. (2010). O Esporte na Política Externa do Governo Lula：o importante é competir? *Meridiano 47*, 11 (122), 35-41.

Rio 2016 Bid Committee. (2008). Candidature Acceptance Application for Rio de Janeiro to host the 2016 Olympic and Paralympic Games. Available at http：//www.rio2016.org.br, accessed on 09 feb. 2015.

Rio 2016 Bid Committee. (2009). Sumário Executivo v. 1. Rio de Janeiro. Available at：http：//www.rio2016.org.br/sites/default/files/parceiros/dossie_de_candidatura_v1.pdf, accessed on 12 feb. 2015.

Rio 2016. (2015). Ingresso do voleibol é o mais procurado até agora pelos torcedores dos Jogos Rio 2016. Notícias Rio 2016, 28 jan. 2015. Available at http：//www.rio2016.com/noticias/noticias/ingresso-do-voleibol-e-o-mais-procurado-ate-agora-pelos-torcedores-dos-jogos-rio-2, accessed on 31 mar. 2015.

Rubio, K. (2010). Postulações brasileiras aos Jogos Olímpicos：considerações acerca da lenda do distanciamento entre política e movimento olímpico. *Biblio 3W. Revista Bibliográfica de Geografía y Ciencias Sociales*, 15 (895-10).

Sadd, D. J. (2012). *Mega-events, Community Stakeholders and Legacy*：London 2012. Unpublished Doctoral dissertation, Bournemouth University, England.

Silva, L. I. L. (2009). *Entrevista coletiva concedida a jornalistas brasileiros e estrangeiros pelo Presidente da República, Luiz Inácio Lula da Silva, após o anúncio da escolha da cidade-sede dos Jogos Olímpicos de 2016*. Copenhague, Dinamarca, 02/10/2009. Available at http：//www.itamaraty.gov.br/sala-de-imprensa/discursos-artigos-entrevistas-e-outras-comunicacoes/presidente-da-republica-federativa-do-brasil/entrevista-coletivaconcedida – a – jornalistas, accessed 28 nov. 2012.

Soares, C. L. (2009). Da arte e da ciência de movimentar – se: primeiros momentos da ginástica no Brasil. In: Del Priore, M, & Melo, VA (orgs.). *História do esporte no Brasil*: do Império aos dias atuais. São Paulo: Ed UNESP, 133 – 178.

Souza, J. (2014). O "*esporte das multidões*" *no Brasil*: entre o contexto de ação futebolístico e a negociação mimética dos conflitos sociais. Tese (doutorado em Educação Física). Curitiba, Universidade Federal do Paraná.

Souza, J. F. (2003). *A construção social da subcidadania*: para uma sociológica política da modernidade periférica. Belo Horizonte: Editora da UFMG; Rio de Janeiro: IUPERJ.

Souza, J. F. (2006). *A invisibilidade da desigualdade brasileira*. Belo Horizonte: Editora da UFMG.

Souza, J. F. (2009). *A ralé brasileira*: quem é e como vive. Belo Horizonte: Editora da UFMG.

Souza, J. F. (2010). *Os batalhadores brasileiros*: nova classe média ou nova classe trabalhadora? Belo Horizonte: Editora da UFMG.

Suppo, H. (2012). Reflexões sobre o lugar do esporte nas Relações Internacionais. *Contexto Internacional*, 34 (2), 397 – 433.

Tavares, O. (2011). Megaeventos esportivos. *Revista Movimento*, 17 (3), 11 – 35.

Vasconcellos, D. W. (2011). *Esporte, poder e relações internacionais*. 3. ed. Brasília: Fundação Alexandre de Gusmão.

Veja. (2007). Copa do Mundo de 2014. Perguntas e respostas. Seção on – line, Outubro de 2007. Available at http://veja.abril.com.br/idade/exclusivo/perguntas_respostas/copa_do_mundo/index.shtml, accessed 8 March 2012.

World Bank. (2013a). *Gross Domestic Product* 2013. Available at http://databank.worldbank.org/data/download/GDP.pdf, accessed on 05 feb. 2015.

World Bank. (2013b). *GDP Per Capita* (current USMYM) 2013. Available at http://data.worldbank.org/indicator/NY.GDP.PCAP.CD?order=wbapi_data_value_2013 + wbapi_data_value + wbapi_data_value – last&sort = desc, accessed on 05 feb. 2015.

World Bank. (2015). *Gini index* (World Bank estimate) – 2010 – 2014. Available at http://data.worldbank.org/indicator/SI.POV.GINI/countries/1W?order=wbapi_data_value_2012%20wbapi_data_value&sort = asc&display = default, accessed on 05 feb. 2015.

第三章

加拿大：民族文化谱新篇

埃里克·麦金托什

埃里克·麦金托什(Eric MacIntosh)
博士,加拿大渥太华大学体育管理学副教授。研究方向为组织行为学以及市场营销学。加拿大体育领域著名专家,体育管理学的狂热发言者和多种出版物的发表者。

第三章　加拿大：民族文化谱新篇

在加拿大，体育是民族文化的重要组成部分，也是国际身份的重要象征。如今，加拿大体育产业多姿多彩，揭开了新的历史篇章，在国民、政府政策及其他主要利益相关者（如媒体、学者、体育组织、管理者）中扮演着重要的角色。实际上，加拿大民族文化（如原住民、法国和英国移民）、19世纪末和20世纪初移民者间的竞争、政府国民、国际议程、科技发展等都对加拿大体育史的形成有着重要的影响（Morrow，2015；Morrow & Wamsley，2013；Thibault & Harvey，2013）。

加拿大是世界上陆地面积最大的国家之一，横跨三大海洋，海陆交汇，广大的陆地面积，地貌各异（从山脉到高原），多样的风景、地貌、语言和文化，为其丰富多彩的休闲体育项目的形成奠定了基础。加拿大总人口为35702707（加拿大统计局，2015），分布在10省3区。各省、区之间地理分散，人口种群各异，体育组织体系也各不相同，因此，各体育组织间的资源和运营资金也各有差异。种类多样体育项目的形成在很大程度上是取决于地理和气候环境。加拿大四季分明：寒冷多雨的秋季、雪花纷飞的冬季、冰雪消融的春季以及烈日炎炎的夏季。这对加拿大体育参与和体育消费市场的形成产生了重要的影响。不同的气候形成了人们不同的室内和室外体育运动的兴趣。加拿大人参与体育项目的方式，不仅包括直接参加体育运动，还包括体育管理、裁判、教练、志愿者等。总之，加拿大的文化、历史以及地理气候共同锻造了加拿大的职业体育、业余体育和体育产业。

加拿大有组织的体育运动可追溯至18世纪70年代（赛马比赛）。在此之前，加拿大的原住民喜欢参与各类体育活动和比赛（如手指拉力、划臂、摔跤、袋棍球或曲棍球等）（Morrow，2015；Morrow & Wamsley，2013）。这对如今的加拿大体育产生了深远的影响（如长曲棍球、长曲棍球联盟、2015年女皇碟赛马比赛）。当然，这些项目和比赛本身不能形成加拿大的体育产业。如今的加拿大体育产业比以往更加多样化、组织化和结构化。但在早期原住民的体育项目和竞赛的基础上，法国和英国传统为加拿大整体体育娱乐和竞赛表演业注入新项目、新规则以及新价值观（Morrow，2015）。

Marrow指出：由于联邦政府的推动，1900~1920年有250万移民移居到加拿大，其中大部分移民居住于西部新成立的开放省。这一时期的大量移民对加拿大当代体育文化形成起了引导和塑造的作用。从本质上讲，自1867年加拿大联邦建立之日起，加拿大人所参与的体育项目，从拳击、摔跤等男性参与为主的项目转变为橄榄球（足球）、游泳、篮球、垒球等大众体育项目。加拿大体育的多样性体现在其种类多样的不同等级的区域性、国家性以及国际性体育组织，这些组织掌管着加拿大基层体育和竞技体育的发展和运营。

一 加拿大体育的历史渊源

原住民对加拿大体育的发展影响深远，其中很多体育项目，如溜冰、皮划艇、滑雪以及长曲棍球等，如今仍深受大众欢迎（加拿大长曲棍球协会，2015；Morrow，2015）。加拿大体育的发展与原住民密不可分。长曲棍球在加拿大是一项历史文化悠久、大众参与度极高的运动。早在法国和英国移民到来之前，原住民就已开始参加包括长曲棍球在内的各种体育项目。Morrow和Wamsley（2013）指出，原住民所参与的体育项目有摔跤、射箭、舞蹈以及类似于拔河、雪橇的运动项目。他们提到"游牧和半游牧的生活方式孕育了这类身体上和心理上的对抗性比赛，体现了他们生存技能和技巧的发展，而这类比赛也增添了他们的生活乐趣，维系了亲属间的密切关系"（Morrow & Wamsley，2015）。这类体育项目对竞技以及身体的需求在今天也有着很大的体育价值。

毫无疑问，加拿大体育项目的发展是以原住民体育为基础的，而法国和英国移民也为加拿大体育产业的发展注入新的活力，如摔跤、拳击、捕猎等粗放型体育项目（Lindsey & West，2010）。早期的法国移民现在通常居住在蒙特利尔和魁北克市，他们擅长赛跑、摔跤、溜冰、皮划艇等对体力要求较高的项目，以表示他们对阳刚之力的敬畏（Morrow，2015）。尤其是在法国人居住区，阳刚之力已成为他们文化的一部分。加拿大英国人（包括英格兰、苏格兰、爱尔兰）的传统体育包括捕猎、狩猎以及桌球，此外，酒吧文化已成为当地社会生活最突出的一部分（Morrow，2015）。英国高尔夫和曲棍球也对加拿大体育产业产生了很大影响，赛马也受到加拿大各个社会阶层的青睐。直至如今，很多体育项目尤其是曲棍球和高尔夫依旧受到加拿大人民的喜爱。

加拿大经济的不断发展为体育产业发展提供了沃土。促进加拿大体育产业发展可归功于铁路系统的创建。加拿大铁路系统的发展（1850年铁路线路全长160公里，1900年东海岸至西海岸长达30000公里）是实现加拿大体育产业良好业态的最重要因素之一（Morrow，2015）。铁路系统的发展也为加拿大国内跨城市体育竞赛提供了良好的条件。在这个时期，邻城甚至更远的城市之间的体育竞赛机会不断增加，促进了高水平业余体育的蓬勃发展。

虽说加拿大早期体育的发展是在各个城市齐头并进的，但是蒙特利尔市是当时加拿大体育产业的中心城市，这得益于其优越的水路条件。休闲体育和商业体育在全国范围内起着引领性的作用。可以说，蒙特利尔是加拿大体育尤其是19世纪80年代体育产业发展的核心。比如，蒙特利尔见证了加拿大体育俱乐部的形成和发展，如1807年成立的蒙特利尔曲棍球俱乐部、1843年成立的蒙特利尔雪鞋俱乐部、约于1881年成立的蒙特利尔业余体育协会以及其他体育组织（Lindsey & West，2010；Morrow，2015）。虽然蒙特利尔是加拿大体育组织及体育竞赛发展的中心，但是同期其他城市的体育竞赛产业也开始繁荣发展。比如，国家曲棍球协会于1867年在安大略湖金斯顿成立，这是首家由国家控制的体育协会。长曲棍球早在1859年就已成为加拿大国家体育项目之一，在国会议员中也受到追捧，因此成为加拿大国家夏季运动项目（其他如滑雪是国家冬季运动项目）。

加拿大国家体育组织（NSOs）主要负责国家各类体育项目的管理和调整，属于非营利组织，代表国家各类体育项目的利益；掌管着政策制定、组织发展及国家队组建等职责；管理一系列加拿大早期体育组织，包括加拿大棒球协会（1876）、蒙特利尔业余体育协会（1881）、加拿大业余滑雪协会（1887）、加拿大业余运动联盟（1895）等。如今，加拿大官方国家体育组织已达到58个（从滑水协会到轮椅篮球、冰球、英式橄榄球、草地保龄球等协会），这些协会受到国家的资金支持。当然，组织大小不同，国家支持资金也不等，国际化程度的不同也会影响国家的拨款数额。

20世纪初，冰球和棒球成为加拿大群众参与度最高、观众人数最多的项目，标志着加拿大体育产业繁荣市场的开始（Morrow，2015）。例如，1910年起源于安大略湖南部和北部的职业曲棍球联盟公开赛，国家曲棍球协会主要负责制定如运动员与俱乐部签订合约的最短年限等规则（Morrow，2015，p.57）。Morrow（2015）指出：如果有人问到20世纪初至60年代加拿大体育产业发展最具有代表性的标志是什么，我会回答他"金钱"。在此期间，企业家、商家等对体育产业的兴趣日益高涨，体育产业面临着大好的发展机遇（Morrow，2015，p.60）。毫无疑问，这段时期代表着加拿大职业体育产业的开始。与此同时，社区体育俱乐部在体育赛事组织方面起着显著性的作用，如奥林匹克运动会等高级别业余体育赛事的组织与筹办。社区俱乐部的发展同样也对休闲体育、社区体育以及精英业余体育的确立起着重要的作用。

如今，许多私人体育组织（如体育俱乐部、滑雪场、高尔夫课程、职业体育、体育用品批发及零售）对体育产业的多样性发展起着至关重要的作用。无论是职业体育组织还是业余体育组织，都聘用专业管理人员以使组织运作更加规范化。这些专业管理人员通常在体育管理及其他相关机构中受过专门培训和教育。北美职业体育联盟就是被这样一支专业的美国团队所把持，目前，加拿大在这方面与美国有较大距离，其体育市场空间更是无法与美国抗衡，因此，加拿大需要更加努力并聘用更多受过正规培训、熟悉体育产业运营体系的员工来组织运营。比如，美元是职业体育领域的流通货币，因此，加拿大经营团队在稳定运动员收入、以美元支付运动员薪水以及税收制度上比南边的竞争对手面临更多的挑战（Humphreys & Lander, 2015）。

第三章　加拿大：民族文化谱新篇

Humphreys 和 Lander 指出，最大的开支（如运动员薪水）是用美元支付的。另外，有利的特许权被不利的汇率损害，廉价的加拿大货币增加了工资开支。这很有可能就是多年以来很多职业体育的特许经营权转移到美国的原因之一。

加拿大冰球在项目参与和赛事观众方面都有良好的群众基础。加拿大人民对冰球的喜爱已有一百多年的历史，自从冰球赛事由加拿大最著名的广播员——福斯特休伊特主持和广播后，人们对冰球的喜爱与日俱增。他的一句口头禅，即"看！他进球了！他得分了！"尽人皆知。此外，对他在每场广播开始时的广播词"你好，加拿大！你好，美国和纽芬兰的冰球迷们！"（加拿大广播公司数字档案馆，2015）人们耳熟能详。事实上，每周六晚上观看"加拿大冰球之夜"（HNIC）节目已成为加拿大人的生活习惯之一。Scherer（2015）指出：加拿大第一家私人广播公司为 CTV（1961），CTV 的成立开创了加拿大赛事转播史的新纪元。自此私人转播机构开始与官方转播机构展开竞争，这使得全国曲棍球联盟以及加拿大足球联盟的几大赛事联盟的转播权收入大大提高（p.236）。CTV 进入体育产业市场加剧了各大广播公司间的竞争，各个广播公司开始积极抢占受众市场，以宣示自己对固定赛事的市场所有权。比如，CTV 一举拿下 1964 年冬季奥运会赛事和周三晚全国曲棍球赛事的转播权。CBC 以及加拿大电台也相继拿下了一些职业赛事和业余赛事的转播权（如高山滑雪、夏季奥运会），当然，加拿大冰球之夜（NHIC）拿下了最受欢迎的赛事节目转播权。Scherer（2015）提道：为了满足加拿大 80% 观众的需求，CBC 将其转播范围拓展到国际曲棍球比赛范围以及奥林匹克运动会和联邦赛事等。此外，加拿大两大球队——多伦多蓝鸟队和蒙特利尔博览会队的职业棒球比赛也在 CBC 的转播范围内。另一件大事，加拿大第一家有线体育频道 The Sports Network（TSN）于 1984 年面世。20 世纪 90 年代初，公共机构日益削减而私人机构急速增加（出版业、广播业、电信业）触发了一系列的变动，一时间体育播报大热，而竞争和利益也迫使公共机构改变新闻报道覆盖面。

2012 年观赏型体育项目的运营收入大致为 28287 万美元，比 2011 年增长了 6%（Statistics Canada，2015b）。增长的一个重要原因是温尼伯喷射机

99

队重返国家冰球联盟。这也再次证明了加拿大人对冰球的热爱。尽管赛马和其他竞技项目也对这一收入做出很大贡献，但可以肯定的是，冰球在加拿大人日常生活中的地位不可撼动。随着观赏型体育赛事的稳步发展，加拿大人对体育消费的热情持续高涨。

二 加拿大的"体育年"

加拿大政府宣布 2015 年为"体育年"。这是为了展示体育在国家中的重要性。加拿大政府是全球首个以此方式倡导重视体育在日常生活中的作用的政府。"体育年"是为了促进体育在增加居民幸福感、促进居民身心健康中的作用。"2015 体育年"将见证加拿大举办包括 FIFA 女子世界杯、泛美运动会、FIA 自由式滑雪世界杯、世界雪橇曲棍球挑战赛、ITU 铁人三项世界杯在内的 60 多项国际赛事。虽然这独特的一年将在公共传媒的潮流中烙下深刻的印记，但是回顾加拿大体育发展史（见表 1），有着很多历史性时刻，都在诉说着一个个精彩动人的故事。

表 1 重大的体育事件

年份	重大事件
1868	加拿大步枪协会成为第一个联邦政府资助的国家体育组织
1880～1884	Ned Hanlan 获得单人双桨赛艇比赛世界冠军
1891	James Naismith 任职于基督教青年会期间发明了篮球游戏规则
1893	蒙特利尔业余体育协会获得首届"斯坦利"杯
1900	Gorge Orton 为加拿大夺得首个现代奥运会 1500 米障碍赛冠军
1909	多伦多大学荣膺"格雷"杯
1920	温尼伯猎鹰队赢得奥运会上曲棍球冠军
1922	埃德蒙毕业生队蝉联冠军，他们在四届奥运会——1924 年（巴黎）、1928 年（阿姆斯特丹）、1932 年（洛杉矶）、1936 年（柏林），全胜
1924	多伦多花岗岩队在第一届法国夏蒙尼冬奥会上夺得曲棍球金牌
1928	Fanny "Bobbie" Rosenfeld 在阿姆斯特丹奥运会上夺得女子 100 米银牌和女子 4×100 米接力赛金牌，被公认为加拿大前半个世纪（1900～1950 年）最伟大的女性运动员
1928	Percy Williams 在阿姆斯特丹奥运会上获得 100 米和 200 米奖牌
1948	Barbara Ann Scott 在圣莫里茨冬奥会上获得花样滑冰金牌

续表

年份	重大事件
1952	加拿大开启电视转播体育时代,加拿大公共广播公司(CBC)用英语转播,加拿大广播电台用法语转播
1958	举办加拿大足球联赛
1961	C-131法案(健身和业余运动法案)颁布
1965	加拿大国旗(枫叶旗)公布于众
1967	第一届加拿大全国运动会举行
1968	Nancy Green 在法国格勒诺布尔奥运会上获得障碍滑雪赛金牌
1969	蒙特利尔队成为首支获准进入美国职业棒球大联盟(MLB)比赛的境外球队
1971	体育加拿大和娱乐加拿大成形
1972	在苏联 vs. 加拿大巅峰大赛上以及 Paul Henderson 的制胜球
1975	安大略省女子曲棍球协会成立
1977	美国职业棒球大联盟(MLB)赛季在多伦多开赛(多伦多蓝鸟队)
1980	Terry Fox 发起"希望马拉松":为了唤起民众对癌症患者的关注,筹措资金,虽然只有一条腿,他143天里跑了5733公里
1982	加拿大冰球协会(CHA)"女性委员会"成立
1984	萨拉热窝冬奥会上,Gaetan Boucher 在速滑项目上获得2枚金牌和1枚铜牌
1987	第一届世界女子冰球锦标赛举办
1988	首尔夏季奥运会上,Ben Johnson 的100米比赛曝出兴奋剂丑闻
1990	第一届国际冰球联合会(IIHF)世界女子冰球锦标赛在安大略省渥太华举办
1991	加拿大冬季运动会加入女子冰球项目,举办地——爱德华王子岛
1993	多伦多蓝鸟队赢得美国职业棒球大联盟(MLB)世界大赛
1994	Myriam Bédard 在利勒哈默奥运会上夺得15000米和7500米速跑金牌
1995	温哥华灰熊队和多伦多猛龙队加入NBA,而多伦多猛龙队是自1946~1947年多伦多爱斯基摩人队之后,第一批NBA球队在加拿大打球
1996	Donovan Bailey 在亚特兰大夏季奥运会上获得100米短跑金牌
1999	Nancy Greene 获得"世纪运动员"称号
2002	加拿大在盐湖城冬奥会上夺得女子和男子冰球"双金"
2003	Mike Weir 获得美国职业高尔夫球协会(PGA)大赛奖
2006	女子冰球获得都灵冬奥会金牌
2010	Alexandre Bilodeau 获得第一块在加拿大本土夺得的自由滑雪金牌
2010	温哥华冬奥会上,加拿大收获男子和女子冰球"双金"
2014	索契冬奥会上,加拿大收获男子和女子冰球"双金"
2014	加拿大冰球协会成立100周年
2015	国家体育年

从上述可以看到，加拿大已经举办很多令人难忘的体育赛事，尤其是三届奥运会。举办体育赛事是联邦政府的当务之急，特别是在2015"体育年"这一年。表2是对加拿大所举办的大型体育赛事的简要总结，这也可以展示出在现行国内政策下加拿大政府对体育赛事的态度。

表2 加拿大所举办的大型体育赛事

年份	体育赛事
1930	汉密尔顿大英帝国运动会
1954	举办温哥华大英帝国和英联邦运动会
1967	举办温尼伯泛美运动会
1967	举办第一届魁北克加拿大全国运动会
1976	举办蒙特利尔奥运会
1978	举办埃德蒙顿英联邦运动会
1983	举办埃德蒙顿世界大学生运动会（FISU 国际大学生体育联合会）
1988	举办卡尔加里冬奥会
1994	举办维多利亚英联邦运动会
1995	桑德贝国际滑雪联合会（FIS）举办北欧世界滑雪锦标赛
1999	举办温尼伯泛美运动会
2001	埃德蒙顿国际田联（IAAF）举办第八届世界锦标赛（田径）
2003	举办汉密尔顿国际自行车联盟（UCI）
2005	蒙特利尔国际泳联（FINA）举办世界游泳锦标赛
2007	加拿大国际足联 U–20 举办世界杯足球赛（世青赛）
2008	举办魁北克哈利法克斯国际冰球联合会（IIHF）世界锦标赛
2010	举办温哥华冬奥会和冬季残奥会
2013	举办安大略省伦敦世界花样滑冰锦标赛
2015	举办国际足联女子世界杯
2015	举办多伦多泛美运动会
2015	举办国际冰球联合会世界青年锦标赛（加拿大已举办过10届，包括最大型的2008届。自1990年起，已举办5届国际冰联女子世界锦标赛）

除了这些难忘的历史性时刻和众多的体育赛事，全国多个地区还举办了很多标志性赛事，像加拿大卡尔加里万人跑和渥太华周末跑等。此外，一些规模较大的比赛如皇室金杯（赛马）、格雷杯（CFL，加拿大足球联盟冠军）、凡尼尔杯（CIS，足球冠军）、红心锦标赛（全国女子冰壶锦标赛）、

马库斯-布莱尔（全国男子冰壶锦标赛）、加拿大大奖赛（F1）和纪念杯（加拿大冰球联赛冠军）等对加拿大的体育产业的发展起到显著的促进作用。

最后，体育继续在加拿大人生活中扮演着至关重要的角色。加拿大指导体育事业发展的重要政策文件很多，这无疑对加拿大体育产业的发展，尤其是群众体育的发展意义深远。加拿大体育管理体制表明：加拿大力图在国际竞技体育舞台上占得一席之地，与此同时，致力于为基层群众创造更好的运动参与环境。如今，关于如何更好地把有限的税收用在体育发展上的问题，自20世纪60年代早期起一直争论不休。

三 加拿大的体育组织与管理

加拿大大部分体育项目是由非营利组织和地方公共体育组织负责管理的，这往往需要志愿者的协助。加拿大的体育管理体制深受联邦政府的影响，联邦政府作为管理资金和制定政策的主体，其一举一动都关系着整个体育系统。

联邦政府在竞技体育和大众体育政策和管理条例的制定中扮演着重要的角色。加拿大政府是业余体育系统最大也是唯一的投资者，在"体育支持"项目中其投放金额达到1.5亿美元（Doherty & Clutterbuck，2013，p.328）。该资金通过各体育组织分配给不同项目，吸引儿童和青少年参与身体锻炼和体育活动（如ParticipACTION——一个倡导强身健体的加拿大公益组织）。"体育加拿大"（Sport Canada）是一个负责基层和高水平体育项目、促进国家相关计划和管理政策落实的组织（Government of Canada，2015）。

有很多国家体育组织（NSO）主要负责与国际组织协作，组织高水平竞技体育比赛。虽然不属于政府机构，但是他们得到经费等支持，NSO的行为与国际联合会（IF）的规则章程相一致。Doherty和Clutterbuck（2013）指出：国家依据一份为期四年的"贡献协议"给各大体育组织提供资金，而这项协议又以加拿大体育资金与责任框架为依据。各大国家体育组织有许多重要职能，包括国家体育管理、高水平竞技体育管理、国家队的组织与管理、教练和相关官员的体育管理专业培训。这58个体育组织中的绝大多数（如加拿大滑冰组织、跳水组织），依靠体育局的经费来源（国家体育组织，2015）。不过，这些国家体育组织正迅速转变，开始更加依赖私人企业的资金赞助。

综合性体育服务组织（MSO）也从加拿大体育局获得经费。MSO包括加拿大奥委会（COC）以及一些有特定目标的体育组织，如运动员权利保障协会（Athletes CAN），兴奋剂控制中心（世界反兴奋剂协会，WADA），原住民体育运动协会、轮椅运动协会、教练员协会（加拿大教练协会CAC）和女子体育协会（CAAWS）等。与国家体育组织（NSO）一样，各大综合性体育服务组织只要达到体育资金与责任（SFAF）的要求，就可得到联邦政府的赞助经费。

一般来说，国家层面比较注重高水准的竞技体育，而在省、地级层面则侧重于运动员的培养以及基层体育和体育参与（O'Reilly & Seguin, 2012）。省、地级层面的体育组织在本质上是非营利的，因此，它们的组织运作和管理在很大程度上需要志愿者的协助（Doherty & Clutterbuck, 2013）。这些组织是社区体育俱乐部和国家体育管理主体间的中介。加拿大体育产业和体育运动的根基在于社区，社区体育组织或俱乐部通常会为居民提供冰场、滑雪场、自行车道、体育联赛以及其他的娱乐条件。

（一）加拿大体育局（Sport Canada）

加拿大体育局是以加拿大国内体育政策管理和群众体育规划为主旨的联邦机构，是联邦政府文化遗产部和非政府组织（国家体育组织、专业服务组织、综合性体育组织、社区体育组织）之间联系的中介，负责全加拿大体育产业和体育运动的运营和推广，通过NSO和MSO帮助各省各地区的体育组织筹资及相关项目的管理，帮助体育组织实现其最终目标，提高加拿大人民的体育参与程度、促进体育水平的提高。

加拿大体育局是加拿大文化遗产部的体育项目、大型活动及区域体育部的下属机构。加拿大体育局的负责人向体育项目、大型活动和区域体育部的副部长助理报告工作，该副部长助理又向国际和政府事务部副部长助理报告工作，再由该副部长助理向加拿大遗产部副部长助理和副部长报告工作。这些职务分别委任一名公务员负责。目前的情形是，加拿大政府任命一名议会成员为国务大臣（管理范围包括体育部），另外又任命一名议会成员担任加拿大遗产及官方语言部部长，这两个职位都属于联邦内阁职位。加拿大遗产部网站显示加拿大体育局的使命及宗旨如下：

增加加拿大全民参与体育运动的机会，提高加拿大人民的体育水平，增强加拿大体育体系的容量和协作能力，鼓励人民参与体育，使加拿大民众有能力、有意愿在国际运动中表现出色。其具体职能主要包括三大方面：主办项目、扶持项目及资助运动员项目。

1. 项目主办

体育局的职能是通过协助各大体育组织举办国内及国际体育赛事，提高加拿大体育水平，提升体育组织在国际上的品牌知名度（加拿大政府，2015a），已协助举办各大综合性体育赛事（泛美运动会）、单项体育赛事（如世界锦标赛、世界杯）以及2015年国际足球联盟女子世界杯。以2015年泛美运动会为例，加拿大对该赛事的投入金额高达5亿美元，主要用来建设新的体育基础设施，以及对大多伦多区（GTA）、汉密尔顿、安大略省的相关设施进行更新，共用3.771亿美元，其余用于改善联邦服务（0.489亿美元）、拓展体育文化（0.06亿美元）、比赛团队备赛（0.03亿美元）和遗产资金（0.65亿美元），这些支出都是为了辅助未来若干年内实现三项核心职能。

2. 扶持项目

通过向NSO和MSO提供资助来扶持运动员和教练的发展。其目标包括：提高弱势群体参加体育运动的水平，增加他们参加体育运动的机会；提高加拿大体育水平，打造国际一流体育国家；增强加拿大体育技术领导力，提升加拿大人民体育兴趣和体育道德。

3. 运动员资助项目

运动员资助项目萌芽于1979年的"76运动会计划"项目和基金资助项目，属于加拿大体育局的管理范围。这一项目是通过给予运动员直接资助来帮助运动员取得辉煌战绩。在加拿大，排名世界前16或是有潜力达到这一标准的运动员都可以得到这项资金援助。NSO和MSO对符合条件的运动员进行提名，加拿大体育局进行认证后向合格运动员分发资助卡片，使其获得月生活费和培训费用。比如，在国际比赛中排名前八或有潜力达到前八名的运动员会拿到一张"高级国家资助卡"，凭借该卡运动员每月可获得1500美元的补助，其中第一个月是900美元。除了"高级国家资助卡"外，还有一种"发展潜力卡"，用来分发给那些拥有较高竞技技能且有着极大发展潜力的运动员，凭借此卡运动员每月可得900美元的补助（加拿大遗产部，2012）。

除此之外，加拿大政府还通过加拿大体育局来帮助加拿大体育中心和运动机构筹措资金，进而用来提高全国体育竞技水平。体育运动中心主要分布在大西洋、玛尼托巴湖、蒙特利尔和萨斯喀彻温等省份和区域，而运动机构主要分布在卡尔加里、安大略省和太平洋等省份和区域。通过加拿大奥委会、加拿大教练协会及省级政府机构之间的合作，这些体育中心有效地促进了加拿大竞技体育的发展，提高了教练员的知识水平和技能，形成了运动员和教练员培训网络（体育加拿大，2015）。2014~2015年，有投资近1585万美元用于这些体育中心的建设（见表3）。

表3 体育中心建设情况

单位：美元

体育中心	投资
大西洋加拿大体育运动中心（哈利法克斯）	625844
魁北克国家体育运动协会（蒙特利尔）	3920673
安大略加拿大体育运动协会（多伦多）	2375629
马尼托巴湖加拿大体育运动中心（温尼伯）	435800
萨斯喀彻温省加拿大体育运动中心（萨斯卡通）	311420
卡尔加里加拿大体育运动协会（卡尔加里）	3607349
大西洋加拿大体育运动协会（里士满）	4579009

加拿大体育局又是加拿大业余体育运动的主要融资组织。历史上，他们还制定了许多政策表示对基层体育的关心与重视，促进人民大众的体育参与，进而有意识有目的地实现精英体育的繁荣发展。在现实生活中，市民的体育参与主要是以省、地级为单位来展开的，与基层体育密切相关的机构有学校、体育俱乐部、社区健身中心与协会，而这些机构的管理和运营主要由志愿者来负责。Doherty 和 Clutterbuck（2013）指出，加拿大还有一些营利性的社区体育俱乐部（如高尔夫、滑雪、武术等），这些俱乐部大多是 PSO（省级体育组织）成员，其运营的主要目的是利用责任保险来参加及举办受国际认可的体育赛事。

四 政策与措施

加拿大有很多关于发展竞技体育和基层体育的政策性文件，许多政策都对体育产业的发展产生了重要影响（建议阅读 Thibault 和 Harvey 于 2013 年撰写的《体育政策》）。这些政策大多有利于加拿大在国内和国际上发展壮大体育产业、增强体育竞争力。Harvey（2015）指出，随着 1960 年 Bill C-131 法案的颁布执行，加拿大政府在居民健康和福利部下又开启了业余运动健身项目（1961），其宗旨是让加拿大人民更多地参与到体育运动中去。该法案在强化体育运动在加拿大的重要性方面有着里程碑的作用。法案 C-131 每年为业余体育和体育健身产业提供资金支持，在全国范围内向运动员提供基金援助，目的是进一步提高国内体育的专业化水平（Doherty & Clutterbuck, 2013）。而加拿大全国运动会（Canada Games, 1967）这种对运动员和运动成绩高度关注的赛事也为体育产业的发展铺平了道路。加拿大全国运动会的创办，为加拿大青少年、运动员及教练员参与竞技体育开辟了新路。

1971 年成立的"加拿大体育局"和加拿大休闲局对加拿大体育的发展有着至关重要的作用（Harvey, 2015）。这两大机构的建立带动了加拿大体育产业组织的专业化和系统化发展。这种专业化的管理体制实现了体育项目资金的规范化管理，进一步促进了加拿大基层体育的发展，加快了国际化进程。此外，联邦政府还通过加拿大体育局介入国际高水平竞技体育的管理。

在20世纪60年代至70年代初，联邦政府在提升加拿大体育国际地位方面取得极大的成功。与此同时，政府启动了"运动计划"（Game Plan，1976）项目，直接向加拿大国际优秀运动员提供经费支持。"运动计划"项目创立的初衷是在蒙特利尔奥运会期间为表现优异的运动员提供帮助。1976年的"运动计划"和1984年的"体育产业发展四年规划"，引导加拿大体育组织朝着专业化、标准化和集约化的道路继续前进（Slack & Parent, 2006）。此外，还有一些项目，如1982年开展的"史上最佳运动员"项目（Best Ever Programme）是为了向精英运动员提供支持，该项目一直持续到1988年卡尔加里冬季奥运会。

加拿大体育发展的另一大助推因素，是本·约翰逊在1988年汉城奥运会上的丑闻，该事件在国际上产生了很大的反响。Harvey（2015）指出，该事件引起了下议院的关注，他们就此展开了激烈辩论，并委派皇家专门调查委员会对本·约翰逊的婚外情以及加拿大体育界的兴奋剂使用情况进行全面调查（史称"迪宾调查"）。"迪宾调查"对日后世界反兴奋剂机构的正式成立产生了很大影响。该事件后，人们开始重新审视加拿大的竞技体育体制，媒体也极力抨击加拿大政府过度重视其在国际体育赛事中赢得奖牌。这一系列事件也促进了"公平竞争加拿大"（Fair Play Canada）和"加拿大禁毒中心"的成立（Thibault & Harvey, 2013）。为了进一步培育体育伦理道德，"加拿大体育中心"成立并致力于实现赛事公平竞争，直至今天该组织依然继续运营。

到20世纪90年代，竞技体育和体育活动又一次成为政府政策和资助计划的重点关注项目之一。1996年，自由党政府出台了"体育资金与责任框架"（SFAF），SFAF规定国家资金资助与运动员成绩直接挂钩（Parent & Patterson, 2013）。Thibault和Harvey（2013）指出，国家体育组织（NSO）是基于运动员的参与比赛及表现来进行资金资助的。为了获得拨款，NSO

和 MSO 需要向政府展示它们的成果及其目标是如何与政府的目标高度一致的。该机构的设置也是为了帮助加拿大有潜力的运动员获得更好的发展。

1998 年，*Sport in Canada：Leadership, Partnership and Accountability, Everybody's Business* 一书出版（Mills，1998），该书涉及体育产业对国家政治、经济、文化等发展的重要性，通常被称为 Mills 的一个报告性文件。不过，当时媒体关注的焦点是对加拿大职业体育进行资金补贴的议案，尤其是当时加拿大国家冰球联盟队正与美国国家冰球队产生激烈竞争，而竞争来源于美国对球员工资的支付是美元，加拿大货币的汇率又低于美元。Thibault 和 Harvey（2013）对此做了进一步补充："体育产业部部长 John Manley 宣布对职业体育给予更多的补贴，然而，加拿大冰球联盟在 2000 年 11 月的比赛上的表现却不尽如人意，因此，在补助计划宣布三天之后，上百万的资金又被政府收回。"

随后，Bill C-12（2003）获得审批通过，该法案不再将关注的重点仅仅局限于高水平竞技体育，而是开始转向体育及体育活动级别的提高。Thibault 和 Harvey（2013）的统计显示，仅仅 1985~2012 年，加拿大政府及其他相关体育组织有关体育产业的书籍就出版了 70 本之多，这再次证明了体育在加拿大的重要性。

然而，加拿大运动员在国际重要体育赛事中的表现却不尽如人意并因此遭到谴责，其中资金缺乏是运动员表现不佳的原因之一。2006~2007 年，加拿大奥委会开启了 "Own the Podium and Road to Excellence"（占领领奖台和通道）项目来筹措资金。该项目是为了使加拿大运动员在 2010 年的奥运会上再创佳绩，重回世界体育舞台中心。

2002 年颁布的加拿大体育政策（CSP），在塑造加拿大体育和体育运动方面发挥了根本性的作用。2000 年，加拿大体育局发布了 "如何管理体育产业"，该文件将 "体育产业政策的改进与发展" 提上了 2001 年体育产业峰会议程，而参与峰会的均是体育产业利益相关者。在 2002 年颁布 "加拿大体育政策"，主要围绕四个重点领域：促进观赏性体育发展，增强群众体育参与，提高体育产业的容纳能力，增强主要利益相关者之间的互动

(Thibault & Harvey，2013)。

2002年加拿大体育产业政策以10年为一个周期，10年后对体育产业进行新的审视和评估，并做出相应的调整。2002年加拿大体育政策最突出的一点是，它是由利益相关者共同讨论制定，这对加拿大体育组织来说会产生长久的影响。Bill C-12法案和CSP都是由加拿大体育局组织发起的(Thibault & Harvey，2013)。虽然2002年加拿大体育政策以"体育参与"为发展重点，但是"群众体育参与"并没有取得突破性进展。重新审视该政策，人们会发现加拿大不仅不够重视"体育参与"(Thibault & Harvey，2013)，实际上，近年来，还呈现下降趋势。

加拿大体育政策的第2版于2012年发行，该版本对几个关键部分进行了修改。新政策的重点主要在四个方面：促进观赏性体育发展，注重竞技体育，发展休闲体育，关注体育知识的普及。与2002年的第一版相似，该版旨在为联邦和省级政府之间的行动和协作提供一般准则和政策框架。2012~2022年，加拿大体育政策旨在激发加拿大体育文化的活力，增加群众体育参与，促进加拿大体育更好地发展，具体包含以下5大目标。

（1）普及体育知识：向加拿大人民普及体育基本技能和基本知识，鼓励人们参加有组织和无组织体育运动。

（2）休闲体育：任何加拿大公民都有机会参加体育运动，并获得娱乐和放松，促进身心健康，增加人际交流。

（3）竞技体育：任何加拿大公民都有机会提高体育技能，以安全和道德的方式与其他人展开竞赛。

（4）观赏性体育赛事：通过公平和道德的竞争，加拿大在国际竞赛中达到一流水平。

（5）体育产业发展：体育既是促进经济和社会发展的一种工具，也是在国内外传递积极价值观的一种途径。

上述目标表明，联邦政府看到了体育的价值，这等同于政府会为体育产业的发展进行深层的融资和拨款。虽然现在的事实是，加拿大仍更多地关注运动员在国际赛事中的表现，但从"加拿大终生体育"（CS4L）项目可发现，加拿大政府对青少年体育参与及其持续性日益重视。

CS4L 计划的执行，一方面是为了提高人们的运动技能，另一方面是为了发展运动员、教练员，官员及相关官员和领导的职业生涯（加拿大政府，2015b）。比如，CS4L 的运动员长期发展模式（LTAD）正变得越来越具有影响力。此外，迫于其他体育组织的压力，如体育事务组织，促进体育发展的理念在加拿大越来越多地被实践。在 CSP 第 2 版中，利用体育来达到社会发展目标被列入候选条目，CS4L 最重要的一个特点是颁布了 LTAD 的举措。该举措旨在对更多人在儿童至成年的各个阶段进行体育培训，培养他们的竞赛能力。正如 Kikulis（2013）的评论：虽然 LTAD 是"体育加拿大"为满足投资者利益而制定的一个公共政策，但是其对体育的创新开发已超出政府的范畴。LTAD 旨在为 NSO 和 PSO 对运动员在儿童时代进行培养，并树立他们在成年后仍愿意参加体育竞赛的信念提供一个可行性框架。Doherty 和 Clutterbuck（2013）指出，LTAD 计划是针对加拿大人民体育参与度降低、学校体育不受重视、后备人才培养不足以及国际竞赛成绩不佳而提出的。政府对加拿大体育的持续关注源于青少年的体育参与率持续下降。通过以下机构，如 ParticipACTION、Motivate Canada、加拿大体育健康教育（PHE 加拿大）、Canadian Tire Jumpstart、儿童体育、Le Grand Defi Pierre Lavoie 以及 B2ten（加拿大政府，2015b）的调查，2013~2014 年，"体育加拿大"资助促进儿童和年轻人的体育参与方面的资金达到 720 万美元。

毫无疑问，联邦政府在协调加拿大体育系统各利益相关者的利益方面起着核心作用，这种协调涉及各省、地区和社区体育协会的组织和运营的各个中心领域。

五 体育组织

在加拿大，致力于草根体育、业余精英体育以及职业体育的组织有很多，对此笔者不再详细介绍。现介绍加拿大奥委会，进而论述近年来加拿大高水平竞技体育的发展目标。

1. 加拿大奥林匹克委员会（COC）

加拿大奥林匹克委员会是全国性的、私营的非营利组织，致力于通过体育的力量改变加拿大。它的使命是引领加拿大奥运代表队成功登上奖牌榜，在加拿大宣扬奥林匹克价值观。加拿大奥林匹克委员会负责加拿大参与奥林匹克运动的各个方面，包括参加奥运会、青奥会、泛美运动会，以及促进奥林匹克运动的各种项目。

加拿大奥林匹克委员会是加拿大代表队成功登上奖牌榜的领导者。按照总奖牌数计算，加拿大在奥运会上的预期目标是：在冬奥会上，争夺奖牌榜第一名；在夏季奥运会上，争取在2012年进入前12强，在2024年，进入前8强。这些新目标是加拿大奥委会制定战略方针的基础。2003年加拿大树立在2010年奥运会上争取奖牌榜第一名的目标。为了实现这个目标，"占领领奖台"计划诞生了，最终结果是加拿大获得14枚金牌，打破了冬奥会金牌数的纪录。加拿大奥委会也希望加拿大人受益于国家奥林匹克的成功。因此，加拿大奥委会的任务范围比以前更加宽泛，包括：确保在联盟中的领先地位和保持体育系统的透明度。

在2010年冬季奥运会取得成功的基础上，加拿大奥委会开始重新重视企业赞助，并修订赞助的范围和期限。加拿大奥委会合作伙伴关系的战略有两个目的，其要求是：投资营销队伍，创造更好的服务以及扩展赞助的类别。比如，单一的服装赞助被分为两种：一种是负责开幕式和闭幕式以及复制品服装；另一种是负责高性能的运动服装。这些变革带来了超过1亿加币的收入，这在历史上是前所未有的。加拿大奥委会99%的收入来自民间。

加拿大奥委会为发展培养体育品牌注入新能量。战略性的投资为加拿大体育带来了新的发展机遇，激发了运动员的活力。加拿大在其体育目标设置上也有了微妙变化——将体育目标从体育界延伸到普通加拿大体育爱好者身上，并重点关注发展新媒体业。这一做法也被证明是最佳选择，加拿大体育品牌变得无处不在且非常具有影响力。在2014年索契冬奥会后，加拿大奥委会成为所有国家和地区奥委会中最具有认可度的奥委会之一。

如今，加拿大奥委会在脸谱网上（Facebook）有将近70万名粉丝，在推特网上（Twitter）也有近 40 万粉丝。这些商业上的成功对实现并确保奥运会绩效目标和通过体育的力量改变加拿大起到推动作用。

2. 占领领奖台（OTP）

在 2010 年温哥华冬奥会上，加拿大代表队成功地创造了金牌纪录，这在一定程度上归功于"占领领奖台"项目，它致力于协助运动员进行训练，即政府为通向奥运会领奖台的一个重要关注点。"占领领奖台"旨在通过提供暂时的额外资金支持，帮助运动员获得金牌，进而避免在主场比赛仍未获得金牌的这种国际性尴尬。

Kikulis（2013）指出："这种方法的起源可以追溯到加拿大的体育政策（2002）以及卓越工作组（Work Group Excellence）。此工作组的建立是为了探讨如何解决当务之急，提高运动水平，优化体育体系，这已在 2002~2005 年联合行动联邦—省—地区计划中获得认同。"这个报告为冬季和夏季运动会制定了详细目标，是由 13 个冬季体育联盟和赞助合作伙伴（加拿大奥委会、CPC、WinSport Canada、Sport Canada、VANOC）提出的，这几个组织于 2004 年 2 月召开会议，协调和规划 2010 年的温哥华冬季奥运会。

加拿大奥委会在成立专门工作组制定"占领领奖台"项目中起了重大的作用，尤其是 Cathy Priestner Allinger 力排众议领导协调专门工作组，将奖牌预测体系引入奥运会中。最终，报告指出，为了创造出最好的获得奖牌的机会，体育经费的投入应该与目标相一致，同时也认可某些体育项目对加拿大文化认同的重要性。

一年后，即 2005 年 2 月，加拿大政府通过预算拨款，至此资金支持 OTP 的 5 年项目得以确立：冬季运动会每年投入 1100 万加币；夏季运动会 1200 万加币（OTP，2015a）。2006 年 11 月，Roger Jackson 被任命为新组织"加拿大领奖台"的执行总裁，"加拿大领奖台"是"体育加拿大"、VANOC 2010、COC 和 CPS 的合作伙伴。"加拿大领奖台"的建立使得 OTP 和 RTE 隶属于同一个组织（Kikulis，2013）。2010 年冬季奥运会结束后，随着 OTP 的建立，"加拿大领奖台"的称号被取消，现在 OTP 已发展成为一个提供多种服务的非营利性组织。

OTP 的愿景是使加拿大在高水平的运动会上成为世界领先者。它的任务是引导加拿大体育的发展，以在奥运会和残奥会上获得足够数量的奖牌（OTP，2015b）。最终，OTP 与其合作伙伴一起致力于改进体育体制政策和项目，提升体育水平，在高水平的运动会上创造佳绩。OTP 建议国家资助方将有限的资源针对性地分配给冬季和夏季国家体育组织、加拿大体育中心、创新和研究项目以及其他急需资金的项目。OTP 也针对性地监管国家体育组织高水平项目的实施，确保其发挥最高水平。尽管最初的成功来自 2010 年冬季奥运会，但在 2012 年伦敦奥运会和 2014 年索契冬奥会上，OTP 的目标没有达到，对于 OTP 的挑战依旧存在。它的策略就是培养下一代的运动员，继续夯实体育基础，同时资助高水平的运动员。然而，资助高水平运动员的计划与建立可持续的高水平体育体系的目标是背道而驰的。

是什么使得加拿大运动员的资助现状变得如此纷繁复杂、引发争论不休？这主要归咎于体育资金与责任框架对运动员的参与度和体育水平所做的评估，并以此决定资助与否，然而，OTP 也会对运动员的水平进行评估。因此，如果能够达到 SFAF 认定的高水平，体育联盟将会不惜代价增加高水平运动员的报酬。由于加拿大体育局会提供资金，供 OTP 项目运作用，但是不会通过 OTP 提供额外的资金直接资助运动员，所以 OTP 推荐运动员获得资助是有可能的，这样，钱就从"体育加拿大"流向了 NSO、教练、运动员、体育项目以及体育技术领域。

3. 加拿大残奥委员会（CPC）

这是一个由 25 个体育组织成员组成的非营利性组织，致力于加强国际残疾人奥林匹克运动。它鼓励所有残疾的加拿大人通过其组织开展的项目参与到体育运动中来。从 1968 年以色列特拉维夫残奥会起，加拿大参加了每届夏季和冬季残奥会。1976 年，多伦多主办了夏季残奥会。此后，联邦政府开始提供资金支持，为残疾运动员创造参与体育的机会。加拿大在 2010 年和 2014 年的冬季残奥会上，表现出色，在奖牌榜上名列第三。残奥会的重要目的，就是让人们了解并积极参与到体育运动中来，这尤其在他们最近的商业活动和品牌重塑方面发挥了关键作用。

4. 加拿大全国运动会（以下简称全运会）

对运动员和教练而言，人所熟知的加拿大全运会开始于1967年左右，是最重要的一项创举。在2015年加拿大冬季全运会上，来自10个省和3个地区的2400多名12～35岁的年轻运动员，在19个项目（单板滑雪、速滑、冰壶）上进行为期两周的角逐（Canada Games，2015）。全运会是加拿大最为重要的组织性体育活动之一，帮助教练员和运动员为奥运会、英联邦运动会之类的大型国际体育赛事做准备。首届运动会成为加拿大百年庆典活动的一部分，于1967年在魁北克省举办。

联邦政府一直是加拿大全运会的主要资助方，而市政府和省政府则是其承办方。近年来，加拿大全运会得到更多优秀伙伴（如SportCheck，COC，Columbia，Deloitte）的帮助。他们的参与不仅加速了加拿大业余运动员的成长，也促进了国内中小城市体育设施的完善、技能的培养和知识的增长，为未来举办体育赛事打下了基础。加拿大全运会每两年举行一次，夏季和冬季交替举行，代表着省际、地区间体育赛事最高水平。2017年的加拿大全运会将在马尼托巴的温尼伯举行（Canada Games，2015）。

1991年，加拿大全运会组委会以一个私营、非营利组织的身份成立，主要负责加拿大全运会的可持续发展。加拿大全运会组委会是全运会的管理机构（Canada Games，2015）。全运会在加拿大的体育人才培养方面贡献巨大，在2012年伦敦奥运会上，加拿大获得的18枚奖牌中有11枚（61%）是加拿大全运会运动员夺得的。2014年索契冬奥会上，赢得的25枚奖牌中，有12枚（48%）来自加拿大全运会运动员（私人信件，COC工作人员，2015）。

5. 加拿大运动员协会（CAA）

在加拿大，运动员的权利和宣传是体育产业一个重要的组成部分。1992年，加拿大运动员协会在多伦多成立，Ann Peel和Dan Thompson是该协会的临时主席。1993年，Ann Peel成为加拿大运动员协会的第一任主席。这个组织的目标是提倡运动员在业余体育体系内追求更高的水平，并且在主要体育组织中为运动员争取权益。截至1995年，协会为运动员援助计划进行游说，为其增加了资金（690万加币）。1996年，加拿大运动员协会（CAA）更名为加拿大运动员联合会（AthletesCAN）。运动员基金于1997年由加拿大奥林匹克协会（现在的COC）创建，并给奥运会和泛美运动会上的运动员，颁发了648000加币的奖金。截至2000年，运动员援助计划的资金增加到14700万加币。2001年，AthletesCAN聘请了其第一位国家机关工作人员，首席执行官Tom Jones和项目协调员Jasmine Northcott（首席执行官，2007~2015）。2001年，AthletesCAN在议会参议院听证并通过C-54法案，该法案是为了促进体育和体育活动的发展。运动员援助计划（APP）的奖金到2004年已经增加至19850万加币（Thibault & Babiak, 2013）。Thibault和Babiak（2013）指出："一些新近成立的组织，如体育纠纷处理中心和加拿大体育道德中心，已经在用其他方式帮助运动员了。"

6. 体育事务团体（SMG）

这是一个体育宣传和游说团体，本质上是个人和组织的群体，团体里聚集了体育组织和体育领导者，他们共同努力，推动加拿大体育事业的发展，壮大加拿大的体育体系。它经常试图影响政府公共部门的决策者。尽管做的主要是成员间的非正式的交流和合作，但是随着体育政策的逐步完善，它变得更有影响力。这些人认为，以价值为基础，有道德的体育体验，结合经常性的体育活动，再配上完善的体育设施，组合成的加拿大文化，是人民、社区和国家的发展不可或缺的一部分。最终，SMG成为NSO、PSO、MSO的领头羊，体育和身体活动领域的推广者。单单是2014~2015年，全国超过65个组织为该团体提供了经济援助。SMG在政府发表要改变CSP 2002的讲话中，担当起了支持政府的角色。

7. 加拿大大学校际体育（CIS）

CIS是由加拿大的大学和学院组成的非营利组织。在支持和发展加拿大体育方面，起到非常大的作用，运动员、教练和训练者可以在全国范围内使用他们的体育设施，进行练习和比赛，从而提高其竞技水平。CIS的前身为加拿大校际运动联盟（CIAU），更早以前是 CIAU 中心（大约 1906~1965，Coakley & Donnelly，2009），CIS 是在加拿大安大略省的渥太华以外地区活动的。CIS 由 4 个协会（Atlantic University Sport，Réseau du Sport étudiant du Québec，Ontario University Athletics 和 Canada West Universities Athletic Association）组成，56 所学校在 12 个不同的项目上角逐（例如，越野、田径），竞争 21 项国家锦标赛（Canadian Interuniversity Sport，2014）。

CIS 是国际大学生体育联合会（FISU）的国家级会员，因此，它给意欲参加夏季和冬季国际大学生运动会的学生运动员、官员和教练，提供了高水平的竞争机会。有趣的是，虽然它的影响范围广大，也对加拿大的体育产业有着重要意义，但是它只是一个小组织，经费有限，这使得组织不得不在经费紧缩的情况下运作。正如 Hums 和 MacLean（2004）指出的，虽然 CIS 得到全国锦标赛、赞助商和加拿大体育局的经费支持，会员费、出版物和投资也都有收入，但是要实现他们公开的承诺和使命，依然任重道远。它的大部分资金来自"体育加拿大"，但是近年来，它们的资金来源开始转向私人机构和赛事转播，如凡尼尔杯（Vanier Cup）（男子足球），这样能增加收入、解决当务之急。组织面临的经济问题，也是 CIS 及其成员大学同样面临的问题，由于激烈的竞争等种种原因，尤其是全额奖学金，吸引许多才华横溢的加拿大运动员选择美国的大学或学院就读。这引起了更多关于以资金支持和奖励留住加拿大有天赋的年轻运动员的争论。

CIS 的历史及其发展包含了与妇女运动会等不同代表之间的倾轧，少数名称和品牌的变更及相关的发展问题，发展阶段，分分合合，纠缠不休。在 Coakley 和 Donnelly（2009）的著作中有详尽的论述。正如作者指出的，尤其是在 20 世纪 50 年代末，校际运动会发展迅速，为了以后可持续发展，显然是需要集中协调、管理的（Coakley & Donnelly，2009）。在当时，人们普遍关注的有：制定一个可接受的统一体育规则和对出席全国锦标赛的所有代表队做出规定；与其他国家级体育组织的互惠互利的协议；协调其他组织之间的国家及国际竞争。一个突出的原因，即缺乏协调和资金去组织体育活动，使得问题更加复杂。

CIAD 的第一任秘书长和财务总监是 Major Danny McLeod，他是安大略省在金斯敦的皇家军事学院的体育主任。他在学院的办公室里运营 CIAU。自从 1961 年的《健身和业余体育法案》（所有的业余运动的预算为 100 万加币）通过之后（Coakley & Donnelly，2009），CIAU 发展所需的资金非常有限。在 20 世纪 60 年代，CIAU 就像自愿、自主的体育教育组织一样工作着。Iona Campagnolo 认为，我们需要用一个更先进的管理系统在加拿大境内传播体育。Campagnolo 是第一任健康和群众体育部部长，他认识到学校就像一个核心的运输系统，能将体育传播到全国。"Dennis Mills 指出，在二十年后，学校将是加拿大体育发展之根本"（Coakley & Donnelly，2009，p. 474）。《健康和群众体育法案》预算从 1961 年的 100 万加币，增加到 21 世纪末的 2000 万加币。在 20 世纪 70 年代，CIAU 的财政负担加重了，包括旅行均衡基金，增加的国家锦标赛旅行费，参与国际竞争（世界大学生运动会）的费用。联邦政府提供资金支持，鼓励 CIAU 参与高水平的体育比赛。2001 年 6 月，CIAU 成员通过投票变更组织名称和标识，将组织名称改为加拿大大学校际体育（CIS），并沿用至今。这个新的名称更精确地反映了组织的使命和功能，因为"athletics"通常与"田径"相联系，而名词"联盟"经常用在劳工组织，并不能反映出组织的功能。2010 年 6 月 10 日，CIS 揭示了新的首字母缩写的标志，迈出品牌重塑计划的第一步（www. CIS – SIC. ca）。

对 CIS，尤其是足球比赛而言，存在一个长期的挑战，这就是长达十年的反对运动员使用类固醇的斗争。2010 年，滑铁卢大学的 8 名运动员由于违反了反兴奋剂规定被禁赛，因此滑铁卢大学在长达一年的时间里禁止了该项目。2015 年，圣玛丽大学的 4 名球员也面临相似的指控（Westhead，2015）。

8. 职业体育联盟

加拿大是北美职业体育联盟和许多团体赛事的发源地。这些队伍面临的一个重要挑战就是与强势美元竞争。表 4 是目前队伍的名单以及所代表的城市和参与的联赛。

表 4　加拿大职业体育代表队

城市	MLB	NHL	NBA	CFL	MLS
多伦多	蓝鸟队	枫叶队	猛龙队	阿尔戈英雄队	多伦多 FC 队
温哥华	加人队	卑诗雄狮队			白帽队
蒙特利尔	加拿大人队	云雀队			冲击队
渥太华	议员队	红黑队			
卡尔加里	火焰队	牛仔队			
埃德蒙顿	油人队	爱斯基摩人队			
温尼伯	喷射机队	蓝轰炸机队			
汉密尔顿		豹猫队			
里贾纳		马人队			

六　面临的挑战与发展趋势

在加拿大，体育赛事的收视率持续上升。业余赛事的门票收入，从 2005 年的 790 万加币上升到 2010 年的 1100 万加币，增长了 29%。这个数据是 1992 年门票收入 500 万加币的两倍多（Canadian Heritage, 2013）。不过，虽然有这些标志着体育产业蓬勃发展的正面指标，但是仍有一个核心的挑战和问题亟须解决：体育参与率的下降。

总体来说，一般社会调查（General Social Survey）结果显示，相比于 2005 年，在 2010 年参加体育运动的人越来越少（Canadian Heritage, 2013）。调查显示，在加拿大 34% 的 15 岁以上的人口参与体育运动（与前 5 年相比，下降了 2.2 个百分点），而与 1992 年相比，下降了 45 个百分点。参与率急剧下降的原因是来自不同方面的担忧，包括设施规划利用、现有基础设施翻新、联邦支持体育系统资金的流向。这种下降部分归咎于人口老龄化。1991 年，老年人口（65 岁及以上）为 350 万，2011 年，上升到 490 万。造成体育参与率下降的其他因素包括：性别、语言、收入和教育等（例如，家庭责任、抚养孩子）。2010 年，大约有 1/3 的加拿大男性和 1/6 的加拿大妇女经常参加体育运动（Canadian Heritage, 2013）。

2010年，男性和女性的体育运动参与率还有明显的差距（相差19个百分点）。

报告显示，体育参与率随着加拿大人口老龄化而下降，而成年人体育参与率下降也非常快。事实上，加拿大成年人的体育参与率下降幅度甚至超过老年人。例如，2010年，经常参与体育运动的加拿大人15～19岁的54%，20～24岁的37%，25～34岁的29%，35～54岁的23%，以及55岁及以上的17%。这些数据与2005年相比，都略有下降。

尽管如此，加拿大人在一些体育项目上依然相当活跃，人们普遍喜欢参与的体育项目是高尔夫、冰球和足球。足球是加拿大5～14岁儿童最常参加的运动（接近42%），其次是游泳（24%）和冰球（22%）。对于这个年龄段来说，其他比较受欢迎的有篮球（16%），棒球（14%），排球（8%）和体操（8%）(Canadian Heritage, 2013)。有趣的是，从1998年起，高尔夫一直是最流行的运动。在30个最受欢迎的体育项目中，冰球排名仅次于高尔夫球，其他包括棒球、排球和篮球。

曲棍球、棒球、篮球和足球依然是最受加拿大人欢迎的电视体育节目。对于加拿大的职业体育组织而言，经营好他们的组织仍然面临着挑战。这种挑战是处理好强势美元、传统上弱势的加币以及以美元计的运动员薪水之间的关系，加拿大经常要权衡利弊，降低风险，做出人事决定。加拿大的税收普遍比美国高，加剧了球员薪水的竞争挑战；而有时候，有的城市球场也征税。

另一个挑战是，如何降低体育参与的费用，以支持年轻家庭少支付他们的孩子参加体育运动的费用，但是考虑到参加加拿大两种最流行的运动（高尔夫、冰球）的费用是相当高的，所以很多人认为政府承担的一些减税还不够。近年来，诸如Canadian Tire, Maple Leaf Sport和Entertainment这样的组织都在努力筹集资金，为不能负担子女参加有组织的体育项目的家长们提供资金和设备。但是，对于许多家庭而言，这些体育项目（如冰球）高昂的费用，依然让人望而却步。

把年轻的加拿大运动员人才留在加拿大，让他们参与到加拿大校际体育中来，是另外一个充满利益纷争和争论的话题。NCAA奖学金充满了诱惑，持续不断地将加拿大高中的年轻才俊吸引到美国高校。在公众的眼里，CIS的品牌备受责难，部分是因为这种现实情况，以及资助运动员的争议性问题，这在CIS的讨论中，依然是一个热门话题。

资金和财政负担，看起来是加拿大许多争论的核心问题，例如，帮助家庭支付子女参与体育运动的费用，大学或学院的运动员奖学金，竞技体育基础设施的公共基金，以及少数的几个体育运动会冠名权费用。公共争议的话题涉及如何最恰如其分地资助基层运动会，提高未来年轻人的体育参与率。同时为年轻的家庭，将参与成本维持在合理、可负担的水平，是公共政策的核心内容。事实表明，越来越少的年轻人参与体育运动并面临人口老龄化的现状，加拿大政府要继续投资竞技体育吗？

体育在所有加拿大人生活中扮演着非常重要的角色。政府的政策和资金持续影响着体育运动的发展，在2015体育年中，体育提高了收视率并且希望能够进一步促进基层体育的发展。但是，10年后体育参与率提高了吗？体育参与率会继续下降吗？资金支持体育赛事会产生预期的结果吗？会形成青少年参加体育运动的热潮吗？

对于加拿大而言，如何用财政，创建一个全面覆盖从草根体育到竞技体育的更加健康和可持续的体育系统，将是一个巨大的挑战。

参考文献

Canada Games. （2015）. The Canada Games：A history. Retrieved from www.canadagames2015.ca.

Canadian Heritage. （2012）. Sport Canada：Athlete Assistance Program；Policies and Procedures. Published Works and Government Services Canada.

Canadian Heritage. （2013）. Sport Participation 2010 Research Paper, Minister of the Department of Canadian Heritage，catalogue # CH24 – 1/2014E – PDF.

Canadian Interuniversity Sport. （2014）. CIS History. Retrieved from http：//en. cis –

sic. ca/information/about_ cis/cishistory.

Canadian Lacrosse Association. (2015). Lacrosse – Canada's National Sport, from http://pointstreaksites. com/view/cla/about – 42/the – sport – of – lacrosse/lacrosse – canada – s – national – sport.

Canadian Paralympic Committee. (2015). Canada's Paralympic History. Retrieved from http://paralympic. ca/canada.

Canadian Sport Policy. (2012). www. sirc. ca/CSPRenewalcfm.

CBC Digital Archives. (2015). Foster Hewitt: Voice of Hockey, retrieved from http://www. cbc. ca/archives/categories/sports/hockey/foster – hewitt – voice – of – hockey/topic – – – foster – hewitt – voice – of – hockey. html, January 22, 2015.

Coakley, J. J., & Donnelly, P. (2009). Sports in Society: Issues and Controversies (2nd Edn.). Boston: McGraw – Hill.

Crossman, J., & Scherer, J. (2015). Social Dimensions of Canadian Sport and Physical Activity. Toronto: Pearson.

Doherty, A., & Clutterbuck, R. (2013). Canada. In K. Hallmann & K. Petry (Eds.), *Comparative Sport Development: Systems, Participation and Public Policy* (pp. 323 – 342). New York: Spinger.

Government of Canada. (*2015*a). Sport in Canada. http://canada. pch. gc. ca/end/141415906468#a1 retrieved January *21, 2015.*

Government of Canada. (2015b). Participating in Sport. Retrieved February 5, 2015 http://canada. pch. gc. ca/eng/1414151622206/1414151862613.

Government of Canada. (*2015*c). Continued Support for Canada's Top Athletes and Coaches, Retrieved from http://news. gc. ca/web/article – en. do? nid = *962819&_ ga = 1. 68038673. 1894077786. 1405803361.*

Harvey, J. (*2015*). Sport, Politics, and Policy. In J. Crossman & J. Scherer (Eds.), *Social Dimensions of Canadian Sport and Physical Activity* (pp. 257 – 276). Toronto, Pearson.

Humphreys, B. R., & Lander, M. (2015). The Business of Sport. In J. Crossman & J. Scherer (Eds.), *Social Dimensions of Canadian Sport and Physical Activity* (277 – 299). Toronto, Pearson.

Hums, M. A., & MacLean, J. C. (2004). Governance and Policy in Sport Organizations. Scottsdale, AZ: Holcomb Hathaway.

Kikulis, L. M. (2013). Contemporary Policy Issues in High Performance Sport. In Thibault, L., & Harvey, J. (Eds.), *Sport Policy in Canada* (97 – 145). Ottawa, Canada: University of Ottawa.

Lindsay, P. L., & West, J. T. (2010). Sports History. Retrieved from http://thecanadianencyclopedia. com/en/article/sports – history/#comments Historical Foundation

Mills, D. (1998). Sport in Canada: Everybody's Business. Leadership, Partnership and Accountability. Standing Committee on Canadian Heritage, Sub - Committee on the Study of Sport in Canada. Ottawa, ON, Government of Canada.

Morrow, D. (2015). Canadian sport in historical perspective. In J. Crossman & J. Scherer (Eds.), *Social Dimensions of Canadian Sport and Physical Activity* (pp. 43 - 63). Toronto: Pearson.

Morrow, D., & Wamsley, K. (2013). *Sport in Canada: A History* (3rd Edition). Oxford, England: Oxford University.

National Sport Organizations. (2015.) Government of Canada "National Sport Organizations", http://canada.pch.gc.ca/eng/1414085745696 retrieved January 21, 2015

O'Reilly, N., & Seguin, B. (2012). *Sport Marketing: A Canadian Perspective* (2nd Edition). Toronto: Thompson Nelson.

Own the Podium. (2015a). Historical Timeline, retrieved March 4 2015 from http://www.ownthepodium.org/About - OTP/Historical - Timeline.aspx.

Own the Podium. (2015b). Vision, Mission, Goals, retrieved March 4 2015 from http://www.ownthepodium.org/About - OTP/Vision, - Mission, - and - Goals.aspx

Parent, M. M., & Patterson, D. (2013). Canada. In I. O'Boyle & T. Bradbury (Eds.), *Sport Governance: International Case Studies* (54 - 73). London: Routledge.

Thibault, L., & Babiak, K. (2013). Athlete Development and Support. In Thibault, L., & Harvey, J. (Eds.), *Sport Policy in Canada* (147 - 176). Ottawa, Canada: University of Ottawa.

Thibault, L., & Harvey, J. (2013). The Evolution of Federal Sport Policy from 1960 to Today. In Thibault, L., & Harvey, J. (Eds.), *Sport Policy in Canada* (11 - 35). Ottawa, Canada: University of Ottawa.

Scherer, J. (2015). Sport, Media, and Ideology. In Crossman, J., & Scherer, J. (Eds.), *Social Dimensions of Canadian Sport and Physical Activity* (230 - 256). Toronto: Pearson.

Slack, T., & Parent, M. M. (2006). *Understanding Sport Organisations: The Application of Organization Theory* (2nd edn.). Champaign, IL: Human Kinetics.

Sport Canada. (2002). The Canadian Sport Policy, Ottawa, ON: Department of Canadian Heritage. Retrieved from http://www.pch.gc.ca/pgm/sc/pol/pcs - csp/2003/polsport - eng.pdf

Sport Canada. (2012). Canadian Sport Policy 2012. Ottawa, ON: Canadian Heritage. Retrieved from http://sirc.ca/CSPRenewal/documents/CSP2012_EN.pdf

Statistics Canada. (2015a). Latest Indicators. Retrieved from www.statcan.gc.ca/start - debut - eng.html, retrieved May 6, 2015.

Statistics Canada. (2015b). Service Bulleting: Spectator Sports, Event Promoters, Artists and Related Industries 2012, Retrieved from www.statcan.gc.ca/tables – tableaux/sum – som/101/cst01/arts74a – eng. htm.

Westhead, R. (2015). Five CIS Football Players Test Positive for PEDs. Retrieved from http://www.tsn.ca/talen/five – cis – football – players – test – positive – for – peds – 1.278044.

第四章
中国：共享发展奔强国

黄海燕　王　凯

黄海燕，教授，博士生导师，中国上海体育学院体育产业发展研究院副院长、中国体育科学学会体育产业分会秘书处主任。上海体育学院体育人文社会学博士，上海财经大学应用经济学博士后，美国佐治亚大学国际体育管理研究中心博士后。入选教育部新世纪人才支持计划和上海市浦江人才计划。

王凯，中国南京体育学院讲师，安徽财经大学体育产业管理与发展研究院特聘研究员，江苏体育科学学会体育产业分会会员。上海体育学院体育人文社会学博士（体育产业管理与运营方向）。

第四章 中国：共享发展奔强国

中国是世界上最大的发展中国家，拥有14亿多人口，国土面积960万平方公里。在这片人口密集的国土上，体育产业已成为政府、市场、社会和百姓关注的热点。近些年，政府出台了一系列关于体育产业发展的政策文件，2010年出台的《关于加快发展体育产业的指导意见》，引起了国民对于体育产业的关注，推动体育产业迈入一个新的发展阶段；而2014年出台的《关于加快发展体育产业促进体育消费的若干意见》，则真正搅动了资本力量，推动中国体育产业加速步入发展的快车道。本章将对中国体育产业认知与发展脉络、体育产业发展总体概况和分业态发展情况进行论述。

一 中国体育产业认知与发展脉络

（一）体育产业的认知

1978年是中国市场经济改革的起点，也是体育产业发展脉络的时间分界点，改革开放以后中国的体育产业实践活动逐渐丰富，关于体育产业的认知不断深化。一直以来，对于体育产业的理解虽众说纷纭，但有其合理和可资借鉴之处。概言之，对于体育产业内涵的认识大体有两种观点：一是狭义的产业概念说，将体育产业等同于体育服务业，认为体育产业是生产和提供体育、运动服务或劳务产品的企业集合；二是广义说，认为体育产业是生产体育物质产品和精神产品、提供体育服务的各行业的总和，既包括体育服务业，也包括体育用品制造、体育建筑等业态。目前，广义说在美国、英国、澳大利亚、韩国、日本等主要发达国家已形成共识，国内也普遍接受这一观点。2008年,国家体育总局与国家统计局共同研究制定的《体育及相关产业分类(试行)》(国统字〔2008〕79号),从统计工作角度出发,将体育产业界定为"为社会公众提供体育服务和产品的活动,以及与这些活动有关联的活动的集合"。统计口径的体育产业,包括体育产品、体育服务业等产业门类,属于广义的体育产业认知。

(二)变迁中的体育产业统计口径

缺乏科学、统一的分类标准是体育产业长期以来的症结,2008年公布的《体育及相关产业分类(试行)》,首次从统计学意义上对国家体育产业的外延进行了权威界定,解决了统一认识问题。该分类以中国体育发展状况和发展方向为依据,以活动的同质性和体育的自身特征为原则,根据国民行业分类重新组合,形成了体育产业分类。根据该分类,体育产业由核心层、外围层和相关产业层组成,具体包括8个大类、24个中类、57个小类(见表1)。而伴随着体育产业的快速发展,原有的产业统计口径已经无法适应新形势的需要,2015年国家统计局、国家体育总局联合研究小组根据行业最新的发展特点,国家、省市以及市场对于体育产业的最新需要,依据相关法规与政策文件,以新的《国民经济行业分类》(GB/T4754—2011)为基础,制定了新的体育产业统计分类——《国家体育产业统计分类》(国家统计局局令2015年第17号)。新的统计分类依然沿用了广义的产业概念,并将体育产业统计口径分为11个大类、37个中类、52个小类(具体见附表1)。

《体育及相关产业分类(试行)》是体育产业门类的纲领性文件,较好地反映着产业的内涵,统计分类的制定,为体育产业与国家统计制度接轨提供了可能性。但在体育产业和相关产业迅速发展的环境下,体育产业的发展不断深入,体育产业门类内容也不断翻新,这既是产业发展的趋势,也是产业发展的动力。跨界发展、融合发展成为体育产业发展的新常态,作为体育产业上游产业的体育竞赛表演业较好地带动了住宿、餐饮、旅游、交通、传媒、中介等相关行业的发展;而健身娱乐业的发展,则给体育用品、体育场

表1 体育及相关产业分类（2008年）

层次	行业分类
核心层	体育组织管理活动
	体育场馆管理活动
	体育健身休闲活动
外围层	体育中介服务活动
	其他体育服务活动
相关产业层	体育用品、服装、鞋帽及相关体育产品的制造
	体育用品、服装、鞋帽及相关体育产品的销售
	体育场馆建筑

地、体育建筑、体育康复、运动医学、健康产业等新兴行业带来了新的机会。《国家体育产业统计分类》的重新制定，既是对体育产业发展和国民需要的回应，更是对体育产业发展趋势的把握，随着时代的变迁，体育产业的统计口径理应顺势而变，以更好地适应发展之需。

（三）中国体育产业的发展阶段

中国体育产业发展起步较晚，但发展态势较好。到目前为止，中国体育产业发展基本经历了萌芽、探索和发展三个阶段。

1. 萌芽阶段——体育领域的局部性经营尝试（1978~1992年）

1978年，"以经济建设为中心"成为中国发展的重要认识和思想引领，在经济建设第一的思想指导下，体育领域也愈发地意识到完全依靠财政投入发展体育产业的困难和不足。在体育事业发展资金不足的情况下，体育体制改革被提上了议程，中共中央做出了关于进行体育体制改革的决定，在体育领域进行部分的尝试性经营性活动，并主要围绕当时政府所拥有且财政压力较大的体育场馆资源和运动队资源进行了布局：在场馆领域，提出了"以体为主、多种经营"方针，即在满足体育事业发展需要的前提下，广开财路，进行经营性开放，向社会、向群众实施多元应用，促使场馆功能多元化，提高场馆的使用效率，并逐步实现场馆的自负盈亏，更好地缓解政府的财政压力；在运动队领域，主要是尝试进行竞技体育的社会化，吸引社会资本进入竞技体育领域，鼓励专业运动队与企业合作，提倡体育竞赛与经营活动联合进行，形成了"内引外联"，"体育搭台、经贸唱戏"的社会化特色。当然，这一阶段体育领域进行了经营性的尝试，但这一尝试还主要是事业性质内的经营性尝试，从解决经费紧张的角度来进行体制的改革，并没有对体育的产业性质进行深入的探讨和实践，并不是完全意义上的市场化发展。

2. 探索阶段——市场化体系初露端倪（1993~2008年）

这一阶段经历了从市场化、产业化的初步探索，到体育用品制造、体育竞赛表演、体育健身娱乐竞相发展，相对多元的产业体系初步形成。随着邓小平南方谈话和党的十四大的召开，建设中国特色社会主义市场经济理论和改革目标正式确立。国家的经济环境、政治环境、社会环境发生了巨大的变化，计划经济主导的体育事业受到巨大的挑战，小范围的场馆和竞技体育资源经营已难以适应新时期的需要。1992年国家对第三产业给予了足够的重视，第三产业门类的体育产业被作为深化体育改革的重要内容，并开始进行职业化、市场化、社会化的多维度改革。1993年中国足球进行职业化尝试，拉开了我国体育职业化改革的大幕。1995年《体育产业发展纲要》发布，体育产业由事业性经营向引导体育消费、培育体育市场的产业化方面发展。尤其是2008年北京奥运会举办权的获得，为体育产业的发展带来了前所未有的契机，在赛事效应、百姓需求的带动下，体育企业主体活跃，各类体育健身俱乐部不断涌现，体育用品制造业、体育服务业、体育彩票、体育博览会等快速发展。在这一时期，体育法规建设也不断完善，体育产业的标准化、体育产业基地、体育产业统计等工作陆续实施，促进了体育产业的快速前进。

3. 发展阶段——门类齐全的体育产业体系逐渐形成（2009年至今）

该阶段以国家出台《关于加快发展体育产业的指导意见》这一重要政策性文件为标志。主要特点是"以体育竞赛表演、体育健身休闲、体育场馆管理、体育中介、体育培训、体育用品等为主的体育产业体系初步形成；体育产业与文化、旅游、传媒、会展、健康、养老、科技等产业的融合力度不断加强；体育产业作为国民经济新增长点的雏形开始显现"。2008年北京奥运会后，尽管伴随着金融危机的影响，但体育产业似乎迎来黄金发展期。

虽然体育用品制造业受到金融危机巨大的冲击。但随着我国经济的发展,生活水平的提高,人们对于体育的参与意识、观赏需求、体验需要不断地提升,竞赛表演业、健身娱乐业快速发展。尤其是2014年10月,国务院办公厅印发《关于加快发展体育产业促进体育消费的若干意见》以后,整个体育产业市场被引爆,从政府部门到社会单位、主体市场都跃跃欲试,资本市场不断渗透,在赛事审批取消以后,全国的体育赛事发展迅猛。仅以马拉松为例,2015年全国举办了134场,参赛人数激增60万;体奥动力以80亿元的天价拿下了中超联赛未来五年的媒体版权;健身俱乐部数量急剧增加,各类运动APP争相出现,"互联网+"成为产业发展热词,体育旅游、体育会展、体育康保、体育金融、体育游戏、体育博彩等业态不断完善,门类齐全的产业体系逐渐形成。国务院在国发(2014)46号文件中,提出到2025年,体育产业总规模超过5万亿元,而在各省(自治区、市)所发布的实施意见中,这一数据达到7万亿元之多。可以看出国家与地方对于体育产业的重视、期待与信心,作为真正的健康产业、绿色产业、朝阳产业,体育产业广阔的发展前景值得期待。

二 中国体育产业发展概况

(一)体育产业的规模不断扩大

改革开放以来,中国经济实现了新的跨越。2006~2014年是中国改革开放以来经济快速发展的时期,GDP年均增长9.0%,远高于同期世界经济年均增速;2013年为7.7%,2014年为7.4%,虽然增速放缓,但依然有着较高的增长率。在赛事和政策(北京奥运会、南京青奥会等的举办,各类政策文件的出台)的双引擎拉动下,中国体育产业得到了长足发展,规模不断扩大,领域不断拓展。体育产业统计数据显示,2006年中国体育产业从业人员达到256.30万,实现产业增加值982.89亿元,占当年GDP的0.46%;2014年全国体育产业从业人员跃升到425.77万人,实现增加值4040.98亿元,占当年GDP的0.64%,

经济贡献率快速提升。2006~2014年，全国体育产业从业人员增加169.47万人，增加值总量增加3058.09亿元。2014年全国体育产业的增加值总量是2006年的4.11倍（见图1，附表2）。

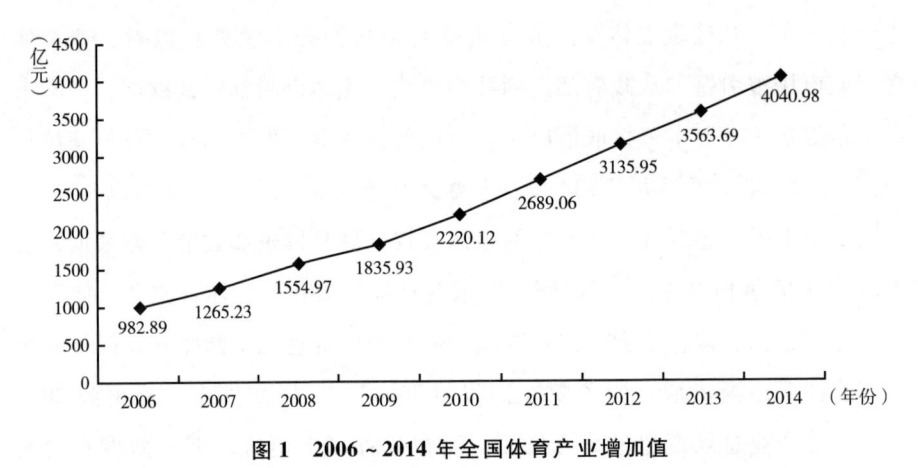

图1 2006~2014年全国体育产业增加值

（数据点：2006年982.89；2007年1265.23；2008年1554.97；2009年1835.93；2010年2220.12；2011年2689.06；2012年3135.95；2013年3563.69；2014年4040.98）

（二）体育产业增长速度较快

2006~2014年，中国体育产业进入一个快速增长期，按不变价计算，2006~2014年，体育产业年均增长速度达到15.53%，快于同期国内生产总值年均9.0%的实际增长速度。其中，体育建筑业年均增长速度达到20.14%；体育服务业年均增长速度为21.21%，显示出在国务院关于加快服务业发展若干政策的作用下，中国体育服务业也取得较快增长；体育用品业年均增长速度也达到14.83%（见表2）。

表2 2006~2014年全国体育产业年均增长速度

单位：亿元，%

项目	2006年增加值	2014年增加值	年均增长速度
国内生产总值（GDP）	216314	647282	9.00
体育产业	982.89	4040.98	15.53
体育服务业	168.15	896.24	21.21
体育用品业	781.57	3007.92	14.83
体育建筑业	33.17	136.82	20.14

(三）体育产业的劳动生产率逐年提高

2006~2014年，我国体育产业劳动生产率逐年提高，从2006年3.83万元/人增加到2014年9.49万元/人（见附表3）。根据中国统计年鉴数据计算，2006~2014年，全国第二、三产业总体的劳动生产率从4.25万元/人增加到10.61万元/人。从以上数据可以看出，体育产业的劳动生产率与全国第二、三产业总体的劳动生产率还存在较大差距，反映出体育产业的增长方式还需进一步改善。

(四）体育产业的结构不断改善

经济服务化理论认为，产业结构重心具有向服务业转移的规律性，服务业的迅速发展，已经成为发达国家的普遍经济特征和发展规律。2006年全国体育用品业增加值所占体育产业增加值比重达79.52%，到2014年比重为74.44%，比重总体上有所下降；而体育服务业所占体育产业增加值比重则稳步增长，2006年比重为17.11%，2014年达到了22.17%，上升了5.06个百分点（见图2，附表4）。

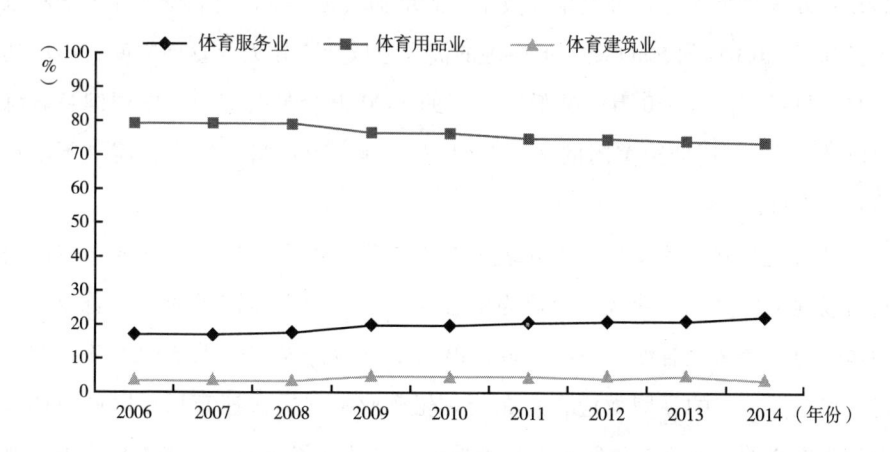

图2 2006~2014年体育服务业、用品业及建筑业增加值所占体育产业增加值比重

三 分业态发展情况

2006～2014年体育产业总体保持稳步增长的态势，以健身休闲、竞赛表演为核心，以用品制造、销售为支撑，以旅游、中介、会展等为补充的多业并举、全方位发展的格局已基本形成。

（一）体育健身休闲业稳中向好

随着各地国民经济的快速发展、居民收入的增加，加之自然生态的恶化，"健康投资"已经成为人们的重要认知，在有钱、有闲、有需要的氛围中，体育健身休闲活动逐步融入人们的日常生活。2006～2014年我国体育健身休闲业发展较快，增加值从46.98亿元增至238.26亿元，增长4倍有余；从业人员从11.78万人增至22.91万人，增长近1倍，占体育产业从业人员比例从4.60%增至5.38%，体育健身休闲业发展已初具规模。以湖北省武汉市洪山体育中心为例，该中心2009年日平均参加群众性体育活动的人数已达到3000余人次，全年累计100多万人次，年收入近1000万元。2001～2013年中国的健身俱乐部数量不断增加（见图3），由2001年的300家增长到了2013年的5000家。但中国的健身业依然有较大的发展空间，中国的健身会员目前仅有350万，远低于美国的5000万会员的规模；中国健身教练0.12人/万人，远低于美国的7.5人/万人，健身市场潜力巨大，需要不断地培育与发展。

体育健身领域的发展，主要表现在参与项目不断扩展，体育健身休闲消费市场逐步建立。以社区、商业为中心的中小型健身休闲场所日益普及；以中体倍力、青鸟、浩沙、一兆韦德、英派斯等为代表的一批全国连锁的健身场所形成了一定的品牌效应，且在新一轮产业发展中快速布局；以城市体育设施为中心的专业健身休闲场所日渐成熟；依托投资企业的大型专业会所方兴未艾；美国韦德公司、中国香港美格菲、舒适堡等境外知名健身企业开始抢占国内市场。初步形成了多元化、层次性、互为补充的体育健身休闲市场格局。

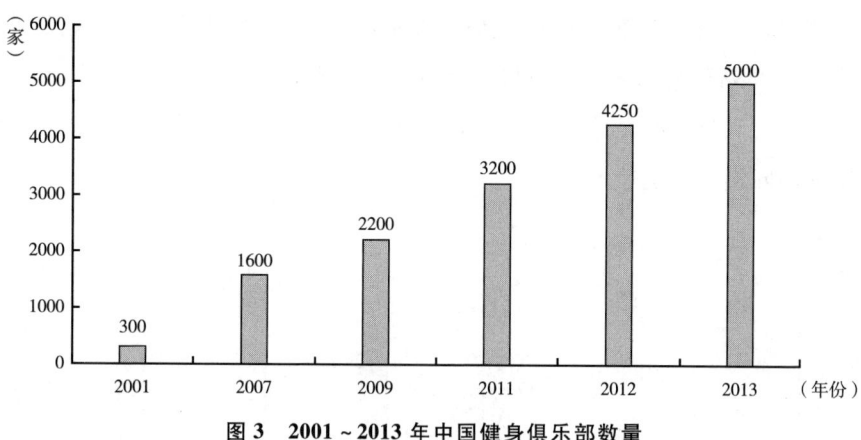

图 3 2001~2013 年中国健身俱乐部数量

（二）竞赛表演业景气指数不断提升

随着中国竞技运动水平和民众体育欣赏水平的不断提高，体育竞赛表演市场的经济社会效益逐步显现，各地申办体育赛事的热情逐渐高涨，特别是对承办高水平国际体育赛事更是竭力争取。经过赛事组织者的不懈努力，中国赛事运作的社会化、市场化、专业化程度普遍提升，体育竞赛表演市场已经逐步进入以赛养赛的良性循环轨道。中国体育竞赛表演业呈现以下几方面主要特征。

1. 办赛数量不断提升，影响力逐步增强

以 2013 年为例，举办全国性以上体育赛事超过 1000 项，其中国际 373 项，国内 677 项。据全球认可的体育市场研究公司 Sportcal 推出的全球体育影响计划（Global Sports Impact Project）2012~2013 年度报告，中国已经连续两年居全球体育赛事影响力排行榜首位。2008 年北京奥运会、2010 年广州亚运会、2011 年夏季世界大学生运动会、2014 年南京青奥会等成功举办，向世界展示了中国的综合实力和办赛水平，也得到了国际体育组织的认可，北京获得 2020 年冬奥会举办权，2022 年杭州将代表中国再次举办亚运会。诸多国际性、区域性赛事在中国举办，新兴国际赛事也希望通过在中国举办扩大影响力。以 F1 大奖赛等为代表的大型国际单项体育赛事的吸引力、影响力迅速提升。以网球为例，2015 年中国举办了深圳、北京和上海三站

ATP赛事，广州、武汉、北京、天津和香港五站WTA赛事，共八站赛事，2016年南昌站还将加入；马拉松赛事数量不断增加（见图4）。美国NBA季前赛、意大利超级杯足球赛等一大批商业赛事更是接踵而至，中国举办体育赛事的国际影响力迅速增强。

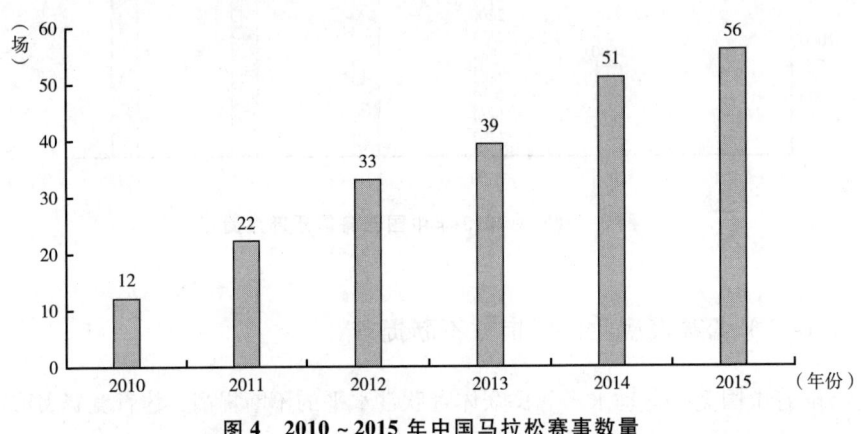

图4　2010~2015年中国马拉松赛事数量

2. 本土精品赛事不断涌现，品牌效应逐步形成

中国足球、篮球等职业联赛规模和影响不断扩大和提升，品牌价值逐步提高，已经成为国内竞赛表演市场的主角。以北京、厦门马拉松为代表的一系列国际马拉松赛事，以环青海湖、环海南岛、环北京为代表的系列国际自行车赛事，以中国网球公开赛（北京）、上海ATP1000大师赛为代表的国际顶级网球赛事，以上海大师赛和中国公开赛为代表的国际顶级台球赛事，以重庆武隆国际山地户外公开赛为代表的国际山地户外赛，以中外武术散打争霸赛为代表的武术赛事等，已发展成为亚洲乃至全球的顶级赛事品牌，在国际国内引起了强烈的反响。

3. 组织模式不断丰富，社会化与市场化程度逐步提高

随着各种赛事逐步多样化和国际化，中国一大批商业性赛事的组织运作模式率先与国际接轨，政府逐渐从微观领域退出，体育赛事社会参与和市场化运作的成分逐渐增大。NBA中国赛、意大利足球超级杯等纯商业性比赛完全步入由体育中介公司运作的行列；上海ATP1000大师赛、F1大奖赛和

国际田径黄金大奖赛等顶级赛事，已经实现企业和集团联办的新模式。

4. 职业体育发展迅速，影响力不断提升

中国目前拥有中国足球超级联赛（Chinese Super League，CSL）、中国足球甲级联赛（China League，CL）、中国女子足球超级联赛、中国男子排球联赛、中国女子排球联赛、中国男子篮球职业联赛（China Basketball Association，CBA）、全国男子篮球联赛（NBL）、中国女子篮球联赛（WCBA）、中国乒乓球俱乐部超级联赛、中国羽毛球俱乐部超级联赛、中国围棋甲级联赛、中国象棋甲级联赛等一系列职业体育赛事。赛事的投入和影响力不断提升。以中超为例，2015年在引援上中超的支出仅次于英国（共引进42名外援、62名内援），总支出1.08亿欧元（约合人民币7.3亿元），联赛投入不断攀升。影响力和经营业绩不断提升，以版权收入为例，2014年中超收入首度进入亿元时代（版权收入0.5亿元）（见图5），而2015年达成的版权交易使未来五年中超版权费为80亿元，联赛的价值和影响力不断提升；2013年广州恒大首获亚冠赛冠军，2015赛季再次蝉联冠军，2015年广州恒大淘宝足球俱乐部成为亚洲足球第一股。

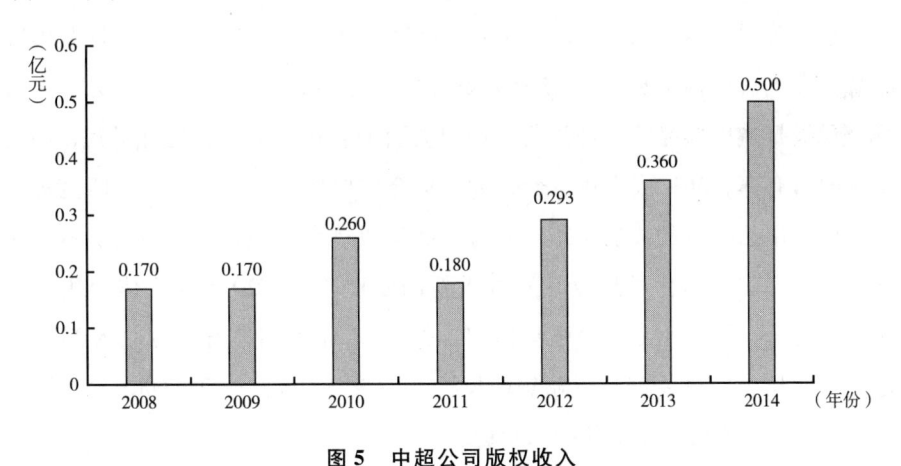

图5 中超公司版权收入

（三）体育用品业步入转型发展期

体育用品业作为体育产业中比重最大、开放度与竞争度最高、增长最快的领域，在世界经济危机和国外市场疲软的影响下，开始进行自身的调整，逐步进入转型发展的新时期。

1. 由直线增长步入波动增长

面临复杂的国内外环境，体育用品业在经历内需不足与外需疲软、实体去产能与金融去杠杆的阵痛后，产业效益出现较大幅度下滑，行业运行形势日趋严峻，增长已经打破传统的连续上升状态，表现出较大幅度的波动，由2007年的22.57%快速下滑到2009年的12.95%，下降了9.62个百分点，虽然2010年有所反弹，之后再次持续下滑，至2012年已经降到13.26%，增长显示出较大程度的震荡，体育用品业转型升级已显迫切。经过自身调整，2014年实现了14.38%的增速，呈现较为积极的态势。

2. 由同质化向品牌化转变

体育用品业已经开始由过去的同质化向品牌化转变，一批具有国际影响力的品牌企业迅速涌现。红双喜乒乓球系列产品已占据国际比赛用球的80%，成为世界名牌；泰山体育产业集团以六大门类200多种器材一次性进入2008年北京奥运会，占奥运会体育器材总量的43%，提升了国际竞争力；李宁公司与NBA和ATP进行深度合作，努力开拓国际市场，打造国际品牌，并先后成为瑞典和西班牙奥委会的官方合作伙伴；安踏立足本土市场、积极打造民族品牌，通过与中国奥委会的合作，进一步提升了其在国内市场的占有率；361°成为亚运会、大运会合作伙伴；李宁、安踏、匹克等一大批体育用品企业的成功上市，标志着我国以体育用品业为代表的资本市场化取得新突破，体育用品业开始进入新的发展阶段。2016年，体育用品企业财报显示，体育用品品牌强势回归，如2015年安踏体育营业收入111.26亿元，增长24.7%；361°营业额增长了14.1%，达到44.59亿元。

3. 由要素驱动向科技创新驱动转变

产业演进规律显示，技术资本创新决定体育用品经济利益和格局，唯有具备技术创新优势才能推动体育用品业核心竞争能力发展。由于受传统以要素驱动为主的粗放型发展惯性影响，体育用品业上行压力不断增大。依靠科技创新摆脱困境已成为业内的重要战略与方向。安踏集团率先成立了国内体育用品行业第一家运动科学实验室，先后创造超过 40 项国家级专利技术；匹克经过创新积累，已经拥有近百项专利技术和创新产品。创新诉求逐步上升到产业发展的中心位置，体育用品产业升级态势明显。

（四）体育旅游业稳步发展

随着中国公民户外休闲需求的增长，体育旅游已经成为一种颇受欢迎的体育休闲方式。体育旅游业快速发展，经济贡献初步显现，体育旅游多样化产品体系初步形成。人们的旅游消费由单纯的观光向休闲、度假、体验、参与全面升级，集健身、体验、休闲等多种功能于一体的体育旅游逐渐为人们所喜爱，体育旅游产品的开发亦逐渐为一些旅游目的地、景区景点政府所重视，它们纷纷通过开发体育旅游产品来优化旅游产品的结构，吸引游客，拓宽旅游路径。

一大批旅游热点产品，诸如贵州白云国际风筝旅游节、河北崇礼国际滑雪节、黄山国际山地自行车节、海南环岛自行车帆船赛、湖南汨罗龙舟赛、甘肃玛曲格萨尔赛马大会、河南登封少林国际武术节、内蒙古中蒙国际马术节等，取得了很好的效果。

体育旅游三大市场初显雏形，体育旅游市场已经形成以国内游客为主体、国外游客为补充、出境游客为点缀的格局。有关调研显示，赛事和资源型项目具有少量的入境消费游客，如对场地要求较高的滑雪、登山、高尔夫等运动项目，入境游客在 5% 左右。入境游客大多来自韩国、中国台湾等地；高水平的体育赛事举办地也成为体育旅游的重要目的地，如上海的 F1，入境游客占观众总数的近 30%；广州亚运会期间，入境游客占 21% 左右。随着近年来出境游的不断升温，出国观赏精彩的赛事、参加体育活动，已成为体育迷的自觉选择。在各类国际赛事举办期间，比如，上海 ATP1000、F1、北京中网公开赛、北京国际马拉松等赛事举办，也吸引了大量的国内游客到赛事举办地观赛、旅游；除了人流的流入以外，流出也成为近些年我国体育消费者的重要特色，伴随着人们赛事观赏水平与体育消费水平的升级，一批有经济条件的人开始走出国门，参与体育旅游。2011 年 5 月，一批"中国 3TO1 – TEX 越野行走队"的爱好者,赴芬兰参加了芬兰仲夏夜国际行走大会。总的来看,目前我国体育旅游三大市场均有涉足,初步表现出了国内体育旅游、入境体育旅游、出境体育旅游相结合的市场雏形。

(五)其他体育产业业态不断发展

中国体育培训业、中介业、会展业、传媒业等其他业态发展步入快车道。

1. 体育培训业出现井喷式增长

2006年体育培训业增加值仅为4.64亿元,到了2014年达到143.87亿元,是2006年的31倍多。体育培训的内容、方式不断创新,双语培训不断增多,特色培训不断涌现,且体育培训对象的年龄跨度不断扩大。体育培训的发展不仅对受训个体的身心健康具有重要的意义,能够促进其体育技能乃至体育习惯养成,还能够为体育产业的发展培育消费群体打下良好的群众基础;不仅如此,还能够促进民众身体素质的提高。

2. 体育中介业呈现爆发式增长

体育中介业基础差、底子薄,但作为体育产业的"润滑剂",它在各业态的巨大市场需求刺激下,业绩突飞猛进,2014年增加值达到29.02亿元,是2006年的近15倍。近几年,国内涌现出一大批体育中介业,如广州鸿天体育经纪有限公司、北京众辉国际体育管理公司、北京高德体育经纪公司、上海久事国际赛事管理有限公司等,成为体育中介业的中坚力量;国外一批实力较强的体育经纪公司,如美国国际管理集团、瑞士盈方、英国八方环球等也纷纷进驻中国市场。但总体来说,我国的体育中介业还处在发展的初级阶段,无论是市场基础、制度建设、法规体系、人力资本都有着巨大的提升空间。

3. 体育会展业保持稳步增长

体育会展业是体育产品与服务展示的窗口,对于产业发展具有重要的平台价值。目前我国已逐步形成以器材装备、设施设备、休闲服务为主要内容的全国三大展会,与部分项目中心、协会、地方举办的相关领域展会以及国外进入的著名体育展览机构策划的展会一起,构成了多元化、层级化、相辅相成、资源互补的体育展览市场。

整体来看，目前中国已经形成门类齐全、结构合理、规范发展的体育产业体系，新兴业态表现得较为活跃，呈现良好的发展势头。

四 结语

第一，中国对体育产业的认知日渐清晰，体育产业在国民经济发展中的地位得到进一步明确，并以《国民经济行业分类》（GB/T4754—2011）为基础，制定了囊括11个大类、37个中类、52个小类的新的体育产业统计分类，建立了体育产业统计调查制度。

第二，中国体育产业主要经历了三大发展阶段：以体育场馆改革为龙头，带动运动队和体育竞赛活动吸引社会资金，初步进行体育经营性活动尝试的萌芽阶段（1978~1992年）；体育实施社会化、产业化、市场化、职业化改革的探索阶段（1993~2008年）；体育产业作为国民经济新增长点，进入门类相对齐全、融合发展日益突出、经济贡献率不断提升的快速发展阶段（2009年至今）。

第三，中国体育产业发展起步较晚，但表现出较快的发展态势，2006~2014年，中国体育产业年均增长速度达到15.53%。体育产业的规模不断扩大；体育产业的劳动生产率逐年提高，从2006年3.83万元/人增加到2014年9.49万元/人；体育产业的结构不断改善，体育用品制造业比重在降低，体育服务业比例在提升。

第四，不同的业态竞相发展，形成了以健身休闲、竞赛表演为核心，以用品制造、销售为支撑，以旅游、中介、会展等为补充的多业并举、全方位发展的态势。职业体育，尤其是中国足球超级联赛和中国男子篮球职业联赛等联赛发展迅速，影响力快速提升；环青海湖自行车赛、扬州鉴真国际半程马拉松赛、中国功夫争霸赛（CKF）、昆仑决等本土赛事品牌影响力不断扩大。

中国作为最大的发展中国家和世界第一人口大国，体育产业有着巨大的发展空间和人口优势。中国体育产业尽管呈现出快速发展的态势,但依然存在着体育竞赛表演业、体育健身娱乐业等本体产业竞争力不强,体育用品制造业、体育建筑业等产值占比较高,存在着发展空间巨大和体育产业人才相对欠缺,体育旅游、体育中介等业态的发展与商业模式还需进一步探索,体育产业发展中的政府职能和市场作用还需进一步厘清等问题,只有这些问题得到有效解决才能够促进中国体育产业继续快速、健康地发展。

附表 1 国家体育产业统计分类

代码			名称	说明	行业分类代码
大类	中类	小类			
01			体育管理活动		
	011	0110	公共体育事务管理活动	仅包括各级政府部门体育行政事务管理机构的活动	9124*
	012	0120	体育社会组织管理活动	仅包括体育专业团体管理、体育行业团体管理和体育基金会等的管理和服务	9421* 9422* 9430*
	013	0130	其他体育管理活动	仅包括体育战略规划、竞技体育、全民健身、体育产业、反兴奋剂、体育器材装备及其他未列明的保障性体育管理和服务	8890**
02			体育竞赛表演活动		
	021	0210	职业体育竞赛表演活动	仅包括商业化、市场化的职业体育赛事活动的组织、宣传、训练,以及职业俱乐部和运动员展示、交流等活动	8810** 7219* 8710*
	022	0220	非职业体育竞赛表演活动	仅包括公益性质的非职业或业余体育赛事活动的组织、宣传、训练、展示、交流等活动	8810**
03			体育健身休闲活动		
	031	0310	休闲健身活动		8830
	032		体育文化活动		
		0321	群众体育文化活动	仅包括由城乡群众参与的社区、乡村(含全民健身活动站点、文体活动站,以及老年、少儿体育活动中心等)体育文化展演、交流等公益性群众体育文化活动	8770*

第四章　中国：共享发展奔强国

续表

代码			名称	说明	行业分类代码
大类	中类	小类			
		0322	民族民间体育活动	仅包括区域特色、民族民间体育（含少数民族特色体育）的保护和活动组织	8740*
	033	0330	其他休闲健身活动	仅包括体育电子游艺活动，网络（手机）体育游艺、展演以及电子竞技等体育娱乐活动	8912* 8790*
04			体育场馆服务		
	041	0410	体育场馆		8820
	042	0420	其他体育场地	仅包括社区、公园、健身步道、多功能城市广场等运动场所的管理服务	8890** 7810* 7851*
05			体育中介服务		
	051		体育中介与广告活动		
		0511	体育中介人		8942
		0512	体育广告服务	仅包括体育广告制作、发布、代理等活动	7240*
	052	0520	体育活动的策划服务	仅包括运动会及其他体育赛事策划组织，群众体育活动策划组织，以及体育赛事票务服务	7299*
	053	0530	其他相关体育中介服务	仅包括各类体育赞助活动、体育招商活动、体育文化活动推广，以及其他体育音像、动漫、影视代理等服务	8890** 8949*
06			体育培训与教育		
	061		体育培训		
		0611	体校及体育培训		8292
		0612	其他体育培训	仅包括各种体育培训机构、专项运动俱乐部的体育技能培训（武术、棋类、赛车、气功、航空等），青少年、少儿体育培训，体育经营管理、创意设计、科研、中介等体育专门人才培训	8291* 8299*
	062	0620	体育教育	仅包括高等院校、中等职业学校的体育专业教育	8241* 8236*
07			体育传媒与信息服务		
	071	0710	体育出版物出版服务	仅包括体育书籍、杂志、报纸、音像、电子出版物、互联网出版服务	8521* 8522* 8523* 8524* 8525* 8529*

续表

代码 大类	代码 中类	代码 小类	名称	说明	行业分类代码
	072	0720	体育影视及其他传媒服务	仅包括体育广播电视节目的制作与播出,体育电影的摄制与放映,体育录音录像等音视频内容制作,体育新闻的专业活动,以及体育摄影服务	7492* 8510* 8610* 8620* 8630*
	073	0730	互联网体育服务	仅包括互联网体育信息采集、传输、存储、分析、处理与传播等服务,体育网络平台服务,体育动漫游戏及电子竞技服务,体育APP应用,互联网与体育其他业态的融合发展服务	6420* 6540*
	074	0740	其他体育信息服务	仅包括非互联网体育信息(含文字、视频、数据等形式)内容加工服务,体育健身、竞赛、管理、市场调查与体育经济等咨询服务,体育应用软件(含专业分析、电子竞技、动漫游戏等)开发与经营等信息技术服务	6510* 6591* 7233* 7232*
08			其他与体育相关服务		
	081	0810	体育旅游活动	仅包括观赏性体育旅游活动(如观赏体育赛事、体育节、体育表演等内容的旅游活动);体验性体育旅游活动(如参与滑雪、帆船、帆板、漂流、马拉松等运动的旅游活动);景区体育旅游活动(如户外宿营、徒步骑行、汽车露营等形式的旅游活动)	7271* 6190* 7852* 5531*
	082	0820	体育健康服务	仅包括国民体质监测与康体服务、科学健身调理服务、社会体育指导员服务,体育运动医学和创伤医院、体育康复疗养场所服务,中医运动康复医疗服务	8890** 8315* 8316* 8312*
	083	0830	体育彩票服务	仅包括体育彩票管理、发行、分销等服务	8930*
	084	0840	体育会展服务	仅包括体育用品、体育旅游、体育文化等各类体育博览、展览或展会以及体育博物馆等服务	7292* 8750*
	085	0850	体育金融与资产管理服务	仅包括体育基金(含体育产业投资基金)管理服务、体育保险服务,体育投资与资产管理、产权交易服务	6713* 6740* 6812* 7212*

第四章 中国：共享发展奔强国

续表

代码 大类	代码 中类	代码 小类	名　称	说　明	行业分类代码
	086	0860	体育科技与知识产权服务	仅包括体育人文社会科学、运动医学、体育工程等研究与技术服务，体育知识产权相关服务（如体育著作权、体育无形资产评估等服务）	7350 * 7340 * 7250 *
	087	0870	其他未列明与体育相关服务	仅包括体育设施工程管理与勘察设计服务，专业化体育用品、服装、动漫及衍生产品的设计活动，体育场所清洁服务	7481 * 7482 * 7491 * 8111 * 8119 *
09			体育用品及相关产品制造		
	091		体育用品制造		
		0911	球类制造		2441
		0912	体育器材及配件制造		2442
		0913	训练健身器材制造		2443
		0914	运动防护用具制造		2444
		0915	其他体育用品制造		2449
	092	0920	运动车、船、航空器等设备制造	仅包括运动船艇制造，运动航空器制造，运动休闲车及配件（含越野车、运动跑车、赛车、高尔夫球车、休闲雪地车、沙滩车、滑板车、卡丁车等）制造，潜水设备制造	3733 * 3749 * 3761 * 3770 * 3620 * 3650 * 3791 *
	093	0930	特殊体育器械及配件制造	仅包括武术器械和用品，运动用枪械、运动枪械用弹，可穿戴运动监测装备，体育场馆用显示屏、计时记分系统等设备制造；卡丁车场、赛车场（含汽车和摩托车）等用显示器、计时记分设备，以及飞行用风向标、测风仪制造；无线电测向、导航、定向用电子打卡计时设备及运动轨迹实时监控系统等制造	3329 * 3399 * 4030 * 3891 * 4022 * 4023 *
	094		体育服装鞋帽制造		

147

续表

代码 大类	中类	小类	名称	说明	行业分类代码
		0941	运动服装制造	仅包括田径服、球类运动服、水上运动服（含泳装）、举重服、摔跤服、体操服、体育舞蹈服、击剑服、赛车服、航空运动服、登山和户外运动服、冰雪运动服、领奖服、体育礼服等服装及其相关服饰制造	1810* 1820* 1830*
		0942	运动鞋帽制造	仅包括纺织面运动鞋、运动皮鞋、运动用布面胶鞋、运动用塑料鞋靴及其他运动鞋制造，运动帽、游泳帽制造	1951* 1952* 1953* 1954* 2929*
	095	0950	体育游艺娱乐用品设备制造	仅包括台球器材及配件、沙狐球桌及其配套器材、桌式足球器材及配件、棋类娱乐用品、牌类娱乐用品、专供游戏用家具式桌子制造，带动力装置仿真运动模型及其附件制造，保龄球设备及器材制造	2462* 2450*
	096	0960	其他体育用品及相关产品制造	仅包括运动饮料、运动营养品生产，按摩器材、户外帐篷制造，人造运动草坪、运动地板、运动地胶、体育场馆看台座椅、移动游泳池等制造	3856* 1529* 1784* 2140* 1491* 1492* 2033* 2437* 2919*
10			体育用品及相关产品销售、贸易代理与出租		
	101		体育及相关产品销售		
		1011	体育用品销售		5142 5242
		1012	运动服装销售	仅包括运动服装批发和运动及休闲服装专门销售服务	5132* 5232*
		1013	运动鞋帽销售	仅包括运动鞋帽批发、零售服务	5133* 5233*

148

续表

代码 大类	代码 中类	代码 小类	名 称	说 明	行业分类代码
		1014	运动饮料营养品销售	仅包括运动饮料、营养品批发、零售服务	5126* 5127* 5225* 5226*
		1015	体育出版物销售	仅包括体育书籍、杂志、报纸、音像、电子出版物销售服务	5143* 5144* 5145* 5243* 5244*
		1016	其他体育用品及相关产品销售	仅包括人造运动草坪、运动地板、运动地胶等运动地面设施销售服务,台球、飞镖、沙狐球以及游艺娱乐用品等其他体育用品批发和零售服务	5169* 5165* 5286* 5149* 5249*
		1017	体育用品及相关产品综合销售	仅包括百货、超市销售的体育及相关产品零售服务	5211* 5212*
		1018	体育用品及相关产品互联网销售	仅包括体育用品及相关产品的互联网零售服务,体育电子商务服务	5294*
	102	1020	体育设备出租	仅包括其他体育设备及器材出租服务	7121*
	103	1030	体育用品及相关产品贸易代理	仅包括体育用品及相关产品贸易中介与代理活动	5189* 5181*
11			体育场地设施建设		
	111	1110	室内体育场地设施建设	仅包括体育馆工程服务、体育及休闲健身用房建设活动,室内运动地面(如足球场、篮球场、网球场等)以及室内滑冰、游泳设施(含可拼装设施)的安装施工活动	4700* 5010*
	112	1120	室外体育场地设施建设	仅包括室外田径场、篮球场、足球场、网球场、高尔夫球场、跑马场、赛车场、卡丁车赛场以及室外全民体育健身工程(含健身路径、健身步道等)设施等室外场地设施的工程施工活动	4890*

附表 2 2006～2014 年全国体育产业增加值及从业人员情况

单位：亿元，万人

年份 类别	2006 增加值	2006 从业人员	2007 增加值	2007 从业人员	2008 增加值	2008 从业人员	2009 增加值	2009 从业人员	2010 增加值	2010 从业人员	2011 增加值	2011 从业人员	2012 增加值	2012 从业人员	2013 增加值	2013 从业人员	2014 增加值	2014 从业人员
体育产业总计	982.89	256.30	1265.23	283.74	1554.97	317.09	1835.93	319.13	2220.12	336.98	2689.06	360.01	3135.95	375.62	3563.69	387.97	4040.98	425.77
体育服务业	168.15	46.96	211.73	51.25	275.26	61.07	357.95	65.35	432.26	72.44	553.17	88.97	658.90	92.17	764.16	95.73	896.24	98.03
体育组织管理活动	74.80	18.71	89.36	18.98	117.56	20.87	155.71	19.63	172.77	19.84	197.21	20.13	215.63	20.44	236.16	19.49	274.48	18.97
体育场馆管理活动	18.24	2.58	23.04	2.41	30.00	2.62	34.04	2.55	43.73	2.58	49.92	2.62	54.59	2.66	59.78	2.54	69.48	2.47
体育健身休闲活动	46.98	11.78	58.79	13.32	74.49	15.03	94.63	15.64	113.05	15.78	155.28	22.06	179.73	21.79	213.08	23.16	238.26	22.91
体育中介活动	2.02	0.87	3.00	0.96	4.46	1.35	6.63	2.14	9.86	3.06	14.26	4.45	20.67	7.01	24.53	8.32	29.02	8.86
体育培训活动	4.64	1.91	7.91	2.21	13.48	3.56	22.97	6.46	39.14	10.59	66.69	17.68	113.63	18.23	127.32	18.51	143.87	18.93
体育彩票	21.47	11.11	29.63	13.37	35.27	17.64	43.97	18.93	53.71	20.59	69.81	22.03	74.65	22.04	103.29	23.71	141.13	25.87
体育用品业	781.57	206.57	1008.87	229.2	1229.8	252.67	1400.54	249.18	1692.48	259.4	2011.92	265.55	2346.64	278.42	2640.53	286.64	3007.92	322.36
体育用品、服装鞋帽制造	705.12	195.44	898.10	214.00	1088.31	234.13	1224.23	224.36	1472.03	232.09	2240.30	240.30	1920.43	248.35	2189.57	252.78	2546.99	288.09
体育用品、服装鞋帽销售	76.45	11.13	110.77	15.20	141.49	18.54	176.31	24.82	220.45	27.31	25.25	25.25	426.21	30.07	450.96	33.86	460.93	34.27
体育建筑业	33.17	2.77	44.63	3.29	49.61	3.35	77.44	4.60	95.38	5.14	123.97	5.49	130.41	5.03	159.00	5.60	136.82	5.38

150

附表3 2006~2014年体育产业劳动生产率

单位：万元/人

类别＼年份	2006	2007	2008	2009	2010	2011	2012	2013	2014
体育服务业（总）	3.58	4.13	4.51	5.48	5.97	6.22	7.15	7.98	7.98
体育组织管理活动	4.00	4.71	5.63	7.93	8.71	9.80	10.55	12.12	14.47
体育场馆管理活动	7.07	9.56	11.45	13.35	16.95	19.05	20.52	23.54	28.13
体育健身休闲活动	3.99	4.41	4.96	6.05	7.16	7.04	8.25	9.20	10.40
体育中介活动	2.32	3.13	3.30	3.10	3.22	3.20	2.95	2.95	3.28
体育培训活动	2.43	3.58	3.79	3.56	3.70	3.77	6.23	6.88	7.59
体育彩票	1.93	2.22	2.00	2.32	2.61	3.17	3.39	4.36	5.46
体育用品业（总计）	3.78	4.40	4.87	5.62	6.52	7.58	8.43	9.21	9.33
体育用品、服装鞋帽制造	3.61	4.20	4.65	5.46	6.34	6.96	7.73	8.66	8.84
体育用品、服装鞋帽销售	6.87	7.29	7.65	7.10	8.07	13.42	14.17	13.32	13.44
体育建筑业（总计）	11.97	13.57	14.81	16.83	18.56	22.58	25.93	28.39	25.43
体育产业总计	3.83	4.46	4.90	5.75	6.59	7.47	8.35	9.19	9.49

附表 4 2006~2014 年体育产业结构

年份 类别	2006 增加值(亿元)	2006 (%)	2007 增加值(亿元)	2007 (%)	2008 增加值(亿元)	2008 (%)	2009 增加值(亿元)	2009 (%)	2010 增加值(亿元)	2010 (%)	2011 增加值(亿元)	2011 (%)	2012 增加值(亿元)	2012 (%)	2013 增加值(亿元)	2013 (%)	2014 增加值(亿元)	2014 (%)
体育产业总计	982.89	100	1265.23	100	1554.97	100	1835.93	100	2220.12	100	2689.06	100	3135.95	100	3563.69	100	4040.98	100
体育服务业	168.15	17.11	211.73	16.73	275.26	17.70	357.95	19.50	432.26	19.47	553.17	20.57	658.9	21.01	764.16	21.45	896.24	22.17
体育组织管理活动	74.8	7.61	89.36	7.06	117.56	7.56	155.71	8.48	172.77	7.78	197.21	7.33	215.63	6.88	236.16	6.63	274.48	6.79
体育场馆管理活动	18.24	1.86	23.04	1.82	30	1.93	34.04	1.85	43.73	1.97	49.92	1.86	54.59	1.74	59.78	1.68	69.48	1.72
体育健身休闲活动	46.98	4.78	58.79	4.65	74.49	4.79	94.63	5.15	113.05	5.09	155.28	5.77	179.73	5.73	213.08	5.98	238.26	5.90
体育中介活动	2.02	0.21	3	0.24	4.46	0.29	6.63	0.36	9.86	0.44	14.26	0.53	20.67	0.66	24.53	0.69	29.02	0.72
体育培训活动	4.64	0.47	7.91	0.63	13.48	0.87	22.97	1.25	39.14	1.76	66.69	2.48	113.63	3.62	127.32	3.57	143.87	3.56
体育彩票	21.47	2.18	29.63	2.43	35.27	2.27	43.97	2.39	53.71	2.42	69.81	2.06	74.65	2.38	103.29	2.90	141.13	3.49
体育用品业	781.57	79.52	1008.87	79.74	1230.1	79.11	1400.54	76.29	1692.48	76.23	2011.92	74.82	2346.64	74.83	2640.53	74.09	3007.92	74.44
体育用品、服装鞋帽制造	705.12	71.74	898.1	70.98	1088.31	69.99	1224.23	66.68	1472.03	66.30	1673.03	62.22	1920.43	61.24	2189.57	61.44	2546.99	63.03
体育用品、服装鞋帽销售	76.45	7.78	110.77	8.82	141.79	9.12	176.31	9.60	220.45	9.93	338.89	12.60	426.21	13.59	450.96	12.65	460.93	11.41
体育建筑业	33.37	3.40	44.63	3.53	49.61	3.19	77.44	4.22	95.38	4.30	123.97	4.61	130.41	4.16	159.00	4.46	136.82	3.39

第四章　中国：共享发展奔强国

参考文献

张林、黄海燕、潘时华主编《体育蓝皮书：长三角地区体育产业发展报告（2014~2015）》，社会科学文献出版社，2015。

阮伟、钟秉枢主编《体育蓝皮书：中国体育产业发展报告（2014）》，社会科学文献出版社，2014。

钟天朗、张林：《体育产业学科发展研究报告（2008~2011）》，复旦大学出版社，2013。

张林、黄海燕：《中国体育产业发展报告（2013）》，人民体育出版社，2013。

张永韬：《我国体育产业发展的新常态：特征、挑战与转型》，《体育与科学》2015年第5期。

龚秋玲、刘飞平：《我国经济增长与体育产业发展关系研究》，《统计与决策》2015年第15期。

胡效芳、袁艺、许绍飞：《中国体育产业区域竞争力综合评价——基于31个省区的比较研究》，《西安财经学院学报》2014年第2期。

孙广伟：《当前我国体育产业发展研究》，《人民论坛》2012年第3期。

代万雷：《体育产业经济的现状与发展研究》，《人民论坛》2012年第8期。

周超：《我国体育产业核心竞争力现状及发展对策研究》，《沈阳体育学院学报》2011年第1期。

吴红雨、范美玉：《中国体育产业发展研究》，《改革与战略》2010年第7期。

国务院：《关于加快发展体育产业促进体育消费的若干意见》（国发〔2014〕46号），http：//www.gov.cn/zhengce/content/2014-10/20/content_9152.htm。

《国务院办公厅关于加快发展体育产业的指导意见》（国办发〔2010〕22号），http：//www.gov.cn/zwgk/2010-03/24/content_1563447.htm。

国家体育总局：《体育产业"十二五"规划》（体经字〔2011〕178号），http：//www.gov.cn/gzdt/2011-05/16/content_1864566.htm。

第五章
德国：三驾马车齐驱动

克莉丝汀·霍尔曼

克里斯托弗·布鲁尔

詹尼克·迪施

托马斯·吉尔

托拜亚斯·诺维

克莉丝汀·霍尔曼(Kirstin Hallmann)
博士，德国科隆体育大学（GSU）体育经济与管理学院高级讲师，管理学硕士（M.Sc.）。主要研究领域为消费者的体育经济需求、体育赛事和体育旅游中的消费者行为等。

克里斯托弗·布鲁尔(Christoph Breuer)
博士，德国科隆体育大学资源规划部教授、副主席，体育经济与管理学院院长。2006~2011年同时担任德国经济研究所教授。主要研究领域为组织经济学、体育参与和体育价值。

詹尼克·迪施（Jannik Disch），德国科隆体育大学体育管理学硕士(GSU)，体育经济与管理学院助理。主要研究领域为体育经济和体育金融。

托马斯·吉尔（Thomas Giel），德国科隆体育大学（GSU）体育经济与管理研究院研究员，体育管理专业硕士研究生。研究领域为顶级赛事社会经济影响及体育消费者行为研究。

托拜亚斯·诺维（Tobias Nowy），哲学博士，德国科隆体育大学（GSU）体育经济与管理研究院讲师。主要研究领域为组织经济学、组织能力以及欧洲非营利俱乐部问题。

第五章 德国：三驾马车齐驱动

任何产业都是由不同的机构和组织共同运营的复杂系统（维斯布罗德，1988）。体育产业也由不同的机构和组织构成。德国体育产业的供应方和运营方主要由公共部门（国家/政府）、企业实体（私人/营利）和志愿机构（非营利组织）等组成（格拉顿、刘、拉姆前达尼 & 威尔斯，2012；霍伊、斯密斯、尼克尔森 & 斯图尔特，2015）。德国的非营利性组织是德国大众体育的供给方（市场参与者）且非营利性组织大多由体育俱乐部构成（海尼曼，1999；彼得理 & 托卡斯基，2004）。此外，社区体育俱乐部还设有理事机构和联合会。这些实体提供竞争和参与的机会，制定体育管理规则与规程，组织主要的赛事活动（霍伊等人，2015）。私人部门包括职业或商业体育组织、职业联赛及其职业球队联盟组织，还包括体育服装和装备制造商、主要的场馆运营方以及商业体育供应商如健康健身中心或体育旅游机构。公共部门包括联邦、州、区和地方政府。地方政府可能还会参与提供类似于非营利体育俱乐部供给的体育项目，但这并不常见。

这三个部门的运营并不是独立的，实际上，它们有极大的关联。例如，德国联邦政府提供资金给非营利性的体育组织，以促进体育的发展和精英运动员项目。作为回报，非营利性的体育组织为社会提供体育运动的机会，他们培养运动员、教练员、官员和管理人员，以促进体育的发展。当国家为支持职业体育的发展而创造更多的场地空间，建设大型体育场馆或其他体育设施，或者制定更专业的法律，或国家支持制造业和赛事产业的商业化发展时，公共部门和市场会发生职能重叠。体育非营利性组织与职业体育职能重叠给职业联盟提供极具天赋的运动员、教练、官员和管理人员，提高了体育赛事的精彩程度。另外，职业体育鼓励更多市场主体主动或被动地加入体育中，在一些情况下会将电视转播权收入二次分配给志愿部门（霍伊等，2015）。

一 体育近代史

早在1914年，为了维护国家利益，德意志帝国政府就开始支持竞技体育和他们的组织。这样的情况延续了几届政府。国家内政部部长办公室在1914年开始对其负责，并且这些年一直承担这个责任（克鲁格，2013）。"二战"之后，出现了一些新的体育组织。1949年，德国国家奥林匹克委员会（NOK）成立。1950年，德国体育协会（DSB）成立。奥林匹克委员会的设立体现了德国奥林匹克的理想，德国体育协会作为全国性的组织，代表着所有体育联盟。2006年，这些组织合并成为德国奥林匹克体育联合会（DOSB）（彼得理 & 霍尔曼，2013）。德国奥林匹克体育联合会是一个独立的联盟组织，不仅对群众体育负责，还对高水平竞技体育负责。

1959年10月，德国奥林匹克法理协会（DOS）发起金牌计划，这是德国奥林匹克体育联合会为弥补德国的体育设施（德国奥林匹克协会，2015）不足而制定的特别计划（马菲特，2009）。这个计划遵循一个非常简单的方法，并且坚持体育设施的数量要满足当地市民的需求。这个计划对体育设施规模大小提出了宝贵指导原则，但是忽略了一些重要的指标，如设施的实际需求和现实情况。然而，金牌计划极大地推动了德国体育的发展，该计划利用15年时间在德国投资900万欧元创建了大约5万个体育设施，奠定了德国群众体育发展的基石。金牌计划虽然取得成功，但是1992年11月，德国联邦议院还是结束了德国体育协会在东德的这一计划，其中包括15年里投资将近1300万欧元，这些投资本应该用于新组成的德国各州和修建新的体育设施的项目（马菲特，2009）。现在，他们重新定义方法论并实施了一个更为全面的计划（科尔 & 巴赫，2006）。这不仅仅在数量上推动了设施的发展，更促进了整个社会的实际需求和体育发展。

关于体育球队产业，德国最热门的体育赛事是成立于1963年的德甲联赛及其组织的全国范围的职业联赛。德甲联赛有18支球队，其中最成功的是拜仁慕尼黑队，在2014/2015年赛季，他们赢得了第25个冠军。在25个冠军中，有24个是德甲成立后获得的。1966年，同样有18支队伍的德国手球联赛成立。其中成绩最好的是THW基尔队，在2004/2005年赛季前，该队连续获得9个冠军和19个锦标赛冠军（THW基尔，2015）；同样在1966年，德国篮球联赛成立，到2006/2007年赛季前联盟有18支球队。现在，拜耳勒沃库森获得了14次联赛冠军。新形式的德国冰球联盟（DEL）成立于1994年，而联盟自1958年以来一直都存在。柏林北极熊是德国冰球联盟中最优秀的团队，其在2004/2005年赛季到2012/2013年赛季夺得9个冠军中的7个。德国冰球联盟总共有14支球队。德国排球联盟成立于1974年。斯图加特腓特烈是成绩最好的球队，自1998年到2011年获得14个冠军中的12个，在联盟11支球队中名列第一。

德国体育用品产业协会（德国体育用品制造业协会［BSI］）成立于1910年，由德国运动服装制造商、进口商和批发商组成。在第二次世界大战之后，德国体育纺织和体育用品行业几乎不存在。许多工厂被毁或是用作制造战争物资。1947年之后，100家体育设备制造商重新开始经营业务。1948年底，大约150家体育用品工厂雇用了5000多名工人。随着世界经济的逐渐复苏，以及德国即将参加奥运会，1952年，德国成功举办了体育贸易博览会。在20世纪50年代、60年代、70年代，体育产业从一些项目，如金牌计划（德国奥林匹克协会倡议重建娱乐和体育设施）、健身计划（一项由德国体育联盟发起的项目）以及社会的变迁和不断增长的社会财富中获益。体育项目的数量越来越多，基层体育也得到发展。德国奥林匹克法理协会、德国国家奥林匹克委员会、德国体育协会的重要目标是提升青年运动员水平。1967年5月，柏林创立了德国援助体育基金会（德国奥林匹克法理协会，2012）。这是一个为德国青年运动员及顶尖运动员提供奖金及非物质支持的非营利组织，体现了公平、竞争及合作等价值观，也是欧洲体育中最成功的由私人支持的项目。目前一共投资了3.98亿欧元，支持超过50种不同领域的项目，已经有4.7万的年轻人及顶级运动员从中获得资助。该基金会的长期目标是，提高顶级运动员的职业兼容性，一方面是提升他们的竞技水平，另一方面则是提高他们的教育程度。作为一个私人基金会，其很难从政府层面获得资金援助，主要通过赛事及慈善捐赠获得收入。

二 体育现状

本研究调查了2010年德国家庭体育相关的消费（普洛伊斯、阿尔弗斯&阿勒特，2012），得出以下主要结论。

（1）超过55.5%的人口积极参加体育运动，其中有64.2%在16岁以下。

（2）超过50%的16岁以下的个人，至少一周参与一次体育运动。

（3）29.7%的人口因为兴趣爱好，在体育上消费（例如购买体育赛事门票、彩票、纪念品等），其中男性（34.9%）比女性（21.2%）的花费更多。

（4）有39.6%的16岁以下人口在他们喜欢的体育项目上花钱（普洛伊斯等，2012）。

总的来说，2010年，德国家庭与体育相关的消费达到103.2亿欧元，其中积极参与体育活动者的消费为83.4亿欧元，因为对体育有兴趣而非积极参与的活动者的消费为19.8亿欧元（普洛伊斯等，2012）。

（一）结构

德国体育系统内的组织结构是联邦结构，这是德国联邦共和国的特征，也是公共体育管理和公民自治体育或体育的自我管理结构。如图1所提及的，体育组织结构在联邦制下有两个明显的组成部分，分别是公共行政和体育自由组织（彼得里&黑尔曼，2013）。其中，有90802家非营利性的体育俱乐部给公众提供形式多样的体育项目（德国奥林匹克体育联合会，2014）。

德国奥林匹克体育联合会代表了其他成员组织的利益，它如今有99个

	政府结构	中介结构	非政府结构
国家层面	联邦内政部 → 德国各州的体育部长会议		德国奥林匹克体育联合会 ↔ 国家体育联盟
区域层面	区域部长	区域体育协会 / 地区体育协会	区域体育联盟
地方层面	当地行政机构	市体育协会	市体育联盟 / 体育俱乐部

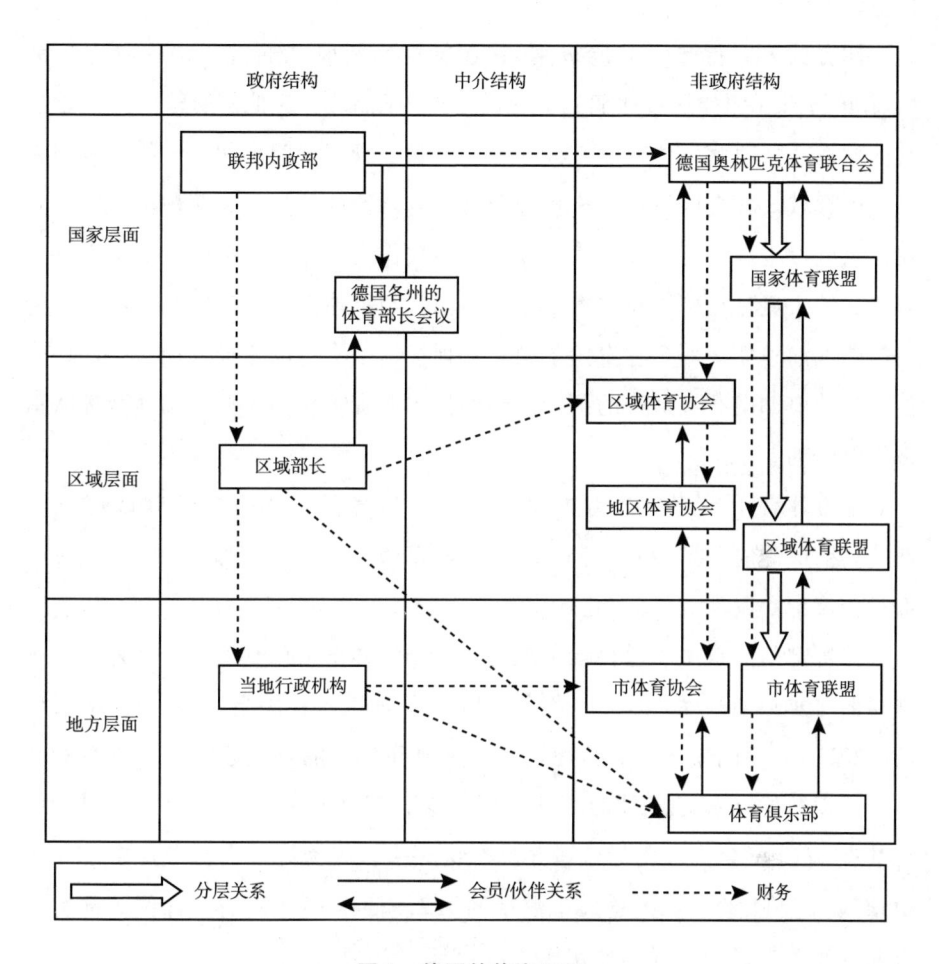

⇨ 分层关系　↔ 会员/伙伴关系　┈┈▶ 财务

图 1　德国的体育组织

成员组织，包括 16 个国家体育联合会/联盟、63 个全国联合会（34 个奥林匹克联合会和 29 个非奥林匹克联合会），以及 20 家执行特殊任务的体育联盟（德国奥林匹克协会，2015c）。高水平竞技体育和群众体育二者分离，地方体育联合会将他们的重点放在群众体育方面，国家体育联合会则关注高水平竞技体育。在这个层面上，每一项体育运动都有一个联盟。在会员方面，德国足球协会，是会员最多的协会，有 680 万会员。第二是德国体操协会（500 万会员），第三是网球协会（140 万会员）及射击协会（130 万会员）（德国奥林匹克体育联合会，2014）。

体育的公共行政（政府级别），包括联邦政府（通过联邦内政部）和16个联邦州（例如通过他们的文化部委或内政部），对他们所辖的区域承担共同的责任。因此，体育没有设立专门的独立管理部门。相反，他们被嵌入另一个领域。各个区域对于体育分配管理有自治权，如在北莱茵威斯特法利亚，家庭、小孩、青年、文化和体育部门被作为体育一个部门，而萨克森将体育又纳入文化、旅游和体育部门。然而，顶级体育在联邦内政部都被作为专门的部门独立运作。它发挥了国家对顶级运动支持的主导作用，并协调其他联邦政府部门在该地区的顶级运动的具体职责，例如支持联邦武装部队顶级体育活动。

地方体育由专门的体育办事处负责，口号是"体育是联邦政府的责任"。然而，在区域一级，16个州的"体育部长"每一年都会会晤一次并在部长会议中协调他们的活动。

体育部门的自主管理自治情况有所不同：体育俱乐部组织既涉及特定规则层面（如政府机关），又涉及多级体育层面如体育协会（彼得里 & 舒尔策，2011）。德国俱乐部的结构是非常重要和独特的，是建立基层体育的基础。近期数据（德国奥林匹克体育联合会，2014）显示，德国体育俱乐部总共有2770万会员（实际数量并没有这么多，因为许多会员参加多个体育俱乐部），这大约是德国总人口数量的1/3。德国97.6%的体育俱乐部登记过并且属于志愿协会（布罗伊尔 & 法伊勒，2015）。

俱乐部的根本目标是给人们提供参与体育活动的机会。非营利体育俱乐部的社会特征包括：（1）志愿参与；（2）无偿工作；（3）激发成员的兴趣；（4）民主决策；（5）自主管理（海涅曼，2005）。因此，成员可以根据体育俱乐部提供的项目随时加入或退出。参与和支付意愿是影响体育俱乐部成功及生存的重要因素。基于此，俱乐部需要针对成员的兴趣做出决策。决策建立在民主的基础上，这意味着每个成员都有一票，并不受到第三方和政府的影响。相反，俱乐部是一个独立机构，只有成员才能决定其如何运营。从经济角度来看，非营利体育俱乐部是基于不同分配机制（若盈余，必须根据组织的目的再投资）、各自身份（成员拥有支持者和需求者双重身份，做志愿者工作，从体育俱乐部的成就中受益）、目标一致（一般以成员的年度收费代替每项服务的直接收费）和财政自治的原则（内部的财务资源如会费和第三方资金独立）共生的（弗欧，2007）。

（二）治理

根据德国基本法第 30 条的规定，16 个联邦州政府负责资助补贴当地学校体育、大学体育、体育内部及外部的一切事宜，而体育联盟是这些资助项目的核心。除此之外，还有体育设施的建设（彼得里 & 霍尔曼，2013）。各州明确自己的职责是创建一个框架，营造体育运动的氛围。因此，各州一般不会提供任何一个项目或建议。相反，各州通过不同的管理主体参与，因此，与其他利益相关者一样，体育的自我管理也有其董事会、委员会及委员参与。

精英体育在德国得到不同程度的支持。德国有 41 个精英体育学校，通过与当地学校体教结合的方式，给具有天赋的学生提供高水平的体育培训。这些学校为实现打造职业顶级运动员的目标而努力。联邦的警察部队、海关、武装部队以及一些商业企业，会给这些优秀运动员提供退役后实习的机会。

在政府方面，联邦内政部负责处理德国体育的一切事务。地方政府除了关注非营利体育俱乐部之外，还重视体育设施规划、建设及管理。联邦政府的主要任务是推广优势竞技运动，因为其代表了德意志联邦共和国的体育竞技水平，以及在奥运会、残奥会和世界或欧洲各大锦标赛等国际一流赛事中的表现。此外，德国联邦内政部还支持全国范围的体育杰出活动。

（三）主要政策

1997 年德国联邦议院下属的德国体育协会明确提出，德国奥林匹克体育联合会是基于国家顶级竞技体育部门、训练中心、奥林匹克训练中心及青少年竞技体育的发展，不断推广运动项目的国家顶级竞技体育部门，支持运动员专注于他们在顶级赛事中的表现，为青年和顶级运动员提供必要的支持，以保持在国际比赛中的竞争力并获得最佳表现。德国奥林匹克体育联合会对于任何违反国内或国际兴奋剂的行为都采取"零"容忍政策。此外，他们认为，竞技体育应当对传递正能量的价值观起到示范作用。

德国虽然强调体育及运动的重要性，但是体育仍被视为独立的、没有任何政策特权的活动。尽管如此，仍然有一些机构为了提高体育的参与度而发出倡议。例如，1970年，一项特殊的户外训练运动开始流行，从目前看也会继续流行；一个医疗保险公司、一个电视转播公司和一份报纸共同发起促进"德国活跃起来"的号召；德国奥林匹克体育联合会发布体育徽章，要获得这个徽章，个人需要根据自己的年龄和性别在不同项目上取得成就（彼得里 & 霍尔曼，2013）。

（四）设施

体育设施不仅仅是主动参与体育运动或是被动进行体育消费中的一个重要组成部分，也可以有效地增强体育参与的积极性（霍尔曼、威客、布鲁尔 & 绍赫尔，2012；威客、霍尔曼 & 布鲁尔，2013）。此外，体育设施具有改善健康和提高劳动生产率的正外部效应（布罗伊尔、威客 & 奥尔沃夫斯基，2014）。不同运动项目的练习，需要不同的及多样性的体育设施，例如体育馆、体育场、网球场、游泳池、滑雪场、室外滑雪场、马术中心、马道、码头或潜水湖等。

总的来说，德国大约有23.1万个体育设施（例如体育馆）和36.7万千米的路线和轨道（如越野滑雪道）。每年德国体育设施建设的总体花费，从更新、维护到运营总共22.6亿欧元，68%用于日常花费（包括日常运营和人工费用），其他32%用于建设和设备投资（阿勒特等，2012）。

关于使用私人或公共设施：45.8%（合计4.17万个）的俱乐部拥有自己的体育设施，另外，62.4%（合计5.68万个）的俱乐部使用公共的体育设施（包括学校体育设施）。在这些使用公共体育设施的俱乐部中，50.5%的俱乐部需要付费（布鲁尔 & 费勒，2015）。拥有体育设施的俱乐部，通常是大规模的俱乐部，但大都在消费较低的城市。不支付使用费的俱乐部，通常在体育设施及财务状况上有点问题（布鲁尔、费勒 & 威客，2013）。

（五）体育活动方式

在德国体育项目通常由非营利性体育俱乐部或商业体育供应商提供。此外，个人也会以非组织的方式参与体育项目。此外，商业体育供应商出于营利的动机提供的体育项目现有 7490 个，供应商成员已超过 860 万。据统计，每十个德国人的体育活动都是通过营利性的健康和健身中心提供的体育项目获得（德勒，2014a）。大量的研究证实：在德国有 31.1% 的城市人口参加的活动都是由非营利性的体育俱乐部提供的，14.2% 的城市人口在商业体育中心参加锻炼（霍尔曼、威客、布鲁尔 &，2011）。普鲁斯和阿尔弗斯（2013）评估，67% 的个体参与体育活动都是通过自组织的方式，22% 的由体育俱乐部组织。研究还发现，青少年参与体育项目更多通过非营利体育俱乐部，而超过16岁的群体会通过自组织的方式参与体育活动（普鲁斯 & 阿尔弗斯，2013）。

（六）经济范围及规模

德国体育产业不是一个独立的部门，而是其他产业和经济部门的一部分。因此，很难去估算整个部门的范围。维尔纽斯的研究，将体育产业分为核心（也称统计定义）、狭义和广义三个范畴。国家统计办公室衡量体育仅仅是通过 NACE 的指标对体育设施进行测量，体育用品制造、博彩、体育旅游都被忽略，这是根据核心定义对（统计）体育产业的统计界定（帕夫洛夫斯基 & 布鲁尔，2012）；狭义的定义囊括了所有体育制造行业的产品（包括批发和设备零售）；广义的定义还包括体育产品生产制造过程中相关的重要部分行业，如电视转播、酒店住宿客人的体育运动（如冲浪、滑雪、徒步登）或者博彩。

受德国宏观经济的影响，体育产业从狭义和广义两个不同的口径统计，增加值分别增加了 1.3% 和 2.3%（奥地利，2012），都高于欧盟的平均水平（欧盟的狭义份额为 1.1%，广义份额为 1.8%）。狭义的统计体育及相关产业增加值总额为 27.1 亿欧元，体育相关就业人数达 669892 人；广义的统计体育及相关产业增加值总额为 46.7 亿欧元，就业人数为 1146234 人；核心定义为 5.7 亿欧元，就业人数为 143267 人（见表 1 和表 2）。

表1　德国体育产业的经济影响

	增加值总额（亿欧元）	所占百分比（%）
核心	5.7	0.28
狭义	27.1	1.34
广义	46.7	2.31
	就业人数（人）	所占百分比（%）
核心	143267	0.29
狭义	669892	1.84
广义	1146234	3.15

表2　体育及相关各行业增加值总额的贡献以及基于维尔纽斯定义对行业特定倍数

行业部门	增加值总额（市场价格，欧洲市场）体育相关	所占百分比（%）	行业特定倍数（倍） 国内	行业特定倍数（倍） 欧盟范围内
农业产业、狩猎及相关服务业	12.20	0.08	1.56	1.69
食品及饮料业	326.57	1.02	1.84	2.05
纺织业	55.86	1.22	1.37	1.53
服装制品、皮草业	718.20	31.93	1.25	1.40
皮革及皮革制品业	220.62	26.39	1.19	1.34
印刷品及媒体业	1747.41	8.23	1.74	1.85
焦炭、成品油及核燃料业	27.83	0.59	1.63	1.78
化工、化学制品和人造纤维业	868.32	2.23	1.55	1.72
橡胶和塑料制品业	633.52	3.03	1.59	1.80
金属制品（机械及设备除外）	872.46	2.18	1.68	1.87
机械和设备等（没有其他分类）	705.28	1.03	1.67	1.86
医疗、精密光学仪器、钟表业	44.82	0.21	1.45	1.56
汽车、拖车、半挂车	886.50	1.59	1.85	2.15
其他交通工具	223.26	2.29	1.46	1.60
家具,其他制成品等行业（没有其他分类）	395.55	3.76	1.55	1.72
施工作业	43.43	0.05	1.78	1.95
汽车贸易、维修业	963.08	2.30	1.44	1.52
批发贸易和经济贸易服务业	1722.77	1.77	1.62	1.70
零售服务业	3630.42	4.24	1.62	1.68

第五章 德国：三驾马车齐驱动

续表

行业部门	增加值总额（市场价格，欧洲市场）体育相关	所占百分比（%）	行业特定倍数(倍) 国内	行业特定倍数(倍) 欧盟范围内
住宿及餐饮服务业	8899.11	26.38	1.61	1.72
陆路运输、管道运输	2696.42	9.05	1.66	1.76
水上运输	372.10	5.69	1.84	1.96
空中运输	457.57	8.64	1.97	2.19
支持及辅助运输服务；旅行社	551.96	1.69	1.83	1.95
邮电通信服务业	23.57	0.06	1.73	1.81
金融中介服务业	83.03	0.12	1.63	1.68
保险和养老服务业	239.15	2.10	2.23	2.31
机械设备租赁服务业	203.66	0.47	1.25	1.25
研发服务业	7.42	0.08	1.58	1.65
其他商务服务业	41.84	0.02	1.48	1.52
公共行政和国防服务业	85.14	0.07	1.41	1.47
教育服务业	5450.84	5.89	1.28	1.31
健康和社会工作服务业	2079.99	1.42	1.37	1.43
娱乐、文化和体育服务业	11387.53	30.33	1.55	1.60
其他服务业	0.00	0.00	1.00	1.00

注：倍数是指某部门与其余经济部门之间相互关系的描述。如果倍数等于1，则该部门与其他任何部门没有任何联系。倍数越高，其余经济部门从该部门扩张的利益就越高。

有意思的是，德国体育卫星账户（SSA）[①]产生不同的统计数据。根据维尔纽斯对体育的定义及现存的产品列表检测到一些不足与缺点（阿勒特，2013），主要是因为扩展列表的原因（见表3中的斜体字）。表3列出了这些产品类别。

[①] 2007年，欧洲委员会提交了体育白皮书。它首次提出，由于体育的社会重要性，其经济范围应该不断地融入国民经济核算体系（欧洲委员会，2007）。在国家层面上，2011年11月德国联邦议会在体育委员会召开的会议中建议20世纪90年代由德国统计出的数据应该被更新，再次建立数据库，可以作为制定体育类相关政策决议的基础（阿勒特，2013；德国议会，2014）。

表3 德国体育卫星账户对商品及服务的分类

与体育直接相关的产品	与体育直接相关的服务
直接关系体育设施总资本形成(投资)的商品	建造服务
动物及其养护	批发和零售贸易;汽车和摩托车的维修
营养食品	交通
运动饮料	住宿和餐饮
纸及印刷品	出版活动
矿物油产品	节目和广播活动
纺织品	储存信息和通信服务(*与体育有关的投资*)
服装	保险
鞋子与包	*房地产活动*
化学产品	法律和会计活动(*以及与体育有关的投资*)
医药产品	管理咨询活动
体育器材及配件(包括球类、武器、组织比赛)	
体育骑行类(自行车、摩托车、靴子)	建筑与工程活动;技术测试与分析
	科学研究与发展
	广告和市场研究
	兽医活动
	租赁活动
	旅行社、旅游经营者预订服务
	其他与体育有关的投资服务
	公共行政与国防,社会义务保障
	教育
	人类健康活动
	体育专项公共管理服务
	体育行政服务
	体育设施运营
	体育俱乐部活动
	健身设施
	其他体育活动
	其他服务(*维修、清洗和清洁服务*)

注:斜体表示对维尔纽斯对运动的定义的附加。

2008年,德国SSA确认,德国体育及相关产业的产值总额增加到73.1亿欧元,增加率3.3%,增加值达到2.2亿欧元。体育对德国国民生产总值的贡献与汽车制造处于相同水平(阿勒特,2013)(见图2)。

除了体育俱乐部、协会,家庭(积极参与体育及出于特殊原因参与体育)也是体育及其相关产业的重要推动者。2008年的德国,家庭有6.6%的

第五章　德国：三驾马车齐驱动

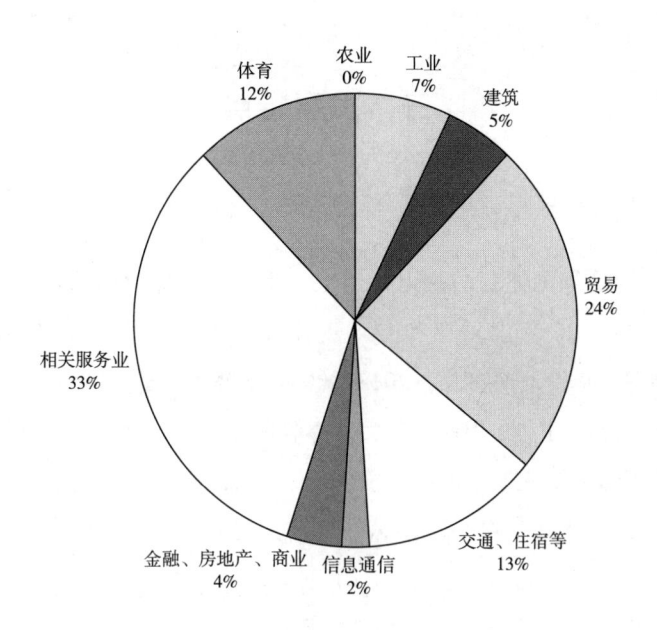

图2　对德国体育及相关产业增加值的贡献率（阿勒特，2013，p.11）

消费支出花销在体育上，政府与体育相关的开销达到16.4亿欧元（占国家总开支的3.6%）。体育及相关行业互动也影响对外贸易，出口累计达到2.1亿欧元，德国许多产业和服务都依赖进口，进口额达到23.2亿欧元，占德国所有产品进口的2.4%（见图3）（阿勒特，2013）。

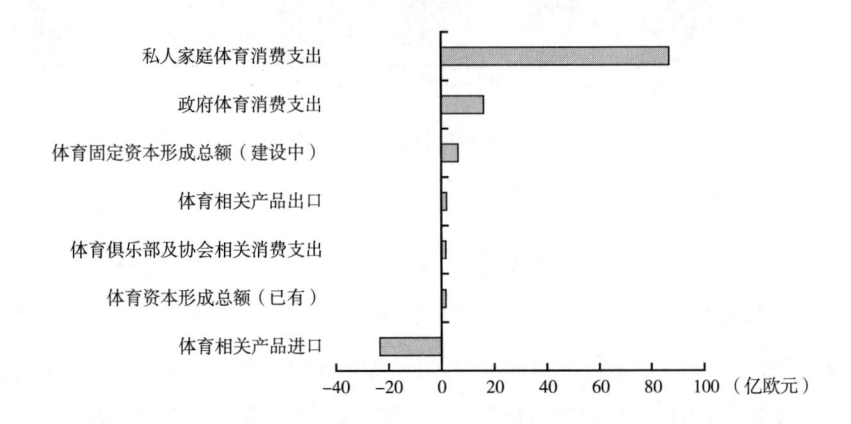

图3　德国国内与体育相关的产品情况

173

三 发展特点

(一) 体育球队

足球运动是德国体育的主力,当然,手球、篮球和冰球也非常重要。德国联盟协会共有36家俱乐部和有限责任公司,分为甲级联赛和乙级联赛,每个联赛有18家俱乐部参加。2013~2014年赛季俱乐部收入达到2.5亿欧元,比上年同期增长12.9%。这主要得益于媒体产生的额外的16%的收益。除了德甲联赛的18家俱乐部外,有13家俱乐部产生了盈余。三个最大的收入来源分别是媒体转播权、广告和赛事收入(见图4)。

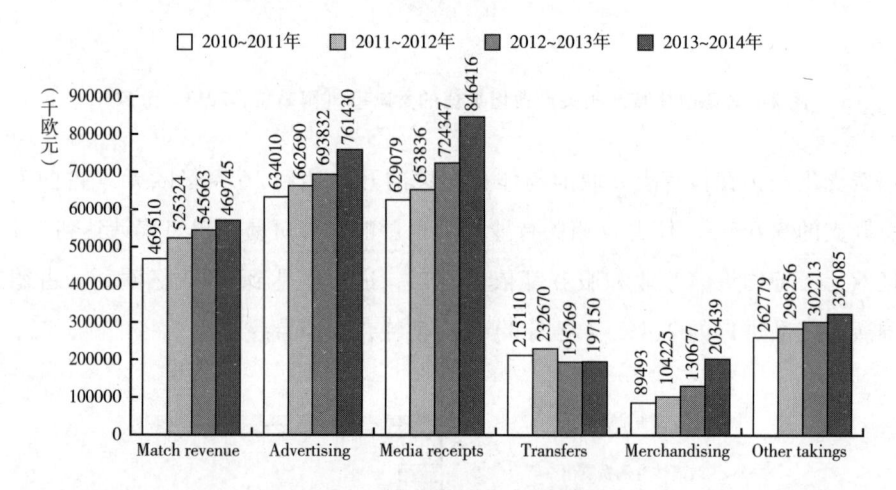

图4 德国足球联盟四个赛季的收入

资料来源:德国足球联赛协会有限公司,2015。

总而言之,2013/2014年赛季有4.9万人就业于德国足球许可的实体企业。17228人受到36家俱乐部的部门或合作企业的直接雇用。关于观众人数,2013/2014年赛季取得了很大的成功,有1850万观众观看612场比赛。每场比赛的平均观众达42609人(第1届德甲联赛)和17853人(第2届德甲联赛)。表4显示了德国足球企业的比赛情况,当然,他们也同样关注青年足球的发展，在2013/2014年赛季给青年学院投资了12020万欧元。

表4 几场足球比赛情况对比

赛季	2011/2012年	2012/2013年	2013/2014年
第一届德甲联赛			
观众人数（人）	13553692	12825813	13038305
当季门票收入（马克）	8009922	7979387	7679954
当季门票数量（张）	5453770	4876426	5358351
每场比赛有偿入场券（张）	44293	41914	42609
第二届德甲联赛			
观众人数（人）	5261939	5179395	5462972
当季门票收入（马克）	2466462	2516816	2642089
当季门票数量（张）	2795477	2662579	2820883
每场比赛有偿入场券（张）	17196	16926	17853
得到许可的足球			
观众人数（人）	18815631	18005208	18501277
当季门票收入（马克）	10476384	10496203	10322043
当季门票数量（张）	8249247	7539005	8179234
每场比赛有偿入场券（张）	30745	29420	30231

资料来源：德国足球联赛协会有限公司，2015年。

2008年，由20个俱乐部组成的德丙联赛挂靠于德国足球协会（DFB）之下。德甲联赛和德丙联赛都由德国足球联赛协会运营，德丙联赛的目标是通过增加电视媒体覆盖，让俱乐部获得更高的经济收入和媒体关注度（德国足球协会，2015）。随着2011/2012年赛季财政收入下降（10090万欧元），2012/2013年赛季随后增长（12010万欧元），德丙联赛俱乐部预计在2013/2014年赛季收入会增长到16450万欧元。

拜耳勒沃库森是德国职业篮球联盟18支篮球队中成绩最好的篮球队。2013/2014年赛季财务报告显示，勒沃库森有9080万欧元的收入，比过去五年增长了50%。在2013/2014年赛季，平均每个俱乐部收入都增加了50

万欧元。最大的来源（占总收入的68%）为商业收入，达到6150万欧元。在商业收入中，赞助收入达到6040万欧元。2013/2014年赛季比赛日收入为2010万欧元（德勒，2014c）。出席人数在2013/2014年赛季达到历史新高，平均每场有4675人。德国篮球联盟的平均上座率已经达到89%，可见门票在未来赛事收入增长中是有限的。拜耳勒沃库森从2001/2002年赛季开始，收入都很好。在过去的13个赛季，积累了至少2810万欧元的利润。在2012/2013年赛季，运营利润达到270万欧元，2013/2014年赛季创历史新高，达到570万欧元（德勒，2014c）。

在2011/2012年赛季德国手球联赛（HBL）的总收入达到8610万欧元。联赛由18支俱乐部组成，赞帖收入比重最高份额赞助（占总收入的69.5%），其次是比赛日收入（占总收入的21.0%），还有媒体转播（占总收入的3.1%）、销售（占总收入的1.5%）以及其他收入（占总收入的5%）（沃格尔&赫曼，2012）。在2012/2013年赛季收入下跌3%后，2013/2014年赛季又创新高，达到8890万欧元。平均每个俱乐部的收入达到490万欧元，增长的主要原因是商业收入从390万欧元（+6%）增加到6120万欧元（德勒，2014c）。总的来说，共有1411055人观看了比赛。平均每场比赛4611人，比上个赛季增长了1%。HBL俱乐部证实近几年联赛收入呈上升趋势（德勒，2014c），相比上个赛季，提高了730万欧元的收入（德勒，2014c）。很显然，在联赛品牌化及俱乐部管理职业化过程中，积极主动的做法是值得借鉴的。

德国冰球联盟（DEL）由14个俱乐部组成，是德国职业体育联盟中唯一没有升降级制度的联盟，2013/2014年赛季的收入为10610万欧元。平均每个俱乐部的收入为760万欧元。与足球联盟相同的是，联赛最高份额的收入是商业收入，达到59.6万欧元。收入增加主要在于德国推广冰球运动，免费电视提高了俱乐部与现存及潜在的赞助伙伴的谈判地位。比赛日收入在2013/2014年赛季达到3630万欧元，比上个赛季增加了160万欧元。平均上座率创纪录，提高了2个百分点，即每场比赛有6571个观众（德勒，2014c）（见表5）。

表5　德国四个体育联盟的收入、出席人数、人力成本、经营利润比较

赛季	2008/2009年	2009/2010年	2010/2011年	2011/2012年	2012/2013年	2013/2014年
四个体育联盟	收入（百万欧元）					
德国篮球联盟	59.3	59.4	60.9	76.9	86.6	90.8
德国手球联盟	72.3	79.5	84.4	86.1	83.6	88.9
德国冰球联盟	93.1	87.4	79.2	86.2	91.9	106.1
德甲第三梯队	98.3	102.6	118	100.9	120.1	164.5
出席人数	每场出席人数（人）					
德国篮球联盟	3874	3888	4051	4422	4435	4675
德国手球联盟	4804	4716	4693	4541	4540	4611
德国冰球联盟	6105	5863	5921	6296	6456	6571
德甲第三梯队	5587	5108	5590	4571	6154	6041
三个体育联盟	人力成本*（百万欧元）					
德国篮球联盟	37	37.5	36.3	44.7	52.6	55.9
德国手球联盟	51.7	54.3	58.4	56.9	54	52.5
德甲第三梯队	58.4	57.6	59.4	54	64.5	71.3
三个体育联盟	经营利润*（百万欧元）					
德国篮球联盟	0.8	1	2.8	5	2.7	5.7
德国手球联盟	1	1	0.9	2.4	3.1	10.4
德甲第三梯队	-9.6	-4.9	-5.3	-2.1	-20.9	4.9

＊德国冰球联盟没有公布人力成本和经营利润的数据。

（二）健康和健身产业

2014年，德国健身中心的营业额为470万欧元，会员908万（DSSV，2015），平均会费为47.12欧元（德勒，2014a）。而2013年底，德国健身中心的数量是6435个，会员810万，若考虑一些特殊的供应商①，健身中心的数量达到7490个，会员人数达到860万（德勒，2014a）。

2013年健身中心的会员人数占总人数的10%，如果把特殊供应商考虑进去的话，则占总人数的10.6%。健身中心最主要的健身人群年龄集中于18~65岁。在过去几年中，德国的健身产业会员数量持续增长，平均每月

---

① 面积少于200平方米的体育馆。

的会员费用为47.1欧元。2013年产业的全部收入大概为430万欧元，如果将特殊供应商包含在内，为450万欧元（德勒，2014a）。

根据德勒提供的报告（2014a），健身产业的会员人数超过德国足球联盟。自2008年以后，健身产业链中每年会员平均增长10.8%，显著高于任何单一组织的增长速度（每年平均增长1.8%）。根据德勒（2014a）的产业报告，未来的健身产业市场化基础和发展形势良好。

（三）体育产品行业

德国体育用品联合会（BSI）统计数据显示，自2011年以来，德国体育用品收入逐渐稳定，2014年体育用品制造业收入总计达到1140万欧元，吸纳约120000人就业。目前，德国体育用品联合会由150多家中等规模的公司组成，包括体育用品国际市场领导者阿迪达斯、彪马、爱世克斯、菲舍尔、Völkl、马克、洛瓦、沃德、Tatonka、极地和凯特勒。

2014年是德国体育用品行业发展最快的一年，有许多积极的趋势：53%的成员报告显示，2014年销量优于上年；2/3的公司没有改变公司就业人数，25%的公司雇用了更多的员工，只有5%的公司裁员。

零售方面，德国体育用品零售商联合会（VDS）拥有2500个会员，2014年零售市场总收入为730万欧元。行业协会认为，2014年的主题是运动，这一年户外运动相关的收入增长了3%，处于较高的水平。与户外运动相关的体育用品销售数额，占体育用品零售总额的20%，跑步和徒步部分达到12%，球队体育达到11.5%。平均而言，每个德国人花费83欧元用于体育用品，并且越来越多人在网上购买。线上体育用品销售从2009年到2014年增长了25%。

（四）博彩及彩票

德国体育博彩市场的法律一直都存在不确定性。私人庄家需要获得国家授权的经营许可证。体育博彩市场和监管一直都是这几年政治辩论的一部分（威客 & 梭斌，2012）。体育志愿部门、企业和非营利组织需要部分

第五章 德国：三驾马车齐驱动

依靠他们的收入作为其组织的收入（郎格尔，2006年引自威客＆梭斌，2012）。

德国体育博彩协会（DSWV）成立于2014年，受德国和欧洲体育博彩管理，总部设于柏林，拥有博彩营业许可证的会员公司在石荷州。这是因为石荷州的博彩法律比其他州更为宽松，德国体育博彩协会的数据显示，2014年德国博彩收入增长了约20％，有450万欧元的收入。近期财务部门公布的最新数据显示，2014年体育博彩部门需要支付2260万欧元的税费。德国体育博彩协会表示，97％的税费（2190万欧元）由私人体育博彩机构支付，剩下的3％由各州的机构支付（德国体育博彩协会，2015a），说明了私人体育博彩机构的重要性。

德国体育彩票（DSL）为奥运会、残奥会运动员、国家反兴奋剂机构（NADA）和德国（业余）体育俱乐部筹集资金。国家彩票监管机构已在2014年6月颁发经营许可证。

（五）体育赛事行业

德国有举办各种类型和规模的体育赛事的传统。超大型赛事如足球世界杯有两次在德国举办（1974年和2006年）。除此之外，德国在1988年举办欧洲冠军联赛及2011年女子足球世界杯。尤其是德国2006年足球世界杯，向世人呈现了一场组织完美的比赛，不仅提高了德国作为东道主的声誉，也给体育赛事组织扩大了影响。德国举办过2次奥林匹克运动会（柏林/加米施-帕滕基兴，1936；慕尼黑，1974）。慕尼黑也在积极申办2018年及2022年冬季奥运会，如果申办成功，慕尼黑将成为历史上第一个举办过夏季和冬季奥运会的城市。然而，2018年冬季奥运会的举办权给了韩国平昌。2022年，因为反人口原因申请失败了。汉堡近期在申办2024年夏季奥运会并且已经正式成为2024年夏季奥运会的申办国之一。

德国体育赛事产业具有多样性。一级方程式赛车德国大奖赛自20世纪50年代开始就在海姆或纽伦堡举办。2015年，德国一级方程式赛车大奖赛第一次离开举办地开赛。除此以外，德国还举办了柏林国际田联比赛和柏林马拉松、与奥地利合作的跳台滑雪锦标赛以及在基尔举办的帆船世界杯（被称为基尔周，已经连续举办 100 多年，目前除了体育赛事本身意义之外，还成为一个民间节日）。德国也是 2015 年 ATP 网球大师赛的世界巡回赛点之一，举办过 WTA 女子网球巡回赛、六大网球赛事（哈雷、慕尼黑、斯图加特、汉堡、纽伦堡点。ATP，2015；WTA，2015）。

（六）赞助行业

研究发现，2008 年所有体育赞助价值为 29 亿欧元。据估计，2010 年，德国全部的广告、赞助和媒体转播收入将达到 55 亿欧元（海登等，2012）。表 6 表明了体育广告、赞助和媒体转播的收益。

表 6　2008 年与 2010 年广告、赞助和媒体转播的收入

单位：百万欧元

收入来源 \ 年份	2008	2010
体育赞助组织	2733.9	2485.4
有效赞助总额	1215.6	1124.5
通过赞助范围内的公司及体育相关的广告	778.8	708.0
通过俱乐部	323.0	286.3
通过协会	41.9	48.6
通过职业联赛	71.9	81.6
体育用品相关广告	968.0	726.9
媒体转播	887.0	1118.0
娱乐、职业体育在广告、赞助和媒体转播的全部经济收益	5804.5	5454.8

业余体育比职业体育获得更多的赞助（业余体育 21 亿欧元，职业体育 11 亿欧元）。然而，业余体育的赞助有近 90000 个接受者（多数为社区体育俱乐部），而职业体育只有少数接受者。全部赞助花费（包括活跃的）从 2008 年到 2010 年下降了 9%。

（七）竞技体育

由于辅助性原则和德国体育自治的事实，政府仅从财务上对竞技体育有所支持。2013年，联邦基金会直接和间接从体育上获益2420万欧元。其中有2/3（1610万欧元）来自联邦内政部（德国联邦内政部，2014）。本地和区域政府通常在体育上花费更多，但他们没有特别针对竞技体育。德国奥林匹克体育联合会的大多数联盟对在奥林匹克运动会上获得奖牌有所补贴，德国联邦内政部的补贴也取决于这些目标协议及其实现。

德国体育援助基金会是扶持竞技体育的另一个重要组织，他们在财务上支持了德国约3800名青年及优秀运动员。在2008年及2012年奥运会期间，德国体育援助基金会每年给予1000万~1250万欧元的补贴。除了对德国顶级运动员财务上的补贴外，德国体育援助基金会长期的目标是帮助运动员实现就业。运动员根据年龄和成绩被分成不同的组别，每个组别得到的资金支持也不同。例如，最高的级别被称为"A"组，德国体育援助基金会制定了"精英计划"，可以帮助成绩好的运动员在下届奥运会中有更多的机会赢得奖牌。符合"精英计划"的运动员，可以有更长久的资金支持并且可以更专注于竞技体育，青年运动员也有类似的"青年精英计划"项目。

（八）体育志愿者俱乐部

体育志愿者通过广泛的无报酬的工作，为社会增加巨大的福利。德国体育俱乐部共有170万名志愿者，其中，120万男性，50万女性。每个志愿者每个月在其所在的俱乐部工作13.8个小时，即全国的志愿者每个月工作2346万小时，每年工作28152万小时。不过，有特殊工作环境的志愿者（体育赛事、节庆、接送服务、装修等）不在此列。大约690万俱乐部会员参加这些特殊工作环境的志愿活动，即体育俱乐部共有860万名志愿者。2011年数据显示，每月足球志愿者工作时间为600万小时，网球为210万小时，射击为190万小时，手球为100万小时（布鲁尔&费勒，2013）。这些志愿者的贡献对体育有重要的意义。

（九）当代竞技体育的挑战与问题

近期的研究表明，德国竞技体育面临着许多挑战（布鲁尔 & 霍尔曼，2011，2013；霍尔曼 & 伊尔格纳，2015；布鲁尔 & 威客，2010）。尤其是在现在的社会经济条件下，优秀运动员存在着兴奋剂和假球等棘手的问题（布鲁尔 & 霍尔曼，2013；布鲁尔 & 威客，2010）。

优秀运动员训练的投入时间是巨大的。平均每周需要31.8个小时进行训练，27个小时工作或学习。用于学习的时间大约只有1/3，并且，德国的竞技运动员的收入并不十分理想，扣除相关费用后，平均每个运动员每月仅有626欧元收入。因此，35.4%的运动员并不认为他们未来的经济有保障（布鲁尔 & 威客，2010）。

运动员期待德国政府在政策上对他们给予经济支持和为其职业生涯提供更多的后期保障（布鲁尔 & 威客，2010），但遗憾的是，迄今为止并没有令人非常满意的结果。运动损伤（10.5%）、年龄（10.2%）、没有取得好的运动成绩（4.6%）以及教育、学习或者工作（37.1%）等原因是优秀运动员结束运动生涯的主要原因。

德国竞技体育有重要的社会功能，超过90%的公民将运动员作为榜样。2/3的人会因为运动员赢得奥运比赛或世锦赛而开心，并且有移民背景的德国人更为开心。他们普遍认为，运动员获得成功对德国的外部形象比文化和政治的价值更为重要。超过2/3的人希望德国顶级运动员可以得到特别的支持，甚至有2/3的人愿意每年支付3欧元支持这个项目（布鲁尔 & 霍尔曼，2011）。

优秀竞技运动员所扮演的社会角色与其自身的社会经济状况是不相符的，需要有一定的改善。现在的挑战是，竞技体育运动已被幕后操纵，如内定比赛结果。据不完全统计，德国有29%的竞技运动员服用过兴奋剂以提高比赛成绩，6%的运动员承认服用过类似药物，10%的运动员承认比赛有内定结果。不过公众和顶级运动员都认为，通过服用药物提高比赛成绩违背体育的价值观、公平竞争和团结原则，大众在资金上对优秀运动员进行支持的意愿有所降低（布鲁尔 & 霍尔曼，2013）。

第五章 德国：三驾马车齐驱动

四 发展趋势和展望

（一）公共体育

德国政府公布了第 13 份体育报告，不同行业参与者需要对德国体育未来行动的关键事项重点关注。这些领域包括以下方面：
- 重新制定精英运动员分配原则；
- 制定反兴奋剂法；
- 确保国家反兴奋剂机构（NADA）有足够的资金；
- 公安机关打击假球和腐败行为；
- 支持汉堡申办 2014 年奥运会；
- 改善职业体育教练的工作环境；
- 扩大德国在国际体育机构中的影响力（如联合会）；
- 注重运动员的体教结合；
- 重视包括联邦体育在内的体育的发展；
- 增强各个领域体育可持续发展的意识。

（二）非营利部分

尽管德国的非营利性体育俱乐部的未来并没有保障，但是他们在许多不同的领域都有显著的表现。2005~2011 年，德国体育志愿者的招募和维持，非营利性体育俱乐部竞争等问题日益显著（布鲁尔、威客 & 费勒，2014）。德国体育发展报告的最新数据显示（布鲁尔 & 费勒，2014），现在非营利体育部门主要面临招募和维持志愿者、青年竞技运动员、教练/导师、裁判员和会员，法律、政策等方面的问题和全日制学校教育的挑战（布鲁尔 & 费勒，2015）。

（三）球队体育行业

1. 足球

通过新品牌提高消费者和赞助商对品牌的认知，以增加联赛财务收入，从而实现不同的定位（德勒，2014c）。

2. 篮球

拜耳勒沃库森希望到2020年成为欧洲最好的国家球队。为了实现这个长期目标，他们必须付出很大努力，包括发展基础设施。篮球在德国的人气也同样影响国家队（如NBA全明星球员德克-诺维茨基）。2015年德国将在柏林举办欧洲篮球锦标赛的预选赛，这是提高篮球人气的一个机会。在欧洲俱乐部层面，2015/2016年赛季的财务公平竞争对于拜尔勒沃库森是有益的（德勒，2014c）。

3. 冰球

冰球俱乐部希望媒体改进宣传，以拓宽公众视野，增加俱乐部的赞助收入。一些俱乐部设备的运营受到限制，也限制了观众人数的增长。行业专家期待投资者可以带动冰球联盟和体育的发展。德国冰球与德国冰球联盟保持密切的关系，这样可以确保低等级的俱乐部有稳定的财务状况，从而建立晋级/降级体系。此外，德国冰球联盟希望可以和德国冰球联合会有更密切的联系，加强国家队建设，使其成为冰球运动的代表（德勒，2014c）。

4. 手球

继续整顿财务的方式决定了德国手球联盟能否实现成为世界最强联盟的长期目标。为避免手球俱乐部在新的赛季中破产，早期的系统将会得到改进以及早检测到财务问题。此外，德国手球联盟希望和德国手球联合会合作，提升国家男队的成绩，迎接即将到来的在德国和丹麦举行的2019年世界杯。当然，国家队出色成绩的基础是整个社会对手球运动的关注（德勒，2014c）。

体育市场指数（德勒，2014b）是对德国体育产业发展趋势的分析。根据分析，图5展示了根据出口情况估算的德国职业体育的增长潜力（德勒，2014b）。

5. 健身

根据预判，到2017年德国健身产业会员人数会增加到100万。尽管每年会员人数平均增长6%，但业内专家预测，还有增长的潜力，尤其是与欧

第五章 德国：三驾马车齐驱动

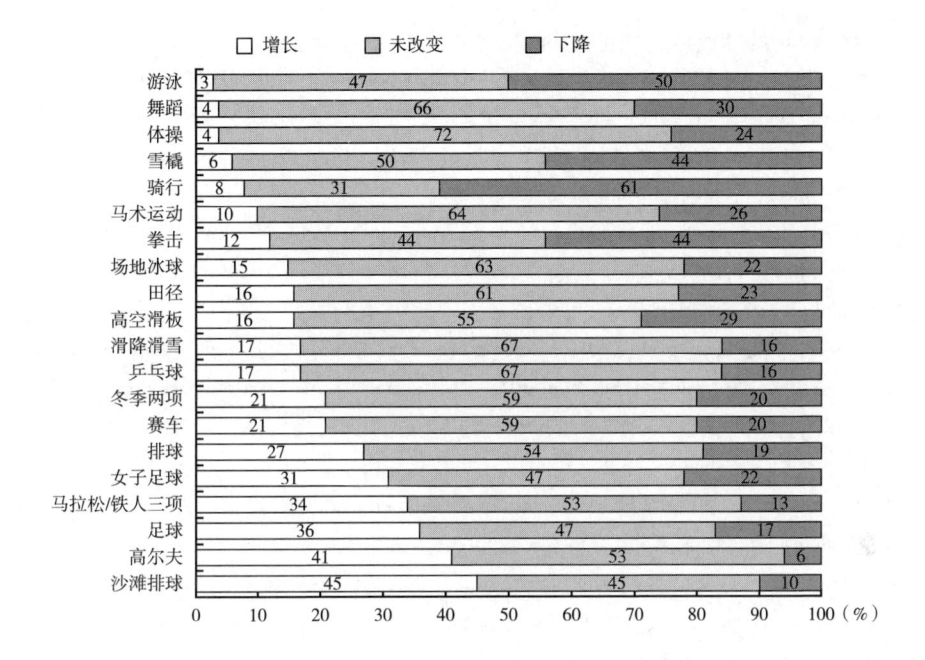

项目	增长	未改变	下降
游泳	3	47	50
舞蹈	4	66	30
体操	4	72	24
雪橇	6	50	44
骑行	8	31	61
马术运动	10	64	26
拳击	12	44	44
场地冰球	15	63	22
田径	16	61	23
高空滑板	16	55	29
滑降滑雪	17	67	16
乒乓球	17	67	16
冬季两项	21	59	20
赛车	21	59	20
排球	27	54	19
女子足球	31	47	22
马拉松/铁人三项	34	53	13
足球	36	47	17
高尔夫	41	53	6
沙滩排球	45	45	10

图 5　根据出口情况估算职业体育的增长潜力

洲其他国家比较（德勒，2014a）。

6. 体育用品

从表象来看，2015年德国体育用品的发展是积极乐观的，第一季度超过1/3的公司都在计划增加员工人数。此外，90%的公司相信2015年他们的业务状况将会提高或至少保持稳定，只有10%的公司认为会下降。

参考文献

Ahlert, G. (2013). The German Sport Satellite Accounts (SSA). GWS Discussion Paper 2013/4. Osnabrück: Gesellschaft für Wirtschaftliche Strukturforschung mbH.

an der Heiden, I., Meyrahn, F., Ahlert, G. & et al. (2012). *Bedeutung des Spitzen – und Breitensports im Bereich Werbung, Sponsoring und Medienrechte. Forschungsbericht（Langfassunf）im Auftrag des Bundesministeriums für Wirtschaft und Technologie*. Mainz: 2hm & Associates GmbH.

ATP. (2015). 2015 Calendar Retrieved 27.04.2015, from http://www.atpworldtour.

com/Tournaments/Event – Calendar. aspx.

BEKO BBL. (2015a). Meister & Pokalsieger Retrieved 17.04.2015, from http：// www. beko – bbl. de/de/beko – bbl/historie/meister – – – pokalsieger/.

BEKO BBL. (2015b). Struktur Retrieved 17.04.2015, from http：//www. beko – bbl. de/de/beko – bbl/ueber – uns/struktur/.

Breuer, C. & Feiler, S. (2013). Sportvereine in Deutschland – ein überblick. In C. Breuer (Ed.), *Sportentwicklungsbericht 2011/2012. Analyse zur Situation der Sportvereine in Deutschland*. Köln：Sportverlag Strauβ.

Breuer, C. & Feiler, S. (2015). Sportvereine in Deutschland – ein überblick. In C. Breuer (Ed.), *Sportentwicklungsbericht 2013/2014. Analyse zur Situation der Sportvereine in Deutschland* (pp. XX – XX). Köln：Sportverlag Strauβ.

Breuer, C., Feiler, S. & Wicker, P. (2013). Sportstättensituation deutscher Sportvereine. In C. Breuer (Ed.), *Sportentwicklungsbericht 2011/2012 – Analyse zur Situation der Sportvereine in Deutschland*. Köln：Sportverlag Strauβ.

Breuer, C., Feiler, S. & Wicker, P. (2015). Germany. In H. van der Werff, R. Hoekman, C. Breuer & S. Nagel (Eds.), *Sport Clubs in Europe. A Cross-National Comparative Perspective*. New York：Springer.

Breuer, C. & Hallmann, K. (2011). *Die gesellschaftliche Relevanz des Spitzensports in Deutschland*. Köln：Sportverlag Strauβ.

Breuer, C. & Hallmann, K. (2013). *Dysfunktionen des Spitzensports：Doping, Match – Fixing und Gesundheitsgefährdungen aus Sicht von Bevölkerung und Athleten*. Bonn：Bundesinstitut für Sportwissenschaft.

Breuer, C., Hallmann, K. & Ilgner, M. (2015). *Erfolgsfaktoren der Athletenförderung in Deutschland*. Bonn：Hausdruckerei des Statistischen Bundesamtes.

Breuer, C. & Wicker, P. (2010). *Sportökonomische Analyse der Lebenssituation von Spitzensportlern in Deutschland*. Bonn：Hausdruckerei des Statistischen Bundesamtes.

Breuer, C., Wicker, P. & Feiler, S. (2014). Empirische Analysen zur Entwicklung der Strukturen in Sportvereinen. In A. Rütten, S. Nagel & R. Kähler (Eds.), *Handbuch Sportentwicklungsplanung*. Schorndorf：Hofmann.

Breuer, C., Wicker, P. & Orlowski, J. (2014). *Zum Wert des Sports. Eine ökonomische Betrachtung*. Wiesbaden：Springer Gabler.

Bundesliga. (2015). Tabelle Retrieved 17.04.2015, from http：//www. bundesliga. de/de/liga/tabelle/

Bundesligainfo. (2015). Handballdaten von A bis Z Retrieved 27.04.2015, from http：//www. bundesligainfo. de/

Bundesministerium des Inneren. (2005). Programm des Bundesministeriums des Innern

第五章 德国：三驾马车齐驱动

zur Förderung des Leistungssports sowie sonstiger zentraler Einrichtungen, Projekte und Maβnahmen des Sports auf nationaler und internationaler Ebene mit Rahmenrichtlinien. Berlin.

Bundesministerium des Inneren. (2014). 13. Sportbericht der Bundesregierung. Berlin.

Bundesverband der Deutschen Sportartikel - Industrie e. V. (2015a). 2014 war ein groβes Sportjahr Retrieved 17.04.2015, from http：//www.bsi - sport.de/fileadmin/assets/pdf/Statement_ BSI - GF_ Ispo_ 2015. pdf.

Bundesverband der Deutschen Sportartikel - Industrie e. V. (2015b). Chronik 1910 - 2010 Retrieved 17.04.2015, from http：//www.bsi - sport.de/fileadmin/assets/pdf/BSI _ Chronik_ 1910_ - _ 2010. pdf.

CHIO. (2015). Weltfest des Pferdesports Retrieved 27.04.2015, from http：//www.chioaachen.de/en/.

DEL. (2015a). Die Meister der Deutschen Eishockey Liga im überblick Retrieved 17.04.2015, from http：//www.del.org/de/20 - jahre - del/die - champions/page/1466 - - 1433 - - . html.

DEL. (2015b). Die Saison 1994/95 - Die DEL in ihrem ersten Jahr Retrieved 17.04.2015, from http：//www.del.org/de/20 - jahre - del/rueckspiegel/1994 - 1995/page/1435 - - 1435 - - . html.

DEL. (2015c). Tabelle Retrieved 17.04.2015, from http：//www.del.org/de/statistiken/tabelle/hauptrunde - 14/15/page/2737 - 44 - - - . html.

Deloitte. (2014a). *Der deutsche Fitnessmarkt - Studie 2014*. Düsseldorf：Deloitte.

Deloitte. (2014b). *Deutscher Sportmarketing Index 2014*. Düsseldorf：Deloitte.

Deloitte. (2014c). *Finanzreport deutscher Profisportligen 2014*. Düsseldorf：Deloitte.

Deutsche Fuβball Liga GmbH. (2015). Bundesliga Report 2015 Retrieved 19.04.2015, from http：//cdn.static.bundesliga.de/media/native/autosync/gb_ dfl_ bl_ report_ 2015_ 150dpi. pdf

Deutsche Olympische Gesellschaft. (2012). Zwei erfolgreiche Kampagnen：Goldener Plan und Fair - Play - Initiative Retrieved 17.04.2015, from http：//www.dog - bewegt.de/foerderverein/historie/goldener_ plan. html.

Deutsche Sportlotterie. (2015a). Bundesweiter Start der Deutschen Sportlotterie Retrieved 27.04.2015, from https：//www.deutsche - sportlotterie.de/news/2015/01.

Deutsche Sportlotterie. (2015b). Das Prinzip der Lotterie. Sportförderung Retrieved 17.04.2015, from https：//www.deutsche - sportlotterie.de/prinzip - der - lotterie - sportfoerderung/.

Deutsche Sportlotterie. (2015c). Hilfe und FAQ Retrieved 27.04.2015, from https：//spiel.deutsche - sportlotterie.de/pfe/controller/InfoController/showFaq?gbn=19&loc=de&jdn=19

Deutsche Sportlotterie. (2015d). Lizenz für die Deutsche Sportlotterie Retrieved

27.04.2015, from https：//www. deutsche - sportlotterie. de/news/2014/06.

Deutscher Bundestag. (2014). 13. Sportbericht der Bundesregierung Retrieved 18.04.2015, from http：//dip21. bundestag. de/dip21/btd/18/035/1803523. pdf.

Deutscher Fussball - Bund. (2015). Deutsche Meister - Seit Einführung der Bundesliga Retrieved 17.04.2015, from http：//www. dfb. de/bundesliga/statistik/bisherige - meister/.

Deutscher Olympischer Sportbund. (2015a). Konzepte Retrieved 17.04.2015, from http：//www. dosb. de/de/leistungssport/konzepte/.

Deutscher Olympischer Sportbund. (2015b). Organigramm Retrieved 17.04.2015, from http：//www. dosb. de/fileadmin/sharepoint/DOSB - Dokumente% 20% 7B96E58B18 - 5B8A - 4AA1 - 98BB - 199E8E1DC07C% 7D/Sport - in - Deutschland. pdf.

Deutscher Olympischer Sportbund. (2015c). Wir über uns Retrieved 27.04.2015, from http：//www. dosb. de/de/organisation/wir - ueber - uns/.

Deutscher Sportwettenverband e. V. (2015a). Rekordsteuereinnahmen aus Sportwetten Retrieved 17.04.2015, from http：//dswv. de/wp - content/uploads/2015/01/DSWV - Pressemitteilung - Rekordsteuereinnahmen_ aus_ Sportwetten. pdf.

Deutscher Sportwettenverband e. V. (2015b). über den DSWV Retrieved 25.04.2015, from http：//dswv. de/verband/.

Deutscher Volleyball - Verband. (2015). Deutsche Meister - Männer Retrieved 17.04.2015, from http：//www. volleyball - verband. de/index. php? dvv = webpart. pages. DVVDynamicPage&navid = 5104&coid = 5104&dvvsid = kh589cril2dm9q8pk0kl4kvni7&cid = 1.

Deutscher Volleyballverband e. V. (2015). Die Geschichte des Volleyballsports in Deutschland Retrieved 27.04.2015, from http：//www. volleyball - verband. de/index. php? dvv = webpart. pages. DVVDynamicPage&navid = 4023&coid = 4023&cid = 0.

DFB. (2015). Geschichte der 3. Liga Retrieved 17.04.2015, from http：//www. dfb. de/3 - liga/liga - information/historie/.

DOSB. (2014). Bestandserhebung 2014 [Annual Survey 2014]. Retrieved 22.04.2015, from http：//www. dosb. de/fileadmin/sharepoint/Materialien% 20 ｛82A97 D74 - 2687 - 4A29 - 9C16 - 4232BAC7DC73｝/Bestandserhebung_ 2014. pdf

European Commission. (2007). White Paper on Sport. COM (2007) 391 final. Brussels：European Commission.

Formula 1. (2015). Germany Dropped from 2015 Calendar Retrieved 27.04.2015, from http：//www. formula1. com/content/fom - website/en/latest/headlines/2015/3/germany - dropped - from - 2015 - calendar. html.

Frankfurter Allgemeine Zeitung. (2015). Neue Sportlotterie - Harting hofft auf 20 Millionen Euro im Jahr, 17.04.2015, from http：//www. faz. net/aktuell/sport/sportpolitik/ neue - sportlotterie - harting - hofft - auf - 20 - millionen - euro - im - jahr - 13382822. html.

第五章 德国：三驾马车齐驱动

Gratton, C., Liu, D., Ramchandani, G. & Wilson, D. (2012). *The Global Economics of Sport.* Oxon：Routledge.

Hallmann, K., Wicker, P., Breuer, C., & Schönherr, L. (2012). Understanding the Importance of Sport Infrastructure for Participation in Different Sports – Findings from Multi – Level Modeling. *European Sport Management Quarterly*, *12*（5），525 – 544.

Hallmann, K., Wicker, P., Breuer, C. & Schüttoff, U. (2011). Interdependency of Sport Supply and Sport Demand in German Metropolitan and Medium – sized Municipalities—Findings from Multi – level Analyses. *European Journal for Sport and Society*, *8*（1/2），65 – 84.

Handballbundesliga, D. (2015). Selbstdarstellung Retrieved 27.04.2015, from http：//www.dkb – handball – bundesliga.de/de/hbl – gmbh/organisation/selbstdarstellung/.

Heinemann, K. (1999). *Sport Clubs in Various European Countries.* Schorndorf：Hofmann.

Heinemann, K. (2005). Sport and the Welfare State in Europe. *European Journal of Sport Science*, *5*（4），181 – 188.

Hoye, R., Smith, A., Nicholson, M. & Stewart, B. (2015). *Sport Management.* London et al.：Routledge.

Kieler Woche. (2015). Wonderful Week Retrieved 27.04.2015, from http：//www.kieler – woche.de/english/.

Köhl, W. W. & Bach, L. (2006). *Leitfaden für die Sportstättenentwicklungsplanung. Kommentar.* Köln：Sport & Buch Strauβ.

Krüger, J. & Bacher, J. (2007). Sponsor Visions 2007 Retrieved 17.04.2015, from http：//www.sponsors.de/uploads/tx＿svsstudiengaenge/Sponsor＿Visions＿2007＿323767.pdf

Krüger, M. (2013). The History of German Sports Clubs：Between Integration and Emigration. *The International Journal of the History of Sport*, *30*（14），1586 – 1603. doi：10.1080/09523367.2013.822862.

Mevert, F. (2009). Am 2. Oktober vor 50 Jahren. Der Artikel – und Informationsdient des Deutschen Olympischen Sportbundes. *Der Artikel – und Informationsdienst des Deutschen Olympischen Sportbundes（DOSB）*, *40*, 21 – 25.

Pawlowski, T. & Breuer, C. (2012). *Die finanzpolitische Bedeutung des Sports in Deutschland.* Wiesbaden：Springer Gabler.

Petry, K. & Hallmann, K. (2013). Germany. In K. Hallmann & K. Petry (Eds.), *Comparative Sport Development. Systems, Participation and Public Policy*（pp. 75 – 86）. New York, NY：Springer.

Petry, K. & Schulze, B. (2011). Participation in Sport：Germany. In M. Nicholson, R. Hoye & B. Houlihan (Eds.), *Participation in Sport：International Policy Perspective*（pp. 42 – 58）. London/New York：Routledge.

Petry, K. , Steinbach, D. & Burk, V. (2008). Germany. In B. Houlihan & M. Green (Eds.), *Comparative Elite Sport Development. Systems, Structures and Public Policy*. Oxford: Butterworth - Heinemann.

Petry, K. , Steinbach, D. & Tokarski, W. (2004). Sport systems in the Countries of the European Union: Similarities and Differences. *European Journal for Sport and Society*, *1* (1), 15 - 21.

Preuss, H. & Alfs, C. (2013). Wirtschaftliche Bedeutung des Sportkonsums in Deutschland. *Sportwissenschaft*, *43* (4), 239 - 252. doi: 10. 1007/s12662 - 013 - 0311 - y.

Preuss, H. , Alfs, C. & Ahlert, G. (2012). *Sport als Wirtschaftsbranche. Der Sportkonsum privater Haushalte in Deutschland*. Wiesbaden: Springer Gabler.

SportsEcon Austria. (2012). Study on the Contribution of Sport to Economic Growth and Employment in the EU. Final Report Retrieved 05. 08. 2014, from http://ec. europa. eu/sport/library/studies/study - contribution - spors - economic - growth - final - rpt. pdf.

Stiftung Deutsche Sporthilfe. (2014). Wie wir fördern: Werteorientiert und nachhaltig Retrieved 24. 11. 2014, from https://www. sporthilfe. de/Wie_ wir_ foerdern. dsh? ActiveID = 1048.

Stiftung Deutsche Sporthilfe. (2015a). Ein verlässlicher Plan für die besten Athleten Retrieved 02. 04. 2015, from https://www. sporthilfe. de/Ein_ verlaesslicher_ Plan_ fuer_ die_ besten_ Athleten. dsh.

Stiftung Deutsche Sporthilfe. (2015b). Was bisher geschah Retrieved 17. 04. 2015, from https://www. sporthilfe. de/Was_ bisher_ geschah. dsh? ActiveID = 1051.

Stiftung Deutsche Sporthilfe. (2015c). Was uns antreibt Retrieved 17. 04. 2015, from https://www. sporthilfe. de/Was_ uns_ antreibt. dsh? ActiveID = 1047.

Stiftung Deutsche Sporthilfe. (2015d). Wie wir uns finanzieren: Unternehmerisches Handeln Retrieved 17. 04. 2015, from https://www. sporthilfe. de/Wie_ wir_ uns_ finanzieren_ 2013. dsh? ActiveID = 1050.

THW Kiel. (2015). Historie Retrieved 27. 04. 2015, from http://www. thw - handball. de/thw - kiel/geschichte. html.

Verband Deutscher Sportfachhandel e. V. (2015a). Deutscher Sportfachhandel steigerte sich 2014 Retrieved 17. 04. 2015, from http://www. vds - sportfachhandel. de/index. php? id = 2&sub = 3&DS = 713.

Verband Deutscher Sportfachhandel e. V. (2015b). Verband Retrieved 25. 04. 2015, from http://www. vds - sportfachhandel. de/index. php? id = 1

Vogel, S. & Ehemann, T. (2012). Finanzreport deutscher Profisportligen 2012. *Sponsors*, *12* (12), 48 - 59.

Volleyball Bundesliga. (2015). Tabelle Retrieved 17. 04. 2015, from http://

www. volleyball – bundesliga. de/cms/home/1blm/1blm_ scoresstats/1blm_ tabelle. xhtml

Weisbrod, B. A. (1988). *The Nonprofit Economy*. Cambridge, Massachusetts: Harvard University Press.

Wicker, P., Hallmann, K. & Breuer, C. (2012). Micro and Macro Level Determinants of Sport Participation. *Sport, Business, Management: an International Journal*, 2 (1), 51–68.

Wicker, P., Hallmann, K. & Breuer, C. (2013). Analyzing the Impact of Sport Infrastructure on Sport Participation Using Geo – coded Data: Evidence from Multi – level Models. *Sport Management Review*, 16 (1), 54–67. doi: http://dx. doi. org/10. 1016/j. smr. 2012. 05. 001.

Wicker, P. & Soebbing, B. P. (2012). Examining Participation in Sports Betting in Germany. *Journal of Gambling Business and Economics*, 6 (3), 17–33.

Woll, A. & Dugandzic, D. (2007). Strukturanalyse des Freizeit – und Breitensports und Sports der Älteren in deutschen Fuβballvereinen Retrieved 20. 04. 2015, from http://www. shfv – kiel. de/_ data/Strukturanalyse_ des_ Freizeit – _ und_ Breitensports_ _ des_ Spor. PDF.

WTA. (2015). WTA Calendar 2015 Retrieved 27. 04. 2015, from http://www. wtatennis. com/SEWTATour – Archive/Archive/AboutTheTour/TourCalendar _ 2015. pdf.

第六章
日本：新旧交织起波澜

广隆·松岗元　亚纪子·新井

广隆·松岗元（Hirotaka Matsuoka），博士，俄亥俄州大学体育管理博士，日本早稻田大学体育科学系体育市场专业教授。从事体育市场及体育消费者行为研究。现任日本体育管理协会的管理委员会委员、亚洲体育管理局副总编辑、日本排球联赛组织董事会成员。

亚纪子·新井（Akiko Arai），博士，日本早稻田大学研究助理。研究领域为个人运动员品牌管理及运动员职业发展。

第六章　日本：新旧交织起波澜

日本体育产业既有传统体育项目发展基础，又有现代西方体育影响的浓重痕迹，伴随日本打开国门、西方体育项目和组织形式的引入起步发展，体育在与日本历史发展轨迹、民族个性与文化传统以及经济发展社会进步的契合和互动中，形成具有强烈民族特性色彩的体育产业发展道路和形态。本章将从日本体育发展历程的概述出发，围绕产业规模、参与性体育、观赏性体育、体育传媒、体育旅游等内容，对日本体育产业发展模式和状况进行梳理。

一　日本体育的发展简史

日本的体育产业可以说是新旧交织。像相扑和柔道这些象征日本的运动，都有悠久的历史。尤其是相扑，可远溯至 5 世纪左右。1751 年，相扑表演产生，也正是在那个时期，今天称之为赞助的事物开始出现。门票销售方面也是如此，当时就有与今天门票销售代理相对应的形态。由此看来，相扑可以说是日本历史最悠久的具备营销策略的职业体育，但不清楚当时人们是否已意识到这是一项商业活动。所以，我们很难将其视为一个已成形的产业。

如表 1 所示，日本体育产业形成于 19 世纪后期。棒球、网球、划船、足球、滑雪等运动，从西方传入日本并开始流行，尤其是在大学体育俱乐部。1903 年早稻田大学和庆应义塾大学棒球队进行了第一场校际比赛。大约 30 年后，1936 年，职业棒球组织和联赛成立。这些不同于日本传统武术的运动项目的普及和传播，增加了大众对体育服装和用品的需求，促进了体育用品制造和零售等行业的发展。创始于 1906 年的美津浓是日本第一家体育用品制造企业。值得一提的是，1949 年，一家生产运动鞋的企业 Asics 成立。初以 BRS 示人的耐克公司，早期代销鬼冢虎鞋，也就是美国市场上的 Asics 鞋。Phil Knight 创立耐克时，从鬼冢挖走工程师并在朝日会社组织生产，所以早期的耐克鞋是日本制造的。

因第二次世界大战中断的日本体育产业，在 20 世纪 60 年代开始持续发展。1964 年东京奥运会的举办是"触发器"，同时也对日本经济的高速增长起到重要促进作用，高速公路、主干道和新干线子弹头列车等多项基础设施落地。奥运会的举办，不仅具有经济效应，而且增强了日本民众对体育的兴趣。过去只有小部分人参与的运动得到普及，当地社区体育活动的概念开始出现。这些变化带来日本体育在 20 世纪 70~80 年代的飞速发展。在日本，为休闲活动花费时间和金钱的观念开始流行，消费的上升促进了经济增长。休闲体育快速发展，开始是保龄球热潮，后来，在度假胜地开展的项目盛行，如高尔夫、滑雪和水上运动。从 80 年代起，健身俱乐部受到关注，其分支机构迅速扩张，市场扩大。这不仅仅是因为人们为增进健康而增加了对体育的兴趣，更是因为这已成为热衷时尚生活方式的年轻一代的行为倾向。

表1 日本体育产业的发展

参与性体育	观赏性体育
体育的引进阶段(1880~1950 年)	
• 体育的引进 • 体育用品制造业的开端	
• 体育设施建立 • 广播体操兴起(1927)	• 相扑 – 日本首项职业体育运动(1751 年)
	• 体育用品销售市场与商业形成 • 多种运动项目的引进
• 体育教育发展 • 体育设施数量增加	• 职业棒球联盟成立(1937 年) • 职业棒球联盟分裂为两个联盟(1949 年至今) • 第一家体育电台广播(1953 年)
本土体育的成长阶段(1960~1970 年)	
• 体育促进法案(1961)——旨在促进体育在日本的普及	
• 本土体育设施的利用率提高	• 东京夏季奥运会(1964 年) • 体育传媒发展
• 体育作为休闲活动开始引发人们的兴趣	• 札幌冬季奥运会(1972 年)

第六章 日本：新旧交织起波澜

续表

参与性体育	观赏性体育
休闲体育的成长阶段(1980~1990年)	
• 体育产业的分化和专业化带来体育产业范围的扩大	
• 包括体育设施在内的休闲度假地增加 • 高尔夫和滑雪运动快速发展	• 企业队的减少
• 日本体育产业发展到达顶峰(1992年) • 体育服务业发展	
• 健身俱乐部数量增加	• 长野冬奥会(1998年) • 职业足球联盟成立(1993年)
体育经营管理的成长阶段(2000年至今)	
• 体育振兴基本计划(2000年)——旨在推动日本参与性体育和精英体育的发展 • 体育产业全球化与体育经营管理引发全球兴趣	
• 健身俱乐部迎来第二阶段增长 • 包括参与性体育在内的旅游兴趣高涨	• 2002 FIFA 韩日世界杯(2002年) • 职业篮球联盟成立(2005年) • 包括观赏性体育在内的旅游兴趣增加
• 日本体育旅游联盟(2012年)——旨在促进日本体育旅游的发展	
• 体育旅游的普及（参与性与观赏性体育）	• 职业联盟的发展 - 足球联盟：10家俱乐部(1993年)→51家俱乐部(2015年) - 篮球联盟：6家俱乐部(2005年)→22家俱乐部(2015年)

资料来源：《认识体育产业》（第5版）（2014年）；J联赛官方网站（2015年）；bj联赛官方网站（2015年）。

在观赏性体育领域，除了长期处于垄断地位的职业棒球，日本职业足球联赛（J联赛）于1993年成立。它与由大公司绝对支持的职业棒球不同，采用从西方引进的基于社区的战略理念进行运营管理，在日本引发轰动效应。那时恰逢日本经济高速增长的泡沫破灭，这种管理运营模式意味着体育组织必须独立运营。事实上，从排球和篮球开始，许多公司的体育俱乐部都被迫解散，就连看似牢不可破的职业棒球也不能幸免，2004年大阪近铁野牛队破产。

在这种情况下，适当的市场经营成为职业体育和提供观赏性体育赛事组织的需求；同时，社区体育以及社区体育赛事也需要经营。这种"参与性体育"往往由学校和政府主管部门提供支持，但由于预算和人力资源的限制，由当地社区民众独立开展体育活动的需求显现出来。这造成日本体育出

199

现了一个从未有过的经营概念，一场重大的体育产业变革开始了。近些年不断吸引大众关注的体育旅游业，是涉及多个行业的复合型产业，而且越来越多地需要更好的管理职能以及具备这些技能的人力资源。这促使2012年日本体育旅游联盟（JSTA）成立。联盟的目标是建立旅游公司、旅游机构、体育组织、体育公司、其他企业、专家学者以及社区之间联系的网络，建立一个体育和旅游的王国。

二 体育产业的规模

研究体育产业最大的困难之一是体育产业的测算。不同的国家及其研究者对体育产业的理解不同。日本生产力中心发布的休闲白皮书，是了解日本体育产业市场理想的资料之一（见图1）。图1是日本国内唯一实现多年累积和连续发布的数据资料。据报告内容，日本体育产业目前的市场规模约为4万亿日元（日本生产力中心，2014）。这一数据自1982年开始发布，当时约为3万亿日元（日本休闲发展中心，1994）。报告评估时，将日本的体育产业大致分为六类：球类体育用品和装备（如高尔夫、网球、棒球、足球、篮球）、户外体育用品和装备（如滑雪、滑冰、露营、钓鱼、水上运动）、其他体育用品（如自行车）、运动服装（如队服、训练服、运动鞋）、体育设施和俱乐部（如高尔夫俱乐部会员制和入会费、保龄球场费、网球学校、游泳学校、健身俱乐部）以及观赏性体育入场费（如比赛门票）。

与日本经济的快速增长同步，1992年，体育产业规模翻了一番，达到约6万亿日元。这是日本体育产业市场规模的峰值，后来泡沫经济破灭，经济停滞，体育产业市场随之萎缩。进入21世纪时，日本体育产业市场已经跌破5万亿日元，之后又持续减少到不足4万亿日元，下降趋势直到2010年停止（日本生产力中心，2014）。

自1992年以来，日本体育市场在体育用品和装备产业方面严重萎缩。受经济停滞影响，人们渐渐地远离高尔夫、滑雪等花钱的运动项目，导致昂贵的高尔夫和滑雪装备消费下降，高尔夫球场和滑雪胜地的使用率急剧降

第六章　日本：新旧交织起波澜

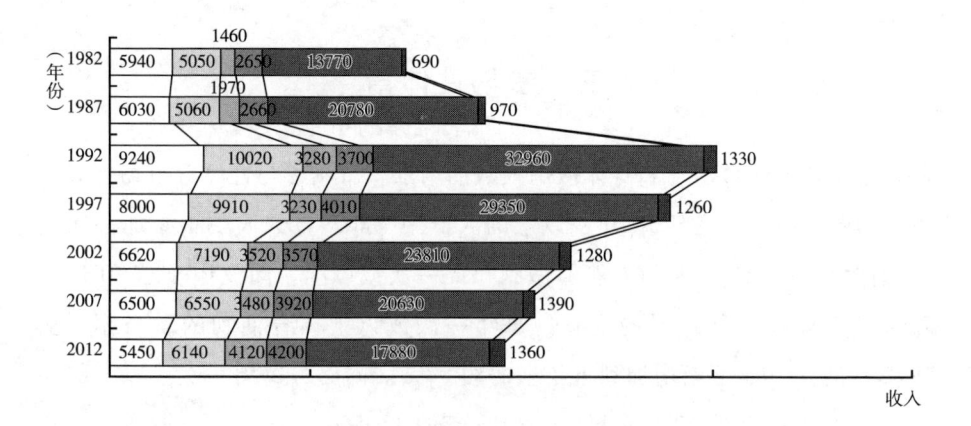

年份							
1982	5940	5050	2650	1460 13770		690	
1987	6030	5060	2660	1970 20780		970	
1992	9240	10020	3280	3700	32960		1330
1997	8000	9910	3230	4010	29350		1260
2002	6620	7190	3520	3570	23810		1280
2007	6500	6550	3480	3920	20630		1390
2012	5450	6140	4120	4200	17880		1360

收入

图 1　日本体育产业的变化

注：每一横向数列从左至右分别为球类体育用品、户外体育用品和装备、其他体育用品、运动服装、体育设施与俱乐部、观赏性体育门票收入数据。资料来源：日本生产力中心（2014）。

低，以致很多高尔夫球场和滑雪场在此期间被迫关闭。不过，虽然日本整体体育产业的市场规模在萎缩，如对昂贵装备的购买和对运动设施的使用降低，但运动服装和自行车领域的规模却在扩大。大多数人认为，具有健康意识的人越来越多，人们购买运动服装和鞋类时，出于时尚的考虑也是一个原因。此外，体育赛事的门票业务虽然市场占比很小，但一直保持着一个稳定的规模，这要归功于如1993年创立J联赛和2002年举办世界杯等因素的影响（日本生产力中心，2004）。

在体育产业扩展的同时，日本体育与其他产业（如休闲、娱乐、医疗卫生和教育行业）之间的界限也开始变得模糊。因此，现有对日本体育产业的定义和测量可能是不充分的。事实上，现有的市场规模评估并不包括转播权费用与对职业体育和体育赛事的赞助费或是运动员的薪酬，也没有考虑体育旅游和体育赛事的经济波动效应。据估计，如果这些要素都包括在内，市场规模将几乎翻一番。例如，据相关报告评估，2003年日本的体育产业规模为9.64万亿日元，如果包括体育用品、体育设施、体育赛事、体育旅游、体育教育、体育传媒等市场，这一数据还将扩大（体育商业研究所、早稻田大学，2003；Matsuoka，2007）。

三 参与性体育

由于参与体育活动和身体锻炼人数的增加，日本参与性体育市场持续扩大。如图2所示，在日本20岁以上的人群中，80.9%的人一年参加一次或以上体育活动，47.5%的人能够做到每周一次或以上。图2还显示20世纪70年代后体育参与情况的变化。每年一次或以上体育活动的参与率，从1972年的60.0%逐渐增加到近年来的约80%。同时，每周一次或以上的参与率，从1982年的27.9%上升到2013年的47.5%。

事实上，这些数据与其他先进工业化国家相比仍然较低，如加拿大、澳大利亚、新西兰以及欧洲等国家和地区，每周一次或以上体育活动的参与率为70%~80%。不过，日本的这些参与比例自2000年以来迅速上升。另外，经常性体育参与的潜在需求比例估计约为40%（Matsuoka，2006）。这表明了这一市场扩张的可能性。

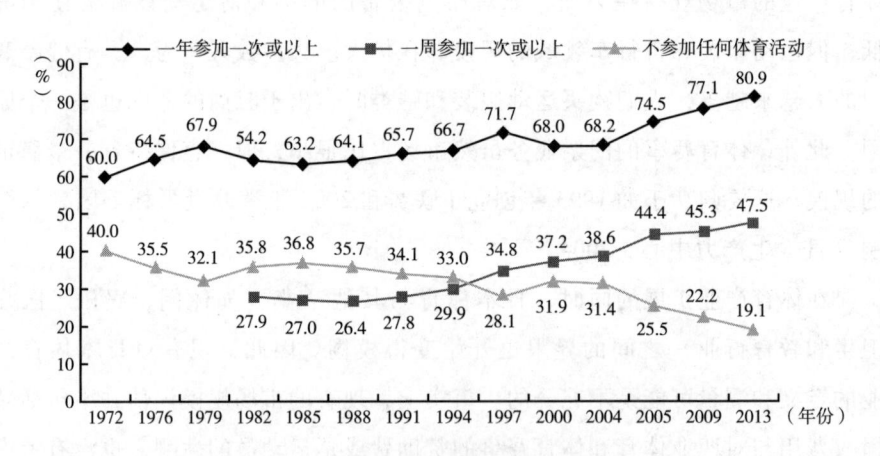

图2 日本体育参与者（20岁以上）的比例

资料来源：日本内阁府（1972~2009）；日本文部科学省（2013）。

日本政府对体育事业的推动是民众体育参与率迅速提高的先决条件。日本文部科学省（MEXT）负责体育的整体管理，包括营造体育环境、增强体育国际竞争力以及提高学校体育教育质量。1999年，MEXT制定了《体育振兴基本计划》(2001~2010),其中有一个发展综合性社区体育俱乐部的全国性计划。MEXT通过提供旅行俱乐部发展和体育俱乐部建立指导等形式,支持体育事业发展。截至2013年7月,日本国内1742个城市建立起3493家俱乐部(日本文部科学省,2014)。这或许是日本体育参与率越来越高的原因之一。图2还显示,不参加任何体育活动的民众的比例在快速下降,从2004年的31.4%下降到2013年的19.1%。

为进一步推进体育促进政策,2012年,文部科学省制定了体育基本计划,它描绘了一个所有人能通过体育享受快乐,充实人生的社会蓝图(日本文部科学省,2012)。该计划有7个主题:

(1) 增加儿童运动机会。
(2) 推广符合生命发展阶段的体育活动。
(3) 完善居民广泛参与的社区体育环境。
(4) 为提高体育国际竞争力,培养体育人才和发展体育的环境。
(5) 通过如奥运会和残奥会等国际赛事的申办和举办,促进国际交流和共享。
(6) 提高体育世界的透明度和公平公正性。
(7) 创造一个良性循环的体育世界。

商业体育和健身俱乐部同样促进了日本体育竞技和运动锻炼水平的提高。私人俱乐部不由MEXT支持,但在厚生劳动省的促进计划之中。这项名为"21世纪国家健康促进运动(健康日本21)"的计划,是2000年以来推出的第三项健康促进举措。"健康日本21"旨在减少青壮年死亡率,延长人们的健康生活时间,提高生活质量,以创造一个全体公民身心健康、有活力的社会。体育活动和身体锻炼能够有效防止与生活方式相关的疾病的发生,是健康促进的重要内容。所以,有必要采取诸如增强民众体育锻炼意识,提高个人参与日常身体锻炼和习惯养成的比例,创造适合开展体育活动的环境等措施。健身俱乐部作为通过身体锻炼维持健康的良好载体,受到特别推荐。

日本各地的商业健身俱乐部大抵提供三种必不可少的设施:健身房、练习室和游泳池。通常情况下，儿童使用游泳池，成年男性在健身房锻炼，而成年女性则享受瑜伽和舞蹈。平均每月会费从 7000 日元到 10000 日元不等。在图 3 中，曲线显示健身俱乐部产业市场规模的变化，柱状体显示每年新开俱乐部的数量，曲线和柱状体的状态表明日本健身俱乐部产业经历了两个阶段的增长。首先，20 世纪 80 年代后期，健身产业在日本泡沫经济时期快速增长。从 1986 年到 1989 年，日本每年新开设的俱乐部超过 200 家，使健身产业市场价值在 1990 年达到 3360 亿日元。

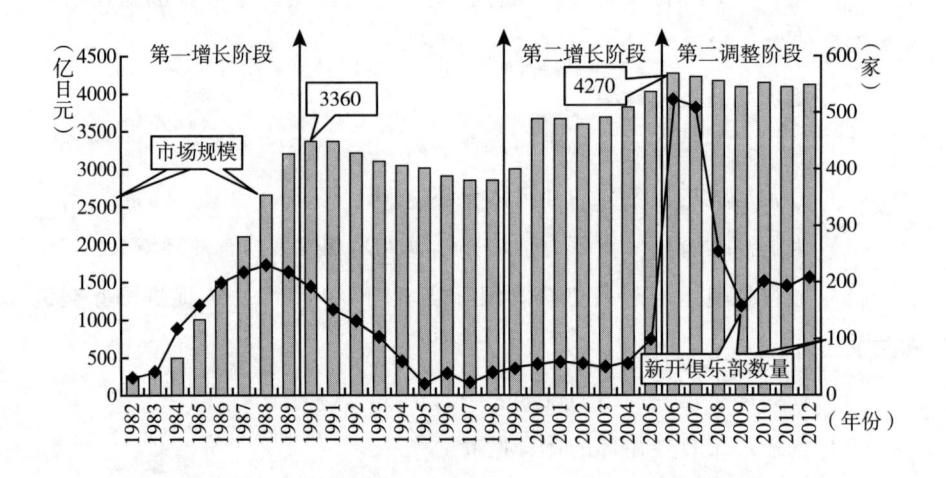

图 3　日本的健身俱乐部市场规模和新开俱乐部数量

资料来源：日本社会经济发展中心（2014）；笹川体育基金会（2014）。

在经历第一阶段增长之后，日本健身产业受到泡沫经济破灭的影响，从 1990 年到 1998 年市场萎缩，新开俱乐部数量也处在较低水平。进入 21 世纪，日本社会对健康的关注度提高，健身产业开始复苏。2006～2007 年，有超过 500 家俱乐部开业，包括一些规模相对较小的俱乐部。市场在 2006 年达到 4270 亿日元的峰值。日本健身产业经过第二阶段的发展后，目前市场处于稳定状态，价值在 4000 亿日元以上。

竞技体育是参与性体育的另一种类型，尤其对高中生和大学生而言。表 2 显示了日本体育组织成员的数量。全日本剑道联盟、日本橡胶棒球协会和

第六章 日本：新旧交织起波澜

日本足球协会有超过 100 万名会员。日本篮球协会、日本排球协会、国际田联日本协会和日本乒乓球协会，超过 30 万名会员。包括日本足球协会、日本篮球协会、全日本柔道协会等在内的大多数体育组织，男运动员数量要比女运动员多，而日本排球协会的女运动员则比男运动员多。这些数据有助于了解日本体育参与的情况。

表 2 还显示日本民众对各项竞技体育和休闲体育运动的参与情况。保龄

表 2　日本体育组织的会员数量和体育参与者年龄的比例

单位：名，%

协会		会员数量			参与者年龄比例	
		总计	男性	女性	20 岁及以上 （人数 = 2000）[2]	10～19 岁 （人数 = 1951）[2]
国际田联日本协会		319354	—	—	0.6	9.4
日本游泳联合会		—	—	—	7.2	22.7
日本足球协会	足球	927671	888783	38888	4.6	26.9
	室内足球	124436	112469	11967	2.0	5.8
日本滑雪协会		12174	8918	3256	4.1	8.3
日本网球协会		11257	6991	4266	3.8	6.4
日本划船协会		8764	6125	2639	0.3	0.7
日本业余拳击协会		—	—	—	0.1	0.2
日本排球协会		395730	130092	265638	3.2	14.0
日本体操协会		—	—	—	0.2	1.8
日本篮球协会		615458	338628	276830	2.0	23.8
日本滑冰协会		9735			1.9	3.1
日本摔跤联合会		10130	8788	1342	0.1	—
日本帆船联合会		9909	8362	1547	0.1	—
日本举重协会		4245	3809	436	—	—
日本手球协会		88566	59582	28984	0.1	2.3
日本软式网球协会		—			1.0	8.2
日本乒乓球协会		304620	189223	115397	4.5	15.2
日本橡胶棒球协会		1140500	—	—	4.5	17.5
日本相扑协会		5923	5578	345	—	1.1
日本马术联合会		6429	3433	2996	0.2	0.1

205

续表

协会		会员数量			参与者年龄比例	
		总计	男性	女性	20岁及以上（人数=2000）[2]	10~19岁（人数=1951）[2]
日本击剑联合会		5152	3442	1710	0.1	0.1
全日本柔道联合会		177572	146995	30577	0.3	1.9
日本垒球协会		135228	89585	45643	2.7	7.3
日本羽毛球协会		245612	—	—	6.8	19.2
全日本弓道联盟		—	—	—	0.1	1.2
日本全国步枪协会		6536	5234	1302	0.1	—
全日本剑道联盟	剑道	1676141	1199199	476942	0.4	2.8
	居合道	88479	78050	10429	0.1	—
	柔道	22244	19073	3171	—	—
日本橄榄球联盟		109887	104235	5652	0.4	1.3
日本登山协会		765	473	292	4.9	3.4
日本皮划艇联合会		5071	—	—	0.5	1.5
全日本射箭联合会		12787	9260	3527	—	—
日本空手道联合会		80652	—	—	0.4	2.4
日本冰球联合会		20715	19142	1573	—	—
全日本刀术联合会		6900	540	6360	—	0.1
日本保龄球大会		—	—	—	13.3	16.0
日本业余棒球协会		11270	10986	284	—	—
日本拔河联合会		—	—	—	1.8	3.7
少林功夫联合体		70000	—	—	0.1	0.4
日本门球联盟		165000	99000	66000	0.5	—
日本武术太极拳联合会		64000	19200	44800	1.0	—
日本高尔夫球协会		4928	3636	1292	9.0	2.8
日本冰壶协会		2531	1941	590	—	0.1
日本力量举重协会		2450	2090	360	—	—
日本定向越野协会		1372	1066	306	—	—
日本高尔夫球场协会		192323	116025	75726	3.3	—
日本蹦床协会		1328	—	—	—	1.8
日本铁人三项联盟		20000	17000	3000	0.1	—
日本束缚网球协会		18500	5900	12600	—	—
日本健美操联合会		2420	383	2037	2.1	—

资料来源：日本体育协会（2011）；笹川体育基金会（2010 & 2012）调查。

第六章 日本：新旧交织起波澜

球、高尔夫、游泳、羽毛球等在成年群体中广受欢迎，而足球、篮球、游泳、羽毛球、棒球、保龄球、乒乓球、排球和田径为青少年所喜爱。

这些体育组织之所以拥有大量会员，主要是因为学校俱乐部体制的作用。与体育相关的学校俱乐部活动作为一种校园课外活动，属于学校教育计划的一部分，所以基本上由学校教师指导开展。其活动目的是深化超出课堂体育教学的内容，追求更高的竞技水平和运动技能的发展（文部科学省，未注明出版日期）。基本上采用学生自愿参与，并根据自身兴趣选择俱乐部的形式，几乎不进行选拔测试。在很多学校，学生每天放学后都会训练，有时甚至是在周末和夏季/冬季假期。对于很多日本人来说，学校俱乐部是他们从事竞技体育的第一个入口，学校俱乐部体制对日本体育文化的形成起到关键作用。一旦学生成为校队成员，他们会自动成为日本初中体育协会（NJPA）或全日本高中运动联合会的会员，并同时注册成为相应体育协会的会员。主要的初中/高中水平的全国体育比赛就是在这些体育组织的领导下举行的。图4显示了初高中学生体育相关的学校俱乐部的参与率。该图反映出日本青少年相对较高的体育参与水平。在初中阶段，73%的男生参与了与体育相关的学校俱乐部，而女生有54%参与其中。在高中时期这一比例有所下降（男生49%，女生27%），但这与其他国家相比还是较高的。在大学层面也有类似的学校体育俱乐部体制，即所谓的"运动员体制"，由日本大学体育教育和运动协会负责组织。

著名的全国高中棒球锦标赛，俗称"Kōshien"，一年一度，就是在这样的学校俱乐部体制下组织开展的。"Kōshien"由一家报业公司支持，比赛的亮点是最后阶段，在8月份各都道府县的49个学校代表队齐集，这已成为日本一项赛季性的文化传统。这项比赛在日本也是最受欢迎的业余体育赛事之一。另一个学校业余体育赛事的很好例子是"Hakone Ekiden"——一年一度的校际长途公路接力赛。每年1月2~3日，有超过100万人来到现场观看比赛，电视收视率达到30%。可能有人认为，在日本这些学校体育赛事之所以如此受欢迎，是因为这些学校运动员真实地代表了很多日本民众有关体育的经历，从而强烈地唤起日本民众的乡愁和文化认同。

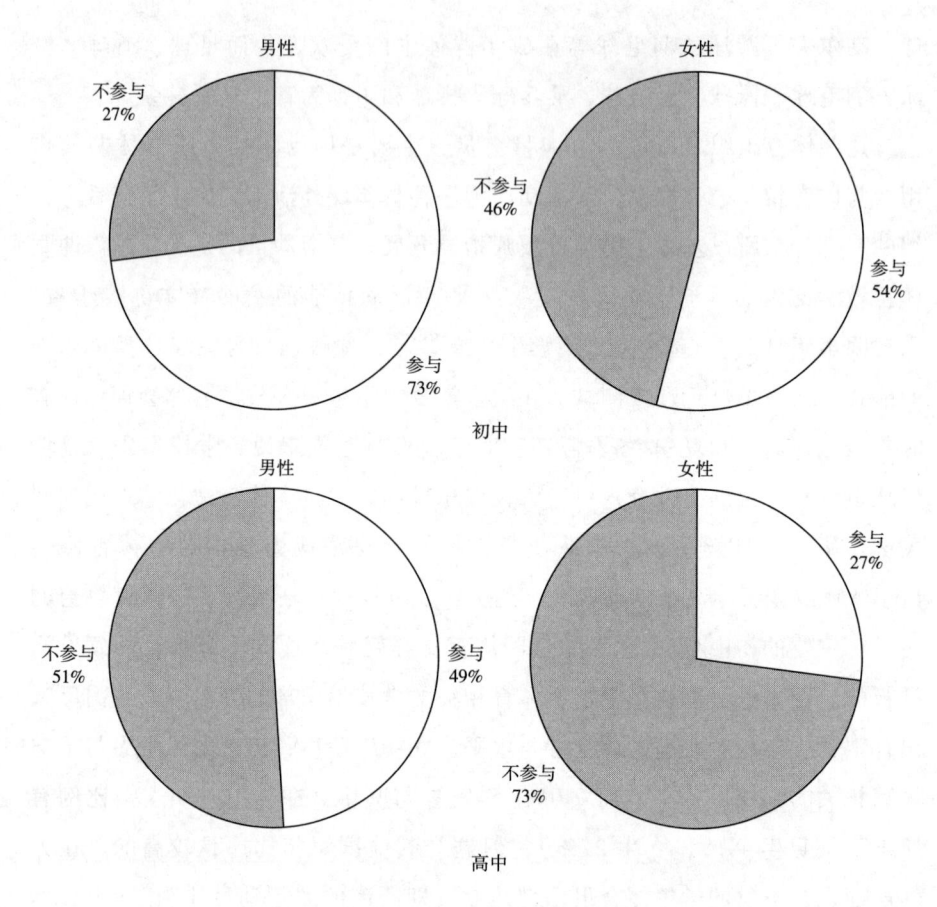

图 4　日本学校体育俱乐部参与率（2014 年）

资料来源：日本初中体育协会（NJPA）；全日本高中体育联合会（2014）。

四　观赏性体育

据休闲白皮书估计，1992 年日本体育赛事的门票销售同比上涨 11.8%，超过 1300 亿日元，1993 年超过 1400 亿日元（日本生产力中心，2004）。J 联赛创立的 1993 年，是现场观看体育赛事收益增长最快的一年。随后门票销售下降，跌破 1200 亿日元；但在韩国和日本联合主办世界杯之后的 2003 年，市场规模又一次扩大到 1300 亿日元以上，2009 年攀升至 1460 亿日元。如前文所述，即使在体育产业作为一个整体处于萎缩的大背景下，观赏性体育市场仍然表现强劲，2013年的门票销售估计为1410亿日元（日本生产力中心，2014）。

2014年休闲白皮书中休闲活动参与和消费情况报告显示，接受调查的14.3%的人表示，他们在2013年观看过体育比赛（不包括通过电视收看），根据日本的总人口推算，大约为1450万人（日本生产力中心，2014）。按性别区分，报告显示观看体育赛事的男性为17.8%、女性11.0%。在对有体育比赛观看意愿，表示想在未来观看体育比赛或是希望继续观看的人群调查中，24%的男性回答有意愿。表明男性对观看体育赛事比女性更感兴趣。

表3显示了在日本职业体育协会注册的组织名单。日本职业相扑拥有历史最悠久的职业体育组织，其次为职业棒球、赛马、自行车以及男子高尔夫、赛车，这些大约都是在20世纪中期成立的。如今，J联赛已成为日本两大职业运动之一，另一个是职业棒球。其组织机构成立于1991年，比赛开始于1993年，相比于其他运动项目还是一个年轻的赛事组织。这些职业体育组织，不仅涵盖可能被列入奥运会的运动项目，而且包括政府经营的博彩型赛事，例如赛马、赛艇和场地自行车。

表3　日本职业体育协会内的体育组织

体育组织	运动项目	成立年份
日本相扑协会	相扑	1925
日本职业棒球组织	棒球	1948
日本职业高尔夫协会	男子高尔夫	1957
日本女子职业高尔夫协会	女子高尔夫	1967
日本职业足球联盟	足球	1991
日本职业拳击协会	拳击	1976
日本职业保龄球协会	保龄球	1967
日本舞蹈委员会	舞蹈	1996
日本赛车推广公司	方程式/赛车	1995
新日本踢拳协会	踢拳	1997
日本赛马协会	赛马	1954
JKA	Keirin（场地自行车）	1957
JKA	汽车赛	1962
日本赛车协会基金会	摩托艇竞赛	2007

资料来源：日本职业体育协会（2015）。

日本观赏性体育的另一种形式，是被称为"Jitsugyodans"的企业体育，由企业出资和经营，企业运动队具有半职业体育性，极大地促进了日本体育国际竞争力的提高（Takada, Jarada & Bizen, 2008）。企业运动队由企业赞助，运动员受聘为企业员工。他们中有的没有其他工作任务，有的白天正常上班，业余时间训练和参加比赛。有大量的企业运动队以各个级别和大小的形式存在，并参加多种企业体育联赛。尽管企业运动队被视为业余的队伍，但通常能够提供高水平的工作人员和待遇，如专业教练员、充足的训练时间、医疗保健、住房保障以及足够的薪金。企业体育联赛也有范围广泛的结构体系，从提高运动员福利的娱乐表演性联赛到吸引观众的高竞技性联赛。例如，以下团队运动项目都有顶级企业联赛：排球（V. 超级联赛）、橄榄球（日本橄榄球顶级联赛）、手球（日本手球联赛）、美式足球（X联赛）、女足（抚子联赛）和乒乓球（日本乒乓球联赛）。此外，企业体育体制还供养世界级个人项目运动员（如田径、体操和游泳）。

表4 2014年日本观赏性体育上座率*

单位：人

运动项目		总现场观众数（单赛季）	平均现场观众数（单场次）
职业棒球	NPB中央联盟	12616873	29206（432场）
	NPB太平洋联盟	10242478	23709（432场）
职业男子足球联赛	J1甲级联赛	5275387	17240（306场）
	J2乙级联赛	3043948	6589（462场）
	J3丙级联赛	444966	2247（198场）
女子足球联赛	抚子联赛	143709	1597（90场）
职业篮球联赛	BJ联赛	871533	1596（546场）
排球联赛	V. 男子超级联赛	131482	2267（58场）
	V. 女子超级联赛	165263	2754（60场）
	V. 男子挑战赛	27717	554（50场）
	V. 女子挑战赛	41887	911（46场）
职业相扑	Ô相扑	308640（2011赛季）	未知
职业高尔夫巡回赛	男子巡回赛	386392	16800（23场）
	女子巡回赛	528899	14295（37场）

*2013~2014年赛季冬季赛事的情况。

资料来源：各组织官方网站（2014）。

第六章　日本：新旧交织起波澜

2014年观看职业棒球比赛的观众数量，中央联盟约为1262万人，太平洋联盟约为1024万人，共计2286万人。相比于10年前2005年的1992万人，增加了约300万。2005～2014年，中央联盟平均每场观众数量增加了2700人，从26506人升到29206人，太平洋联盟增加了3458人，从20251人上升到23709人。在观众数量增长的背后，是近些年各队为吸引观众而采取以社区为基础的战略，提供各种球迷服务。其中平均每场比赛观众最多的球队是中央联盟的读卖巨人队和阪神老虎队。过去几年间，太平洋联盟的球队也对总体观众人数的上升发挥了重要作用。这些棒球队集中精力积极实施社区基础战略，在主场提供特定的球迷服务，并利用社交媒体创建球迷社区。观众总量的增加就是这些活动发展的结果。中央联盟的广岛东洋鲤鱼和横滨DeNA海湾之星也采取了同样的做法。另有四支职业棒球队——广岛东洋鲤鱼、欧力士野牛、福冈软银鹰队、东北乐天金鹰——在2014年创造了有史以来最高的观众纪录。现在这些队开始将目标转向女性观众。除了加强硬件设施建设，如设置和改善女洗手间和家庭友好座席，他们还在软件方面提供专门针对女性的服务。例如，东北乐天金鹰和广岛东洋鲤鱼建立了女性专享的球迷俱乐部，而欧力士野牛则举办仅限于女性参加的聚会。

在J联赛的2014年赛季，大约有528万人现场观看了J1（甲级）联赛，约304万人观看了J2（乙级）联赛。此外，还有约44万人观看了2014年新成立的J3（丙级）联赛。J联赛观众总数比2005年增加了约104万。其主要原因是J2乙级联赛的俱乐部数量从12个增加到22个，以及随之而来的比赛场次的增多。从J联赛的平均观众数情况来看，J2联赛为6000～7000人，J1联赛约为1.7万人（2011年共15797人，这是由于受如因日本东部大地震而造成赛程变化等因素的影响），这意味着2014年J1和J2的平均上座率较2005年都有所下降。

再看其他项目，BJ（Basketball Japan）联赛在它成立的2005年吸引了87万名观众。虽然每场比赛的观众数量较少，但参赛队伍从联赛开始时的6个增加到2014年的22个，拥有的球迷数量也在全国范围内有所增长。得益于年轻球员的成功，职业高尔夫在男性和女性观众中都保持着较高的人气。

211

2014年男子巡回赛的观众为386392人（平均每场16800人），女子巡回赛观众528899人（平均每场14295人）。近些年男子和女子比赛的观众人数都处在历史高位，虽然2010年时有小幅回落，但还是有很多人在继续关注。从观众总数来看，目前女子高尔夫球运动十分受欢迎。因此，企业对赞助比赛有很高的兴趣，巡回赛事的数量也在不断增加。职业相扑虽不如曾经那么流行，但每年电视转播的比赛仍然吸引了30万或更多观众。有关职业相扑的公开的信息十分有限。

日本观赏性体育中的女子项目值得关注。随着女子运动技能水平和国际竞争力的提高，女子运动项目大受欢迎，这一现象在企业体育领域更加突出（Takada，Jarada &Bizen，2008）。2013～2014年赛季，排球联赛（V.超级联赛）的女队比赛平均每场有2754名观众，而男子比赛只有2267名观众，可见女排的受欢迎程度。从观众的角度来看，2014年赛季女排联赛54%的观众是男性，男排联赛71%的观众是女性。女子体育赛事吸引更多的男性观众，而男子体育赛事吸引了更多的女性观众。这是很有意思的现象。

2014年赛季，抚子联赛（日本女子足球联赛）平均每场观众1597人（见图5）。2011年日本女足夺得世界杯冠军后，人们对女足运动的兴趣上升，女足联赛也开始吸引更多的观众，从2010年以前，平均每场约1000名观众，上升到2011年的2796人。相比于其他联赛，尽管女足联赛的观众人数并不一定是个大数目，但每支球队和俱乐部都在为寻求联赛发展而持续努力。

日本观赏性体育的另一个发展趋势是本地化运动。以全国棒球联盟和企业体育运动队为代表的日本职业和半职业队，历史上以企业自身或赞助企业运动队的形式发展。对于这些队伍，其最重要的职能之一是作为提供赞助企业有效的广告工具。所以，一些职业运动队将注意力集中于发展遍布日本的更广泛的观众群，而不是与当地社区建立有效的联系。

但近年来，越来越多的职业运动队认识到本地社区的重要性，并开始以经营管理运动队和联赛的需要出发，对社区事务投入关注（Wada&Matsuoka，2014）。建立一支新的职业运动队，需要有当地政府和社区潜在赞助企业的支持。职业体育组织想要获得社会经济利益，就必须对社区的居民、企业和其

第六章　日本：新旧交织起波澜

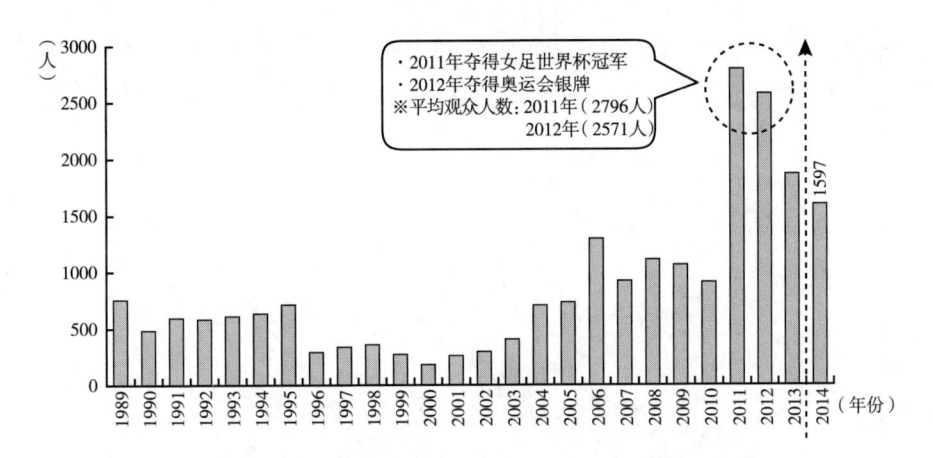

图5　抚子联赛（日本女子足球联赛）的平均观众人数（1989～2014年）

资料来源：抚子联赛官方网站（2014）。

他社会组织有所贡献。日本体育政策"体育基本计划"也希望职业运动队引领当地社会发展（Takahashi&Kusano，2014）。受政治、经济和社会需求的影响，一些职业运动队正逐步致力于以运动队自身经营为基础的社区化工作。

例如，1993年创立的J联赛（足球联赛），通过J2（乙级联赛）和J3（丙级联赛）的拓展，在日本各地已经拥有51家俱乐部（见图6）。尽管暂时无法吸引到大量的观众，但对一些小城镇俱乐部会是很好的商业范例，对从未有过职业体育队的家乡社会产生积极影响。BJ联赛（篮球联赛）也是如此。

五　体育传媒

在体育产业中，传媒扮演着连接体育和民众的重要角色。尤其是多媒体（报纸、广播、电视、互联网等）的发展，对体育产业以及整个社会都产生了巨大影响。从历史上看，新闻报纸曾是早期日本体育产业的守护人。自明治时期（1868～1912年）以来，体育一直是流行的日常新闻内容。除了撰写与现有体育赛事相关的报道，进入20世纪，报业公司还开始主动主办和赞助体育赛事，如由时事新报社主办的1901年东京上野不忍湖公路赛，（横滨历史档案，2013）。20世纪60年代以前，电视还没有走进人们的生活，

图 6　J 联赛俱乐部分布示意

资料来源：J 联赛官方网站（2015）。

无线电广播传播报道体育内容，吸引了众多体育迷。1958 年，电视在日本的市场占有率达到 88%，1964 年日本首次夏季奥运会在东京举行。在这样的历史背景下，体育通过电视对其丰富内容的制作与传播为日本民众广泛接受（Matsuoka，2011）。如今，在电视上观看体育赛事已成为一项常见的休闲活动。在2013年的电视收视率排行榜上，日本国家足球队、棒球队的比赛和花样滑冰节目进了前10名，可见人们对体育内容的高度关注。有关棒球、足球和高尔夫球节目的数量在减少，国家队比赛收视排名靠前而国内联赛不济的现象开始出现。如英超等海外联赛的转播费用大幅提高，因各自不同转播权费用，可看到着眼全球受众的欧洲、美国顶级职业联赛与目标群体政局作用于国内的本土联赛的明显差异。通过媒体转播观看国内联赛的机会正在减少。可以说，以目前情况看，国内联赛不太可能形成欧洲和美国顶级赛事那样大的市场。

不过，还有是很多日本人喜欢看如表5所列的体育项目（笹川体育基金会，2012）。排名最靠前的是职业棒球，2012年有61.5%的民众至少在电视上观看过一次棒球比赛。其次是男子国家足球队比赛，再次是国家排球队比赛，然后是花样滑冰。在观众性别差异方面，高中棒球是继职业棒球与国家男子足球之后，相对最受男性观众欢迎的项目，而花样滑冰则是女性观众最欢迎的项目。现场观众众多的J联赛，在电视观众中排名第十。

表5 2012年收视率最高的体育项目-性别（可有多重回答）

单位：%

排名	总计(人数=2000) 观看项目	比例*	男性(人数=990) 观看项目	比例	女性(人数=1010) 观看项目	比例
1	职业棒球	61.5	职业棒球	73.3	花样滑冰	64.8
2	国家足球队比赛（男子）	56.7	国家足球队比赛（男子）	59.7	国家排球队比赛	55.9
3	国家排球队比赛	52.1	高中棒球	53.4	国家足球队比赛（男子）	53.8
4	花样滑冰	50.8	国家足球队比赛（女子）	49.7	职业棒球	49.8
5	国家足球队比赛（女子）	49.5	马拉松与公路接力赛	48.3	国家足球队比赛（女子）	49.3
6	高中棒球	49.1	国家排球队比赛	48.1	马拉松&公路接力赛	47.5

续表

排名	总计(人数=2000) 观看项目	比例*	男性(人数=990) 观看项目	比例	女性(人数=1010) 观看项目	比例
7	马拉松&公路接力赛	47.9	相扑	44.0	高中棒球	44.8
8	相扑	38.3	大联盟棒球	40.1	相扑	32.7
9	职业高尔夫	31.2	武术(k-1,拳击)	37.9	职业高尔夫	25.3
10	大联盟棒球	30.5	职业足球	37.4	职业足球	22.8
—	不观看任何体育项目	6.6	不观看任何体育项目	5.3	不观看任何体育项目	7.8

资料来源：笹川体育基金会（2012）。

*表示2012年每种体育赛事至少在电视上观看一次的人数比例。

一般情况下，年轻人较少观看电视体育节目；相反，中老年观众对职业棒球和高中棒球多有青睐（见表6），还有职业相扑和高尔夫。就职业相扑而言，有约70%的70岁及以上和67%的60多岁的人在观看，而在二十几岁的人群中只有16%。如果这些运动项目不积极寻找吸引年轻一代人的方法，那么，它们未来的市场规模有可能还会缩小。

表6 （日本）2012年收视率最高的体育项目-年龄组（可有多重回答）

单位：%

体育项目	职业棒球	国家足球队比赛（男子）	国家排球队比赛	花样滑冰	国家足球队比赛（女子）	高中棒球	马拉松&公路接力赛	不观看任何比赛
20岁	58.4	58.0	49.0	42.3	43.7	38.8	33.6	6.6
30岁	55.6	59.6	48.7	47.3	43.1	37.8	35.4	5.9
40岁	61.6	67.9	56.8	50.3	55.7	53.4	48.0	6.3
50岁	62.9	56.3	57.3	56.3	55.4	51.5	54.5	5.7
60岁	66.4	55.9	53.3	55.1	53.3	57.0	61.9	7.1
70岁以上	63.8	38.4	45.8	52.4	43.9	55.7	52.4	8.1
总计	61.5	56.7	52.1	50.8	49.5	49.1	47.9	6.6

资料来源：笹川体育基金会（2012）。

体育媒体一直随着媒体技术的进步而发展，卫星广播和网络广播技术极大地影响了体育媒体内容的供应链。另一个改变日本民众体育收视行为的特殊技术是"one sag"。它是一种类似于电视广播的地面数字音频/视频和数据广播服务，同时"one sag"天线可连接移动电话、汽车导航系统等移动设备。它可让忙碌的人们在上下班或在室外观看体育赛事直播。这一技术的用户量 2008~2010 年增长了一倍，尤其在 40 岁以下的年轻人中非常流行（体育白皮书，2014）。虽然技术优势会随时间发生变化，但毋庸置疑的是，技术环境对日本媒体文化的形成还是起到特定的作用的。

六 体育旅游

日本每年都能吸引众多游客。数据显示，即使在 2011 年大地震后，来日本的游客仍在持续增加。大部分外国游客是为寻求诸如日式美食和购物的文化体验，只有小部分游客表现出对日本体育的兴趣。日本在观赏性体育和参与性体育方面都有丰富的资源（Harada，2012）。除了相扑，即使是那些并非起源于日本的运动项目，如日本职业棒球联赛（NPB）、足球联赛（J联赛）也已形成自身独特的观赏性体育文化，成为地理标志色彩和当地社区文化的代表。而对于参与性体育，只要游客愿意花费 30 分钟至 2 小时，就能享受到日本得天独厚的漂流、登山、潜水以及其他形式的户外活动体验。体育旅游能够很自然地融入传统文化秩序（Harada，2012）。

正是认识到日本体育旅游的潜力，2012 年日本体育旅游联盟（JSTA）成立。JSTA 的成员来自多个领域，包括中央和地方政府、旅游机构、体育用品公司和当地社区（Ogasawara，2013）。JSTA 成立的目的是通过促进旅游产品、旅游内容和该领域领导者的合作发展，建立一个社区、机构、企业与大学之间的广域网络。为实现这一目标，JSTA 涉足以下 9 项业务领域。

（1）形成连接地区和其他地理实体的全国性网络，促进体育旅游自主性发展。

（2）支持体育旅游的区域性平台建设。

（3）为国际体育赛事和其他大型赛事的申办和举办提供协助、支持和建议。

（4）支持定位于体育资源利用的旅游产品的推广和创造。

（5）为提高旅游目的地体育活动便捷性而发展基础设施并提供相关方案设计。

（6）与大学及其他机构合作，培养体育旅游专家，举办培训班。

（7）整合国内体育资讯，传播日本及国外相关新闻信息，赞助讲座会议和赛事。

（8）支持调查研究、多种奖项评选、表彰和赛事活动等。

（9）开展体育旅游组织国际交流、海外学习考察及其他项目。

近年来，JSTA正随着2020年东京奥运会的推进加速发力。如东京马拉松的海外注册人数越来越多。预计随着2020年的临近，这种现象将会更多地出现在各种体育赛事上。

七 结语

日本体育产业在引进吸收西方体育发展模式和经验的同时，较好地完成了与本土体育的结合。在将西方体育元素内化为本国体育产业资源和动力的过程中，实现了运动项目推广普及、大众休闲体育发展的产业基础积累。不同口径对体育产业的测算，显示日本体育产业规模经历了一段时期的快速增长，然后呈现回落的趋势。诸多体育促进政策、健身市场兴起以及独特的学校俱乐部体制保障着日本参与性体育的发展。由职业联赛、企业体育构成的观赏性体育丰富了日本体育产业内容和资金投入方式，并形成一定的规模市场，各大职业联赛观众人数稳步上升，对女子项目和女性观众关注度升高，俱乐部本地化发展等趋势显现。伴随体育传播媒体和技术的发展，日本体育媒体文化逐步形成。体育旅游成为日本体育产业的一大趋势和亮点，展现出巨大的发展潜力和魅力，其中体育旅游联盟也正在发挥重要作

第六章 日本：新旧交织起波澜

用。可以预见，2020年东京奥运会的举办将成为日本体育产业取得新发展的良好契机。

参考文献

All Japan High School Athletic Federation. (2015). Retrieved from http：//www.zen-koutairen.com/ (in Japanese).

Cabinet Office of Government of Japan (2009). *Public Opinion Polls on Physical Fitness and Sport.* Tokyo, Japan. Retrieved from http：//www.cao.go.jp/index-e.html.

Harada, M. (2007). Sport Management. *Journal of Health, Physical Education and Recreation,* 57 (1), 4-8.

Harada, M. (2014). *Understanding the Sports Industry* (5th ed.). Tokyo, Japan.

Harada, M. (2012). *Japan Sport Tourism Alliance.* Paper presented at the Inaugural Conference of the Japan Sport Tourism Alliance, Tokyo, Japan.

Japan Leisure Development Center. (1994). White paper of leisure. Tokyo, Japan：Japan Leisure Development Center.

Japan Productivity Center for Socio-Economic Development. (2014). White paper of Leisure. Tokyo, Japan：Japan Productivity Center for Socio-Economic Development.

Japan Professional Sports Association. (2015). Retrieved from http：//www.jpsa.jp/member.html.

Japan Sports Association. (2011). Retrieved from http：//www.japan-sports.or.jp/english/tabid/104/Default.aspx.

Japan Sport Tourism Alliance (JSTA). (2015). *About JSTA.* Retrieved from http：//sporttourism.or.jp/about-jsta1e.html.

Matsuoka, H. (2006, August). *The Current Trends in Sport Management in Japan.* Paper presented at the Asian Association for Sport Management Conference, Tokyo, Japan.

Matsuoka, H. (2007). Progression of Sport Management in Japan. *Asian Sport Management Review, 1* (1), 42-47.

Minister of Education, Culture, Sports, Science and Technology (MEXT). (2014). Retrieved from http：//www.mext.go.jp/english/.

Nippon Junior High School Physical Culture Association (NJPA). (2015). Retrieved from http：//njpa.sakura.ne.jp/index.html (in Japanese).

Research Institute for Sport Business, Waseda University. (2003). Retrieved from http://www.waseda.jp/prj-risb/english.html.

Sasakawa Sports Foundation (SSF). (2010). White paper of Sport. Tokyo, Japan: SSF.

Sasakawa Sports Foundation (SSF). (2012). White paper of Sport. Tokyo, Japan: SSF.

Sasakawa Sports Foundation (SSF). (2014). White paper of Sport. Tokyo, Japan: SSF.

Takada, K., Harada, M. & Bizen, Y. (2008). Research on spectators of top sports leagues in Japan: Classification of Spectators Using Cluster Analysis. *Journal of Japan Society of Sports Industry*, *18* (1), 25-42.

Official Website of BJ League. (2015). Retrieved from http://www.bj-league.com/ (in Japanese).

Official Website of the Golf Tournament Promotion Association of Japan (2015). Retrieved from http://www.golf-gtpa.or.jp/ (in Japanese).

Official Website of Nadeshiko League. (2015). Retrieved from http://www.nadeshikoleague.jp/ (in Japanese).

Official Website of Nippon Professional Baseball League. (2015). Retrieved from http://www.npb.or.jp/eng/.

Official Website of J League. (2015). Retrieved from http://www.jleague.jp/en/.

Official Website of Nihon Sumo Kyokai. (2015). Retrieved from http://www.sumo.or.jp/en/index.

Official Website of V League. (2015). Retrieved from http://www.vleague.or.jp/ (in Japanese).

Ogasawara, E. (2013, August). *Sport Tourism as a Promising Field of Japanese Sport Industry*. Paper presented at the Asian Association for Sport Management Conference, Inzai, Japan.

Yokohama Archive of History. (2013). Media · Sport · Even in Yokohama. Kaikou Hiroba, 119. Retrieved from http://www.kaikou.city.yokohama.jp/journal/119/04.html.

Wada, T. & Matsuoka, H. (2014, September). Marketing Strategies if Professional Baseball Teams belonging to Nippon Professional Baseball Organization: Focusing on Creating Customers. Paper presented at the WASM 2014 Inaugural Conference, Madrid, Spain.

第七章
俄罗斯：发展取决于政局

维克多·姆琴科

克谢尼娅·卡谢娃

弗拉迪米尔·季姆琴科

维克多·姆琴科（Victor Timchenko）
博士，俄罗斯赫尔岑国立师范大学经济与管理系副教授。先后担任俄罗斯赫尔岑国立师范大学年度国际运动会管理组织委员会经理、圣彼得堡体育产业发展委员会委员，2015年起担任人类发展动力学国际期刊《体育交流》编委会成员。

克谢尼娅·卡谢娃（Kseniia Kaisheva）
俄罗斯圣彼得堡赫尔岑州立师范大学高级讲师和在读博士生。研究领域为体育管理教育理论及方法，体育赛事管理及体育市场营销。

弗拉迪米尔·季姆琴科（Vladimir Timchenko），俄罗斯赫尔岑州立师范大学在读博士生。主要研究领域为体育产业社会学及体育赛事的社会经济影响。

第七章 俄罗斯：发展取决于政局

俄罗斯巨大的市场潜力使其成为对世界体育组织而言最具投资吸引力的国家之一。它是世界上最大的国家，拥有超过地球上 1/8 的陆地面积，俄罗斯运动员参与了 34 届夏季和冬季奥运会，共获得 1868 枚奖牌。有丰富的大型赛事举办经验，运动成绩突出，在体育管理和企业运营中成果显著。

俄罗斯体育产业发展的特殊性在于，它的发展历史、发展现状、未来发展趋势以及体育管理和体育行政体系等都与俄罗斯的政治经济体系紧密相连。这一点为体育产业在全球范围内的运营提供了值得借鉴的经验。

一 近代俄罗斯体育产业的历史及发展阶段

俄罗斯有着悠久而辉煌的体育传统。但是就商业领域而言，体育产业相对较年轻，当然这也意味着其孕育着许多机遇。此外，这个行业的参与者们对于体育商业运作效率化和效益化有着极大的渴望。由于地理位置的关系，俄罗斯的经济和商业传统受到欧洲和亚洲文化的影响。俄罗斯对体育管理制定的原则影响着当前体育产业结构。自古以来，体育产品和服务贸易关系的发展，与世界体育的发展以及俄罗斯当前的政治经济变革有着极大的关联。俄罗斯体育产业的发展经历了以下几个阶段（见图1）。

早期	形成期	苏联时期	现代时期	后现代时期
公元880年至18世纪	19世纪至20世纪初期	1917~1991年	1991~2013年	2014年至今

图1 俄罗斯体育产业的发展时期

（一）早期

这个时期可以追溯到公元 880 年俄罗斯建国，到 18 世纪接受正统的基督教。现代体育产业中运动和体育锻炼已十分普遍，这源于俄罗斯民族生活的历史。在其发展的早期，体育活动不仅仅是俄罗斯民众的娱乐活动，还形成了系统化的体育赛事。组织和举办体育活动日益普及。在国家层面，俄罗斯体育的形成和发展最快的时期是沙皇彼得大帝（18 世纪）时期，体育开始变得系统化和日常化。无论是国企还是私人工厂都在生产体育用品，以满足体操、重剑、划船、舞蹈、航海业务、手枪射击等方面的需求。

（二）形成期

这一时期包括整个 19 世纪到 20 世纪初期社会主义革命之前。早在 19 世纪，俄罗斯体育产业从为俄罗斯君主和贵族成员开设的国家私人体育设施中获得发展的新动力。赞助体育俱乐部和比赛，马戏团职业摔跤手拿到工资是体育产业形成期的特征。俄罗斯奥林匹克代表队的第一个赞助商是乔治 Ribopiere 伯爵，他同时是一家马场的场主及国际奥林匹克委员会的成员（1900～1916）。一些特殊的体育设施——竞技场、射击场、赛马场等得到建设。体育协会、体育俱乐部及组织之间的竞争十分激烈，直接提升了国家体育产业的发展水平。第一个体育类的专业杂志诞生，杂志的目标是传播体育思想。1901 年，足球联盟成立，标志着俄罗斯足球系列赛的开始。直到第一次世界大战，俄罗斯共有 1200 个健身和体育协会，45000 名会员遍布 332 个城市和城镇。所有非政府性的体育组织属于一般民事法律管理范围内的自治机构。1911 年，俄罗斯奥林匹克委员会成立，体育和经济方面高学历的专家开始加入体育赛事组织。为满足人民对体育用品日益增长的需求，超过 1300 个企业和商业机构成立。

（三）苏联时期

这一时期俄罗斯运动员在世界竞技舞台中的表现最为优秀。最显著的变化并决定当时体育产业结构的是体育管理的集权化。最受欢迎的体育项目是田径、体操、杂技、游泳、滑雪、花样滑雪、拳击、摔跤、足球、冰球、排球、国际象棋等。但在这一时期，因为市场的缺失，并没有真正意义上的体育产业或体育商业。1917年之后，在国家层面上，体育和文化的发展与国家其他生活层面都是集中式发展。

1920~1930年，俄罗斯开始举办全联盟运动会和体育教育节。在"体育日"，越野比赛、自行车赛和滑雪比赛等许多群众性体育赛事吸引了来自全国各地5400万观众及参与者。1980年，在1956年第一次参加奥运会的24年后，在墨西哥奥运会上，苏联奥运代表队拿到了第一块奖牌。这个时期建设的体育设施有：体育馆3000个、健身房60000个、游泳池1300个、运动场500000个、足球场100000个、射击场18000个、滑雪小屋7000个。

苏联体育用品和设备产值达到30亿卢布。私人财产被法律所禁止，所有的体育产业公司由国家所有和控制。体育部门的发展经费从国家预算和工会经费中划拨。体育资金的筹集主要有两个渠道：体育组织直接和间接地从国有企业和国家机构、学校获得。在中央电视台的节目中，每年的体育节目播出时间达到900个小时以上，苏联广播播出体育节目的时间在750个小时以上。每年，在大屏幕上都会播出40多部体育纪录片，目的是发展体育文化，促进苏联大众体育的发展。

发展体育（包括职业体育）是国家的社会责任。赛事门票的收入被纳入国家预算，运动员获得国际比赛的奖金交给体育联合会。在20世纪80年代末情况发生了改变，苏联政府选择了新的市场政策。从那时起，俄罗斯体育产业才开始真正发展起来。

（四）现代时期

始于苏联解体之后不久的1991年。1992~2002年十年期间，是俄罗斯体育产业发展最困难的十年。苏联的解体，经济的崩溃，巨大的外债，恶性通货膨胀和工业生产的急剧萎缩导致国家各级预算的剧减。同时期的体育和体育产业,基本依赖国家预算拨款,在夹缝中求生存。资金不足,不间断的重组(在这个时期,体育部门进行了 8 次改革),社会经济生活的急剧改变,极大地影响了体育产品和服务的生产。在这一时期,体育文化和体育领域获得的资金资助不超过总额的 8%~10%。俄罗斯运动员在国际赛场中的成绩比以往任何时候都差。多年来集中式的社会主义化生产对体育产业带来了极大的影响。体育设施建设停滞,许多设施年久失修而报废。体育设施、组织和企业数量急剧下降:体育俱乐部和组织 101931 个;体育设施 195018 个;健身房 5071 个;残疾人体育俱乐部 441 个;参与体育运动人数 12292180 人。

体育服务业只占俄罗斯服务业的 0.3%。随着俄罗斯经济的复苏和国外投资者及国际体育企业进入俄罗斯市场,情况得以改变。这一阶段,随着世界体育产业的爆炸性增长和商业化发展,体育成为国家和世界市场的重要组成部分。这一阶段,中产阶级的出现成为大众体育复苏的中坚力量。体育赛事观众数量增多,昂贵的体育赛事门票、健身俱乐部,各种健身班、健身房逐渐成为热门且普遍的消费对象。

这一时期俄罗斯大众体育开始向大众娱乐转变。这与苏联时期有极大的不同,在苏联时期,体育是军事及爱国主义教育的一部分。在同一时期,设置了所谓的"sportisation"以表示对苏联体育成就的表彰。这个政策也是俄罗斯政府青年政策的一部分。随着俄罗斯体育产业逐渐专业化和复杂化,涉及体育产品和服务的机构数量倍增,许多私人机构向体育产业注资,以促进体育外部环境的发展及利益相关者群体之间相互合作。企业、政府以及志愿者在群众体育和竞技体育中相互合作,互利共赢,为体育产业的发展贡献力量。

(五)后现代时期

从 2014 年索契冬季奥运会开始至今,都属于后现代体育阶段。在成功举办 2014 年索契冬季奥运会以及克里米亚加入俄罗斯领土版图后,俄罗斯体育产业迎来了发展的新时期。第 22 届冬奥会于 2014 年 2 月 7 日到 23

日在索契举行。本次冬奥会是奥运会历届中花费最多的奥运会,总共花费500亿美元,主要投入在旅游基础设施、奥运场馆、交通基础设施、电力供应基础设施和电信基础设施等方面。俄罗斯运动员奖牌位列总数第一。在全民体育的浪潮中出现了大量体育和旅游公司。新的运动项目在发展,体育赞助数量在增长。体育产业将在俄罗斯持续增长,预计到2020年其营业额将提高40%。

索契冬奥会之后,国家开始筹备"准备劳动和防御"计划(简称GTO)。GTO是国家赞助、政府运营的用于不同年龄组培训和评价体育发展与身体测试的系统。在这一项目中受邀测试者需要参加各种各样的体育测试,包括慢跑、俯卧撑、投掷假手榴弹、跳跃、野外滑雪、游泳、引体向上、爬绳、投掷铅球、郊外徒步等。志愿参与测试的人在完成测试后将得到荣誉奖章,并在申请大学时拥有特权。在未来,公司使用GTO测试作用于激发员工及团队合作建设,可以享受低税率和其他福利优惠。GTO项目作为一个新兴系统,提供类似产品和服务的竞争者少,尚未进入饱和阶段。未来赞助商和投资者对这一领域的注入将会使俄罗斯的体育市场更具吸引力和活力。

俄罗斯后现代体育产业另一个特征是体育产业影响地理政治变化。2014年3月,生活在克里米亚半岛的人民投票,赞成克里米亚不属于乌克兰而从属于俄罗斯。当新克里米亚共和国成为俄罗斯联邦的一部分时,社会各个层面需要进行重建。先前乌克兰体育俱乐部合并至俄罗斯联盟中,并更名和重组。许多俄罗斯和新成立的克里米亚公司开始提供体育和旅游服务。在克里米亚,新体育基础设施建设吸引了大量的投资者。这个以度假和黑海沙滩而闻名于世的半岛,开始成为世界最欢迎的体育商业发展地。这也使得克里米亚半岛成为体育产业发展最著名的区域之一。

以美国和欧盟为首的海外国家对俄罗斯采取了制裁政策,对俄罗斯产生了一系列不良影响。自2015年起,俄罗斯经济陷入停滞,而其下一轮GDP增长最早要到2018年。这一停滞影响了俄罗斯各行各业的发展。据估计，2015年全年俄罗斯体育产业增长值将不会超过1.2%。与此同时，很多国家也开始限制主要体育赛事在俄罗斯的举行，尽管2014年秋季索契F1门票有着很高的销量。作为制裁的一种方式，很多政客也致力于剥夺俄罗斯2018年世界杯的举办权。必须指出，体育不仅应被看作一种赢利性的事业，更是团结人民、世界人民共同享有的一笔财富，而不应该掺杂过多的政治利益。

二 俄罗斯体育产业发展纲要

（一）俄罗斯体育产业法律法规

俄罗斯立法体系复杂，规范不同阶层行为的法律法规健全。以相关的法律法规为基础，俄罗斯体育产业也有着很强的监管机制。在这种法制体系下，对体育产业参与者的权利和义务都有清晰的限定。此外，联邦法规和地方法规还规定了体育活动的资金来源并建立了体育产业发展规划体系。

《俄罗斯联邦体育产业与体育事业法》规定了俄罗斯体育产业及事业发展的总体目标和内容，为国家干预体育产业提供了基本法律框架。当然，还有其他一些联邦法律对体育产业也有所涉及，如"广告法"、"消费者权益保护法"、"保险法"和"税收法"等。

根据相关法律规定，俄罗斯体育组织部分或绝大多数享有免税政策。此外，个人在训练以及参赛过程中所消耗的膳食、体育器材及运动服饰都会享受税收优惠。与此同时，个人在奥林匹克运动会，世界、欧洲和俄罗斯各大锦标赛或杯赛中所获得的奖励（包含现金或非现金形式）也可以根据俄罗斯联邦法律减免税收。

俄罗斯体育产业管理的其他途径还包括对体育活动和体能训练组织进行审批，而审批标准是与体育活动条目及商品和劳务保证相一致的。联邦政府对俄罗斯体育产业和体育事业负责，俄罗斯奥委会、国家体育协会因需用于体育竞赛及运动训练所进口的体育设备和相关物品依法享有免税政策。

(二) 俄罗斯体育产业管理体制

俄罗斯体育产业通过联邦、区域、地方这三级机构形成了强有力的干预机制。行政机构管理的主要职责是制定相关领域政策、督促政策实施、对重点项目融资及对结果进行干预。当然，联邦政府也建立了自律机制，对政府行为进行监督。

体育产业在国家层面的行政机构包括：俄罗斯联邦议会、俄罗斯联邦总统、俄罗斯联邦政府、俄罗斯联邦体育局及下属体育组织、区体育局（区域部门及区域委员会）和地方体育局。联邦议会负责体育文化、旅游、休闲、康复及赛事方面的立法，进而对体育领域进行管理。

俄罗斯总统对联邦法律、公民自由与权利进行担保和负责，包括"促进公民的身心健康、促进体育产业与事业的发展等活动"。联邦政府负责制定体育文化、旅游、休闲与康复等领域的预算，体育领域相关政策、项目的制定与执行以及组织利益相关者之间的合作等。联邦政府对各级体育局进行管理和干预。

根据联邦及区域法规和结构，区域政府的主体是区域政府部门和区域委员会。比如，圣彼得堡体育产业与事业委员会和萨哈共和国（俄罗斯）体育局——它们在区域体育产业方面都有着自身的预算和计划。联邦体育局作为体育产业行政管理的主体，其行使的权利和义务有：体育产业和事业国家政策、法规的发展和执行，公共体育服务以及国有资产的管理。联邦体育局与其他联邦行政机关、区域机构、社会社团以及相关组织合作，直接或通过其下属组织机构展开运营。体育局的职责主要有：

（1）为联邦政府制定体育法规以及体育产业发展方面的政策提供建议；

（2）确定需要得到联邦支持的体育项目表；

（3）为联邦和区域体育锦标赛等赛事、体育裁判、兴奋剂管理、体育联合会认证、体育培训流程等制定规范、规则和标准；

(4) 弘扬体育文化，培养人们健康的生活方式；

(5) 对联邦所制定的体育工程、项目进行管理；

(6) 组织国内外体育组织的交流与合作；

(7) 参与组织联邦、区域及国际体育锦标赛；

(8) 参与组织国家队训练；

(9) 向非营利体育组织提供支持；

(10) 国有资产管理；

(11) 组织体育领域相关科学研究；

(12) 已认证体育组织的注册；

(13) 鼓励扶持中小型体育企业；

(14) 拟订采购及其他活动程序。

除了政府机构之外，在体育产业和事业管理、运营方面，还有一些独立机构以及专业协会，其中最重要的有体育运动联合会和工会。俄罗斯奥林匹克委员会是国家体育协会，属于个人法律实体，也是一个独立的、自愿的、非政府、自治的非营利协会，受到国际奥委会（IOC）的认证和认可。它是最大的也是最具有权威的专业体育协会。其宗旨是促进俄罗斯及世界奥林匹克运动的壮大和发展，通过体育运动促进人的发展，协调大众体育与竞技体育的发展以及提高俄罗斯体育在国际舞台上的威望。

（三）联邦计划

联邦计划使用项目管理的方法，在联邦层面为体育产业发展指明了融资的主要方向。《俄罗斯联邦政府体育产业与事业发展联邦计划》于2014年4月15日开始生效执行。

1. 主要内容

(1) 体育产业和大众体育产业的发展；

(2) 体育竞赛表演业及体育培训业的发展；

第七章　俄罗斯：发展取决于政局

（3）俄罗斯2018年国际足联足球世界杯赛、2017年国际足联联合会杯足球赛以及2019年克拉斯诺雅茨克世界大学生冬季运动会的筹备和组织工作；

（4）体育产业和事业管理效率的提高。

2.计划目标

（1）增加居民进行定期身体运动和体育训练的频率，培养健康的生活方式；

（2）确保俄罗斯运动员在国际赛事上的出色表演以及体育后备人才培养体系水准的提高；

（3）体育基础设施的完善和发展，包括残疾人体育设施；

（4）组织举办高水平国际体育赛事，包括：2018年国际足联足球世界杯赛、2017年国际足联联合会杯足球赛以及2019年克拉斯诺雅茨克冬季世界大学生运动会；

（5）有效利用2013年喀山夏季世界大学生运动会、2014年索契冬季奥运会和残奥会赛事遗产。

三　俄罗斯体育用品和体育服务业市场

俄罗斯有150000多个体育组织，还有众多的体育商业公司。在过去的20年里，俄罗斯体育用品和体育服务市场体系已形成，但由于信息缺乏，很难对其相关结果进行评估。当然，通过官方数据、政府报告、市场机构调查、科学研究、国际评论、评估机构报告以及媒体报道等多种方式的资料搜集来实现效果评估并不难。

目前，俄罗斯已形成形式多样的体育产业结构，包括：体育用品生产和销售、竞技体育、体育赛事及中介服务、媒体信息服务、体育赞助、体育彩票、体育教育与运动康复等。与此同时，体育产业相关业态也得到繁荣发展，如体育网站建设、保险、交通、IT服务、体育旅游、健康管理、体育休闲娱乐、餐饮服务及纪念品等产业。

据估计，俄罗斯体育用品和服务业市场价值已接近70亿美元。然而，由于难以估计灰色销售的具体数额以及体育用品和服务业相关产业的市场价值，其实际价值或早已超过70亿美元（Romir，2013）。在通常情况下，体育产业的发展与其他业态紧密相连。比如，耐克和阿迪达斯在俄罗斯的品牌推广对大众体育用品需求以及体育潮流引领方面都有一定的影响。一些新的体育业态如极限体育运动和体育舞蹈也吸引了一批新的消费者，为体育产业的发展开辟了新市场。所以，近15年来俄罗斯人民对体育的兴趣增长了好几倍。

Romoir的一项市场研究表明，81%的俄罗斯人民注重追求健康的生活方式，其中有33%的人群已经参加运动和体能训练。受访者（32%）还指出，健身器材是他们最需要的体育用品，而按摩和健身指导是他们最需要的体育服务。

（一）体育用品业

俄罗斯体育行业协会关于体育相关企业的调查数据指出（2014），俄罗斯体育用品市场的年增长率达到15%。体育用品业在体育市场的总收入达到45亿~50亿美元。莫斯科和圣彼得堡两地人民的体育消费为人均500美元/年。

中小型体育企业所占市场规模保持持续增长，但总规模并不大（俄罗斯国家统计局，2015）。

表1 俄罗斯中小型体育企业发展情况

年份	中小型体育企业数(家)	总收入(万美元)	办公场所数(座)
2010	45761	492	135300
2014	74567	132	231000

体育类小型企业最多涉及的领域为健身领域，健身行业于25年前进入俄罗斯市场，发展迅猛并成为最受欢迎、利润最高的行业。俄罗斯该项业务

在全球健身领域的份额达到1%，其业务范围还在不断扩大。

健身行业在俄罗斯各大城市发展迅猛，其中，53%的健身服务业是开设莫斯科（2550个站点），17%的健身服务业是开设在圣彼得堡（890个站点）。其余地区的健身服务业仅占总数的1/3还不到，这些健身机构包括："世界一流"、"Flzkult"、"健身房子"、"橙子健身"、"体育生活"和"黄金体健身房"等。大约有10%的年轻人有着去健身房健身的习惯，该数值保持着20%~30%的年增长率。相关专家认为莫斯科健身俱乐部的年收入为150亿美元，其他城市约为6亿美元。

目前，关于俄罗斯体育用品业的市场价值并没有官方的统计数据，所以市面评估机构对其做出的评估值为30亿~35亿美元（ABARUS市场评估机构，2011；IIC-Intersport国际公司，2012）。占据俄罗斯体育市场领先地位的体育用品生产国为中国（70%）、欧洲（15%）、本国（15%）。

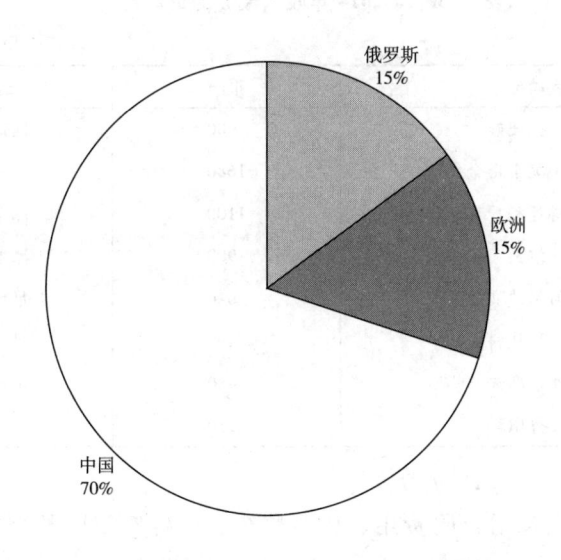

图2　俄罗斯体育用品业原产国所占市场份额

俄罗斯体育市场对特殊装备、网球服装、高山滑雪装备、轮式溜冰鞋具有巨大的需求，但是最为畅销的还是运动服装以及鞋类。考虑到市场中各类商店所占的比重，市场调研公司 ABARUS MR 提供以下数据：体育用品专卖店网络占市场的 22%；独立的门店占 16%，但其营业额所占比例很大；百货公司的服装及鞋类柜台约 15%。诸如 Sportmaster、Sportlandia 以及 Intersport 这些网络品牌是体育零售商品市场中的领导者。

（二）职业运动员市场

俄罗斯的职业运动员市场是体育产业中最盈利的一部分。运动员为国家财政带来数百万美元收入，并且在许多运动项目中与世界领先者相抗衡。很明显，在世界获得报酬最高的 10 名运动员中，只有一名网球运动员。但是，俄罗斯的网球运动员占据所有运动员人数的一半多（58%）。2014 年俄罗斯收入最高的运动员名单见表 2。

表 2　2014 年收入最高的运动员

单位：万美元

运动员	报酬	运动项目
玛利亚·莎拉波娃	2900	网球
亚力山大·奥韦奇金	1680	冰上曲棍球
伊利亚·科瓦利丘克	1100	冰上曲棍球
欧金尼·马尔金	900	冰上曲棍球
安德烈·阿尔沙文	640	足球
亚历山大·科扎科夫	490	足球
阿伦·迪沙哥耶夫	430	足球
欧金尼·普鲁申科	250	花样滑冰

他们的收入包括合同费用、比赛奖金、广告费用以及个人商标使用费用。在一些运动项目中，对俄罗斯顶级运动员以及教练员存在很大需求。有超过 200 名俄罗斯冰球运动员效力于国外俱乐部，其中大部分在 NHL。与此同时，俄罗斯俱乐部也需要引进一些国外俱乐部的运动员而不是退役的"明星"。直到俄罗斯合约体系形成之前，体育俱乐部在人员招募方面一直

亏损，目前情况已经发生改变：体育俱乐部以及体育学校可以通过出售、出租球员的方式收回一部分资金。

（三）俄罗斯体育联盟及体育俱乐部的商业活动

俄罗斯体育表演市场呈现多样化的特征，各个项目之间的差异非常大。受众最广的项目是冰上曲棍球，其上座率接近100%，这个项目的魁首是来自圣彼得堡的斯卡队（SKA），其在勒罗伊宫竞技场比赛的上座率突破1万人次/场，达到11439人次。这也使它成为第一个实现里程碑式跨越的俄罗斯体育俱乐部。其成功的主要原因可以归结于良好的比赛成绩、市场开发、有效的广告投放、积极的观众、对"比赛日"的良好管理、日益精湛的表演以及"灵魂姐妹"拉拉队的协助。

同样受欢迎的还有足球运动。圣彼得堡泽尼特足球俱乐部是俄罗斯足球超级联赛2014～2015年赛季中最富有的球队。其从圣彼得堡获得的预算累计可达2.2亿美元，其次是迪纳摩俱乐部（1.6亿美元）以及斯巴达克俱乐部（1.5亿美元）。获得预算最低的是图拉·阿森纳队（650万美元）（《体育管理》，俄罗斯，2015）。在2014～2015年赛季的篮球联赛中，俄罗斯外贸银行获得500万卢布的利润，收入为3.75亿卢布，花销为3.7亿卢布。这份联赛的预算由赞助商提供（体育管理．俄罗斯，2015）。当然，有一些联盟能够提供精彩的、成功的表演，例如冬季两项联合会、国际象棋联合会、沙滩排球协会以及沙滩足球协会。它们能够进行良好的管理和有效的市场开发，以满足观众的需求。

（四）世界体育赛事的影响

目前，尽管存在制裁，但是由于大规模体育设施建设及对其的成功利用、对知名国际体育赛事的重视、体育发展政策与追求体育和健康生活方式总体利益的一致性等因素，俄罗斯体育用品和服务的市场仍呈现明显的增长。

有部分国际体育赛事是俄罗斯的传统性或常规性赛事，如冰球、花样滑冰、滑雪、田径等赛事。还有一部分赛事是俄罗斯偶尔举办或只举办过一次的赛事，如夏季奥林匹克运动会-1980年莫斯科奥运会、冬季奥林匹克运动会以及2014年索契残奥会。

近年来，俄罗斯举办的国际体育赛事如下：

2013年

第27届世界夏季大学生运动会　喀山

第12届国际田联世界锦标赛[①]　莫斯科

第6届橄榄球世界杯　莫斯科

第2届世界武博运动会　圣彼得堡

2014年

欧洲射击锦标赛（气枪）　莫斯科

欧洲羽毛球锦标赛　喀山

世界击剑锦标赛　喀山

世界划船、独木舟、皮划艇锦标赛　莫斯科

世界柔道锦标赛　车里雅宾斯克

F1大奖赛俄罗斯分站赛　索契

北欧两项滑雪世界杯和跳台滑雪　柴可夫斯基

世界冰上溜石巡演分站　莫斯科

欧洲曲棍球巡演分站　索契

花样滑冰大奖赛　莫斯科

冬季两项世界杯　秋明

2015年

水上运动世界锦标赛　喀山

第35届世界曲棍球锦标赛　哈巴罗夫斯克

短道速滑世界杯　莫斯科

---

① The International Association of Athletics Federations.

欧洲速度滑冰锦标赛　车里雅宾斯克

第18届冬季听障奥运会　汉特－曼西斯克

俄罗斯未来将举办的体育赛事如下：

2016年冰上曲棍球世界杯

2017年国际足联联合会杯足球赛

2018年足球世界杯

2019年第29届世界冬季大运会　克拉斯诺雅茨克

　　奥运会的举办标志着一系列国际赛事开始落户俄罗斯。为迎接2018年足球世界杯，俄罗斯将建造12个超现代化的足球场馆，希望能够以此推动体育产业和体育贸易活动的发展。场馆建造所需花费预计将达1852亿卢布（约合37亿美元）。为在体育用品及服务领域寻找新的发展机遇，2014年俄罗斯在5个城市开始了高尔夫场地的建设工程，其中一个城市就是索契，它已经成为俄罗斯新的体育大都会。这样一个非传统项目设施的建设，将吸引游客以及高尔夫粉丝的到来。此外，这将延续此项运动的开展时间，现已持续3~4个月，以后可能将会全年开展。黑海海岸将推动国际高尔夫赛事。作为这项工程的投资者之一，国际高尔夫协会希望能够将高尔夫运动推广出去。

　　下一阶段俄罗斯体育产业发展的内容是建造新的F1赛道，新赛道在2014年的比赛中已经顺利地通过测试，并且将在2015年继续使用。此外，新的场馆出色地举办不同的体育竞技比赛和体育表演，这对于实现投资回报以及提升商业投资的活跃度来说，是一个良好的信号。

四　2014年索契冬奥会及残奥会回顾

　　2014年索契冬奥会由88个国家奥林匹克委员会及1名运动员以个人名义参赛——创造了新的纪录，共有超过2800名运动员参加，6个国家首次参与；新设12个项目：团队花样滑冰、雪橇接力、冬季两项混合接力、女子跳台滑雪、自由式滑雪板（男子及女子）、自由式滑雪（男子及女子)、U型场地滑雪(男子及女子)、平行回转雪坡滑雪(男子及女子)。索契冬奥会共设15个大项98个小项;来自26个国家的运动员获得奖牌;进行超过2500次兴奋剂检测,成为冬季奥运会历史上最大的一次检测活动;出售超过110万张门票;在所有媒体平台(电视和数字)转播超过102000小时,收看观众超过41亿人次,比以往有更多的社会媒体活动,所有平台新增粉丝数超过220万,脸书粉丝数超过770万。

正如俄罗斯副总理德米特里·柯札克所述,2014年索契冬奥会收入累计超过7.5亿卢布(约合2500万美元),令人印象深刻,因为这是奥运会举办以来第一次无欠债。筹备2014年索契冬奥会的所有花费累计达到2150亿卢布,其中来自各州财政预算的资金少于50%,其余的投资均来自商业个体。这些为奥运会建造的场馆设施都达到世界最先进的水平,现在均被俄罗斯以及国外团队租借用于训练。2014年索契冬季奥运会,对索契市、克拉斯诺雅茨克地区以及俄罗斯国家的基础设施建设具有积极的作用,这种积极的作用可以从图3中看出。

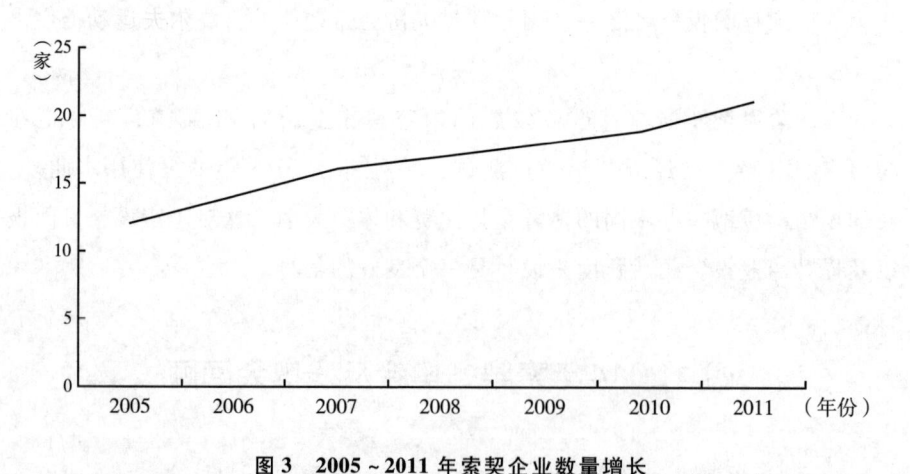

图3 2005~2011年索契企业数量增长

资料来源:第22届冬奥会及第14届冬季残奥会影响综述,2013。

反映经济正向发展的一个很好的指标就是旅游人数的增长(体育旅游),具体数据如表3所示。

第七章　俄罗斯：发展取决于政局

表3　2011~2020年索契体育旅游发展情况

单位：百万人次，%

索契	当前值	2011年	2012年	2013年	2014年	2015年	2016年	2017年	2018年	2019年
每年旅游者数量	4.7	5.1	5.5	5.9	6.3	6.6	6.9	7.2	7.4	7.7
入境旅游占比	0.4	1.5	3.0	4.5	6.0	7.0	8.0	8.5	9.0	9.5

资料来源：克拉斯诺达尔地区法律文书《克拉斯诺达尔地区社会经济发展战略研究（至2020年）》。

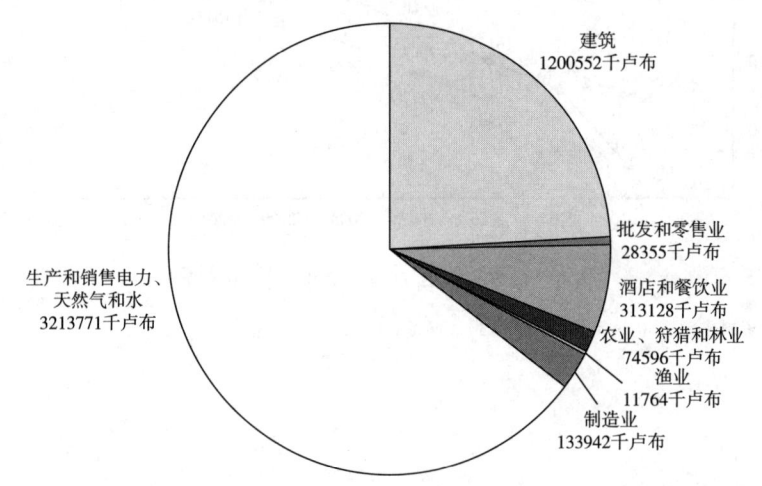

图4　2009年索契投资领域结构

资料来源：《2020年索契发展战略》。

表4　2008~2012年索契商务活动吸引力数据比较

年份	月份	评价等级					
2012	1	人口	框架	金融资源可用性	基础设施	行政	税收
		17	30	1	13	2	3
		349000	0,23	1,06	0,77	0,87	0,83
2010	9	人口	社会属性	提供人口	商业环境	地区财富	基础设施	经营舒适度
		13	24	18	25	26	3	8
		340000	15,00	20,00	14,00	13,00	7,00	3,00
2008	11	人口	社会特征	商业环境	基础设施	经营舒适度
		16	12	29	13	1
		331100	54,00	10,00	29,0	9,00

资料来源：www.forbes.ru。

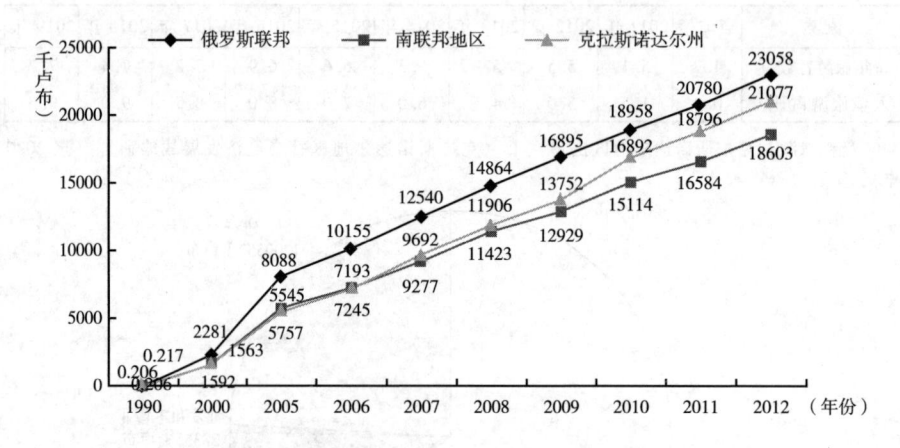

图5 俄罗斯人均月消费支出（1990年）

资料来源：2013年联邦统计数据，网址：http://www.gks.ru。

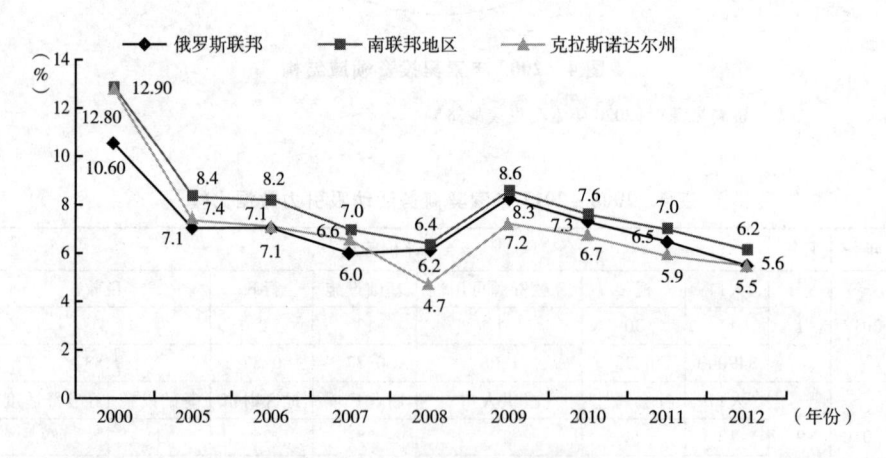

图6 2000~2012年俄罗斯失业率

资料来源：2013年联邦统计数据，网址：http://www.gks.ru。

第七章 俄罗斯：发展取决于政局

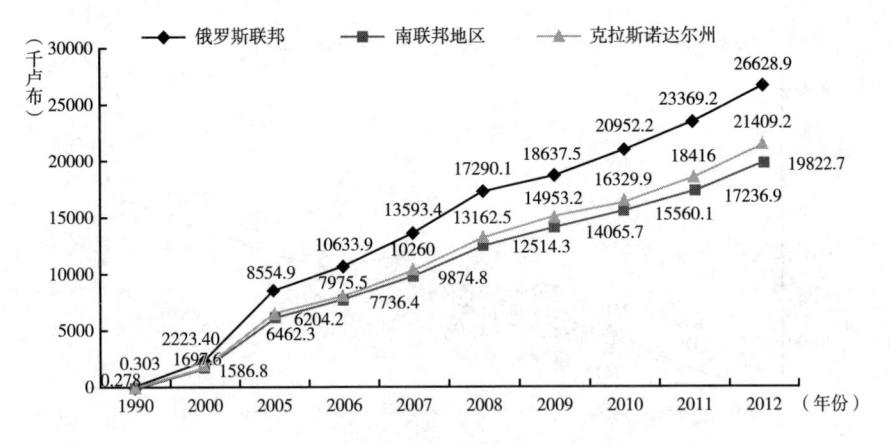

图 7　俄罗斯组织职工月平均工资

资料来源：2013 年联邦统计数据，网址：http://www.gks.ru。

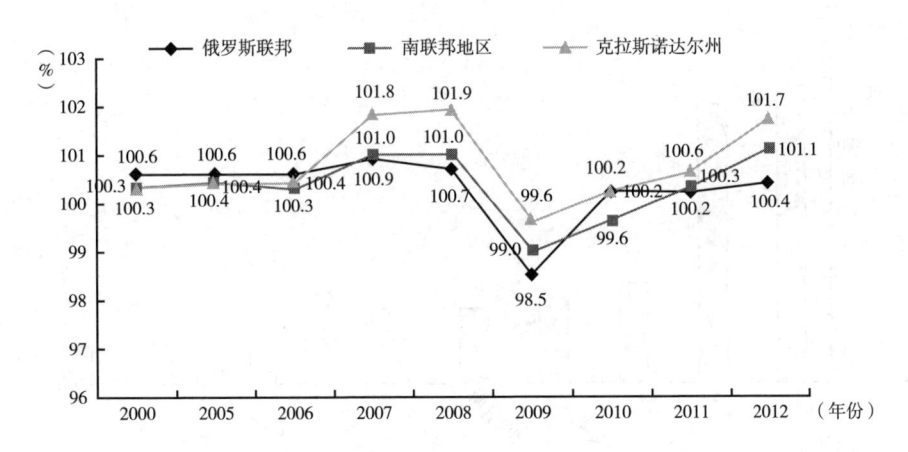

图 8　2000~2012 年俄罗斯年平均就业人数变化率

资料来源：2013 年联邦统计数据，网址：http://www.gks.ru。

243

国际体育产业发展报告

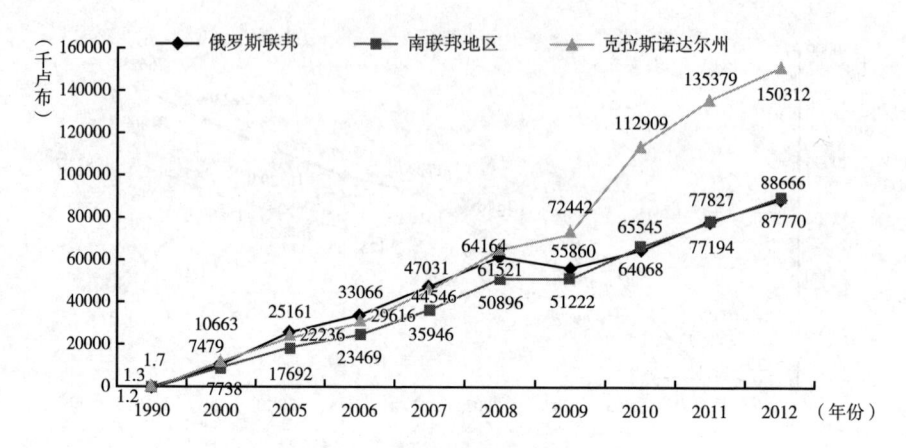

图9 1990~2012年俄罗斯固定资产投资

资料来源：2013年联邦统计数据，网址：http://www.gks.ru。

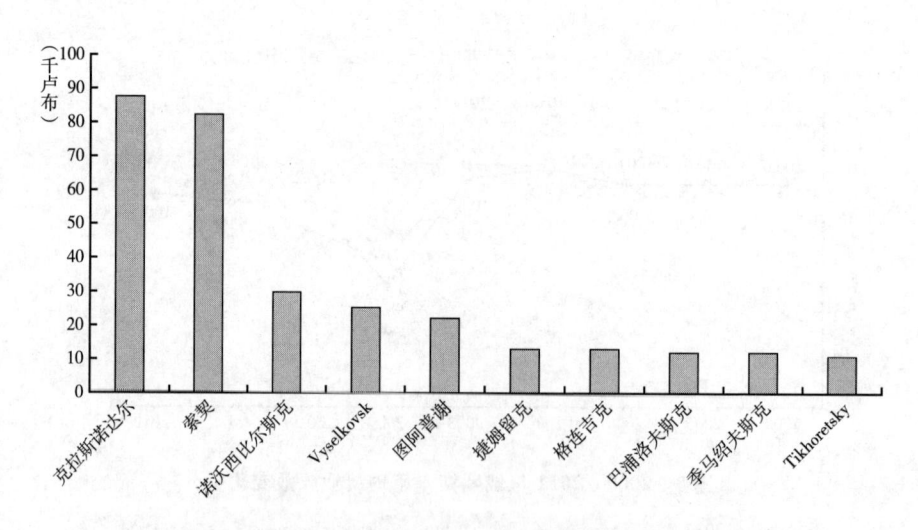

图10 2009年1~9月俄罗斯固定资产投资的城市排名

资料来源：克拉斯诺尔地区投资项目支持部。

244

第七章 俄罗斯：发展取决于政局

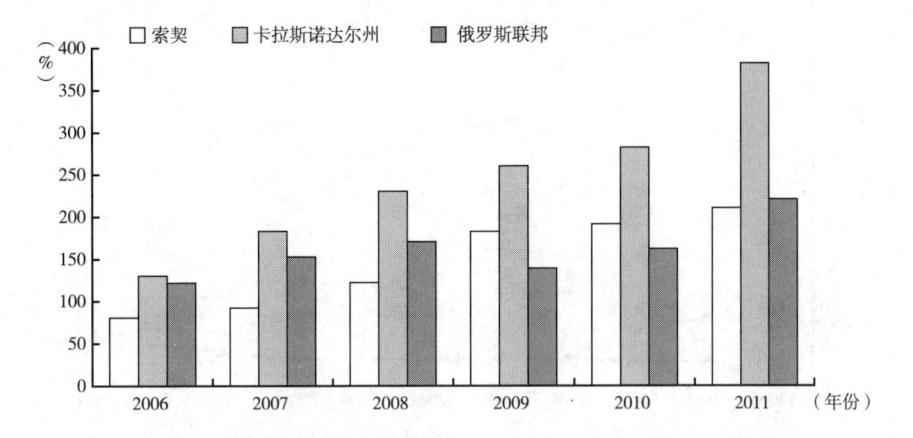

图 11 2006~2011年罗斯不同层次的预算收入的动态变化率（2005=100%）

资料来源：第22届冬奥会及第14届冬季残奥会影响综述简报，2013年1月。

图 12 1990~2012年俄罗斯所有地区每千人住宅面积

资料来源：2013年联邦统计数据，网址：http://www.gks.ru。

245

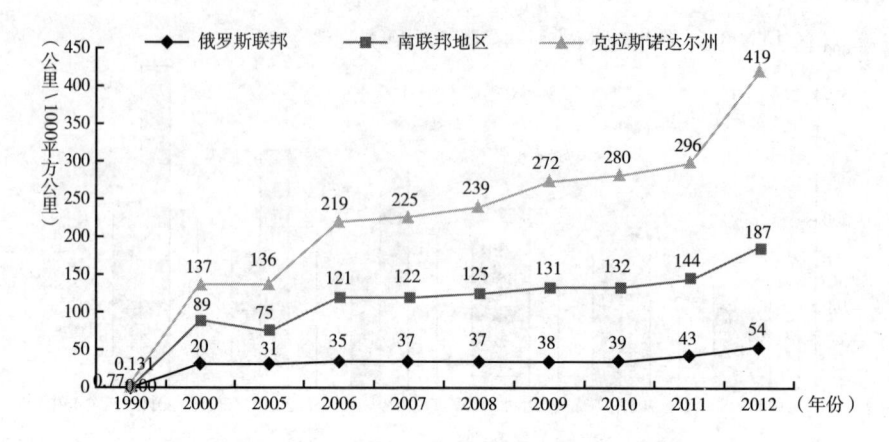

图 13　1990~2012 年俄罗斯公共道路铺设密度情况

资料来源：2013 年联邦统计数据，网址：http://www.gks.ru。

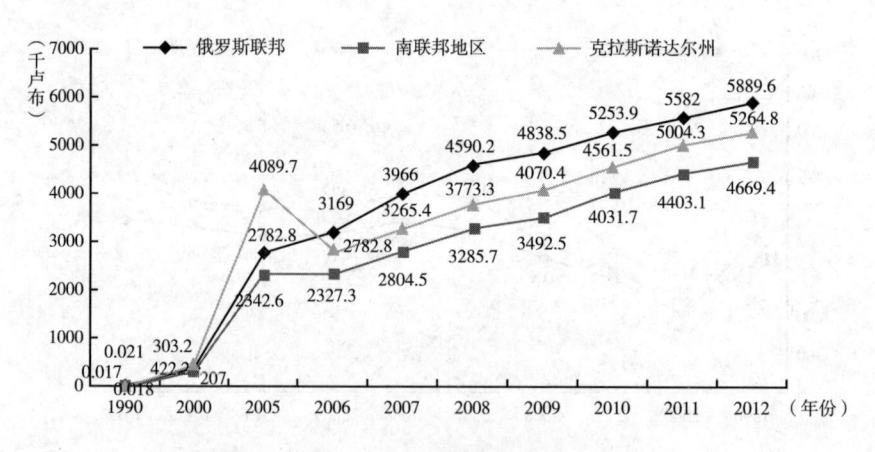

图 14　1990~2012 年俄罗斯通信服务业营收

资料来源：2013 年联邦统计数据，网址：http://www.gks.ru。

第七章 俄罗斯：发展取决于政局

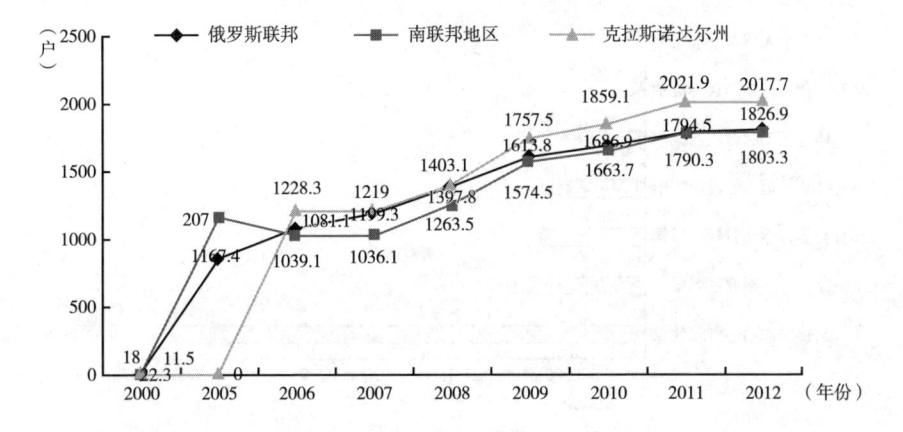

图15 2000~2012年俄罗斯移动通信设备连接用户数量

资料来源：2013年联邦统计数据，网址：http://www.gks.ru。

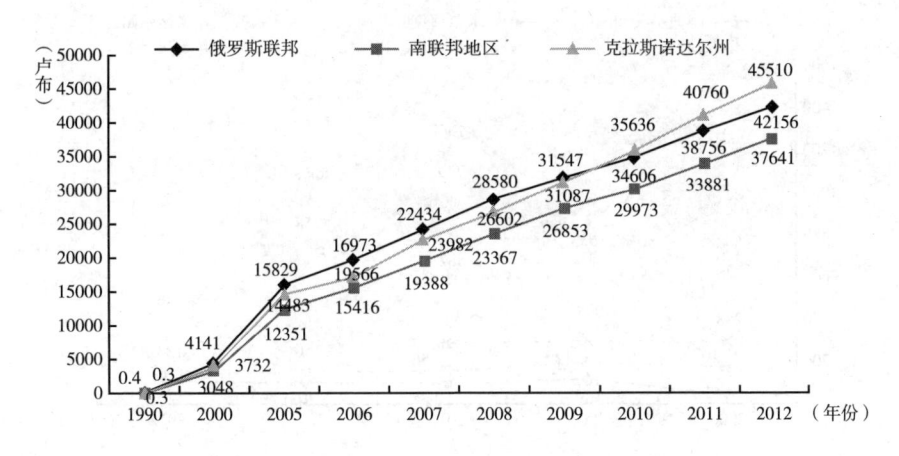

图16 1990~2012年俄罗斯有偿服务人均支出

资料来源：2013年联邦统计数据，网址：http://www.gks.ru。

国际体育产业发展报告

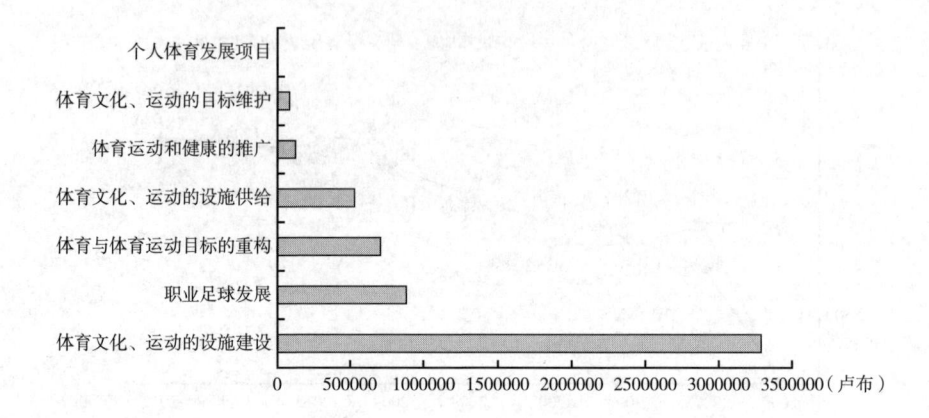

图 17 俄罗斯南部联邦地区的体育经费（至 2020 年）

资料来源：《索契地区发展战略（至 2020 年）》。

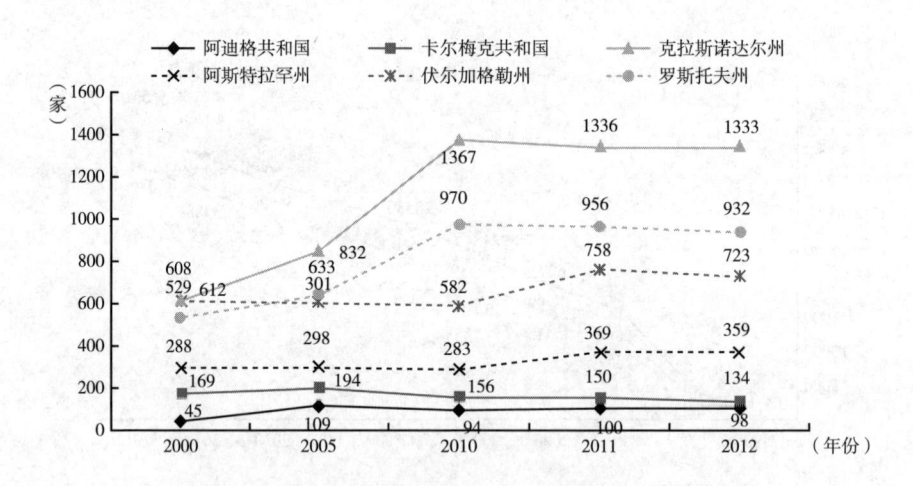

图 18 2000～2012 年南部联邦地区儿童健康机构的数量

资料来源：2013 年联邦统计数据，网址：http：//www.gks.ru。

第七章 俄罗斯：发展取决于政局

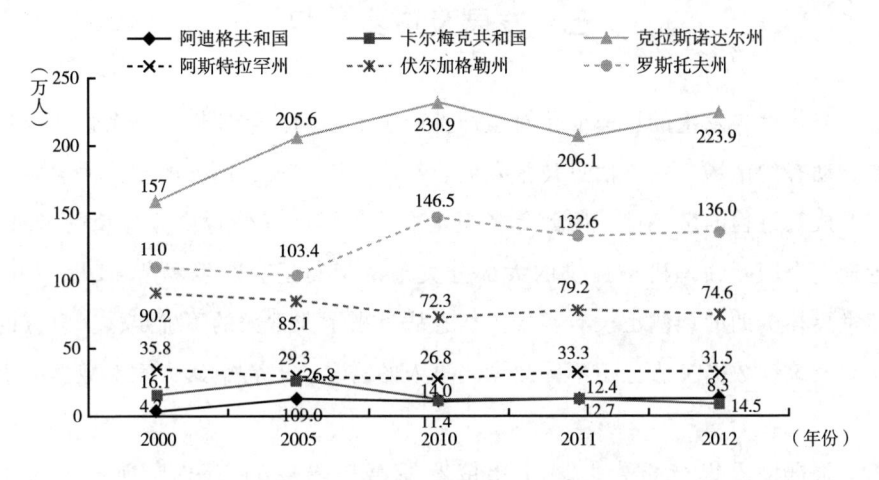

图 19　2000～2012 年俄罗斯参与娱乐活动的儿童人数

资料来源：2013 年联邦统计数据，网址：http://www.gks.ru。

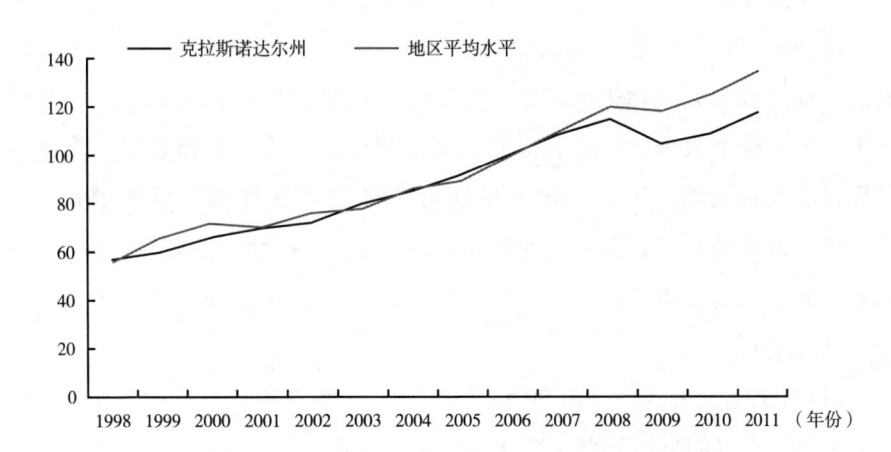

图 20　俄罗斯区域生产总值增长指数（2006 年 =100%）

资料来源：2013 年联邦统计数据，网址：http://www.gks.ru。

五 发展及进步趋势

当代世界发生的快速变化对全球都产生了影响。俄罗斯是一个快速成长的、动态的市场，由于信息技术发展、经济不断增长、西方的制裁手段频出以及成熟过程的敏感性，因此笔者很难准确地预测其体育商业环境的未来。近期，由国际领先机构提供的大部分关于索契奥运会、俄罗斯 GDP、2018 年世界杯赞助的预测也没有实现。信息战带来了非常大的不确定性，官方的调研及统计数据又服务于不同政党当事人的需求，时常引发大家对数据的争议。

根据世界银行报告，2015 年俄罗斯第一季度的 GDP 比前期增长了 1.9%~2.2%，但仍低于前期的预测。限制和制裁必然对所有产业发展趋势和速度产生重大影响。专家称体育产业是少数能够轻而易举在经济危机中幸存下来的产业之一，对俄罗斯来说，忽略健康是不被接受的，保持健康是一个全球性的趋势。

与 2014 年 11 月相比，2015 年俄罗斯全国工业产值上涨了 0.9%。很显然，这个数据并不理想。但是考虑到经济危机的影响以及俄罗斯面临的巨大压力，这个数据已经十分体面了。说到体育产业，就像数值所反映的那样，在某些领域，体育产业已呈现出积极的发展趋势和快速增长。此外，卢布汇率的浮动，俄罗斯对美国以及欧洲进口货物的制裁，都为国内体育企业的成长提供了路径，因此，国内提供体育商品和服务的小企业呈现爆发式增长。

《体育文化发展战略（至 2020 年）》确立了俄罗斯体育产业优先发展的方向，文件提出的目标是引导群众采取健康生活方式，为群众开展系统锻炼创造条件，同时支持体育基础设施发展，提升俄罗斯体育的竞争力。主要包括以下方向。

（1）建立新的体育文化和体育体系；

（2）促进体育运动成为健康生活方式的重要组成部分；

(3) 体育教育体系的现代化；

(4) 加强高等级运动员和体育后备人才的培养，提高俄罗斯体育在国际上的竞争力；

(5) 促进体育管理、教学、医疗、科研人员专业化；

(6) 开展体育与体育基础设施建设，包括增加体育活动；

(7) 建立一个确保体育赛事、组织中球迷以及协会公共安全的系统。

该战略决定了企业在特定的体育活动中投资的趋势。例如，生产运动鞋的企业组织，通过举办马拉松来促进跑者养成健康的生活方式，可能会得到更多的政府支持。政策决定其他发展趋势。

1. 增加联邦财政支持

俄罗斯政府花了大约 40% 的体育文化和体育预算，以维持下属机构、国家体育赛事的组织以及资助非营利体育组织和研究活动。60% 以上的体育运动和体育预算是对联邦目标计划的实施。这种项目的发起人和订购客户是俄罗斯联邦的体育部门。

2. 加大国内企业对体育项目的投资

政府在体育赞助领域有多项刺激组织活动的措施。在过去十年中，最具标志性的就是增加商业团体的数量，以解决体育文化发展问题，同时使商业团体在诸如足球领域的建设，体育和娱乐用品体育中心的建设，支持青年体育，运动员、教练员的奖学金、补助以及奥运会、世界锦标赛、世界冠军赛等体育冠军和优胜者奖励等各种项目的融资中发挥作用。

其中最大的一家公司——俄罗斯天然气工业公司是体育赛事的主要赞助商。不仅如此，它还建立了"天然气工业公司面向儿童"项目，旨在建设体育设施，支持青少年竞赛，以及为儿童购买贵重的运动器材。

3. 外国公司的投资和赞助减少

外国公司的投资和赞助减少，这种倾向是制裁俄罗斯在乌克兰行动的结果。2009 年以来，与莫斯科"斯巴达克"足球俱乐部合作的俄罗斯起亚汽车，2015 年没有更新赞助合同。冰球联合会失去了众多赞助商。冰球联合会负责人 Vladislav Reetiak 希望能从俄罗斯寡头中找到新的赞助商。

4. 国内公司的体育赞助保持平稳

俄罗斯体育俱乐部赞助很少有直接的经济效益。俄罗斯寡头 Oleg Tinkoff 因为需要公众认可，所以投资"Tinkoff-Sax"具有商业可行性。俄罗斯天然气工业公司当季在"泽尼特"队上花费1440万欧元。类似的情形还有"迪纳摩"俱乐部和"俄罗斯外贸银行"：赞助合同是世界上最昂贵的，达到45亿卢布。即使目前，减少预算是不太可能的。天然气垄断企业还支持德国的球队"沙尔克"（每年投入1700万欧元）和塞尔维亚的"红星"队（每年投入550万欧元）。

5. 体育设施建设产业快速增长

目前，在俄罗斯联邦大约有254000处体育设施。近年来，它们的数量以平均每年5000个的速度增长，其中包括大众体育设施（运动与休闲综合馆、足球场、游泳池、体育馆等）和服务于高水平体育的设施。到2020年，体育设施的容纳率将从24.5%提高到40.0%。

6. 体育产业企业成长

随着2014年索契冬奥会后体育运动热潮的兴起，以及国家顺应消费者收入增长有效政策的出台，人们开始将更多的钱投入体育和休闲活动。这一趋势还将继续下去。受各政府机构和运动服装企业的积极推动，越来越多的人参与到户内外活动相结合的体育运动中，以寻求一种健康的生活方式。这一市场也吸引了俄罗斯阿迪达斯集团、哥伦比亚、耐克、锐步等众多国际厂商的加入。很显然，这种趋势不仅体现在为数众多的人奔跑在俄罗斯主要城市的街道上，还体现在运动服装销量的快速增长。体育相关产品的销售额从2007年的1471亿卢布上升到2012年的2280亿卢布，增长了55%。这些变化反映出企业的成长。例如，根据《欧睿信息咨询》报告：2007～2012年，凯莱牛仔裤公司的市场份额从0.3%上升到1.5%；阿迪达斯从1.6%上升到2.3%；耐克从1.1%上升到1.2%；Sportmaster（本地公司）取得0.6%～1%的增长。

2014年，体育用品市场过去5年（自2008年起）的年均增长率为16%，预计这一数据还将继续上升。俄罗斯运动装备制造商的市场份额非常小，尤其是在最昂贵的装备领域，国内企业的市场份额不超过15%。然而由于极高的欧元和美元汇率，俄罗斯企业在进口替代方面很成功。但这种竞争优势仅仅表现为价格，而没有体现在质量上。2013年，俄罗斯体育用品市场总量达到70亿美元，其中约80%来自国外厂商。2015年这一比例为65%，预计由于制裁和石油价格下跌的持续，这个数据还将继续降低。

7. 体育管理职业化

在最近几年，开设体育管理、体育市场营销和体育产业运营课程的教育机构增加了一倍。2014年初，俄罗斯有关体育文化和运动的机构、企业、协会和组织的总数达到169253个。俄联邦的教育机构数量为92345个。所有体育协会和组织中，61.10%为儿童和青少年俱乐部。一项有关体育俱乐部和其他类似组织的分析表明，目前缺乏有丰富经验的职业体育经理人和创立体育企业的财力资源。这就是为什么俄罗斯的主要大学都会在本科和研究生阶段开设体育商业课程的原因。

8. 体育用品零售

运动服装店是俄罗斯最赚钱的行业之一。顾客不只是运动员或爱好体育的人群，而是所有喜欢赶"体育时髦"或喜欢舒适衣鞋的俄罗斯人。体育用品商店的竞争很激烈，尤其是在大城市。如果商业模式和营销策略适当的话，成功的概率很高。市场先机往往由那些有广泛宣传的大型专业化连锁商店占有，它们通常有25%的市场份额；独立门店约占15%。冬季运动用品销量占到2/3。拥有250平方米经营区域（国家的大小影响人们对购物区域的喜好）的超市是最有效的销售形式（能有25%~40%的营业额增加优势）。根据目标领域的不同，产品范围可以有变化，但主流大多囊括体育装备和服装的领导品牌，如彪马、耐克、阿迪达斯、哥伦比亚、锐步等。

9. 运动食品分销及零售

运动食品销售是一个新的商业视角。目前这一细分市场还不饱和，人们对健身产品的需求正在稳步增长。运动食品店并不需要大规模的投资，经营区域可以很小，1~2名店员也就足够了。回报率为25%~35%。如果所选地点和营销战略正确，加之靠近健身中心或体育场，效益会更好。一家运动食品专卖店的年均收入约为9亿卢布,一般8~12个月就能收回成本。

10. 健身俱乐部或运动综合馆

只有有钱人才能进出健身俱乐部的日子已经一去不复返。如今,即使是私人教练收费,俄罗斯人也大多负担得起。在俄罗斯,健身市场是最具活力的市场之一,每年以30%的速度增长。最盈利的模式是"在街角或步行距离以内的健身中心"。建立一个健身俱乐部需要450平方米的区域。如果位置上佳并能物有所值,平均3年就会收回成本。健身中心由政府部门批准,周期稍长且不够透明。腐败行为在俄罗斯审批委员会内泛滥。目前主流的健身形式是集体训练。在如今这样一个经济发展不稳定的时期,大多私人教练都倾向于提供集体训练项目。这是因为无论对教练还是顾客来说,两三个人集训都是比较经济实惠的。

11. 体育高科技

这个细分市场有很大的潜力,因为国内企业几乎不提供高科技和创新产品,但是俄罗斯消费者对此又很推崇。体育场馆智能软件、智能手机应用、数字运动装备和运动服装是最具市场前景的产品。现代观众不仅用他们的眼睛观看比赛,而且利用他们的智能手机和其他设备观看。

在俄罗斯体育市场,还有其他一些有吸引力的项目。比如,有攀岩墙和射击场的运动休闲俱乐部马术学校运动营养餐厅等。俄罗斯市场的成功依赖于设计得当的市场营销和进入策略,它充分考虑到跨文化差异。俄罗斯商业环境的体育营销趋势如下:

(1)"共创"成为体育营销战略的重要特征。这让我们看到了体育赛事的平台作用,在那里合作伙伴、赞助商、球员,最重要的是,观众都参与了价值创造。不仅如此,俄罗斯消费者更愿意参与创造一个"完美"的产品。

(2)"闪亮"和"昂贵"是为顾客制作网站、传单、运动服等活动的关键词。在欧洲企业竞争失败的领域,是因为欧洲企业没有考虑到俄罗斯民众对"尊贵"和"奢侈"的需求。

(3)隐形营销。索契冬奥会上有大量隐形营销的例子。这在俄罗斯体育市场是司空见惯的,这一趋势还在继续。

(4)复杂的营销评估方法。营销评估的集成系统不仅使用财务绩效指标,还要对无形资产进行评估。

(5)品牌社区创建和社交媒体营销。希望从这一新的趋势中获益的体育组织,应该帮助顾客加入以自身品牌创建的社区。例如,"泽尼特"俱乐部网络社区就是现今流行的俄罗斯社交网络"Vkontakte"的绝对领导者。此外,"泽尼特"还成功开发了病毒式视频和游戏板块。多数俄罗斯冰球俱乐部都将门票 CRM 系统纳入消费者社交网络的个人资料。

(6)性别营销。体育技术型营销人员低估了女球迷的力量和她们的需求。在俄罗斯的文化背景下,多达 80% 购买体育用品和服务的决定,包括比赛门票,都是由女性做出的。全国各大联赛都开始积极地通过选美、独家定制带有俱乐部标志的服装和香水等形式,吸引女性观众加入它们的球迷行列。

俄罗斯体育产业发展的主要趋势表明,俄罗斯的体育市场非常有前途,且有吸引力。政府积极推动体育运动,倡导健康的生活方式,支持按照体育文化和体育发展战略运作的公司的发展。曾经一段时期,俄罗斯有一个长长的运动服装和装备的进口清单,而如今这一特点已经不那么鲜明。大量潜在消费者的存在,积极的体育产业发展动态,市场低饱和度是俄罗斯现代体育产业的主要特点,而且这种情况还将继续存在。

六 俄罗斯体育产业发展的问题

针对俄罗斯体育发展情况,"2020 年俄罗斯联邦体育文化和体育发展战略"就指出一部分问题。首先,在国有和私营部门的监管上存在一些巨大的障碍。要想促使体育设施的有效利用、推动体育赛事发展及其容纳力的提升,就必须将这些障碍移除,并对一些有关规范场馆租赁和土地批租条件的法律进行审查和修改。通过税费改革和其他旨在吸引赞助商支持体育产业发展的政策,逐步改善体育赞助总体无效性现状。一些问题包括养成健康生活方式和积极参与体育活动需要从"幼儿群体"开始改善。比如改进教育项目，通过奖励、荣誉标志和其他利益的方式进行个人激励等。不仅如此，还要进一步地支持体育赛事和健身产业的发展。其次，高科技产品服务的开发和生产。这对体育商业和体育产业是一个十分有利可图的领域，因为目前俄罗斯市场的一大特点是低竞争力。此外，还有一些对体育赛事举办期间提升安保系统和策略的指导等。酒店业、休闲娱乐服务、体育场馆和城市的环境问题，体育设施的使用，企业体育发展以及其他很多领域，都缺乏当地政府、研究人员和投资者的关注。其中的一些问题，虽然在2007~2014年奥运周期和其他大型国际体育赛事的筹备过程中，已经基本得到克服。但是，考虑到众多俄罗斯体育产业发展的积极因素，这一领域还可以取得显著成绩。体育产业影响教育、医疗、建筑业、IT业、旅游业等许多领域。俄罗斯体育市场对国外体育公司的进入与投资充满着吸引力。

参考文献

Averin, M. V., & Bykhovskaya, I. M. Sporting Spectacles as a Component of Cultural Industries: The Parade of Athletes from the Extreme to Risk. *European Social Science Journal*, № 11, 2012.

Alekseeva A. P. Problems of Formation of Healthy Lifestyle in the Context of Strategy of Development of Physical Culture and Sports in the Russian Federation. № 9, 2012. Retrieved from: www.gramota.net/materials/3/2012/9-2/1.html

Altukhov, S. Event Management in Sport, Management of Sport Events. Moscow: Soviet Sport, 2013.

Altukhov, S. V. Event Management in Sports. Management of Sporting Events. Soviet Sport, 2013.

Bills, T. Economic Trends and the Influence of Western Capitalism on the Development of Post-soviet Russian Consumer Culture, 2014.

Bondarenko, M. P. Assessing the Level of Wages in Sports Organizations. Philosophy of Social Communication, No. 4, 2014.

Bondarenko, M. P. Productivity of Sports Works in Modern Conditions. Fundamental Research, No. 9, 2014.

Bondarenko, M. P. The Institutional Foundations of Employment of Athletes and

第七章 俄罗斯：发展取决于政局

Coaches. Modern Problems of Science and Education, No. 5, 2014.

Boom, E. Y. Sports: Encyclopedia. Original Market, 2014.

Briskin Y. A. Adaptive sports. Soviet Sport 2010. Changing the Game: Outlook for the Global Sports Market to 2015. PwC, 2011. Retrieved from: www. pwc. ru/sportsoutlook.

Coltan, S. V., & Kaneeva, E. V. Corporate Sport and Its Mission in the Development of International Companies. *Journal of Baltic Federal University of Emanuel Kant* N5, 2014.

Demin, R. S. The Competitiveness of Business Infrastructure in the Sports Industry. Modern Competition, No. 6, 2011.

Enilin, A. N. The Main Directions Development of the Market in Russian Sports Industry. Herald SGU № 12 [50], 2008.

Erikov, V. M., Punyakin, A. K., & Levine, P. V. Characteristics of the Fitness Industry in Russia and the Main Directions of the Modern Fitness. Current Research Trends of the XXI Century: Theory and Practice, № 3, 2013.

Evdokimov, V. I. Churganov OA Methodology and Methods of Research in Physical Culture and Sports. Soviet Sport 2010.

Farberova, O. E. The Role of Russian Business in the Sports Industry. Physical Culture and Health, № 4, 2012.

Federal guide "Sports Russia". About the Association of Sports Industry Enterprises. Special edition 2 Ⅲ. The Sports Industry, 2010.

Galkin, V. V. Economics of Sports and Sports Business. E – book. 2015.

Galkin, V. V. Sports Business for Managers. Tutorial, 2013. Retrieved from: http://vadim – galkin. ru/articles/books/sportivnyj – biznes – dlya – menedzherov/

Gumerova, G. I., & Shaimiev, E. Management of Intellectual Property in Football Clubs. Actual problems of Economics and Law, № 3, 2014. Journal of RIOU. Retrieved from: http://www. olympicuniversity. ru/ru/publishing/periodicals

Kabachkov, V. A., Polievsky S. A., & Burov, A. E. Professional Physical Education in Continuing Education of Young People. Soviet Sport 2010.

Kochanowski, E. V. Sports as a Cultural Industry in Russia. Bulletin of the Orenburg State University No. 7 (143), 2012 – S. 141 – 147.

Kocheryan, M. A., Zverev, A. I., & Riskin, P. P. Sport as a Social Institution Forming Professionals: the Specificity of the Sociological Approach. Manager, No. 1, 2013.

Kozmik, V. Relevant Trends of Sport Marketing in the World and Russia. The Rise of the Sports Industry in the Russian Federation, as a Consequence of the Major Sport Events or Growth Economic Environment, 2014.

Krupetskyh, E. Overview of the Russian Market of the Sports Goods. MA Step by step, 2006. Retrieved from: http://www. e – mm. ru/article_ print. asp? id = 1655

Landa, B. H. Methods of Calculating the Coefficient of Utilization of Sports Facilities. Soviet Sport 2013.

Lednyov, V. A. Sports Industry as an Arena of Competition. Naukovedenie, №6, 2013.

Lednyov, V. A. Sports Industry as the Sphere of the Competitive Fight. Science of Science, No. 6, 2013.

Lednyov, V. A. Sports Industry of Russia. Sports Facilities № 07, 2014. Retrieved from: http://sport-centre.mfpa.ru/

Lubysheva, L. I. Sociology of Physical Culture and Sports Studies. Benefits for Students, 2010. Management and Research in Sports. Ed. by Solomin, V. P. Herzen University, 2014.

Melnikova, N. U., Treskin, A. V., Melnikova, N. U., & Treskina, A. V. The History of Physical Culture and Sports, 2013.

Orlov, A. V. National Marketing Strategy in Sport. Moscow: *Sports Science* № 1, 2012.

Orlov, A. V. National Marketing Strategy in the Sport. *Journal of Sports Science*, No. 1, 2012.

Orlov, A. V., Deme?, M. N., Makarova. Professional Sports. The Government, Management, Law. Moscow: Paleotip, 2008.

Orlov, A. V., Deme?, M. N., Makarova, E. A., Orlov, V. A., Deme?, M. N., & Makarova, E. A. Professional Sport: Government, Management, Law (football - Boxing - tennis), 2008.

Petrikova, E. M., & Slobodyanyuk, N. V. Public - private Partnership in the Sports Industry of Russia, 2013.

Pricewater - Cooper. Doing Business and Investing in the Russian Federation. 2015. Retrieved from: www.pwc.ru.

Romanov, G. M., & Vetitnev, A. M. Training for the sports industry and tourism—a strategic task. Theory and Practice of Physical Culture, No. 1, 2015 - P. 3 - 5.

Russian Federation. The program of public discussion and expert support in 2013 the implementation of the activity plan of the Ministry of sport of the Russian Federation in 2013 - 2018, 2013.

Russian Federation Federal State Statistics Service. Results of full - scale federal statistical observation on activities of subjects of small and medium entrepreneurship, 2012.

Russian Federation Federal State Statistics Service. Small and medium business in Russia. Statistical compendium, 2010.

Selivanov, K. S. Influence of industrial development of physical culture and sports in the region's competitiveness. Strategy for Sustainable Development of Russian Regions, № 22, 2014 - pp. 50 - 54.

Semenov, L. A. Introduction to research activities in the field of physical culture and sports. Soviet Sport 2011.

Shamardin, A. I. , Fiscal, V. D. , Zubarev, Y. , & Cherkashin, V. P. Organizational aspects of recreation and sports movement. Soviet Sport, 2013.

Shikunova, E. A. , & Litvishko, O. V. Factors profitability of professional sports clubs. Financial investigations, No. 2, 2012.

Shikunova, E. A. , & Litvishko, O. V. The specificity of investing in financial instruments subjects the sports industry. Financial Studies, No. 2, 2012.

Simon, O. Productivity indicators of physical culture and sports. *Journal of the Russian Academy of Natural Sciences*, No. 4, 2010.

Sladkova, N. A. Organization of physical culture and sports activities in the clubs of persons with disabilities. Soviet Sport 2012.

Solntsev, I. V. The role of the sports industry in the development of a modern economy. Economic and social changes: facts, trends, forecast, No. 6, 2012.

Sport Shop. Sport Akadem Reklama. No. 2, 2010.

Statistics of Russia. BRICS Joint Statistical Publication: 2015; Brazil, Russia, India, China, South Africa / Rosstat. 2015.

Strekalova, N. D. Methodological bases of management in sport, 2013.

Sunik, A. Essays national historiography history of physical culture and sports. Soviet Sport 2010.

The Ministry of Sport of the Russian Federation. Final report and main directions of activity the Ministry of sport of the Russian Federation for the period 2014 – 2017. Retrieved from: http://www.minsport.gov.ru/activities/reports/

Ulitina, E. V. Areas of development of training managers for the sports industry in the context of long-term strategy of development of physical culture and sports in the Russian Federation. Science of Science, No. 2, 2014.

Vinogradov, P. A. , & Okounkov Y. U. On the status and trends of development of physical culture and sports in the Russian Federation (according to the results of sociological research). Soviet Sport, 2013.

Voytik, E. A. Sport Media Communications in Russia at the beginning of the XXI century. TSU, 2013.

Voytik, E. A. Sports media communication in Russia in the beginning of XXI century, 2013.

Zakharov, A. K. Sport as a social institution in the context of globalization. Bulletin of the East Siberian State Technological University. Bulletin ESSTU Vol. 46 Issue 1, January – February 2014 – pp. 172 – 176.

Zhestyannikov, L. V. , Mironenko, V. V. , Pronin, S. A. , & Hitëv, A. V. Assessment of sports facilities in the Russian Federation. Scientific notes, No. 3, 2011.

第八章
南非：提升地位添助力

卡米拉斯·沃特

卡米拉斯·沃特（Kamilla Swart），博士，开普半岛科技大学企业管理科学学院，旅游与赛事管理专业副教授。研究领域为体育赛事旅游，重点专注于大型赛事的政策、策略及评估。

第八章　南非：提升地位添助力

"体育拥有改变世界的力量。它具有激励作用。它具有别的方式所不能达到的凝聚人心的力量。体育可以唤醒绝望中的希望"（纳尔逊·曼德拉，2000 年，引自 SRSA，2012）。在南非，体育的重要性可以用曼德拉在 2000 年劳伦斯世界体育奖颁奖典礼上说的这句话来诠释。

一　近代体育的演进

南非是一个被称为"狂热运动爱好者"的民族，有着优良的体育参与传统。南非体育的发展受到社会、政治、经济很大的影响。其民众对体育的热爱可以追溯到殖民和帝国时代（Nongogo，2011）。此外，南非体育的历史受到种族隔离政策深深的困扰，1948~1994 年，种族隔离政策受到法律的保护。1958~1962 年，丹尼斯布鲁图斯领导的非洲体育协会的出现，是体育史上抗议种族隔离制度的重要分水岭（凯奇，2001）。1963 年，南非非种族奥林匹克委员会成立（SANROC），使反种族隔离体育运动获得新的契机。由于国内体育起源抗议组织的出现，全球体育界采取体育抵制来对抗南非种族隔离政策。1961 年，国际足球联合会（FIFA）取消南非的成员资格。随后，国际奥林匹克委员会（IOC）也对南非采取禁令，并一直持续到 1992 年（基德，1998 年）。同样地，在英联邦运动联合会及国际奥林匹克委员会管辖之下的其他国际体育联合会都取消了南非参与大型体育赛事的资格。

非奥运项目，如板球和英式橄榄球，也同样受到抵制。这使南非遭受到沉重的打击，因为南非白人尤其喜好及擅长这两项运动。体育抵制运动的目标是挑战国内及国际现状（Nongogo，2011）。在20世纪70年代末和80年代，受到种族隔离法律的影响，尽管有许多种族运动，但是非种族体育运动发展势头仍然很强劲。南非体育委员会（SACOS）是解放运动的主要力量，他们主张的原则是"在不正常的社会没有正常的体育运动"。然而，在20世纪90年代初，SACOS在全国体育大会（NSC）上失去一席之地，于是它开始专注于更广泛的群众民主运动（MDM）。NSC集中力量与白人体育机构谈判，联合需要打破种族隔离制度政策的非种族主义和民主体育组织（穆雷＆梅里特，2004）。随着种族隔离被打破，南非恢复奥林匹克运动（斯沃特＆鲍勃，2004），重新组建南非国家奥林匹克委员会（NOCSA）。1991年，南非通过国际奥林匹克委员会审核，参加1992年巴塞罗那奥运会。在很短的时间内，南非经历了从国内体育分离和被国际孤立，到如今的体育大团结并充分参与国际体育比赛（Nauright，1997）。

1993年，在NSC举办的以"体育视野"为主题的全国体育大会上，确定了统一体育组织结构以及解决公平运动的项目框架。该行动是体育和娱乐上白皮书的基础。体育与娱乐部门（南非运动休闲，SRSA）成立两年后，1996年提出了"给国家参与的机会"的口号。白皮书罗列了国家在体育和娱乐上的政策条文。在最初的白皮书中，确认八项优先领域（DSR，1996）：

(1) 在体育和娱乐中明确利益相关者的角色和职责，精简责任；
(2) 为贫困地区修建和升级多功能体育设施提供资金；
(3) 为有效管理南非体育和娱乐挖掘人力资源潜力；
(4) 提倡积极健康的生活方式，开发进入竞技体育的潜在渠道；
(5) 为优秀运动员制定高技能行动计划；
(6) 确保所有的运动和娱乐主题符合他们的行动目标；
(7) 制定南非体育和娱乐的道德规范；
(8) 制定符合国际关系政策的国家政策。

该部门的重点是确保体育和娱乐的公平性，以及在各种活动中的提高和更好的表现（DSR，n.d.）。在南非体育历史中，关键的事件是成功举办

1995年橄榄球世界杯比赛,并大获全胜。这是南非在取消种族隔离制度后的第一次大型体育赛事。这次比赛象征着南非的成功转型。"彩虹之国"是身穿跳羚毛织运动衫(与种族隔离体育有紧密联系,是压迫的象征)的曼德拉总统对南非的形容,这代表南非已经消除种族隔离的障碍(凡德·莫维,2007年)。在相同的时间(1995~1997年)南非申办了2004年奥运会,并成功举办1996年非洲国家杯。南非举办大型体育赛事,标志着国际对南非的认可,也是其民族自豪感的体现。

2001年南非更新了1996年版的白皮书。其导火索在一定程度上是南非在2000年悉尼奥运会上表现不佳,需要改善南非的体育系统。随后,2004年,南非体育联合会和奥林匹克委员会(SASCOC)作为体育和娱乐部门与非政府性的体育联合会建立并运营,随着组织结构的改变和体育部门的改革(SRSA,2009),2011年新的白皮书计划提出,同时还提出南非第一份国家体育和娱乐计划(NSRP)(2012)。

二 南非体育产业的现状

(一)社会和经济价值

体育是南非政府公认的具有深远影响的投资项目,具有可观的社会和经济效益(SRSA,2009)。社会效益包括改善体质、增强心理健康、提高生产力和社会凝聚力,减少社会矛盾和犯罪行为等。

尽管计算体育的花费和收益非常复杂,而且从经济角度来看,由于数据的缺乏,SRSA(2009)不得不拿出许多证据证明体育的经济价值。商业性行业包括私人体育俱乐部和组织、零售商、批发商、体育用品制造商及体育媒体。体育投资和花费最新的公开数据显示,参与者投资比例(45%)最高,体育用品支出比例最大,如图1所示。应该注意的是,这些数据是有限的,体育场地及设施维护,运动员体育科学及医药的支持,体育博彩并没有在经济影响的统计范围内。公共体育的融资形式多种多样,包括设施建设、

国际体育产业发展报告

资助以及体育赛事和比赛的保险。因此，虽然举办大型体育赛事可以作为内部投资的催化剂，但是也有更多人开始关注大型体育赛事的经济回报。

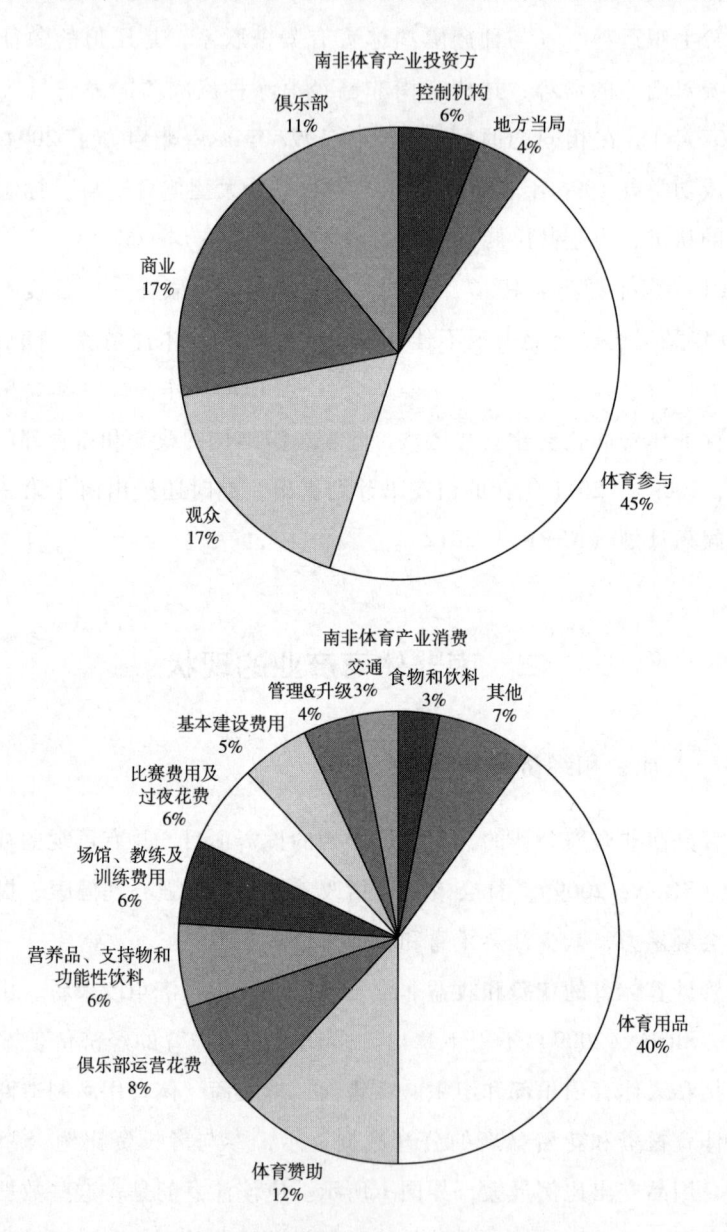

图1 南非体育投资和消费（BMI，2007）

2007年，体育对南非国内生产总值（GDP）的贡献约为410亿兰特（SRSA，2009）。1997~1999年，南非体育消费的增长速度（32%）超过整个国家经济的增长速度（见表1）。

表1 体育对南非经济的贡献

类别	经济贡献(百万兰特) 1997年	1999年	幅度(%) 1999/1997年
体育参与	4630	6564	42
体育观众	2766	3479	26
商业(商品)	1662	2291	38
俱乐部	1217	1424	17
控制机构(管理)	895	980	10
地方当局	512	747	46
其他	341	480	36
合计	12023	15913	32

资料来源：SRSA（2009）。

尽管南非没有将体育就业作为一个部分单独分析，但是，据统计，2007年体育创造了57000个工作机会，其中，40700个全职工作，6900个兼职工作及9500个志愿者工作（SRSA，2009）；举办体育赛事可以创造更多的就业机会。例如，1999年，南非由于非洲体育场馆的建设而增加了20000个就业岗位；举办2010年足球世界杯增加了130000个就业岗位，主要服务于建筑、道路、交通和服务产业（SRSA，2011）。

随着南非回归国际体育舞台，体育赞助也大幅度增长。体育赞助从20世纪80年代中期的6300万兰特增长到2006年的26亿兰特，平均复合增长率为19.4%（BMI，SRSA 2006，2009）。2010年南非举办足球世界杯，足球队的赞助实现增长。此外，赞助金额从2010年的43亿兰特增长到2013年49亿兰特（内维尔，2012；内维尔，2014），包括赞助市场总体价值从2011年70亿兰特增长到2013年的75亿兰特（西登伯格，引自内维尔，2012和2014）。然而，在经济不景气的环境下，赞助预算在降低，自2006年以来下降了25%（内维尔，2012）。每个运动项目的赞助预算分布不均，赞助金额排名前五位的运动项目为足球、橄榄球、板球、赛车（全地形、越野、公路汽车和骑行）、高尔夫，2006年的赞助数额占全部赞助金额的65%，并且近年来还在持续上升（见表2）。此外，早在2007年，足球赞助商花费10亿兰特购买直接赞助权益，这个数据意味着超过全部南非市场赞助的30%（西登伯格，引自内维尔，2012）。足球赞助持续增长，2007年增长率约为60%，而其他运动项目的赞助增长不超过10%。

表2 南非赞助直接花费比例最高的运动项目

运动项目	2006年	2007年	2010年	2011年
足球	26	33	37	33
橄榄球	15	14	13	16
板球	10	9	9	7
五大运动	65	70	72	70

资料来源：BMI。

据统计，南非共有1000多家企业参与到80多个运动项目的赞助中。然而只有少数体育项目从赞助中获益。大约有10家企业每年用于体育赞助占全年赞助的50%（SRSA，2009）。3家通信公司和3家财务公司每年投入超过10亿兰特（西登伯格，引自内维尔，2014）。此外，酒精行业在体育赞助上花费26亿兰特（内维尔，2014）。

因为南非政府积极申办和举办超大型及大型比赛，体育旅游的经济价值也逐步显现。旅游是南非在过去几年持续增长最快的行业之一。1993年，南非入境人数已超过340万，2010年由于举办足球世界杯赛外国游客的数量超过810万，打破了游客数的纪录。2012年，入境人数超过1300万人，其中有920万人是国际游客（范·思卡尔维克，2013）。此外，据国际旅游组织联合会报告，南非入境国际游客的增长率为10.2%，远远超过全球该行业的平均增长水平（4%）（UNW-TO）。

第八章 南非：提升地位添助力

据统计，体育旅游对南非经济贡献超过60亿兰特（SRSA，2009）。据进一步统计，有超过10%的国际游客主要是来观看或参与体育比赛，体育赛事的观众有60%～80%由这些国际游客组成（南非旅游，2006）。这无疑提高了南非形象等一系列无形效益，促进南非体育旅游的发展及潜在市场的增长。

1995年橄榄球世界杯带来旅游业的蓬勃发展。国外旅游增长了22%，其中海外市场增长了52%，非洲本土市场增长了12%（SRSA，2009）。依据外汇收入计算，橄榄球世界杯对海外旅游的经济贡献有89亿兰特（SRSA，2009）。正如之前提到的，赛事对内有利于国家建设，对外可以改善南非的形象。

据统计，2003年南非举办板球世界杯的经济影响达20亿兰特，20000名外国游客带来11亿兰特的花费（SRSA，2009）。世界杯的社会影响包括授权黑人公司福利，提高赛事的可参与程度和提升社会福利保障。

在近几年，大型赛事对国外游客数量有很大的影响，大型赛事期间的国外游客以及赛事之前同一时期的国外游客数量比较如表3所示。

表3 不同大型赛事国外游客数量

单位：人，%

赛事	赛事之前	赛事期间	增长率
2003 国际板球委员会板球世界杯	2002年2～3月	2003年2～3月	
没有印度游客	5097	11770	43
2009 印度超级联赛	2008年4～5月	2009年4～5月	
没有印度游客	10993	16587	51
2009 英国&爱尔兰狮子	2008年6月	2009年7月	
没有英国游客	24214	37900	57

资料来源：南非旅游（2011）。

鉴于非洲第一次举办大型体育赛事，南非政府投入大量的资源。四年里，政府花费22亿美元改造基础设施（12亿投入场馆建设，11亿投入交通设施建设，1.5亿投入赛事转播及通信建设）（SRSA，2011）。大多数研究关注其短期影响，现在更多的研究开始强调赛事遗产研究。

如表 4 所示，有 309554 个外国旅游者在世界杯期间访问了南非（南非旅游，2010）。游客主要来源于美国和英国（传统市场）及巴西（新兴市场）。大约 60% 的游客第一次来南非，尤其是美国来的大量游客（北美92%，中美和南美 89%）。国外游客（直接）消费了 36.4 亿兰特（南非旅游，2010）。旅游者平均滞留 10 天，购物、住宿、购买食物和饮料是旅游者的主要花费。游客普遍对东道主感到满意，其中，68% 认为总体很好及非常好（南美旅游，2010）。72% 的游客评价非常好，其中 90% 的游客认为，旅游体验比预期好。90% 的旅游者表示他们会考虑再次来旅游，96% 的游客会将南非推荐给家人和朋友（南非，2010）。

表 4　2010 年南非足球世界杯期间外国游客来源地

2010 年南非足球世界杯外国游客总数 309554								
北美（11%）	中&南美（13%）	欧洲（24%）	非洲内陆（32%）	非洲空间（6%）	亚洲（8%）	澳洲（4%）	中东（1%）	
美国 30175	巴西 14815	英国 22802	莫桑比克 24483	尼日利亚 4342	中国 6760	澳大利亚 12210	以色列 2977	
加拿大 3654	墨西哥 9680	荷兰 8741	斯威士兰 19593	加纳 3578	日本 4614	新西兰 1636	沙特阿拉伯 311	
	阿根廷 8757	德国 8596	博茨瓦纳 16387	肯尼亚 2089	印尼 3086		黎巴嫩 261	
	智利 4174	法国 6747	莱索托 12733	阿尔及利亚 1941	菲律宾 2102		科威特 198	
	乌拉圭 1359	葡萄牙 5348	津巴布韦 10351	毛里求斯 1410	韩国 2040		塞浦路斯 156	

资料来源：南非旅游（2010）。

南非各省市的游客分布（见图 2），豪登省排名第一（超过 50% 的游客），因为它举办的赛事数量最多（包括决赛），所以有这样的结果也不足为奇。其次是西开普敦和夸祖鲁纳塔尔，他们举办了半决赛。其他之前鲜为人知的省市也至少吸引了 20% 的游客。

第八章　南非：提升地位添助力

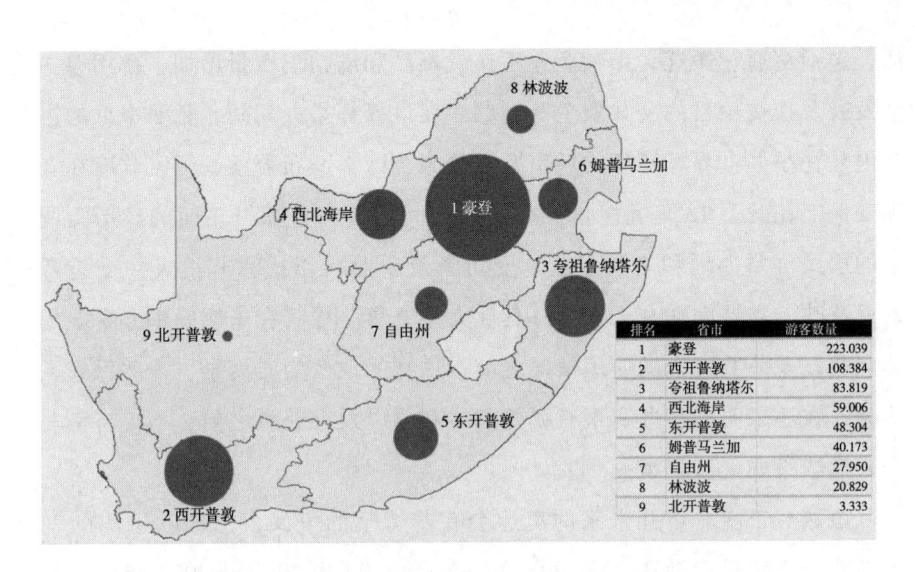

图2　在足球世界杯举办期间在游客南非停留的省市

资料来源：南非旅游，2010。

世界杯给南非提供了一个绝无仅有的机会，树立南非的形象，加深人们的了解（非洲环境事务＆旅游，2010）。媒体分析在旅游市场（英国、美国、德国和荷兰）扮演着重要角色，在世界杯举办前、举办期间以及举办后，南非的形象都是十分正面积极的（斯沃特、林利和哈登堡，2012）。在世界杯举办期间，安全和安保问题是最受大家关注的问题，然而到世界杯举办期间，这个问题的关注度急剧下降，因为在此期间并没有发生恐怖袭击及暴乱等事件。

一些研究从居民感知视角，探讨世界杯的社会影响（鲍勃＆斯沃特，2009；巴萨＆贾格纳特，2010；斯沃特，2010；克林尼森等，2011；穆涅＆麦卓拉，2012）。还有少量从商业角度探讨世界杯的社会影响（亨得里克斯，2012；麦克纳＆鲍勃，2012）。最主要的积极社会影响包含举办世界杯感觉良好，提高国家自豪感，增强国家凝聚力，发扬志愿精神，发挥技能水平。除此之外，研究结果表明，南非作为赛事东道主及旅游目的地，居民和企业受访者都普遍持有积极态度。

最主要的负面影响是犯罪问题（尤其是赛事举办前），影响居民日常生

273

活，包括交通、搬迁、影响企业工作、毒品和酒精消费量增加，挪用原本用来发展及扶贫项目的公共资金等问题。在世界杯举办期间，犯罪率低的主要原因是在举办世界杯赛事的城市及主要旅游区都遍布警察，国家政府在安全和安保上花费了13亿元。世界杯举办期间的游客有积极正面的经历。调查中的居民（举办地和非举办地）受访者及企业（正式和非正式）受访者都普遍反映，支持南非在未来举办其他大型赛事。尽管在未明确举办赛事的具体利益以及公共资金的使用情况之前，这样的说法为时尚早。一些保守人士认为，在还未明确举办赛事有哪些具体利益以及谁获利之前，不支持南非在未来继续举办大型赛事。

虽然对于南非申办未来的奥运会有着持续的争议，德班市还是在2015年2月向英联邦运动联合会执行委员会（CGF）提出申办2022年英联邦运动会。由于加拿大埃德蒙顿的退出，德班市成为目前唯一一个提出申办的城市。尽管如此，德班市还是遵循正规程序向执行委员会递交申办书（德班2022，2015）。德班市此次成功申办的机会非常高。

（二）体育运动参与趋势

南非人体育运动参与程度非常低，体育活动的社会—经济群体和运动类型也分布不均（马力莱克等，2013）。人类科学研究委员会（HSRC）在SRSA（2009）的研究中指出，4900万的南非人口中有25%经常参与体育运动。主要原因包括没有兴趣、机会、设施、时间、离体育场馆设施太远或没有正规教练（HSRC，引自SRSA，2009）。学校是一个特殊的案例，由于学校设有体育课，在学校中参与体育组织和竞技体育的人数比例很高。

BMI的运动信息（2007）评估，南非参与体育活动的人数实际比例为39%，高于HSRC的研究结果。其中，白人男性的参与程度高达75%，黑人女性的参与程度则最低，为26%。白人总体参与体育活动的情况高于其他种族（见表5）。

第八章 南非：提升地位添助力

表5 2007年南非成年人（18周岁以上）的体育参与情况

单位：千人，%

人群	总人口数	成年人数	成年人比例	体育参与人数	占总人数比例
白人					
－男性	2561	1917	6	1447	75
－女性	2624	1985	7	1121	56
白人总数	5185	3902	13	2568	66
黑人					
－男性	18400	10940	37	4748	43
－女性	18624	11073	38	2857	26
黑人总数	37024	22013	75	7605	35
其他民族					
有色人种总数	4069	2657	9	889	33
亚裔					
亚裔总数	1170	822	3	387	47
合计					
合计	47448	29394	100	11449	39

资料来源：BMI（2007）。

表6 成年人和青年人参与的排名前20项运动项目

单位：千人

排名	运动项目	成年人参与人数	运动项目	青年人参与人数
1	足球	2291	足球	1283
2	散步	1149	英式篮球	847
3	路跑	1056	田径	841
4	英式篮球	991	板球	543
5	健身房运动	798	篮球	386
6	健美操	787	网球	386
7	游泳	716	游泳	346
8	网球	706	橄榄球	305
9	壁球	529	排球	258
10	高尔夫	523	健美操	228
11	篮球	421	越野	197
12	网球	407	曲棍球	183
13	骑行	400	篮球	162
14	板球	398	空手道	144

续表

排名	运动项目	成年人参与人数	运动项目	青年人参与人数
15	橄榄球	384	斯诺克/台球	140
16	斯诺克/台球	351	乒乓球	137
17	体育舞蹈	348	国际象棋	127
18	空手道	307	体育舞蹈	123
19	钓鱼	298	垒球	122
20	田径	266	健身房运动	115

资料来源：BMI（2007）。

南非的流行体育项目包括正式、非正式和休闲型运动。足球普及率极高，受到成年人和青年的喜爱。然而，2006~2007年，成人参与足球的增长率（0.3%）与板球（4.4%）和橄榄球（3.3%）相比十分有限（BMI，2007，引自SRSA，2009）。对于青年来说，排名前五的运动项目参与人数占参与总人数的48%，排名前十的运动项目参与人数占67%（BMI，2007，引自SRSA，2009）。有51%的青年参与学校体育。1997~2007年，成人体育参与平均每年增长3%，一些运动项目（曲棍球、体操、体育舞蹈、棒球、健身、冲浪、拳击和田径）增长率甚至超过5%，其他运动项目（路跑、板球、空手道、橄榄球、铁人三项、高尔夫、篮网球）增长率在3%~4%之间（BMI，2007，引自SRSA，2009）。成年人参与的壁球、网球和垂钓等项目在1997~2007年经历了负增长，除了社会经济地位有差异，不同的种族和性别在体育参与趋势中也有明显的差异。黑人更倾向于参与体育活动，但运动喜好也日趋变化，黑人开始参与更多非传统运动项目。例如，足球和英式篮球参与人数占所有参与运动黑人的51%，2007年下降至39%（BMI，2007，引自SRSA，2009）。

在青少年体育参与方面，英式篮球、田径和网球是最受土著女孩欢迎的项目。有43%的参与度（BMI，2007，引自SRSA，2009）。白人女孩参与项目相对广泛。对于男孩，更多流行的运动项目活跃在不同种族群体之间，包括足球、板球、田径、橄榄球、篮球、游泳和网球（见表7）。

表7 不同种族和性别的成年人体育参与排名前十的项目

男性				
排名	白人	黑人	总体
1	高尔夫	足球	足球
2	壁球	路跑	路跑
3	健身房运动	篮球	高尔夫
4	垂钓	拳击	健身房运动
5	骑行	空手道	壁球
6	游泳	高尔夫	橄榄球
7	路跑	健身房运动	网球
8	橄榄球	网球	游泳
9	网球	斯诺克/台球	斯诺克/台球
10	板球	橄榄球	篮球

女性			
排名	白人	黑人	总体
1	健美操	英式篮球	英式篮球
2	游泳	健美操	健美操
3	健身房运动	路跑	路跑
4	网球	网球	网球
5	英式篮球	足球	健身房运动
6	路跑	体育舞蹈	游泳
7	骑行	排球	体育舞蹈
8	壁球	篮球	足球
9	曲棍球	健身房运动	排球
10	体育舞蹈	游泳	壁球

（三）南非的体育政策与治理

南非所有体育政策的制定在1996年之后，主要是为了解决种族隔离的遗留问题，提高国际声誉。2003年，南非的体育机构结构日渐合理化，7个独立的体育机构——SRSA、南非体育委员会、NOCSA、南非残疾人体育联合会、南非共和国体育协会、南非学生运动联盟（协调高等教育机构的活动）和联邦学校体育协会合并为SRSA和南非体育联合奥委会SASCOC（马拉莱克等，2013）。体育和娱乐白皮书（1998，2007修订）提供了南非体育和娱乐活动全方位的政策框架（马拉莱克等，2014），还设定了所有体育和娱乐活动的立法框架；授权体育和娱乐部、国家体育和娱乐机构推动及发展体育、娱乐，协调配合 SRSA 和 SASCOC 工作，联络国家体育联合会（NSF）和其他相关体育机构的关系。成立于 2007 年的 SASCOC，在宏观层面上是非政府性的体育联合会，致力于发展、实施和推广国家高性能项目，选拔和培养南非运动队参加各种体育赛事。NSF 的工作主要职责是管理和发展运动项目。每个 NSF 都要求建立与 NSRP 统一战线的战略性计划；尤其是遴选和培养高水平参与者，发展俱乐部，提高参与者的国际排名（马拉莱克等，2014）。NSF 依据服务质量协议，通过 SRSA 得到国家政府的资助。据体育、娱乐和健身中心（n.d）估计，182 所 NSF 中有 76 所属于 SASCOC，有超过 40000 所体育俱乐部。

南非各个省负责该区体育和娱乐的组织与管理工作（马拉莱克等，2013）。南非由 9 个省组成，每个省都有自己的体育娱乐管理部门，制定区域体育娱乐政策。在非政府层面上，省体育联合会的目标是发展体育娱乐（马拉莱克，2014）。直辖市、市级地方负责地方一级运动的开展（马拉莱克等，2013）。

因此，南非国家体育系统成为两个层面上的支柱，国家、省级和地方政府以及 SASCOC 管辖下的民间社会机构。SRSA 认为，所有机构间有效的合作关系可以有助于体育项目的实施，以及互相提供资源和管理上的支持。体育、娱乐和健身中心（n.d）指出，体育和娱乐部门提供政策方向，SRSA 监管政策和相关资金使用，SASCOC 负责政策实施。南非体育和娱乐的管理在图 3 中进一步说明。

南非体育管理的重要政策及措施：

国家体育和娱乐计划（2012）；

体育和娱乐白皮书（2011）；

2010 年体育和娱乐节事活动的安全（2010 年第 2 号文件）；

2001 年南非拳击活动（2001 年第 11 号文件）；

1998 年国家体育和娱乐活动（1998 年第 110 号文件），2007 年修订

第八章 南非：提升地位添助力

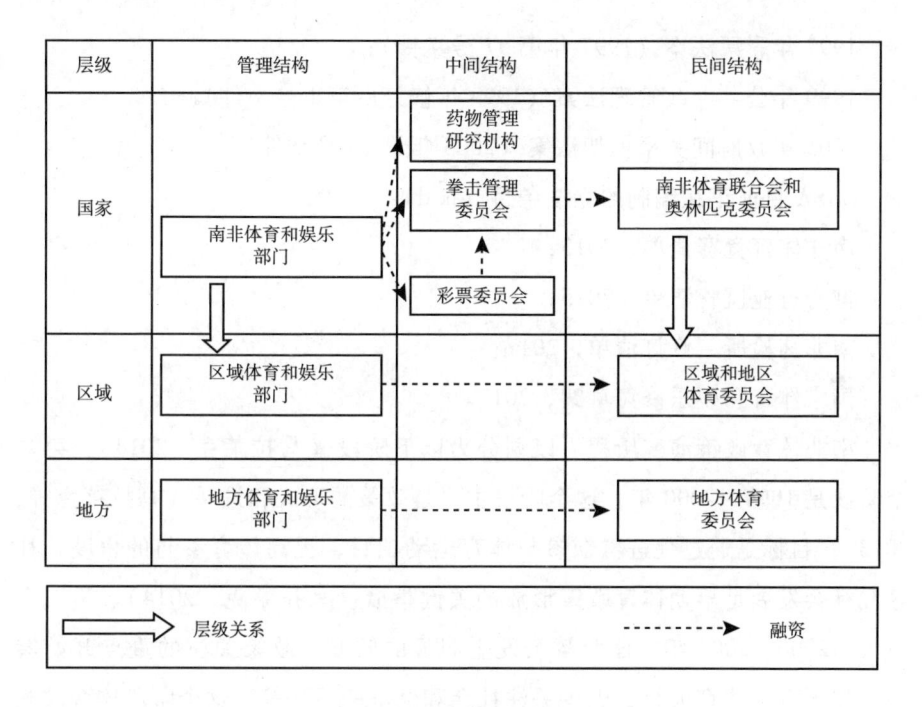

层级	管理结构	中间结构	民间结构
国家	南非体育和娱乐部门	药物管理研究机构；拳击管理委员会；彩票委员会	南非体育联合会和奥林匹克委员会
区域	区域体育和娱乐部门		区域和地区体育委员会
地方	地方体育和娱乐部门		地方体育委员会

⇒ 层级关系　　---▶ 融资

图3　南非体育管理结构

资料来源：马拉莱克等，2013。

(2007年第18号文件)；

1997年南非体育药物研究机构（1997年第14号文件），2006年修订（2006年第25号文件）；

还有其他一些体育政策指导体育活动的实施。

最近批准的重要草案：

申办国际体育和娱乐节事和活动（宪报编号33211-法规433）；

体育和娱乐节事活动的安全性（2010年第2号文件）；

2011年体育和娱乐节事活动安全条例；

2011年学校群众参与政策。

自1996年影响体育政策制定的立法框架：

1996年南非宪法（1996年第108号文件）；

学校体育法（南非体育，1996年第108号文件）；

1997年彩票法案（1997年第57号文件）；

1999年公共财政管理法案（1999年修订后第1号文件）；

2005年政府间关系框架法案（2005年第13号文件）；

SRSA目前正在编制的立法条目（n.d）：

南非体育竞赛清单，2015；

健身行业监管清单，2015；

南非药检所－修订清单，2017；

国家体育和娱乐修订草案，2017。

南非体育政策演变历程可以划分为以下阶段（马拉莱克，2014）：第一个阶段是1994~2000年，这个阶段主要是政策的形成和发展（马拉莱克等，2013）。目标是通过促进群众参与体育运动项目，提高体育参与的程度，社区和社会发展是早期体育政策形成的关键举措（马拉莱克，2014）。第二个阶段是2000~2005年，体育政策发生明显的转变，政策关注的重点开始转向竞技体育和体育成绩，极少关注社会和经济的不平等。这个阶段体育政策转变与NSRP的发展，体育作为社会及竞技体育发展的工具的转变，以及更多关注政策如何落地有关。实现的基础包括：（1）一个活跃的国家；（2）一个成功的民族；（3）有利的环境、14项战略政策指导实施。共同领导，长期的以运动员为重点培育对象，发展教练是与过去政策对比之后当前政策新的重点。马拉莱克（2014年）提出的5个横向支撑问题是发展竞技体育的关键：

（1）在体育管理中提高道德规范水平；

（2）遵守违禁药物条例；

（3）解决种族隔离制度遗留问题；

（4）促进体育最大化参与及竞技体育的影响力；

（5）保护18岁以下运动员的权利。

为了进一步夯实体育参与的基础，NSRP（2012）制定了六大战略：

（1）学校体育和体育教育的实施（将在下文中进一步讨论）；

（2）大规模动员计划（将在下文中继续讨论）；

第八章 南非：提升地位添助力

（3）发展休闲运动提高生活质量；

（4）体育和娱乐部门持续创造就业机会；

（5）管理人员、教练、运动员的能力培养项目（在下文中进一步讨论）；

（6）加强管理和沟通，尤其是在省级及地方。

2012 年白皮书概述了 2030 年的规划，以下条目会在 2030 年成为现实（SRSA，2012：23-34）：

（1）体育和娱乐部门一起工作以确保 NSRP 的成功实施。

有效和充分的体育资源系统满足各层级公平参与体育的需求；

学校实施义务体育教育；

体育的普及及全面升级，确保女性、青年人和残疾人都可以公平地参与，以提高体育参与程度；

充足及方便的体育设施。

（2）将体育和娱乐列入地方经济发展和城市综合发展计划中。

（3）增加合格及熟练的体育从业人员数量，满足人力资源部门需求。

（4）在体育和娱乐方面处于世界领先地位，包括其对体育研究的贡献。

（5）至少有 50% 的南非人参与体育和娱乐活动。

（6）80% 的 NSF 可以优先推广/或者维持世界排名前三。

（7）提高民族团结和社会凝聚力。

（8）南非成为大型赛事和体育旅游目的地的首选。

（9）体育和娱乐可以为运动员和工作人员创造就业机会，清晰的职业规划和明确的学术及实践机会。

（10）体育和娱乐被公认为南非国内生产总值的重要贡献者。

（11）一个道德和药物自由的体育大国。

（12）管理得当。

NSRP 有几个子项目，如俱乐部发展、教育和训练、有效支持和社区群众参与。在白皮书（2012）中，体育被公认为提高国家在全球地位的工具。具体内容如下：

把体育和娱乐作为吸引游客到南非的平台；

将体育和娱乐作为实现和平与发展的一种手段；

在体育和娱乐活动中确保环境的可持续性，并将体育作为环境反馈的工具；

将体育和娱乐作为政府实现管理的一种手段，例如经济增长、国家建设等。

NSRP 强调，计划的核心是转型以及实施多元转型绩效积分，以协助监测性能方面转型。

马拉莱克（2014）强调，目前最重要的挑战是继续调整 NSRP 的政策并随之改变机制体制。政策和项目也同样需要更新和根据当地条件调整，适应国际战略框架。由于其具有良好的管理和信任，咨询论坛都可以帮助区域和地方受到更多的关注。

（四）南非的体育资助

南非体育是由公共和私人部门同时资助的。2013~2014 年，SRSA 分配到 10730 亿兰特（SRSA，2014）。其中一半的预算（57300 万兰特）被用在群众体育，省级体育部门每年收到 48000 万兰特，40% 的资金用于学校体育（SRSA，2014），少量用在国际联系和赛事（16000 万兰特），其中所采取的方法是全面支持四项主要赛事，其他的赛事只承担担保责任。因为提供体育设施设备主要是政府的职能，所以只有极小部分预算（450 万兰特）用于体育设施设备（SRSA，2014）。

（五）设施与项目

1. 约翰内斯堡

埃利斯公园是 1927 年建造的可口可乐公园，自 1928 年开始举办了众多的国际橄榄球赛事。自从在 1995 年橄榄球世界杯决赛中南非以 15∶12 击败新西兰后，这个场馆名气越来越大。前总统纳尔逊·曼德拉穿着跳羚队长弗朗索瓦·皮纳尔的 6 号球衣的画面还始终留在全世界人民的记忆中。它埃利

第八章 南非：提升地位添助力

斯公园是黄金狮子橄榄球联盟的主场，可以容纳62000名观众。虽然它是公认的橄榄球场，但也举办了巴西、曼联和阿森纳等世界上一些知名球队的足球比赛。2009年，埃利斯公园举办了国际足球联合会杯决赛。这场比赛也是世界杯前的一次彩排。埃利斯公园在世界杯期间还举办了多场比赛。埃利斯公园是南非黑人所拥有的第一个体育场馆，2005年黄金狮子橄榄球联盟放弃多数都是黑人的管理公司（豪登省旅游局，2014）。现在，埃利斯体育公园及场馆由Interza Lesego，奥兰多海盗足球俱乐部（曾经是一支受欢迎的英超足球俱乐部）管理。

华特斯博尔顿板球体育场始建于1995年，被大家称为"斗牛场"，是南非最大的比赛场地，可以容纳34000名观众，在1996年11月成为南非板球的第三个比赛场地。1991年南非返回世界板球赛事，花费了6000万兰特升级相关设施设备。1997年1月，在举办其第一场国际赛事时，南非以4个小门击败了印度。博尔顿还举办了2003年板球世界杯决赛、ICC冠军赛、欧冠T2、印度超级联赛和尼尔森·曼德拉遗产杯（华特斯博尔纳体育馆，2014）。

FNB场馆始建于1987年，被作为南非国家足球场，1996年非洲杯球赛在FNB球场举办，南非击败了突尼斯。这对于南非来说是另一个惊喜，因为在一年前也在这里跳羚赢得橄榄球世界杯。FNB场馆是2010年足球世界杯的主场馆，举办了开、闭幕式以及世界杯的决赛。该场馆因为足球世界杯而升级和改造，外形设计呈现南非风格，像是一个非洲罐和葫芦，座位增加到94000个。

奥兰多体育场始建于1959年，是奥兰多海盗（南非最受欢迎的足球俱乐部之一）的主场，并多次举办了奥兰多海盗以及凯撒酋长之间的比赛，被用做2010年足球世界杯的训练场。改造升级后，容纳观众席从24000个增加到40000个。2010年媒体广泛报道，因为举办了沃达丰超级杯橄榄球赛的半决赛和决赛，这也是第一次在乡镇场馆举办如此大规模的国际赛事。沃达丰公牛击败了之前的冠军十字军，并在决赛中击败了DHL风暴队。这次比赛是一个巨大的成功，2013年公牛队也回到奥兰多球场为蓝色公牛橄榄球联盟 75 周年庆典开球。

2. 比勒陀利亚

洛夫托斯位于南非的首都比勒陀利亚，是蓝色公牛队的主场。洛夫托斯可以容纳 50000 人，从 1906 年开始被作为体育场，是 1995 年橄榄球世界杯的主要场馆，也举办了 1996 年非洲杯和 2010 年足球世界杯的比赛。蓝色公牛是南非竞争实力很强的一支球队。许多跳羚的比赛也在洛夫特斯举行，最著名的是 1997 年跳羚以 61∶22 的比分战胜澳大利亚国家队。这是他们在战胜一线强队中的最大的胜利。随后他们在 1998 年以 96∶13 的成绩战胜威尔士球队。PSL 中的落日球队和超级体育联盟也将洛夫特斯作为自己的主场地。在足球联盟中，洛夫特斯大概是最容易被国家足球队记住的场地，1999 年曼德拉挑战赛中，巴法纳以 1∶0 在这里第一次击败了欧洲对手瑞典（豪登省旅游局，2014）。

建于 1986 年的超级体育公园，是一个板球场馆，坐落在比勒陀利亚之外的百夫长，可以容纳 22000 观众。第一次比赛是 1995 年英格兰和南非的比赛。超级体育公园也举办了 2003 年板球世界杯的比赛以及 2009 年印度超级联赛、ICC 冠军赛的决赛（超级运动公园举办的规模档次最高的比赛），另外超级体育公园也是沙奇·德鲁卡打进第 50 个球的场地（超级体育，n. d）。

3. 开普敦

撒哈拉纽兰兹被公认为世界最优美的板球球场之一，在 2012 年板球杂志排名中，纽兰兹继伦敦历史上议院之后排名第二（西部省板球协会，2012）。纽兰兹于 1888 年 1 月正式开放，1989 年举办第一场比赛。自从成为世界上最经典的场地之后，纽兰兹又成功举办了 2003 年一天世界杯、首届 T20 世界杯和 2009 年 LPL 电子竞技大赛等国际赛事。纽兰兹为开普眼镜蛇队的主场馆，因为当地最好的两支板球球队（西部省和博兰）合并成为一个省队，因此眼镜蛇队拥有两个主场馆的特权（另一个在帕罗的博兰公园）。

纽兰兹橄榄球体育场举办第一次正式比赛是在 1890 年，第一次橄榄球赛是 1891 年英国狮子队对南非的巡回赛。场馆可容纳 48000 观众，是风暴

第八章 南非：提升地位添助力

和西部省的主场。球场也越来越青睐跳羚，跳羚国家队几乎有 2/3 的比赛在这里取胜。

开普敦场馆因 2010 年足球世界杯建造，有 55000 个座位，并举办了包括半决赛在内的 8 场赛事。开普敦场馆坐落在绿色品脱，靠近城市中心，紧挨着最热门的旅游景点——维多利亚和艾尔弗雷德海滨，是开普敦阿贾克斯的主场，著名的阿贾克斯阿姆斯特丹联盟驰骋在英超赛事上。开普敦场馆世界杯主场馆的地理位置备受争议。此外，开普敦市任命 SAIL 斯坦德弗朗斯负责经营管理开普敦场馆，而 SAIL 斯坦德弗朗斯由于不能接受场馆的长期租赁条件而放弃（开普敦，2010）。2011 年场馆的管理经营权转移到城市政府手中，政府考虑场馆经营最可行的方案。西部橄榄球联盟是该场馆的租户，而该联盟 2014 年做出不考虑搬迁到开普敦体育场的决定。因为他们是 DHL 纽兰兹橄榄球馆的所有者，如果成为开普敦场馆的租户及拥有少量所有权，很多事务将难以控制，当然还有许多其他的原因（西部橄榄球联盟，2014）。

4. 德班

撒哈拉金麦德体育馆位于德班，可容纳 25000 人。在 1923 年 1 月开始试运营，第一场比赛是英格兰对阵南非的比赛。体育馆有着南非的许多亮点，包括加里基尔斯滕赢了格雷姆·波洛克，1999 年对阵英格兰达里尔天禧打破南非纪录。场馆是夸祖鲁-纳塔尔板球联盟以及落日海豚板球的主场。

德班国王公园体育场，常常因为是鲨鱼橄榄球队的主场而被人们所称道。此体育场始建于 1958 年，可容纳 12000 名观众。经过多次改造和修建，已可容纳 52000 名观众。从 1992 年起，每年举办比赛场次超过 12 次。最让人印象深刻的是，1995 年在橄榄球世界杯半决赛时，跳羚击败法国橄榄球队。另一场令人难忘的球赛是跳羚以 24：23 击败所有黑色（新西兰），获得了三连冠。国王公园同样也举办足球比赛，并举办了巴法纳首次国际赛事，在 1992 年 6 月南非与喀麦隆的友谊赛中，南非以 1：0 取胜。

摩西马达体育场新的足球场，是为 2010 年足球世界杯而建造的，举办了世界杯的另一场半决赛。该足球场可容纳 56000 名观众，改建后可容纳

285

80000名观众（摩西马达体育场，2015）。摩西马达体育场有一个高达106米的巨型拱门，已经成为该城市的地标型建筑，游客也可坐上天空汽车到达最高点俯瞰城市和海洋。这里是阿玛祖鲁足球俱乐部的主场地。

5. 伊丽莎白港

撒哈拉椭圆形圣乔治伊丽莎白港，常常被大家称为圣乔治公园。1989年第一场比赛是国际板球赛事，当时英格兰以8小门击败了南非。圣乔治公园是东部省板球队的主场，同样也是唯一一个拥有两个俱乐部主场的场馆，有19000个座位，是测试赛及一天型国际赛事最青睐的举办场馆，举办了2003年板球世界杯和2009年IPL的比赛。

纳尔逊·曼德拉海湾体育场，也是为举办2010年足球世界杯而新建的场馆，举办了2010年世界杯期间在伊丽莎白港的赛事，包括世界杯第三名的附加赛在内。这是这个城市第一个足球专用的体育场，可容纳48500名观众，并且已成为伊丽莎白港7队的主场，也是汇丰七人制赛事其中的一站。

6. 布隆方丹

自由州体育馆为举办2009年国际足球联合会杯，特地将38000个座位改建成41000个座位，是布隆方丹凯尔特人的主场。这里举办过最顶级的橄榄球和足球赛事，包括巴法纳足球赛和1996年非洲国家杯比赛。

布隆方丹原名古德伊尔公园，坐落在布隆方丹，拥有20000个座位。第一场比赛在1992年，南非击败印度。沃夫最著名的赛事是2000年山龙眼击败津巴布韦的比赛。同年，在对抗新西兰的比赛中，自由州快速投手艾伦·唐纳德成为南非获得300分的第一人。

7. 波罗克瓦尼

彼德莫卡巴球场位于波罗克瓦尼，有45000个座位。场馆的设计灵感来自标志性的猴面包树。举办的第一次比赛在足球世界杯期间，之后被用于PSL俱乐部的各种比赛备用场地，包括超级体育联盟、凯撒酋长和黑色豹子。

8. 勒斯滕堡

皇家巴福肯体育馆坐落在勒斯滕堡，于1999年正式启用，可容纳42000名观众，是铂星俱乐部的主场。铂星俱乐部是PSL的其中一支俱乐部，皇家巴福肯体育剧团拥有多数股权。场馆也可以举办橄榄球和田径比赛。

9. 内尔斯普雷特

内尔斯普雷特的姆博贝拉球场，也是专门为2010年足球世界杯建造的场馆，举办了世界杯第一轮比赛。场馆坐落在南非著名的野生动物保护区，因此场馆的设计带有野生动物的特征。18根柱子支撑着外形酷似长颈鹿的场馆，座位也有着斑马条纹。这个多功能的场馆有43500个座位，可举办足球赛和橄榄球赛，是美洲狮的主场。

10. 运动区

除了上文提到的体育馆以外，在一些大城市也可以找到一些运动区，最著名的运动区是在德班国王公园里的运动区，也是2022年申办英联邦运动会的核心功能区。除了撒哈拉金麦德体育场、国王公园体育馆和摩西马达体育场以外，运动区还有以下设施：竞技体育馆、国王公园水上中心、西里尔赛车场。依托乌梅杰河的优势，独木舟马拉松和海上运动每年都在这里主办。为了申办2022年英联邦运动会，德班按要求在5000米的运动区范围内发展覆盖80%的运动设施设备。

在约翰内斯堡，大埃利斯公园区和埃利斯公园体育世界是国际体育场馆综合体——约翰内斯堡体育场、埃利斯公园体育馆和可以承办奥林匹克赛事标准的游泳场（约翰内斯堡，2015）。约翰内斯堡体育场最初为田径场，可以容纳37500个座位，举办了1998年国际田联第八届世界杯，是1999年非洲运动会的主要场馆，也同样可以举办橄榄球和足球赛事，现主要作为奥兰多海盗的训练场。埃利斯公园游泳场是约翰内斯堡最大的公共游泳池，有3个温水游泳池和儿童游泳池。

开普敦没有专门运动区，但有纽兰兹橄榄球场和纽兰兹板球场，还有奥林匹克规模的游泳池和体育科学研究院。南非体育科学研究院（SSISA）建于1995年，致力于发展和提高南非的运动成绩，以提高国家自豪感和增进团结。发展运动区计划已经在持续推动，包括改建已有的游泳池（纽兰兹休闲区，2011）。南非游泳管理组织（SSA）也表达了他们对改造游泳池使其达到国际标准的强烈诉求（SSA，2009）。城市修建支持对世界级标准场地的建设，因为修建后的场地可以吸纳更多国际赛事。同时南非也在审核除纽兰兹以外的有发展潜力的场地（刘易斯，2015）。在布隆方丹，运动区也同样存在。在自由州体育场附近，有国际标准体育场、椭圆形板球场、网球场、游泳池和曲棍球设施。

11. 高尔夫球场

研究世界高尔夫的权威机构 R&A（2015）研究表明，全球有 206 个国家共有超过 34000 个高尔夫球场，79% 集中在美国、日本、加拿大、英国、澳大利亚、德国、法国、苏格兰、瑞典和南非这十个国家。南非有很丰富的高尔夫球场资源，非洲总共有 900 多个高尔夫球场，其中南非就有 512 个（R&A，2015）。从参与和经济角度来看，高尔夫已经成为南非最具商业驱动价值的运动项目之一（IFM 体育市场调查，2009）。

太阳城的加里普莱尔乡村俱乐部，是南非最著名的高尔夫球场，举办一年一度的莱利银行高尔夫挑战赛。球场有 2 个洞排名在高尔夫最佳 500 个洞之中（南非品牌，2015）。2008 年，该俱乐部在精英高尔夫球手对南非十佳高尔夫球场评价中排名第一；2009 年高尔夫文摘评价，其在除美国之外的 100 个高尔夫球场中排名第 54；2011 年在南非 100 个高尔夫球场中排名第四（黑骑士国际，2015）。

豹溪是由加里普莱尔设计的球场，临近南非标志性的克鲁格国家公园，是南非最好的高尔夫球场之一。2012 年美国评选最佳前 100 名的高尔夫球场时其排名第 43 位（康德纳斯，2014）。南开普敦的凡考特，是另一个由加里普莱尔设计的球场，2003 年举办了美国和国际队交锋的总统杯比赛、2005 年举办首届女子高尔夫世界杯，在 2012 年美国高尔夫文摘百名最佳高尔夫球场中排名第 30（康德纳斯，2014）。阿拉贝拉乡村俱乐部在西开普敦，靠近南非最大的天然泻湖，是由皮特马特科维奇设计的，超过 20 个国家最顶尖的高尔夫球场，在 1999 年高尔夫文摘中被评为最好的新球场（南非品牌，2015）。珍珠谷也是位于西开普敦的高尔夫球场，由杰克尼古拉斯设计，2005 年被高尔夫文摘评为年度最佳的新高尔夫球场（南非品牌，2015）。德班乡村俱乐部举办的南非公开冠军赛的数量超过其他的高尔夫球场。皇室约翰内斯堡和肯辛顿东高尔夫球场已经举办 7 场南非公开冠军赛，赛事也已经成为约翰内斯堡城市的一部分。在阳光和欧洲巡回赛的共同认可下，2007 年获得巡回赛资格。传奇高尔夫球场和游猎旅行度假村坐落在南非西南部林波波省的恩塔贝尼野生动植物保护区。这里被公认为是非洲队顶级的体育度假村，在 2010 年世界旅游奖评选中，它被评为南非顶级高尔夫度假村（传奇高尔夫 & 狩猎度假村，2015）。同年，世界第一个签名的高尔夫球场，在世界地产奖中被评为非洲最佳高尔夫球场（传奇高尔夫 & 狩猎度假村，2015）。它是由伊梅尔曼、哈灵顿、贾斯汀罗斯、维杰辛格、加西亚共同设计的（传奇高尔夫 & 狩猎度假，2015）。

三　发展特征

（一）遵循国际协议

南非遵循与体育相关的各种国际协议并且及时根据协议调整近期政策，例如，国际体育教育宪章、体育部反兴奋剂公约、MINEPSⅢ（1999）和 Ⅳ（2004）以及由联合国教科文组织举办的关于体育和平与发展的体育部长世界会议。

在 20 世纪 90 年代中期，体育和学校体育作为学校课程的一部分逐渐被淘汰，而现在又重新受到重视。体育在许多经济弱势的学校属于自选课程（马瑞莱克，2014）。目前，体育是南非学校的生活课程的一部分。为了解决体育教育中学体育计划及实施之间的差距，SRSA 与国家基础教育部分合作。SRSA 制定了三大目标战略，即学校体育政策、学校体育发展规划和学校体育实施过程（马瑞莱克，2014），以推动体育教育和运动。学校体育政策草案的目标是建立一个良性运营体育系统（马瑞莱克等，2013）。2016 年，SRSA 的学校体育分项计划也将重点放在整合体育项目的规划上，并补充到学校体育系统中（体育、娱乐 & 健康中心，n.d）。先前对青少年的身心带来负面影响以及导致青少年对体育活动丧失兴趣的课程已经全部取消。自世界反兴奋剂条例和教科文组织反兴奋剂公约实施后，南非体育药检所（SAIDS）通过SAIDS协议，并于2006年进行了修正（2006年第24号文件）。SRSA与SAIDS合作，倡导公平、诚实、健康运动的价值理念。

MINEPS是SRSA为了宣传国家传统文化和价值观念而推出的体育项目，第一个传统体育节在2003年举办，许多省级项目和活动都协助举办和推广这个节日。然而，尽管节日的关注度得到提高，但是做得还不够，希望这个节日在未来可以成为非洲运动会的一部分。

SRSA认识到，运动是维护和平及遵循联合国协议的重要工具。警察、国防和部队已经确认与SRSA达成战略合作伙伴关系，通过运动减少犯罪和暴力（马瑞莱克，2014）。

（二）体育训练和运动能力培养计划

体育训练和运动能力培养计划的实施，涉及许多利益相关者，如重视基础体育课程和教师的基础教育部门，通过领导力项目提供教练培训的SRSA和根据自己的能力设计训练课程的NSF（马瑞莱克，2014）。最近，运动能力培养和领导力项目根据国家资格框架（NQF）审核修订，以确保培训得到相关教育机构的认可。

Cathsseta是由21个教育和训练机构组成，是为了2011~2016年高等教育及训练计划而重建管理部门之一（体育、娱乐和健身中心指导，n.d）。其主要职能是标准化的管理、国家框架（NQF）培养和提高相关领域的技能。体育预科和健身子行业，涵盖12个标准产业分类（SIC）的代码，包括体育活动、体育联盟、体育设施运营和管理、俱乐部和业余体育、体育赛事推广及管理、游乐园、娱乐和文化活动、运营及管理游乐场、海滩、交易会、展览、运用及管理健康福利中心，其中包括水疗中心和健身中心（Cathsseta，NDB）。他们强调，这个行业市场细分还未与NQF接轨，因此，许多志愿者及个体的职业发展还受到限制。然而，Cathsseta还将继续与SRSA合作，并与SASCOC继续拓展技能培训。

2009 年，SASCOC 对照 NSF 进一步审核其人力资源及物资（体育、娱乐和健康部门，n.d）。调查结果发现，体育志愿者的培训需求旺盛，建议对 11000 个教练之前接受的学习课程（RPL）进行审核，检查他们已经获得的技能，接受的训练以及在哪些方面还需要继续提高；500 名裁判员及 500 名体育官员接受短期培训、技能提升和领导力培养计划，以提高他们在未来五年的技能水平。为了提高俱乐部和社区的体育发展水平，SRSA 计划培训 500 名体育发展专员和 1500 个体育中心（设施）管理员（体育、娱乐和健身中心，n.d）。他们补充说将优先考虑学校体育，以确保教师作为体育教练对提高体育参与率和高水平运动的支持。

大学是体育人才的主要提供者。大学可以提供一系列由高等教育委员会认证的学位和文凭，而南非的继续教育和训练院校没有相关运动资格认定。体育、健身和娱乐中心认为这是一个需求，确定了这个细分行业稀缺的技能，包括管理人员（总经理、项目经理和办公室、体育中心、设施管理者）以及技术人员和相关专业人员，如体育教练、体育发展官员、体育裁判、高尔夫技术人员（体育、健身和娱乐中心，n.d）。

从体育、娱乐、健身分部门员工的教育程度来看，大部分员工在 NQF 评价等级 4 至 5 级之间，极少在 9 至 10 级之间（体育、健身和娱乐中心）。

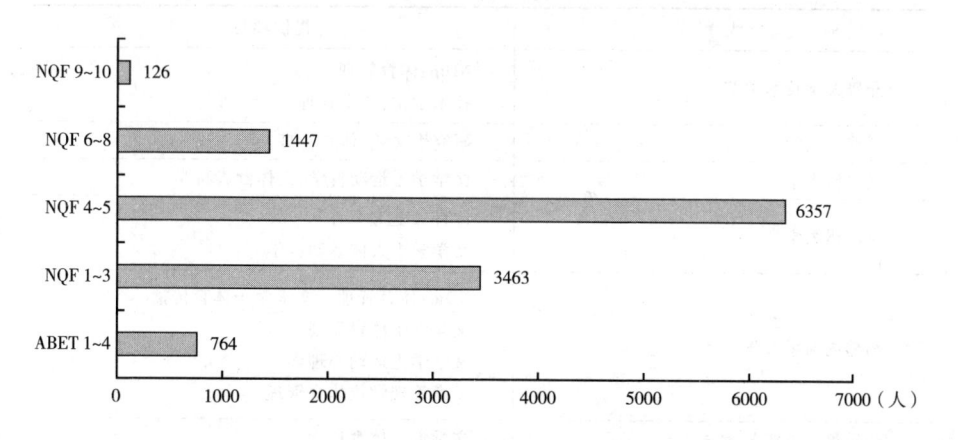

图 4　体育、娱乐和健身分部门员工的教育程度评级

资料来源：体育、娱乐与健身中心。

以下体育、娱乐和健身资质是在 Cathsseta 认证范围内（见表 8）。

表 8　Cathsseta 认证范围内的体育、娱乐和健身资质

描述	NQF 等级	描述	NQF 等级
FETC:体育行政	4	通用管理:体育管理	5
FETC:社区康乐	4	通用管理:体育联合会财务管理	5
FETC:体质健康	4	通用管理:体育赛事	5
FETC:运动教练,青年/初学者	4	ND:社区娱乐	5
FETC:志愿者服务	4	ND:体育保健用品	5
FETC:生命保护	4	ND:职业高尔夫	5
FETC:运动技术裁判	4	ND:体质健康	5
FETC:高尔夫及高尔夫场地	4	ND:科学教练	5
通用管理:高尔夫管理	4		

注：FETC = 继续教育和培训证书；ND = 国家文凭。

全国有许多大学提供一系列与体育相关的项目与学位。这证明了南非现在有许多项目关注体育科学以及少部分关注体育管理。马瑞莱克提出关键的挑战是项目的供应和研究技能需求之间存在着差异。

表 9　南非设有体育项目的大学一览

大学	提供项目
开普大学技术学院	NDip:体育管理 技术学位:体育管理
开普敦大学	研究生文凭:体育管理
黑尔堡大学	文学学士运动科学,人体健康科学
自由州大学	体育 & 运动医学 文学学士人体运动科学
约翰内斯堡大学	NDip:体育管理　文学学士体育传播 文学学士体育发展 文学学士运动心理学 工商管理学位体育管理
夸祖鲁－纳塔尔大学	文学学士体育科学
纳尔逊·曼德拉都市大学	NDip:体育管理 文学学士运动人体科学

第八章 南非：提升地位添助力

续表

大学	提供项目
西北大学	文学学士运动人体科学与心理学 文学学士娱乐与心理学 文学学士娱乐与旅游 文学学士运动人体科学与休闲学 BSc 运动人体科学与心理学 BSc 运动人体科学与营养
比勒陀利亚大学	文学学士 运动人体科学 运动科学学位 工商管理学位娱乐与体育管理
罗德斯大学	人体动力学和人体工程学
茨瓦妮理工大学	NDip:休闲管理 技术学士:休闲管理 NDip:体育管理 技术学士:体育管理
南非大学	体育管理项目
斯泰伦博斯大学	文学学士运动科学:地理与环境研究 文学学士体育科学:心理学 文学学士体育科学:英语 文学学士体育科学:南非与荷兰 BSc 体育科学
沃尔特·西苏鲁大学	NDip:体育管理
文达大学	BSc 生物动力学 BSc 娱乐与休闲 BSc 体育科学证书:体育教育与运动管理
西开普大学	文学学士体育、娱乐与运动科学 BSc 体育、娱乐与运动科学
威特沃特斯兰德大学	运动医学 运动科学
祖鲁兰大学	文学学士 人体运动科学 BSc 人体运动科学

注：表中所列不包括研究生学位。
资料来源：体育、娱乐和健康中心。

1. 转型

为了解决不平衡的问题，南非成立了体育转型中心（SASCOC，2012）。

293

中心认为，解决转型最实用的方法，是重点改变人们对顶级运动队的关注。转型被普遍认为可以提高妇女、青年人、残疾人以及在城市或农村地区的老人、儿童对体育的参与程度与参与体育的机会。2011年国家体育大会制定体育总体规划，他们发现，体育中引入定额系统可以改变过去历史遗留的不平衡问题；而关于系统问题有人提出关注以及持有保留意见（SASCOC，2011）。此外，一些运动员因为该系统遭受到诬蔑等负面影响。经过进一步确认，该系统确实对于转型有一定的帮助，但是还需要进一步的证实（SASCOC，2100）。体育转型积分卡设有6大维度，分别是：接受度、技能和能力培养、人口结构、表现、政府优先事项和良好管理（SASCOC，2011）。积分卡将会帮助解决问题以及允许矫正干预。此外，允许体育实体根据转型表现互相竞争，积分卡是做决策时很有效的支撑工具（SASCOC，2011）。该条例将在2015年进行审核并每两年审核一次。目前，因为预算限制，重点将放在优先级代码上。

2. 运动教练

为了创造"有效的，具有包容性和凝聚力的教练体系，推动国家体育转型与取得好成绩"，2010年，SASCOC参与协商过程，以促进南非体育教练的发展（SASCOC，2010）。人们也进一步认识到，这对于黑人教练，尤其是在乡镇和农村环境的教练，是一个特殊的挑战与机遇。培养和发展学校的教练，也同样值得重视与关注。发展的条例已经设置三个阶段：第一个阶段（2010~2012），构建发展的基础，重点在于政策的制定。第二个阶段（2013~2014）逐渐转移到实施中，强调对教练的招聘与培训，以反映南非的社会和人口组成。建立长期的协调机制，第二阶段需要关注质量及效果。第三阶段，也是最后的阶段（2015~2018），将重点实施项目延伸到NSFs中，以监管和评估项目。长期参与发展是国家教练计划的关键。SASCOC与运动员长期发展合作也是工作的重要参考点（SASCOC，2010）。同样的，该方案的主要特征是建立教练长期发展的结构模型，主要包括四个层次，即助理教练、教练、高级教练和主管教练（SASCOC，2010）。这样的教练结构与国际教练培训委员会（ICCE）接轨。国际教练培训委员会机构遍布全世界（SASCOC，2010）。

第八章 南非：提升地位添助力

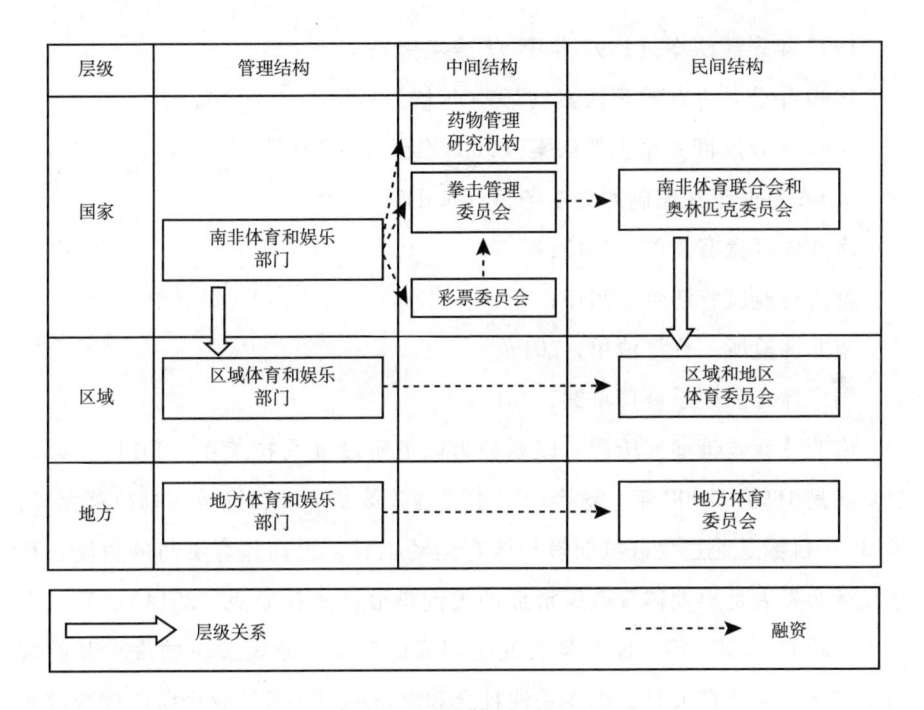

层级	管理结构	中间结构	民间结构
国家	南非体育和娱乐部门	药物管理研究机构 拳击管理委员会 彩票委员会	南非体育联合会和奥林匹克委员会
区域	区域体育和娱乐部门		区域和地区体育委员会
地方	地方体育和娱乐部门		地方体育委员会

⇒ 层级关系　　---▶ 融资

图 3　南非体育管理结构

资料来源：马拉莱克等，2013。

（2007 年第 18 号文件）；

1997 年南非体育药物研究机构（1997 年第 14 号文件），2006 年修订（2006 年第 25 号文件）；

还有其他一些体育政策指导体育活动的实施。

最近批准的重要草案：

申办国际体育和娱乐节事和活动（宪报编号 33211 - 法规 433）；

体育和娱乐节事活动的安全性（2010 年第 2 号文件）；

2011 年体育和娱乐节事活动安全条例；

2011 年学校群众参与政策。

自 1996 年影响体育政策制定的立法框架：

1996 年南非宪法（1996 年第 108 号文件）；

学校体育法（南非体育，1996 年第 108 号文件）；

1997 年彩票法案（1997 年第 57 号文件）；

1999 年公共财政管理法案（1999 年修订后第 1 号文件）；

2005 年政府间关系框架法案（2005 年第 13 号文件）；

SRSA 目前正在编制的立法条目（n.d）：

南非体育竞赛清单，2015；

健身行业监管清单，2015；

南非药检所－修订清单，2017；

国家体育和娱乐修订草案，2017。

南非体育政策演变历程可以划分为以下阶段（马拉莱克，2014）：第一个阶段是 1994～2000 年，这个阶段主要是政策的形成和发展（马拉莱克等，2013）。目标是通过促进群众参与体育运动项目，提高体育参与的程度，社区和社会发展是早期体育政策形成的关键举措（马拉莱克，2014）。第二个阶段是 2000～2005 年，体育政策发生明显的转变，政策关注的重点开始转向竞技体育和体育成绩，极少关注社会和经济的不平等。这个阶段体育政策转变与 NSRP 的发展，体育作为社会及竞技体育发展的工具的转变，以及更多关注政策如何落地有关。实现的基础包括：（1）一个活跃的国家；（2）一个成功的民族；（3）有利的环境、14 项战略政策指导实施。共同领导，长期的以运动员为重点培育对象，发展教练是与过去政策对比之后当前政策新的重点。马拉莱克（2014 年）提出的 5 个横向支撑问题是发展竞技体育的关键：

（1）在体育管理中提高道德规范水平；

（2）遵守违禁药物条例；

（3）解决种族隔离制度遗留问题；

（4）促进体育最大化参与及竞技体育的影响力；

（5）保护 18 岁以下运动员的权利。

为了进一步夯实体育参与的基础，NSRP（2012）制定了六大战略：

（1）学校体育和体育教育的实施（将在下文中进一步讨论）；

（2）大规模动员计划（将在下文中继续讨论）；

四 当代的机遇与挑战

南非的体育政策还在群众体育与竞技体育之间寻求平衡（马瑞莱克，2014）。然而，最关键的问题还在于政策的变化速度太快；行政领导干预政策和战略的改变；在地方没有足够的时间实施政策和计划；缺乏相应的监管和评估（M&E）过程。SRSA（2009）也指出，体育的影响因为方法和统计的缺陷而被低估；战略制定和决策都需要完善的测量系统。基于此，SRSA制定了 M&E 的政策框架与监测计划（马瑞莱克等，2013）。但不得不承认的是，M&E 最主要的限制是许多体育机构的工作人员和志愿者都是兼职人员（马瑞莱克，2014）。

马瑞莱克（2014：122）提出，尽管南非的体育在不断发展，但目前流行的"无论是政府还是民间社会，体育都离不开政治"的说法，是南非体育最真实的反映。最明显的是 2015 年板球世界杯，南非在半决赛中表现不佳。摩达（2015）报道在选择弗农菲兰德还是凯尔雅培参加比赛时存在争议，最后选择菲兰德的原因是保证南非 4 名运动员都是有色的运动员。尽管在国际层面没有官方的规定，但选择有色的运动员已经是约定俗成的规定。她补充说，南非的成绩已经跌到世界杯的八分之一决赛。这也是引起相关行政人员重视的原因。半决赛后两天，南非板球董事会（CSA）在没有咨询南非板球协会的情况下，直接决定在国内层面增加定额数量，并且只留给球队两个星期的时间去敲定合同。在 2015~2016 年赛季，球队将补充 6 名球员，其中有 3 名是黑人（摩达，2015）。CSA 首席执行官哈龙罗格解释说，需要改变 CSA 协会的定额制度。尽管转型已经成为政府重点政策，但是，转型进展迟缓，原因是政府介入太多而对体育的支持程度又十分低（SRSA，2009）。提高体育活动的参与程度，尤其是增加黑人、其他种族人群和女性的体育活动参与程度，这确实可以帮助实现体育的社会和经济价值。然而，政府认识到，体育缺乏专业知识及资金以实现自我组织及转型，在此情况下也无法对南非社会带来有意义的影响。

马瑞莱克（2014）认为，南非体育政治系统需要有效执行，省级及地方政府结构也需要极大的关注和整合。另外，在资源较少的地区，体育教育和学校体育仍然是一个极大的挑战。此外，学校体育还存在很大的威胁，主要原因是传统意义上负责学校体育的男性老师的数量迅速减少，缺乏体育设施和设备，组织体育活动的能力不足，尤其是一些处于弱势的学校（SRSA，2010）。成功的群众体育是实现精英体育的基础，也可以提高在国际比赛中取得好成绩的可能性。

尽管1994年后体育实体的数量得到大幅的增长，但南非在一些大型赛事中还缺乏较好的成绩。南非在1993年后在奥运会中的成绩见表10。

表10 1992~2012年南非在历届夏季奥运会中的成绩

奖牌	巴塞罗那 1992年	亚特兰大 1996年	悉尼 2000年	雅典 2004年	北京 2008年	伦敦 2012年
金牌	0	3	0	1	0	3
银牌	2	1	2	3	1	1
铜牌	0	1	3	2	0	1
合计	2	5	5	6	1	5

资料来源：体育、娱乐和健康中心（n.d）。

虽然已经成功举办多次大型赛事，但南非还需要积累申办和举办赛事的经验。2005年，在申办2010年南非世界杯过程中，南非旅游局（2005）接到调研南非体育产业竞争力的委托。研究发现，体育赛事缺乏总体的战略规划（SAT，2005）。南非也善于利用自然资源支持体育项目的发展。在成功举办2010年足球世界杯之后，体育和赛事旅游互助机构（SETE）在2011年启动项目，目标是将南非打造成世界领先的体育和赛事旅游目的地（ThebeReed，2014）。尽管战略迄今为止还没有确定，但SETE作为一个动态的商业平台，一直鼓励体育、赛事和旅游企业之间互相合作，对南非这类产品进行招商引资（ThebeReed，2014）。此外，SETE提供一个平台：

大型赛事的申办和举办；

促进南非（非洲）成为北半球运动员冬季训练地；

促进南非（非洲）成为大众参与体育、观赏自然风光和体验世界级体育设施的目的地；

增加游客数量、消费金额和居住的时间；

促进转型；

提高本地联合会和协会水平；

展示南非（非洲）举办和管理大型与中型赛事的经验和能力；

提高本土赛事举办水平；

提高国家、州、省级提供产品及服务的质量。

SETE一直都在鼓励南非向体育与赛事旅游目的地发展，但体育和旅游之间缺乏互利互惠的纽带（斯沃特、勃博，2008）。体育旅游战略性发展的草案给体育旅游的发展带来新的希望。

体育白皮书和NSRP为南非体育的发展奠定了良好的发展基础，但还需要建立一个同步的政策体系，以实施和管理绩效（马瑞莱克等，2013）。目前体育发展还缺乏明确的政策、新的管理模式以及更多的社会合作。因此，多尺度的项目和战略，需要依据不同的地理环境和不同机构的多个决策者一起制定（马瑞莱克等，2013）。为了全面贯彻实施新的NSRP战略，还需要富有远见的领导者，各种运动机构的运营也还需要许多重要的管理能力。

五 发展趋势和优势

1. 2010年足球世界杯研究的议程

发展中国家，尤其是金砖五国（巴西、俄罗斯、印度、中国和南非）都将大型体育赛事作为社会经济发展的工具（斯沃特 & 勃博，2012）。因此，评估大型赛事的相关遗产极其重要，尤其是大型赛事需要大量的初始投资，而社会经济需求情况又十分严峻。对于南非举办超大型体育赛事一直存在许多争议，最大的问题是，非洲大陆是否可以为这些赛事提供充足的经济、社会、政治、环境和自然（基础设施）。2010年足球世界杯研究日常工作的推进，和可获得国家多少支持息息相关，政府和学术界间的合作与伙伴关系是不同的利益相关者进行广泛的研究的基础。优先关注和研究的领域主要包括四个方面：经济、社会、环境和媒体（形象）。在经济方面，2006年足球世界杯中采用的普洛伊斯自上而下的研究方法，其中包括在多个举办城市收集9000多名观众的原始数据（斯沃特＆勃博，2012）。在开普敦和德班还使用正式和非正式的商业调查，由于资源有限，使用了案例调查方法。对于社会影响，研究集中在正式和非正式的居民感知案例研究，对比足球世界杯前后开普敦和德班居民感知。除此之外，案例研究也在非举办城市进行了调研。在足球世界杯期间，研究者对15000名游客和当地居民进行了绿色调查。最后研究者还分析国际媒体对2010年足球世界杯的有关报道，主要集中在南非和开普敦的媒体形象（举办前、举办临近、举办期间和2010年举办以后），主要关注几个重要的市场（英国、德国、荷兰和美国）以及新兴市场巴西。

此次研究不是有意突出研究结果，而是反映发展研究过程中的经验与教训。在其中需要确认一些由来已久的关于基础设施和资源的问题，这些问题可能会对相关研究工作造成影响（斯沃特＆勃博，2012）。尽管缺乏国家的认可，但广泛的资源网整合，可以促进研究的发展。确定合作伙伴尤其重要，因为这涉及资金的使用情况，包括一些举办城市和省级旅游机构。研究的预算和对资源的使用也是关键因素，尤其是全国性的研究，因为使用研究方法需要投入大量的人力物力。因此，缺乏对主办城市的比较研究，相当于错失了一个机会。

由此可以预见，2010年后这一合作将促进2010年足球世界杯的相关研究数据的收集，包括当前与之相关数据库研究与国际对数据的最佳应用。该研究可以评估举办2010年足球世界杯优劣势，在此基础上，可以预估将来对其他大型赛事的申办，尤其是在发展中国家这一背景下。正如前文所提出的，世界杯研究过程中有三个特殊问题被公开，并随着研究的不断深入，这些问题还在不断地被曝光，尤其与媒体影响息息相关。纵向研究及研究中对未来赛事的规划，是这份研究的不足之处。

2010年足球世界杯研究议程的经验教训表明，对于这类大型赛事的研究，需要与众多赛事利益相关者建立合作伙伴关系及跨学科研究。此外，动员必要的资源满足研究需求，尝试在国家和举办城市层面有偿合作，以确保收集的数据与研究数据的一致性。

有人指出，大型赛事研究特别适合协调和跨学科的综合研究方法，尤其是确定发展影响方面。2010年研究者试图从广泛的经验和视角来研究。实地研究法对于来自不同部门和研究院的研究人员是更加适用的研究方法。通过此次研究，机关人员在这方面的研究技能提高了，通过对年轻研究人员研究能力培养及充分赋予权力，尤其是在历史上存在弱势的背景之下，国家的体育旅游和体育管理得到增强。在足球世界杯举办期间实地考察过的志愿者，也得到参与这次国际研究的机会，有100多个学生获得接受研究培训的机会。数据收集的广度与范围及在世界杯期间研究能力的培养，都对今后知识的生产及技术的发展有极大的帮助。这一贡献是不容忽视的。

开普敦城市（CoCT，2011）2010年研究项目，是此次研究合作及伙伴关系的典型案例。该项目促成了2010年的研究并与SRSA合作开发了综合研究模型，即体育赛事影响模型（SEIM），来评估南非体育赛事（包括大型体育赛事）的社会经济影响。开普敦经济和人类发展部门，体育、娱乐和便利设施部门，战略发展和地理信息系统，2010年运营及旅游部门同意使用SRSA模型，因为可以预期研究结果多元化，一个部门并不能完成所有工作（CoCT，2011）。开普敦旅游（CTT）也在游客和市场相关信息中看见了研究的价值，因此赞成并配合此次研究。

开普敦教育财团（CHEC）代表开普敦及斯坦伦博斯，开普敦技术大学（CPUT）、开普敦大学、西开普大学和斯坦伦博斯大学及代表来自CPUT的项目管理者和来自CoCT及国内外的研究学者签约，实现关于2010年社会经济影响模型的研究实施。四所本地大学的专家、国内外研究学者和学术代表，整合目前研究脉络及大型赛事研究经验优势，增强了对2010赛事中对CoCT遗产的研究（CoCT，2011）。

该模型的基本方法，是将体育赛事定义和解释为一种旅游活动。根据指标可以计算出相关赛事所有的直接花费，直接、间接和诱导影响以及社会核算矩阵（SAM）作为衡量赛事经济影响的工具，用于投入产出分析的研究工具SAM是全面的，在此研究中用于计算游客花费及赛事举办地花费，投入、产出分析（SAM）及一般均衡分析，多用于测量赛事在全球未来发展中的经济影响（CoCT，2011）。

经济影响的测量不足以评价一个赛事的影响，赛事的社会影响和体育影响也需要同时考虑。因此，社会和体育相关指标计入 SEIM 的框架中。居民感知研究和体育联盟（体育组织）调查的数据是对体育社会和体育影响评估极其重要的数据。应当指出的是，在 SEIM 中，环境影响也作为社会影响中十分重要的数据。

多目标决策（MCDM）模型用于测量社会和体育影响。MCDM 的目标将社会和体育中很难量化的指标附加值化。模型的指标和经济影响指标、社会影响指标以及相关体育影响指标相结合，形成完整的 SEPI。所有的指标设置相应的权重。SEPI 的值以百分比来表现，范围从 0～100，0 代表极其不利，100 代表极其有利（见图 5）。

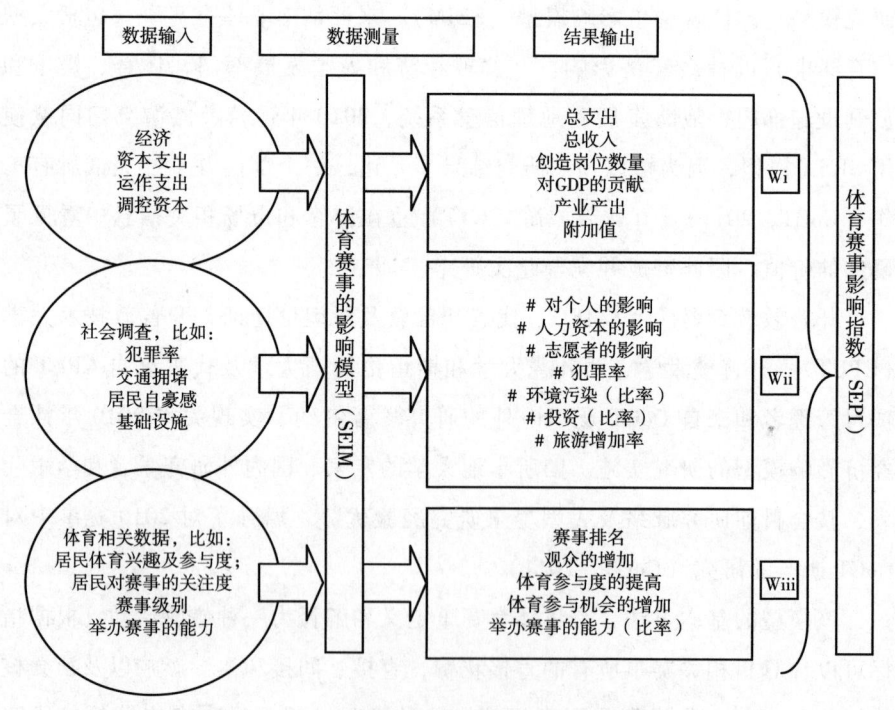

图 5 SEIM 概念模型

资料来源：城市经济，2010。

使用 SEIM 的具体步骤见图 6。

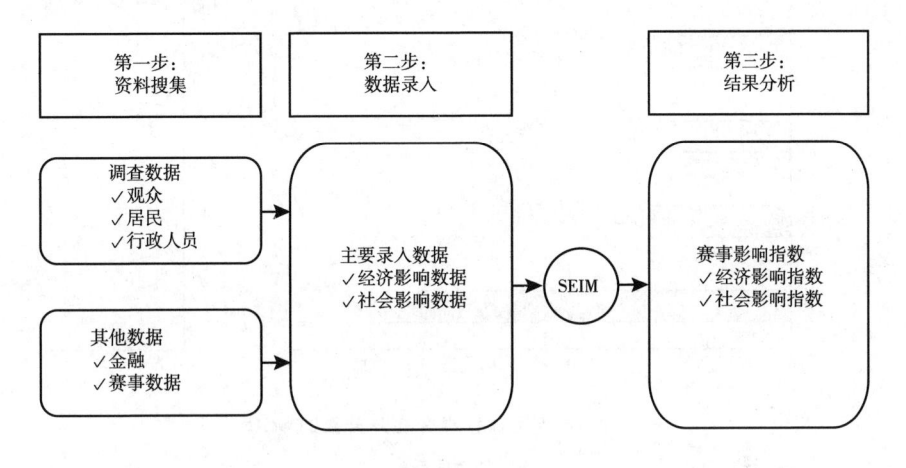

图 6　使用 SEIM 的步骤

资料来源：城市经济，2010。

研究者利用该模型在开普敦对 2010 年足球世界杯进行了全面广泛的研究调查。对象涉及将近 7000 人，调查时间范围和对象涉及比赛前、比赛期间、比赛后的观众、居民、企业和体育联盟。调查结果显示，2010 年足球世界杯对城市的短期发展有显著影响。整体指数为 80%，属于目标指数中的 A 级赛事。SEPI 的其他 3 项指标：经济（84%）、社会（80%）和运动（75%）都相对较好。

这一研究项目为今后赛事影响的其他研究提供了极其强大的平台，也从侧面说明了赛事研究对于城市计划举办大型赛事具有举足轻重的作用，且这个作用在南非尤为明显。此外，在发展中国家，研究结果对于知识的构建和举办大型赛事具有巨大贡献。

2. 体育旅游战略

体育与旅游，被公认为是体育中对社会和经济效益贡献最大的组合（SRSA，2000）。在 2010 年成功举办足球世界杯之后，SRSA 在 2012 年起草体育旅游发展战略。国家发展体育旅游战略目标是：

（1）为整合和巩固各行业提供指导；

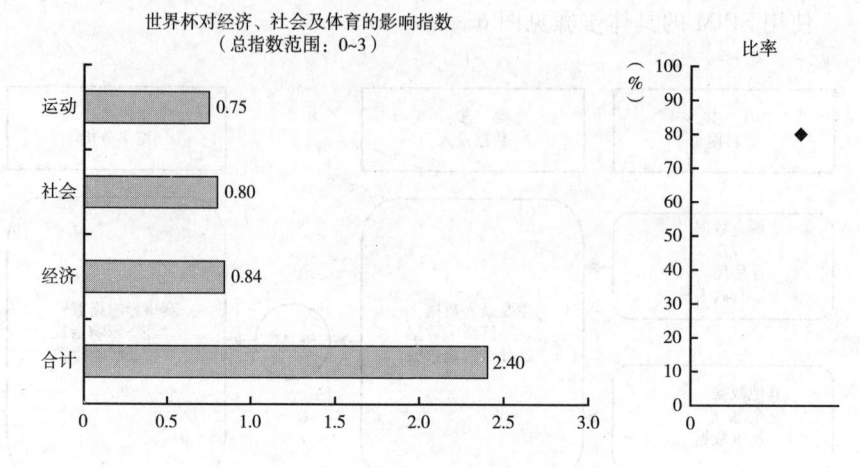

图7 2010年足球世界杯在开普敦的SEIP

(2) 明确实施战略所需要的制度关系；

(3) 为南非申办和举办重要大型赛事提供导向；

(4) 帮助政府对国内赛事支持的优先程度提供指导；

(5) 提出政府应该提供支持的类型（SRSA，2010）。

作为牵头部门，SRSA对国家体育旅游战略的范围明确为：体育旅游研究、与NSF及SASCOC的合作、专业知识和信息的交流、倡导将体育旅游的利益最大化以及将南非作为体育旅游目的地选择的营销等。

参考文献

Ahmed, F., & Pretorius, L. (2010). Mega-events and Environmental Impacts: The 2010 FIFA World Cup in South Africa. *Alternation*, 17 (2), 274-296.

Bassa, Z., & Jaggernath, J. (2010). Living close to 2010 stadiums: Residents' perceptions of the 2010 FIFA World Cup and stadium development in Durban, South Africa. *Alternation*, 17 (2), 121-145.

Bidvest Wanderers Stadium. (2014). http://www.wanderers.co.za/about.html.

Black, D. (2007). The Symbolic Politics of Sport Mega-events: 2010 in Comparative Perspective. *Politikon*, 34 (3), 261-276.

第八章 南非：提升地位添助力

Black Knight International. (2015). Awarded courses. http://garyplayer.com/golf-course-design/project-awards/.

Bob, U. (2010). Sustainability and events design. In D. Tassiopoulos (Ed.), *Events Management: A Development and Managerial Approach* (pp. 207-244). Cape Town, South Africa: Juta.

Bob, U., & Majola, M. (2011). Rural community perceptions of the 2010 FIFA World Cup: The Makhowe Community in KwaZulu-Natal. *Development Southern Africa*, 28 (3), 387-399.

Bob, U., & Naidoo, S. (2012). Green goal: Awareness of the 2010 FIFA Soccer World Cup's Greening Program and implications for environmental education. *African Journal for Physical, Health Education, Recreation and Dance* (1), 95-105.

Bob, U., & Swart, K. (2009). Residents' Perceptions of the FIFA 2010 FIFA Soccer World Cup Stadia Development in Cape Town. *Urban Forum* 20, 47-59.

Bob, U., & Swart, K. (2010a). Sport Events and Social Legacies. *Alternation* 17 (2), 72-95.

Bob, U., & Swart, K. (2010b). The 2010 FIFA World Cup and women's experiences in Fan Parks. *Agenda*, 85, 85-97.

BrandCapital. (2012). 2010 FIFA World Cup International Media Impact Study. unpublished report.

Brand South Africa. (2015). Golf courses in South Africa. http://www.southafrica.info/about/sport/golf.htm#.VV2092TF8rM.

Cape Town Tourism. (2010). Media coverage of the World Cup. Retrieved July 12, 2012 at http://www.capetown.travel/content/page/legacy-and-lessons-2010.

Cathsseta. (n.d.a). About us. http://www.cathsseta.org.za/index.php/about-us/.

Cathsseta. (n.d.b). Sport, recreation and fitness. http://www.cathsseta.org.za/index.php/about-us/departments/sport-recreation-fitness/.

Chain, D., & Swart, K. (2010). Residents' perceptions of the 2010 FIFA World Cup: A case study of a suburb in Cape Town, South Africa. *Alternation* 17 (2), 146-172.

City of Cape Town. (2010). City and Sail Stadefrance end discussions over long term lease of stadium. https://www.capetown.gov.za/en/Pages/CitySailStadefranceenddisclongtermleaseofstadium.aspx.

City of Cape Town. (2011). CoCT and CHEC 2010 FIFA World Cup research reports (Summary and Full Reports). http://www.capetown.gov.za/en/FIFA2010/Pages/ResearchreportonshorttermimponCT.aspx.

City of Johannesburg. (2015). City plans makeover for Ellis Park precinct http://www.joburg.org.za/index.php?option=com_content&view=article&id=441&catid=

198&itemid = 198.

Conde Nast. (2014). 100 best golf courses outside the US. http://www.golfdigest.com/golf-courses/2012-05/100-best-golf-courses-outside-us.

Cornelissen, S., Bob, U., & Swart, K. (2011). Towards redefining the concept of legacy in relation to sport mega-events: Insights from the 2010 FIFA World Cup. *Development Southern Africa*, 28 (3), 307-318.

Cornelissen, S., & Maennig, W. (2010). On the Political Economy of 'feel-good' effects at sport mega-events: Experiences from FIFA Germany 3006 and prospects for South Africa 2010. *Alternation* 17 (2), 96-120.

Cottle, E. (2010). *A Preliminary Evaluation of the Impact of the 2010 FIFA World Cup?: South Africa*. Cape Town, South Africa: Labor Research Service.

CTT. (2010). Media coverage of the World Cup. Retrieved July 12, 2012 at http://www.capetown.travel/content/page/legacy-and-lessons-2010.

Department of Environmental Affairs & Tourism. (2005). *2010 Soccer World Cup Tourism Organization Plan Executive Summary*. Pretoria, South Africa: DEAT.

du Plessis, S., & Maennig, W. (2011). The 2010 FIFA World Cup high-frequency data economics: Effects on international tourism and awareness for South Africa. *Development Southern Africa*, 28 (3), 349-365.

Durban 2022. (2015). Durban Committee confident ahead of lodging bid in London. http://www.durban-2022.com/assets/files/media%20statement%20-%2025%20february%202015.pdf.

Durban 2022. (n.d.). Durban 2022 Commonwealth Games Candidate City File Executive Summary. http://www.durban-2022.com/assets/files/durban-2022-cg-candidate-city-file.pdf.

Department of Sport and Recreation. (1995). *White paper: Getting the nation to play*. Pretoria, South Africa: Government Printer.

Department of Sport and Recreation. (n.d.). Mission and values. Retrieved 30 March, 2015 from httpp://www.srsa.gov.za/pebble.asp?relid=30.

Gauteng Tourism Authority. (2014a). Ellis Park Stadium. http://www.gauteng.net/attractions/entry/ellis_park_coca-cola_park/.

Gauteng Tourism Authority. (2014b). Loftus Versfeld Stadium. http://www.gauteng.net/attractions/entry/loftus_versfeld_stadium/.

Govender, S., Munien, S., Pretorius, L., & Foggin, T. (2012). Visitors' Perceptions of Environmental Impacts of the World Cup: Comparisons between Cape Town and Durban. *African Journal for Physical, Health Education, Recreation and Dance*, S1, 106-114.

Grant, T. (2011). SA 2010 FIFA World Cup a Year in Review: R40 billion well spent with some areas still to be leveraged. Retrieved June 23, 2011 at http://www.gt.co.za.

Hendricks, N., Bob, U., & Nadasen, N. (2012). A comparison of Cape Town and Durban business perceptions of the 2010 FIFA World Cup. *African Journal for Physical, Health Education, Recreation and Dance*, 18 (1), 63 – 73.

Keech, M. (2001). The ties that bind: South Africa and Sports Diplomacy 1958 – 1963. *The Sports Historian*, 21 (1), 71 – 93.

Kidd, B. (1998). The campaign against sport in South Africa. *International Journal*, 43 (4), 643 – 666.

Lewis, A. (2015). Newlands Pool could be scrapped. http://www.iol.co.za/news/south – africa/western – cape/newlands – pool – could – be – scrapped – 1.1807371#.VVx_wWTF8rM.

Maralack, D. (2014). Sport policy in South Africa. In M. Keim, & C. de Coning (Eds.). *Sport and development policy in Africa – Results of a collaborative study of selected country cases* (pp. 119 – 138). Stellenbosch, South Africa: Africa Sun Media.

Maralack, D., Keim M., & de Coning, C. (2013). South Africa. In K. Hallman & K. Petry (Eds.), *Comparative sport development: Systems, participation and public policy* (pp. 253 – 268). New York: Springer.

McKenna, F., & Bob, U. (2012). Business perceptions of the 2010 FIFA World Cup and related infrastructural development: A case study of the Moses Mabhida Stadium and the Durban beachfront developments. *Alternation* 17 (2), 200 – 224.

Moonda. F. 2015. CSA denies Philander semi – final selection down to quotas. Retrieved March29, 2015 at http://www.espncricinfo.com/southafrica/content/story/857057.html.

Moses Mabhida Stadium. (2015). Interesting facts. http://www.mmstadium.com/info/interesting – facts/.

Munien, S., & Majola, M. (2012). Rural community perceptions of the 2010 FIFA World Cup: A case study of the Izibukwana Community, Kwazulu – Natal. *African Journal for Physical, Health Education, Recreation and Dance*, 18 (1), 52 – 62.

Murray, B., & Merrett, C. (2004). *Caught behind: Race and politics in Springbok cricket.* Johannesburg and Scottville, South Africa: Wits University and University of KwaZulu – Natal.

Nauright, J. (1997). *Sport, culture and identities in South Africa.* Cape Town, South Africa: David Philip.

Nevill, G. (2012). Sport packs a powerful punch. http://themediaonline.co.za/2012/04/sport – packs – a – powerful – punch/.

Nongogo, P. (2011). The Olympic Movement and South Africa – The effect of the sport boycott and social change in South Africa: A historical perspective, 1955 – 2005. Lausanne, Switzerland: IOC Olympic Studies Center – Postgraduate Research Grand Program.

Norman, W. , Backmann, K. , & Backmann, S. (2002). The changing face of tourism impact analysis. In *Proceedings of the National Extension Tourism Conference* (pp. 16 – 19). Traverse City, MI.

Perry, E. , Chunderduth, A. , & Potgieter, C. 92012). Securing South Africa during the 2010 FIFA World Cup: Legacy implications for post – event safety and security. *African Journal for Physical*, *Health Education*, *Recreation and Dance* September, S1, 123 – 130.

Poynter, G. (2011). From Beijing to Bow Creek: Measuring the Olympics effect – East Research Institute working papers in urban studies. London, England: University of East London,

Preuss, H. (2005). The economic impact of visitors at major multi – sport events. *European Sport Management Quarterly* 5 (3), 281 – 301.

Preuss, H. (2011). A method for calculating the crowding – out effect in sport mega – event impact studies: The 2010 FIFA World Cup. *Development Southern Africa*, 28 (3), 367 – 385.

Preuss, H. , & Kursheidt, M. (2009). How crowding – out affects tourism legacy. In *Proceedings of the Sport Mega – Events and Their Legacies Conference*, Stellenbosch, South Africa.

R&A. (2015). Golf around the world 2015. file: ///Users/Admin/Downloads/Golf% 20Around% 20the% 20World% 202015. pdf.

Recreation Zone Newlands. (2011). A vision for the Newlands Recreation Precinct. Discussion Document. file: ///Users/Admin/Downloads/NSHP – Report – 2011 – 03 – 15 – Part – 1 – Background. pdf.

SAT. (2012). Impact of the 2010 FIFA World Cup. www. southafrica. net.

SAT. (2005). Overview of the South African Sports Industry Competitiveness. http: // southafrica. ner/satourism/research/viewResearchDocument. cfm? ResearchDocumentID = 376.

Sport and Recreation Fitness Chamber. Sport and Recreation Fitness Chamber Guide. n. d. http: //www. cathsseta. org. za/wp – content/uploads/2013/03/Sport – Recreation – and – Fitness – Chamber – Guide. pdf.

SASCOC. (2010). South African Coaching Framework Consultation Document. Building pathways and transformation through sport coaching in South Africa.

SASCOC. (2011). Transformation Charter. 2011 National Sport and Recreation Indaba.

SAT. Impact of the 2010 FIFA World Cup. Johannesburg: SAT. Accessed June 15 2011. www. tourism. gov. za: 8001/.../2010.../World_ Cup_ Impact_ Study_ v8_ report_ 03122010. pdf.

Schriener, W. Media perceptions of South Africa. In *Proceedings of the 2009 National Communications Partnership Conference of Brand South Africa*, August 17 2009. Johannesburg, South

第八章 南非：提升地位添助力

Africa.

SISSA. (2015). How we started. http://www.ssisa.com/about－us/.

SRSA. (n.d.). Bills for comment. http://www.srsa.gov.za/pebble.asp?relid=2371.

SRSA. (2009). A case for sport and recreation: The social and economic value of sport. http://www.srsa.gov.za/MediaLib/Home/DocumentLibrary/Case%20for%20Sport%20－%20Oct%202009%20(Final).pdf [06 March 2015].

SRSA. (2011). *2010 FIFA World Cup Report*. Pretoria, South Africa: Government Printer.

SRSA. (2012). *National Sport Tourism Strategy*. Pretoria, South Africa: Government Printer.

SRSA. (2014). *SRSA Annual Report. 2013－2014*. Pretoria, South Africa: Government Printer.

SSA. (2009). Newlands Aquatic Park Redevelopment. http://www.newlandsresidents.org.za/Property/09－03－30_SWIMSA_BUSINESS_PLAN_%282%29.pdf.

Supersport (n.d.). Supersport Park Centurion. https://www.supersport.com/cricket/international/content.aspx?id=20378.

Swart, K., & and Bob, U. (2010). Venue selection and the 2010 FIFA World Cup: A Case study of Cape Town. In U. Pillay, R. Tomlinson, & O. Bass (Eds.), *Development and Dreams: The Urban Legacy of the 2010 FIFA World Cup* (pp. 114－130. Pretoria, South Africa: HSRC.

Swart, K., & Bob, U. (2008). The eluding link: Toward developing a national sport tourism strategy in South Africa beyond 2010. *Politikon*, 34 (3), 373－391.

Swart, K., & Bob, U. (2012). Reflections on developing the 2010 FIFA World Cup research agenda. In W. Maennig, & A. Zimbalist (Eds.), *International handbook on the economics of mega sporting events* (pp 434－448). London, England: Edward Elgar.

Swart, K., Linley, M., & Hardenberg, E. (2012). A media analysis of the 2010 FIFA World Cup: A case study of selected international media. *African Journal for Physical, Health Education, Recreation and Dance, 18* (1), 131－141.

The Bulls. (2012). Vodacom Bulls to return to Orlando. http://thebulls.co.za/news/2012/12/28/vodacom－bulls－to－return－to－orlando/.

ThebeReed. (2014). Sports and Events Tourism Exchange. http://www.thebereed.co.za/sportsandevents/

Turco, D., & Swart, K. (2012). International Sport Tourism. In M. Li., E. Macintosh, & G. Bravo (Eds.), *International Sport Management* (pp. 439－458). Champaign, IL: Human Kinetics.

Turco, D., Tichaawa, T., Moodley, V., Munien, S., Jaggernath, J., & Stofberg, Q. S. (2012). Profiles of foreign visitors attending the 2010 FIFA World Cup in South Africa. *African Journal for Physical*, *Health Education*, *Recreation and Dance* September, S1, 74 – 81.

Urban – Econ & SRSA. 2009. Sport Event Impact Model – User's Guide.

Van der Merwe, J. (2007). Political analysis of South Africa's hosting of the Rugby and Cricket World Cups: Lessons for the 2010 football World Cup and beyond? *Politikon*, 34 (1), 67 – 81.

Western Province Cricket Association. (2012). Sahara Park Newlands rated second best cricket ground. http://www.wpca.org.za/news/sahara – park – newlands – rated – 2nd – best – cricket – ground – in – the – world.

Western Province Cricket Association. (n.d.). About Cape Cobras. http://www.wpca.org.za/about.html.

WP Rugby. (2014). Western Province Rugby Statement. http://wprugby.com/wp – rugby – statement – 181214/.

第九章
韩国：从量到质促转变

康俊浩

康俊浩（Joon-ho Kang），博士。韩国立首尔大学全球体育管理研究生课程主任，体育产业中心主任，体育营销系教授。《体育管理》、《全球学者的市场科学》及国际期刊《体育金融》、《体育与健康科学》编委会成员。研究领域为体育消费者行为研究、体育赞助、体育产业以及体育发展。

第九章 韩国：从量到质促转变

随着20世纪末冷战的结束，体育产业伴随着全球化和多媒体数字化的发展逐步发展起来。与冷战时期的体育发展不同，政府不再是体育发展的重要推动者，取而代之的是市场成为体育发展最重要的动力。在当今社会，体育构建起了一个巨型的价值网络：媒体在追求体育新闻的价值，公司在寻找体育媒体的价值，联邦及当地政府则在追求体育的经济和社会价值。这些价值网络的构建促进了大量资本涌入体育产业化的进程中（Kang，2005）。在政府不遗余力的推动下，韩国已经成为一个体育大国，并且正在经历着体育现代化的进程。从体育产业的视角来看，韩国在亚洲体育市场中具有重要作用。

一 韩国体育市场的发展阶段

体育是社会的一面镜子。在研究体育产业的发展过程中应该结合韩国社会的变革考虑。从这个角度出发，体育产业作为一个相对新兴的产业，其发展过程可分为五个阶段。

（一）前产业化阶段（20世纪六七十年代）

在20世纪六七十年代，韩国政府为了能尽快从朝鲜战争的创伤中恢复过来，开始大力发展经济。政府采取以出口为主导的经济政策，主要依靠重化工产业。因此，韩国在70年代末成为最成功的发展中国家。在这个阶段，体育产业发展环境较差，与体育相关的法律、机构、制度、人力资源、经济资源及基础设施都相对薄弱。同样，人们并没有太多的时间用于体育休闲。

然而，在1962年，《体育法》的颁布为韩国体育的发展制定了大纲及方向。国家体育赛事成为业余体育发展中的一个重要元素。政府认定体育仅仅是提高国家声望和荣誉的一种方式，因此，在这个阶段，政府更多注重竞技体育，并没有介入真正的体育产业化进程中。

（二）市场的形成（20世纪80年代）

20世纪80年代是韩国体育产业发展的基础建设时期，其中促进产业化发展有三件事：第一，80年代彩色电视机的使用。彩色电视让人们可以接触到各类体育赛事的转播及新闻报道，满足了一大部分体育观众观赛意愿。第二，在80年代初期，韩国建立了多个职业及非职业联盟。1982年，6支队伍组成了职业棒球联盟。1983年，由5支球队组成的职业足球联盟也开始正式参加比赛。此外，韩国传统摔跤和国家篮球联盟也同样为韩国体育产业打下了良好的基础。虽然这些联盟都是在政府的扶持下建立的，但是联盟的创立为韩国体育产业的发展注入活力。第三，1988年，奥运会在韩国首都汉城举办。1981年，汉城被选为1988年奥运会及1986年亚运会的举办城市后，体育成为韩国政府的一项重要议题。相关体育支持政策，例如，扩大预算、系统升级、基础设施建设及发展专业队，都为体育发展及相关产业建设打下了良好的基础。汉城奥运会的举办促使韩国体育发展进入一个全新的时代，例如，民众对于体育态度的改变。汉城奥运会所带来的基础设施、人力资源、有形和无形的文化遗产为体育产业化提供了一个绝佳的发展环境。

（三）市场的扩张（20世纪90年代）

20世纪90年代，韩国的体育市场已经扩张到参与类体育及观赏类体育。虽然80年代的军政府大力发展竞技体育，但从1992年开始，随着民众休闲时间及可支配收入的增加，民选政府便改变策略开始大力支持全民体育。政府也成立了一个全新的大众体育部门来负责政策的制定，从而发挥协调文化部、体育部及旅游部的作用。作为一个国家组织，韩国大众体育部门为各类赛事提供服务、活动和信息，以促进公众参与各种体育活动。因此，公众体育运动参与热情度的增长，使得公共和私人的体育设施和体育用品市场需求逐渐扩大。同时，职业体育市场也随之成长，1996年，男子职业篮球联盟的球队数量增加到10支；1997年，5支球队组建了女子职业篮球联盟。随着篮球联盟加入市场，韩国民众可以全年观赏职业联盟比赛，包括棒球、足球和篮球比赛。

同时，韩国也试图向国外打开体育市场。20世纪90年代后期，朴赞浩（棒球运动员）和朴诗丽（女高尔夫球手）两位运动员分别在美国职业棒球大联盟（MLB）和女子职业高尔夫协会（LPGA）都有高水平表现。所有韩国人为他们的成功感到自豪。尽管90年代后期由于经济危机而引起体育市场委靡，但大众对于体育的兴趣却通过这些明星球员的表现而有增无减。

（四）全球市场化（21世纪前10年）

随着新千年的到来，韩国体育市场迅速融入全球市场。这种现象主要是因为球员流动、体育中介、国际体育赛事的全球化发展。继朴赞浩和朴诗丽之后，那些天赋较高的足球、棒球和高尔夫球员，陆续加盟欧洲、美国和日本的职业联盟。自21世纪开始，韩国本土的职业联盟也招募外籍球员。职业运动员的全球化市场与媒体和信息技术的进步，加速了体育中介的全球化发展。因此，欧洲（如英超、西甲和德甲）、美国（如MLB、NBA、PGA和LPGA）和日本（如日本棒球联盟）的体育项目开始以惊人的速度进入韩国市场。只要消费者有意愿，他们就可以通过电视或互联网观看世界各地各类流行体育赛事。

此外，2002年，韩国和日本一同举办了足球世界杯赛。世界杯的举办不仅促进了先进足球基础设施的建设（新建了10个新的国家级先进体育场馆），提高了青年队的实力，但也引发了地方政府急于申办各类国际体育赛事的短视行为；同时，许多地方政府还成功申办了包括一级方程式大奖赛、冬季奥运会、亚运会、世界田径锦标赛和世界大学生运动会、世界赛艇锦标赛等国际性体育赛事。因此，每个韩国人都有机会在本国境内观看各类国际大型体育赛事。

21世纪的最初10年，韩国体育市场一直保持着不断扩张的态势。2004年，职业排球联盟作为第二个冬季职业体育联盟与篮球共同竞争冬季体育市场。自此韩国形成了4个职业体育联盟平分市场的局面：足球和棒球赛季从春季到秋季，篮球和排球赛季则在冬季。此外，体育产业自2000年吸引政府的注意力以来，先后获得体育产业促进法、建立大众体育部和长期体育产业发展计划等扶持政策。

（五）市场模式的转型（2010年代）

2010年代，转型的韩国体育市场和社会大环境同时经历着前所未有的变化，例如，出生率的下降、人口老龄化、需求萎缩、经济停滞、家庭债务增加、失业率增加等。在体育市场中，自2010年后，高尔夫球场开始出现供大于求的现象。企业主导的管理方法以及政府主导理念，开始同时运用于职业体育联盟中，精英主义青年运动系统开始推广到俱乐部系统，竞技体育的过程和结果也变得同样重要。此外，地方政府在2010年后已经举办过或将要举办的国际体育赛事也日益增多，其中包括2010年至今的一级方程式灵岩站，2011年在大邱举办的世界田径锦标赛，2013年在清州举办的世界赛艇锦标赛，2014年仁川亚运会，2015年韩国光州大运会，2018年平昌冬季奥运会。然而，大型体育赛事与资本投资的运作仍然在摸索中。总体而言，韩国体育市场正处于从数量向质量转变的时代。

二 韩国现代体育市场

（一）为什么是市场，而不是产业？

在过去的20年中，美国、欧洲和亚洲都对体育产业积极进行研究。一些体育产业的研究，按照体育生产组织及体育赞助组织之间的关系进行分类

(如 Brooks，1994；Li，Hafacre & Mahony，2001；Pitts，Fielding & Miller，1994），然而，一些研究则利用GDP的概念对体育产业和市场规模进行分类（如 Meek，1997；Milano & Chelladurai，2011）。此外，日本（1990）、韩国（2000）和中国（2011）政府为了统计方便，都先后采用了标准工业分类法对体育产业进行分类。尽管各国都对体育产业的研究做出贡献，但是在学术界和工业界，一个公认的体育产业和它的子类学科定义却是缺失的。因此，为了准确地考察韩国体育产业，我们需要进一步定义体育产业，理解其结构。

目前，因为逻辑和现实的局限性，如何从供应商的角度研究体育产业成为大部分研究的共同问题（Kang，2005）。大英百科全书对于"产业"的定义是："一系列生产型企业和组织型企业生产、供应、服务产品"。从经济的角度来看，"产业"是指生产者或类似产品的供应商集聚。例如，汽车工业是汽车制造商集聚而计算机行业是一系列计算机制造商集聚。根据产业的定义，"体育产业"这个词是多种体育运动组织的集聚，它意味着专业运动。但"体育产业"这个词在大多数的文献研究中，已经远远超过职业体育产业的范畴。

体育产业是一种新兴的产业。体育与其他行业的整合、集聚具有有机的、动态的关系，通过体育产生的各种"异质"使产品与众不同。因此，虽然在逻辑上"体育产业"各子产业术语是相互矛盾的，但是，根据定义人们依然可以把体育产业作为一个产业。此外，由于相关行业和体育之间的结构关系没有明确界定，因此很难根据这些产业间的本质特征和动态转换称其为体育产业。因此，在解决体育产业化问题上，运用供应商中心产业概念则会有很多局限。这可能成为制定有效策略和政策的一个重要障碍。

为了克服这一局限，Kang（2005）主张从市场主导的角度来分析体育产业化。这种市场导向的方式将供应商、客户和产品视作一个整体，而产业最初的方法则更侧重于供应商。Kang认为新兴产业，如体育产业、文化产业、环境产业，这些产业并不在标准的产业分类之内，因为它们不能通过传统产业被定义和分类，应该从市场的角度来看，而不是从供应商的角度来看。因此,一种研究市场的方法——体育市场价值网络被引入和应用到韩国体育市场研究中,笔者将在下文对这种研究方法和市场结构、大小和特性等加以描述。

(二)体育市场价值网络的概念(Sport Market Value Network)

Kang(2005)指出,我们需要区分"体育运动"与"体育衍生产品",也需要区分"体育市场"和"体育产业集群"。他把体育定义为"身体的活动,其内在目的是身体运动的收获与满足"[①]。每一项运动都有其自身的制度和文化,同时还可衍生出各种形式的产品(体育衍生产品)和不同的市场。此外,他还把体育产业的定义扩展到一个由体育运动衍生的复杂的产业主体,不再仅仅指运动体育产业,并提出"体育产业集群"这一概念。"体育市场"则被定义为体育及相关衍生产品生产、分配、消费的一个市场。换句话说,"体育产业集群"是不同种类的供应商(产业)提供各种形式的体育衍生产品,而"体育市场"是各类体育衍生产品的集合,他们的供应商和消费者是一个整体。

例如,高尔夫本身不是一种产品,它是一种具有某种特定规则和文化的体育活动。高尔夫赛事(例如,PGA巡回赛)、高尔夫俱乐部(例如,圆石滩高尔夫俱乐部)、高尔夫器材(例如,高尔夫球)或高尔夫课程(例如,利百特高尔夫课),这些都是高尔夫产品及其衍生产品。这一类产品及服务都是高尔夫这一运动所带来的。一个高尔夫市场正是为上述衍生产品提供消费的市场。

从某种意义而言,体育市场是一个价值网络。它是一个由体育衍生产品构成的一个彼此价值相互连接的网络(Kang,2005)。为了强调韩国目前体育市场这一特征,Kang、Kim和Oh(2012)运用了"体育市场价值网络"这一概念来了解韩国体育市场的结构、大小和特征。通过体育市场价值网络,我们可以清楚地明确体育市场结构,并且不会再将体育产业仅仅局限在体育运动领域。

---

① 这一定义相较于北美,更倾向于欧洲对于"体育"的定义(Council of Europe,1992)。

（三）体育市场价值网络的构成

体育市场价值网络由初级市场及衍生市场构成。初级市场是指由观看或参与体育赛事活动的大众所形成的市场。按照消费方式及参与方式的不同，初级市场可以分为观众市场和参与者市场。这两个市场在体育市场价值网络中具有重要的作用。衍生市场随着初级市场的成熟而逐渐形成。新兴的衍生市场包括人力资源市场（球员、教练和体育经纪人）、体育用品、设施、媒体信息、赞助商、商业授权、博彩业、旅游业和管理服务。由此可见，衍生市场通常由体育产业与其他产业相互融合而形成。同时，成熟的定性、定量初级市场为各类衍生市场的发展提供了良好的基础。

体育市场价值网络的基础是体育制度及文化。图1描述了体育制度与文化、初级市场和衍生市场之间的关系。初级市场的基础是体育制度、系统及文化，而衍生市场的基础则是初级市场，它们相互影响。初级市场需要相关体育机构和文化基础来帮助其扩张，而衍生市场的扩张也需要以初级市场为基础。例如，前英国殖民地国家的橄榄球市场十分活跃，其原因在于英式橄榄球的规则和文化底蕴都深深根植于这些国家中。相反，如果想要在没有英式橄榄球底蕴的国家建立英式橄榄球市场则非常不易，也就是说，体育市场的发展离不开健全的体育市场和一定程度的文化底蕴。

但是，制度与文化、初级市场及衍生市场之间并不是单一的关系。市场如果具有一定的体育制度与文化，则会形成一种互惠关系。

此外，初级市场和衍生市场也具有一种互惠关系。例如，如果青年体系的快速发展能够促进职业棒球比赛质量的提高，那么棒球的球迷和观众市场将会越来越火热；反之，火热的观众市场也进一步推动了青年体系的发展。在2000年代，全球高尔夫巨星泰格·伍兹（体育明星是初级市场PGA锦标赛的衍生产品）的出现，有力地推动了高尔夫文化和整个高尔夫市场价值网络从初级市场扩大到包括媒体信息、赞助市场和营销等衍生市场。

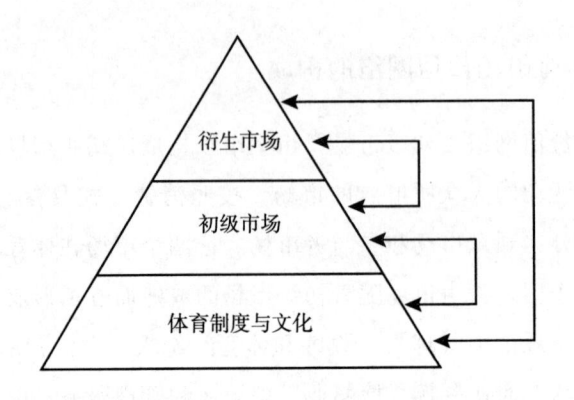

图 1　体育制度与文化、初级市场、衍生市场的关系

图 1 展示了体育市场价值网络的整体结构。体育市场价值网络包含四类初级市场及其衍生市场。初级市场包括两个"体育观赏类市场"（专业和业余）和两个"体育参与类市场"（赛事市场和非赛事市场）。每个初级市场都可以创造其衍生市场。体育观赏类市场的赛事售票情况，可以反映公众对于观看职业或业余体育赛事的需求。体育观赏类市场通常被分为"职业体育竞技市场"和"业余体育竞技市场"，这一市场分类方式主要根据运动员的收入来自供应商或赞助商来划分。总的来说，这两类衍生市场结构十分相似。

体育参与类市场是指消费者亲自参与体育活动，包括公共场所的免费体育活动、自消费市场。体育参与类市场根据赛事这一标准被分为"赛事市场"和"非赛事市场"。体育参与类"赛事市场"是指广大群众参与有组织的体育活动①。马拉松比赛就是体育参与类"赛事市场"一个很好的例子。虽然许多著名的马拉松赛事允许专业运动员参加，但是马拉松赛因为是向公众开放的体育赛事，依然被认为是体育参与类市场产品。所有旨在促进公众参与的草根赛事可以被视为体育参与类市场。虽然"赛事市场"在体育参

---

① 体育观赏类市场和体育参与类市场的区别在于，参与者是否是在体育协会注册的专业运动员或者普通群众。如果是前者，那么该市场就属于体育观赏类市场。如果参与者未经注册，那么就属于体育参与类市场。

与类市场的发展还未完全成熟,其市场也较为复杂,但是其衍生产品市场与体育观赏类市场的结构却是相同的。另外,体育参与类市场中"非赛事市场"是个人使用体育服务设施,参加体育活动。这个市场不仅包括高尔夫球场、滑雪场、网球场、保龄球馆、健身俱乐部,还包括个人训练及运动技能课。综上所述,这个"非赛事市场"是确实存在的,因为体育被广泛定义为身体活动,其最终目的是获得身体的健康。

一般情况下,一个初级市场可以衍生出九类新的市场,包括:人力资源(球员、教练和管理人员)、体育用品、基础设施、媒体信息、赞助商、商品销售许可、博彩业、旅游业和管理服务市场。虽然每个产品形态在市场上各不相同,但它们都来自同一产品,并共有一个初级市场。衍生产品市场是通过不同形式的派生和集聚而产生的,并且可以根据周边环境而做出相应的改变①。

1. 人力资源市场

人力资源市场中的资源是运动员、教练和经理人。人力资源是体育观赏类市场中生产产品的关键。运动员市场是人力资源市场中最大的,它包括发展市场、贸易市场、球星市场。运动员发展市场包括发掘(有潜力的运动员)、训练、排名,还有交易(在各队中交换球员)。同时,如果一个运动员通过在体育观赏类市场中的优异表现成为一个"明星",他(或她)就创造了一个新的名人市场并成为这个市场中的新产品(球星代言与商品化)。此外,发展贸易和球星市场(第一衍生市场)可以继续衍生出新的市场。体育参与类市场也可以发展为教练(或培训师)和经理人等人力资源市场。

2. 体育用品市场

体育用品市场是体育用品和服装生产、销售及购买的市场。体育观赏类市场和参与类市场都会衍生出体育用品市场,因为其在体育市场中非常重要。如果体育参与类市场得到扩张,体育用品制造商将会借用该市场的机会

---

① 理论上,每个衍生市场可以有子类,每个子类可以继续衍生新的市场,从一个市场再衍生至 N 个。

来生产适用于此次扩张所对应的体育用品，反过来又扩大了体育参与类市场。

3. 体育场馆市场

体育场馆市场是指体育设施及场馆的开发和运作。这一市场的形成和激活伴随着体育观众及参与者的增加，导致这类人群对于专业运作和经营的体育设施及场馆的需求变大。体育场馆市场主要分为开发市场和经营市场。

4. 媒体信息市场（指观众和参与者编辑、传播及购买媒体信息的市场）

观众或参与者的体育产品可被转换成多种形式（视频、图片、文字、数字等）的媒体内容和信息产品。传媒产业和信息技术的快速发展促进了各媒介市场的发展，同时，体育赛事的价值也日益增加。体育观赏类赛事的第一个衍生市场即媒体信息市场，它是媒体（广播）体育赛事产权方和媒体公司产权博弈的产物。媒体市场促进了多样化的体育新闻市场（第二衍生市场）。如果体育新闻直接由产权人（例如，NBA、电视）编辑及传播，那么他们反过来又巩固了第一个衍生市场[1]。

5. 赞助市场

赞助市场是赞助商（或合作伙伴）在初级市场寻找公司和赛事方（供应商）进行交易。赞助商活动是体育赛事的衍生产品，这种产品通常由赞助商购买。赞助活动是观众及体育赛事组织方获得收入的一个重要方式，同时也为赞助方提供了良好的营销平台。同样，体育参与类市场也可以衍生出赞助市场，只要赛事品牌影响力较大及参与者人数较多即可。

6. 商品销售许可市场

商品销售许可市场是指初级市场中的赛事品牌持有人，运用品牌效益生产多样化的副产品。商品销售许可市场是体育观赏类市场的衍生市场，因为普通商品（例如，帽子、球衣和文具）一旦印上专业运动队（例如，纽约洋基队、洛杉矶道奇队）的标志，该商品的价值就会倍增。它的增值并不

---

[1] 有两种方式可以使体育赛事产权方及媒体公司就电视广播达成一致。第一种是转播权交易，如媒体从体育赛事产权方购买赛事播放权；第二种是媒体交易，如体育赛事产权与出资请媒体为其宣传。

是因为商品的使用价值得到提高，而是因为运动队（例如，纽约洋基队）所创造的独特品牌价值。随着品牌价值及其附加值的增加，商品销售许可市场被完全激活。和赞助市场一样，只要体育参与类市场中的赛事拥有强大的品牌效应，那么，也可以衍生出商品销售许可市场。此外，商品销售许可市场不仅有实体商品销售，同时也可以提供服务类商品。

7. 博彩市场

博彩市场是体育观赏类市场的衍生产品，观众可以将运动员、球队和比赛视为可消费和生产的投注产品。从商业的角度来看，博彩市场也属于商品销售许可市场，从这个意义上说，投注产品是从体育观赏类市场衍生出的另一种商品。从理论上讲，任何球队、球员和比赛都可以作为一个独立投注产品。这个体育观赏类市场越活跃，这个市场所衍生的博彩市场就越热闹。但是，随着黑色博彩市场的不断扩大，体育博彩业受到政府的严格管制。在一些国家（例如，英国），博彩产品的供应商会向赛事产权方，主要是职业联盟等支付一定的费用。然而，在其他国家（例如，美国）则没有此项义务，因为体育观赏类市场的信息被认为是公共商品。此外，鉴于体育博彩市场的经营范围不同于商品销售许可市场，它被归类为一个独立的衍生产品市场。

8. 旅游市场

旅游市场是初级市场衍生出的旅游产品。体育旅游市场是随着体育观赏类及体育参与类市场不断地扩大和国际化发展而新兴发展的市场。例如，澳大利亚网球公开赛和澳大利亚旅游委员会相互合作，利用网球赛事开发不同的旅游产品来增加澳大利亚网球公开赛的观众数量及扩大澳大利亚旅游市场。

9. 管理服务市场

管理服务市场中所提供的各种管理服务，是体育观赏类、体育参与类市场及其相关衍生产品利益相关者所必需的服务。管理服务包括，但不限于初级市场的门票销售、赛事经营、市场研究、交流、供应商咨询等。同样，管理服务也为衍生产品市场的供应商或消费者（球员、赞助商、媒体、公司、政府、工厂所有者）提供代理服务。

表1 体育市场价值网络（SMVN）

初级市场		衍生市场(1st to nth)
观赛	职业体育赛事	人力资源 体育用品 设施设备 媒体与信息 赞助 商品销售信息 博彩 旅游 管理服务
	业余体育赛事	
参与	赛事	
	非赛事	

资料来源：Kang, Kim & Oh (2012), Kang, Kim & Kim (2013) and Kim, Kang, Lee & Kim (2014)。

简言之，体育市场价值网络（SMVN）是体育初级市场及其相关衍生市场的集合，可以用公式来表示：

第 i 个体育市场，即指第 i 个体育市场的第 j 个初级市场，即指第 i 个体育市场的第 j 个初级市场第一级衍生市场 k，即指第 i 个体育市场的第 j 个初级市场第一级衍生市场 k 的二级衍生市场，以此类推。

（四）体育市场价值网络的特点

（1）体育市场价值网络可以在体育市场起到"地图"的作用（Kang, Kim & Oh, 2012）。这是因为，它是通过分析"衍生"现象格局，对体育市场进行分类分析，描述非常全面。供应商可以在网络中找到自己的定位，通过市场环境分析进行战略构建。同样，政策制定者可在网络检验产品价值，更好地了解、制定及解释政策（Kang, Kim & Oh, 2012）。

（2）能很好地反映运动市场的动态特征（Kang, Kim & Oh, 2012）。由于市场中的利益相关者来自各行各业，外部环境和内部环境在不断变化。在衍生市场不断产生和消失的情况下，可以将特定的市场看成网络中的组件，从而可以根据网络结构添加或删除。

（3）同时还可以运用到体育单项运动（例如，足球、棒球、高尔夫等）

中，以此来了解该体育单项运动的市场结构（Kang, Kim & Oh, 2012）。例如，如果应用于高尔夫和足球中，就可将其称为"高尔夫市场价值网络"和"足球市场价值网络"。这是因为在体育市场中创建的价值与每个运动项目都是紧密相连的。通过构建相同的市场价值网络，可以比较不同单项运动中市场结构和市场大小。所以，该网络可视为单项运动市场价值网络的总和。

（4）可以观察到市场的任一组成部分。因为它可以放大任意市场及其周边环境，可以随时掌控每个市场的结构。例如，如果想要分析从初级体育市场衍生的媒体市场，那么，可以通过初级市场和衍生产品结构及其子类对媒体市场进行全面分析。

（5）可以按需确定体育产业的边界，现在每个学者和决策者对体育产业的定义和范围都不相同，如果博彩市场或体育用品市场不被归为体育产业，那就可以将其排除（Kang, Kim & Oh, 2012）。

（6）也可以对非体育产业产生一定的影响（Kang, Kim & Oh, 2012）。体育政策的制定会更加均衡，因为体育市场价值网络是建立在社会体育机构和体育文化的大背景之下的。体育产业政策也应该与竞技体育、大众体育和学校体育的政策相一致。

而现在体育市场价值网络执行所遇到的问题，缺乏统计数据作支撑（Kang, Kim & Oh, 2012）。但是如果有政府的支持就会迎刃而解。政府若想发展体育市场要先进行战略规划，并建立在正确认识数据的基础上。由于体育产业不属于标准的产业分类，所以只能从体育市场来搜集其特定的统计数据。一旦建立了数据库，体育市场中的数据就会成倍数增长。这样，政府或市场组织就可以根据数据库制定更有效的政策和战略，达到他们的预期目的。

（五）韩国体育市场价值网络的结构、大小及特征

表2显示了2012年韩国体育市场价值网络的结构及大小。总规模约为336.2亿美元，其中体育观赏类市场约49亿美元（占14.6%），体育参与类

市场约287.1亿美元（占85.4%）。此外，如果将价值网络分为初级市场与衍生市场，初级市场为157.4亿美元（占46.8%），衍生市场是178.8亿美元（占53.2%）。在初级市场，体育参与类市场占有99%（156亿美元），而体育观赏类市场仅为1%（9970万美元）。然而，在衍生市场中，体育参与类市场（130.6亿美元）和体育观赏类市场（48.2亿美元）的市场比为2.7:1，也就是说，体育观赏类市场吸引力大大高于体育参与类市场。此外，可以发现，在韩国，三大市场共占据了体育市场价值网络的87.3%：初级市场的体育非赛事参与类市场（154亿美元，占46%），体育参与类市场衍生的体育用品市场（106.3亿美元，占31.6%），体育观赏类市场衍生的博彩市场（32.59亿美元，占9.7%）。

表2 韩国体育市场价值网络的结构及规模（2012年）

单位：百万美元

市场种类			初级市场	衍生市场								总计（初级+衍生）
				人力资源	体育用品	设施设备	媒体与信息	赞助	商品销售信息	博彩	管理与服务	小计	
体育市场	体育观赛类市场	职业赛事市场	96.8	26.21	31.19	114.94	87.03	499.28	31.17	3076.37	73.53	3939.72	4036.52
		业余赛事市场	2.91	102.42	99.68	8.18	6.11	340.11	15.46	182.56	121.67	876.19	879.1
		小计	99.71	128.63	130.87	123.12	93.14	839.4	46.63	3258.93	195.2	4815.92	4915.63
	体育参与类市场	赛事市场	247.68	903.42	1345.51	1323.72	0.28	19.08		0.47	3593.48	3841.16
		非赛事市场	15397.28	0.6	9287.96	164.99	8.68	8.83		0.23	9471.29	24868.57
		小计	15644.96	904.02	10633.47	1488.72	8.96	27.9		0.71	13063.78	28708.74
	总计（观赛+参与）		15744.67	1032.65	10764.34	1611.84	102.1	867.3	46.63	3258.93	195.91	17879.7	33624.37

资料来源：Kim, Kang, Lee & Kim（2014）and Sports TOTO（2013）。

注：体育旅游市场没有纳入Kim, Kang, Lee & Kim的报告（2014），国际业余体育赛事市场没有统计在内。

1. 职业体育赛事市场

在过去的30年里，韩国职业体育逐渐发展成熟（见图2）。自20世纪

80年代初期以来，每年棒球、足球、篮球、排球这4支职业球队的观赛人数都呈增长趋势。在韩国最受欢迎的棒球比赛，自2007年后每年的观赛人数迅速增加，现已超过700万人次。2013年，篮球和排球的观赛人数也分别增加到130万人次和44万人次。足球方面，自2002年韩国举办世界杯以来，观赛人数一直居高不下。

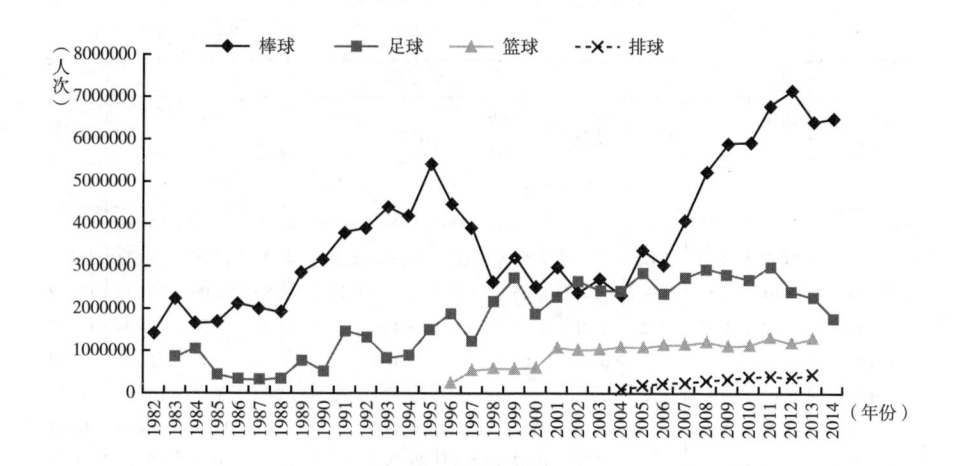

图2 四个职业体育联盟年参与人数

从2012年职业体育赛事市场规模来看，观赏类赛事82.1%是职业体育赛事（40.4亿美元），其中初级市场约9680万美元（占2.4%），衍生市场约39.4亿美元（占97.6%），在职业体育赛事市场中，博彩市场是衍生市场中规模最大的。体育博彩市场是由政府管制，目的是筹集公共基金。韩国赛马协会和韩国体育促进基金会等政府附属机构直接运作博彩赛事，例如赛马比赛、场地自行车赛和摩托艇赛。同时，韩国体育促进基金会体育下属的"TOTO体育"（马来西亚博彩公司）则负责运作现有的体育赛事，包括棒球、足球、篮球、排球和高尔夫。对于体育博彩业来说，最大的市场是赛马比赛（19.1亿美元），其次是"TOTO体育"赛事（11亿美元），场地自行车赛（6.13亿美元）和摩托艇赛（1.83亿美元）。有趣的是，赛马、场地自行车赛和摩托艇赛的博彩市场并非属于初级体育观赏类市场，而是属于政府主导赛事的体育博彩业市场[①]。超过一半（55%）的体育观赏类市场实际上属于体育博彩业市场，是政府有意为之。此外，举办各类国外著名体育赛事（Sports TOTO，2013）占"TOTO体育"的50%。实际上，体育博彩业市场只有22%的是来自国内非政府机构举办的赛事。

表3 体育市场价值网络中的职业体育赛事（2012年）

单位：百万美元

职业体育赛事	初级市场	衍生市场									总计
		人力资源	体育用品	设施设备	媒体与信息		赞助商	商品销售信息	博彩	管理与服务	小计	
					媒体	信息						
棒球	57.6	0.81	9.45	18.59	24.55	0.34	28.49	139.06	4.19	376.86	434.46	
足球	14.41	10.91	4.62	15.54	4.52	1.05	200.98	2.35	18.27	12.87	271.11	285.52
男子篮球	7.64	1.82	—	1.74	4.55	0.7	27	0.33	95.89	5.09	137.12	144.76
女子篮球	0.02	0.55	1.2	0.81	1.36	—	18.48	—	90.56	3.38	116.34	116.36
男子排球	0.24	—	—	0.63	3.09	—	19.6	—	11.25	3.12	38.30	38.54
女子排球	0.02	—	1.2	0.6	—	—	16.57	—	10.63	3.38	31.77	31.79
男子高尔夫	0.91	0.16	—	2.19	0.8	1.46	28.49	—	0.19	12.71	46	46.91
女子高尔夫	0.73	—	—	3.26	0.82	2.2	36.79	—	0.06	20.33	63.46	64.19
赛马	13.1	3.82	12.25	39.52	—	25.09	—	—	1912.91	5.73	1999.32	2012.42
自行车	1.46	3.53	0.34	28.54	—	9.85	—	—	613.91	1.92	658.09	659.55
摩托艇	0.69	4.62	2.12	3.51	—	6.66	—	—	183.64	0.81	201.36	202.05
总计	96.8	26.21	31.19	114.94	39.69	47.35	499.28	31.17	3076.37	73.53	3939.73	4036.53

资料来源：由Kim, Kang, Lee & Kim（2014）修订，（1美元=1100韩元）。

如表3所示，在体育博彩业赛事中，棒球是最流行的体育运动，拥有最大的市场，第二、第三则属于足球和赛马。2012年，棒球运动占职业体育整个初级市场的59.5%，约5760万美元，足球和赛马分别占14.9%和13.5%。男子和女子高尔夫球比赛票务收入并不可观，因为大多数高尔夫球赛的门票是赠送的。在职业体育衍生市场中，棒球、足球和男子篮球分别占

---

① 虽然赛马比赛、场地自行车赛和摩托艇赛是为促进体育博彩业而举办的赛事，但是这些赛事本身也属于职业体育赛事市场，因为即使没有博彩业的存在，这些赛事仍然会有一定的观众群和参加比赛的职业选手。

11%（4.344亿美元）、6.8%（2.711亿美元）和3.48%（1.371亿美元）。而棒球市场的初级市场萎缩主要是由于体育博彩的介入。

体育观赏类赛事最主要的三个资金来源是票务（968万美元）、转播权（397万美元）和赞助商（4990万美元）。显而易见，韩国赞助商资金远远高于票务和转播权出售额。这种不平衡显示了韩国职业体育市场的变形结构。几乎没有职业球队能够盈利，它们大多依附于母公司，依靠它们的赞助达到收支平衡。因为这种资金资助方式属于赞助商资助，因此除去博彩市场，赞助商市场成为最大的衍生市场。

表4 各队所有权分类（2014年）

单位：支

职业体育队		所属种类				
		公司	公民	独立	军队	总计
KBO（棒球）		8	0	1	0	9
韩国队（足球）	第一部门	8	3	0	1	12
	第二部门	1	7	1	1	10
	总计	9	11	0	2	22
KBL（男子棒球）		10	0	0	0	10
WKBL（女子棒球）		6	0	0	0	6
KOVO（排球）		13	0	0	0	13
总计		55	21	2	4	82

表4展示了2014年职业球队的所有权情况。8/9的棒球职业队和所有的篮球、排球职业队的产权都属于母公司。在足球职业队中，第一梯队中的12支球队中有8支，第二梯队中的10支球队中有1支球队其产权属于各自的母公司。总的来说，母公司（例如，三星、现代、LG和SK）在82支职业队中拥有55支球队（约占67%）。数据反映了这些公司在韩国职业体育市场中起到重要的作用。这些大型母公司经营运作职业体育球队的动机并不是为了经济利益，而是为了巩固其公共关系和展示其社会责任感。因此，母公司才会不遗余力地支持这些职业球队并且提供远超过市场估值的赞助资金。这些来自母公司的大量赞助资金对近30年韩国职业体育联盟发展有着不可估量的作

用，但是，职业体育产业想要作为一个产业而独立发展，任重而道远。

对于媒体信息市场而言，职业体育转播权是其最大的衍生市场（约3969万美元），约占到整个媒体与信息市场（约8704万美元）中45.6%的份额。其中，棒球媒体播放权约占62%，约为2455万美元，其后依次为男子篮球、足球、男子排球、女子篮球、女子高尔夫和男子高尔夫（见表3）。从表3也可以看出，棒球市场作为初级市场的第一衍生市场的地位已不可动摇。

2. 业余体育赛事市场

业余体育赛事市场约占整个体育市场价值网络的2.6%，市值约有8.791亿美元，是4个初级市场中占有率最低的市场。业余体育赛事的初级市场约有291万美元，占整个体育市场价值网络的0.0086%，衍生市场约有8.761亿美元，约占整个网络的2.6%。从这些数据可以看出，业余体育赛事市场规模非常小，这与韩国享誉国际体育市场的名声不符。

业余市场中居主导地位的组织是韩国奥林匹克委员会，委员会由70个国家组织协会（56个会员制组织，5个会员制协会，9个认可的联盟），17个国内省级协会和18个国际协会组成。韩国奥委会主要负责业余体育发展、国家运动员培训、大型赛事组织运作、国际大型赛事申办和组织优秀运动员参加国际大型比赛。2012年，大约有13万运动员在56个会员制组织注册，其中77%为男运动员，23%为女运动员。韩国奥委会举办的最著名赛事有：韩国运动会（夏季），韩国青年运动会（夏季），韩国冬季运动会。在这些赛事中业余运动员需要相互竞争获得参赛资格，并在比赛中争取发挥出最高的竞技水平。在2012年的韩国运动会中，共有18252名运动员和487名来自15个国家的韩国裔外籍运动员参加了42个常规比赛和3个表演项目，每项比赛按年龄分组设为高中组、大学组和成年组。此外，韩国奥委会还在全国各地举办各种其他国家和地区的比赛。

业余赛事市场的衍生市场，有赞助商市场、博彩市场、管理与服务市场、人力资源市场和体育用品市场，大多来自足球A联赛。除了足球，衍生市场主要依靠赞助商市场，特别是国家资助、公司赞助、本地政府资助、教育补助等，赞助大多来自公共部门。2012年，衍生市场赞助市场的份额为3.4亿美元，约占整个业余赛事市场的38.7%。

业余赛事市场的管理与服务市场，通常是指赛事运作经营的代理服务。2012年，代理服务约占60%，市值约为1.22亿美元。相比之下，2012年，职业体育赛事的管理与服务只有7353万美元，只有业余市场的60.27%。这有可能是因为大多数职业体育赛事（除高尔夫赛事外）是由内部管理人才自行运营的，并不需要外界的管理与服务。

业余赛事市场的另一特征是人力资源（运动员）市场相对较大（Kim, Kang, Lee & Kim, 2014）。业余运动员市场的市值约为1.024亿美元，远远超过职业运动员2621万美元的市值。在职业体育中，职业运动员的培训费用被视为所属球队开销，然而，在业余体育市场中，很多运动员独立支付自己的培训费用，从而形成一个新的衍生市场，被称为运动员发展市场。

虽然本地业余赛事市场规模较小，但对于举办国际大型赛事的热情却一直十分高涨。自1986年韩国汉城亚运会和1988年汉城奥运会后，21世纪以来，越来越多的国际大赛选择在韩国举办。例如，2002年韩日世界杯，2002年釜山亚运会，2003年大邱世界大学生夏季运动会，2010年F1韩国站，2011年大邱国际田径锦标赛，2013年忠州世界赛艇锦标赛，2014年仁川亚运会，2015年韩国光州大运会和2018年平昌冬奥会。韩国体育赛事的快速发展，大部分归功于其在2002年世界杯举办取得的巨大成功，让韩国感受到了赛事的巨大优势。事实上，韩国是6个（意大利、日本、法国、韩国、德国、俄罗斯）举办过世界三大赛事（夏季奥运会、冬季奥运会、足球世界杯）的国家之一。然而，过度的申办和举办体育赛事导致韩国地方和中央政府财政负担越来越重。最典型的例子就是F1韩国灵岩大奖赛和2014年仁川亚运会。韩国F1组委会由于财政赤字即将宣布破产，在过去的四年中，即使政府已出资4亿美元用于F1赛道的修建，但是累计财政赤字也已超过1.7亿美元。2014年仁川亚运会筹办期间，政府共发出了16亿韩元的地方债券，用于2014年亚运会的新体育场建造。

3. **体育参与类赛事市场**

体育参与类赛事市场是由大众参与类体育赛事组成，由初级市场及衍生市场共同构成。2012年,韩国体育参与类市场收益为38亿美元,约占整个体育市场价值网络的11.3%。其中,初级市场的收益约为2.477亿美元,衍生市场的收益为初级市场的14.5倍,达到36亿美元。与观赏类赛事市场相比,体育参与类赛事的市场结构较为简单。在衍生市场中,体育用品市场的收益为13.5亿美元(约占37%),体育设施设备市场收益为13.2亿美元(约占37%),人力资源市场收益为9.03亿美元(约占25%)。由于体育参与类赛事的市场主要依靠公众参与,因此在该市场中人力资源、体育用品、体育设备设施市场的发展较快,媒体与信息、赞助及管理与服务市场的发展较为缓慢。

表5 2002~2012年公共体育俱乐部数量

年份	体育俱乐部数量(家)	俱乐部成员数量(人)	参与度(%)
2002	52020	1776604	3.7
2003	64665	2176221	4.5
2004	73802	2449948	5.1
2005	77452	2556737	5.3
2006	82781	2701736	5.6
2007	92688	2913806	6.0
2008	95075	2985253	6.2
2009	97697	3081436	6.3
2010	97815	3085879	6.3
2011	74784	3081448	6.3
2012	81882	3646013	7.3

资料来源:2012年国家体育调查。

表5显示了2002~2012年公共体育俱乐部的数量、会员数量及参与度。在这11年中,体育俱乐部会员数量以平均每年7.6%的速度增长,其中,棒球俱乐部增长最为迅速(国家体育调研报告,2012)。

为了提高学生体育活动参与度,韩国政府举办了多项针对小学、中学和高中学生(非体育生)的体育参与类赛事。2012年,共有6224名来自小学、初中、高中的学生组成500支学生队伍,参加了10项赛事,包括足球、棒球、篮球、排球、羽毛球、垒球、乒乓球、手球、躲避球、跳绳（见表6）。到2012年，国家学校体育俱乐部相关赛事数量为20场，较2011年增加了10场。新增10个赛事的选择标准主要依据体育活动数量、学生参与度、有趣度、教师指导、家长指导及体育协会相对合作意愿。同时，为了提高所有参与者的体育活动效率，体育赛事运作方式也由2011年的巡回赛模式变更为2012年的联盟模式。2012年，韩国教育局在20个地区的50个试点学校推广了这些体育活动及赛事，以此在全国全面推广校园体育赛事及活动。

表6 小学、初中、高中体育赛事俱乐部会员数量（2012年）

单位：家，人

项 目	小学 俱乐部	小学 人数	初中 俱乐部	初中 人数	高中 俱乐部	高中 人数	总计 俱乐部	总计 人数
足 球	25	380	25	444	16	288	66	1112
棒 球	7	96	11	177	8	138	26	411
篮 球	22	243	24	268	21	240	67	751
排 球	8	130	16	215	14	210	38	555
羽毛球	27	209	29	236	29	252	85	697
垒 球	4	61	11	188	5	82	20	331
乒乓球	27	224	22	180	22	183	71	587
手 球	18	248	10	132	11	106	39	486
躲避球	12	187	20	302	15	233	47	722
跳 绳	14	195	19	266	8	111	41	572
总 计	164	1973	187	2408	149	1843	500	6224

资料来源：2012年国家体育调查。

除此之外，体育参与类赛事市场更倾向于与当地政府保持亲密合作关系（Kang, Kim, Lee, Oh & Kim, 2012）。例如，2018年平昌冬奥会将会在江原道举办，该道在2012年共举办了近100场体育赛事（80场国家业余体育赛事，5场国际性体育赛事，14场参与类体育赛事，1场国家业余与体育参与类混合赛事）。在这80个国家业余体育赛事中，有15场参与类体育赛事。许多当地政府也通过举办这类赛事，促进地方经济发展。随着体育参与类赛事活动的参赛人数增多,体育赛事市场将会在青年、中年、女性、老年这些人口中得到持续良好的发展,以此促进新兴衍生产品市场需求。

4. 体育参与类非赛事市场

体育参与类非赛事市场(99%)由初级市场和衍生市场构成。初级市场主要为体育活动提供必需的设备设施及服务,衍生市场为体育用品市场。这两个市场占体育市场价值网络的74%,而市场结构比体育参与类赛事市场更简单(Kim, Kang, Lee & Kim, 2015)。体育参与类非赛事市场的初级市场,据不完全统计,2012年收益为154亿美元,占体育市场价值网络的46%。该初级市场的成功可以归因于各类大小健身俱乐部的巨大成功与收益(Kim等,2014)。在衍生市场中的体育用品消费,2012年的市场收益为93亿美元。值得注意的是,这类体育用品的市场并不包括居民日常生活用品花费(例如,服装及运动鞋)。①

公共参与体育活动的次数和频率、参与者年龄分布、运动项目流行程度是影响体育参与类非赛事市场的主要因素。根据国家体育调研报告,2000~2012年,居民体育活动参与比例持续降低(见表7)。不参加体育活动人群

表7 2000~2012年体育活动参与情况

单位:%

年份	未参与	每月2~3次	每周1次	每周2~3次	每周4~5次	每周6次	每天	每周2次以上
2000	34.1	16.7	15.8	16.7	7.1	—	9.6	33.4
2003	22.5	18.2	19.5	19.9	8.5	—	11.4	39.8
2006	28.6	13.3	13.9	24.0	12.0	—	8.1	44.1
2008	53.2	4.4	8.2	15.9	9.3	2.1	6.9	34.2
2010	45.3	4.4	8.8	21.2	11.8	2.9	5.6	41.5
2012	51.8	5.0	8.3	18.0	10.6	2.3	4.0	35.0

资料来源:2012年国家体育调查。

---

① 如果该衍生市场的计算采用体育用品整体销售收益,那么该市场收益即会包括居民日常生活采购消费,而这一消费与体育参与活动并无关系。

由2000年的34.1%增长到2012年的51.8%，每周参加少于两次体育活动的人群由2000年的32.5%下降到2012年的13.3%，相比之下，每周参加2~3次体育活动的人群则变化不大。造成这种变化的原因可能是经济萧条、工作不稳定和失业率的上升（国家体育调查报告，2012）。

此外，体育活动参与次数也随着年龄变化而变化。2012年，参与率（2次或以上/周）在50岁年龄段中最高（41.3%），其后依次是60岁（39.8%），40岁（38.5%），70岁（37.1%），30岁（32%），20岁（30.4%），10岁（27.5%）。2012年10岁、20岁和30岁、40岁的参与率，低于40%。10岁、20岁、30岁年龄段的体育活动参与率低于40岁以上人群，并呈现继续下降的趋势（见表8）。

表8 各年龄段周体育活动参与率

单位：%

年份	10岁	20岁	30岁	40岁	50岁	60岁	70岁
2000	39.9	35.6	25.9	30.8	39.1	36.8	—
2003	32.6	24.4	35.8	46.8	54.0	53.3	—
2006	38.0	45.2	41.7	50.9	56.7	33.0	24.3
2008	30.5	30.2	31.8	37.8	40.6	39.6	28.5
2010	34.8	36.4	38.0	44.4	48.5	51.1	42.8
2012	27.5	30.4	32.0	38.5	41.3	39.8	37.1

资料来源：2012年国家体育调查。

体育参与类活动的种类较为多样，依据体育项目的流行度可分为，足球、棒球、小型篮球、民族体育及部分新兴体育活动。表9显示了2000~2012年最受欢迎体育活动的变化情况。2000年，爬山在韩国最为流行，随后是体操、跳绳、篮球、足球、举重训练、健身及游泳。到了2012年，韩国人喜欢参与的运动项目依次为散步、爬山、举重、足球、骑自行车和游泳。虽然散步、举重训练及游泳一直为最流行的体育活动，但在球类运动中，足球仍是最受欢迎的。值得注意的是，自2008年开始，散步而不是跑步成为最受欢迎的体育活动。

表9　体育活动流行度排名

排名 年份	1	2	3	4	5	6
2000	爬山	体操/跳绳	篮球	足球	举重	游泳
2003	跑步/慢跑/快走	爬山	举重	体操/跳绳	游泳	足球
2006	爬山	足球	跑步/慢跑/快走	羽毛球	举重	体操/跳绳
2008	步行	举重	爬山	足球	羽毛球	游泳
2010	步行	爬山	举重	足球	自行车	游泳
2012	步行	爬山	举重	足球	自行车	游泳

资料来源：2012年国家体育调查。

在体育参与非赛事市场中，健身市场是其最重要的一部分。健身市场经历了由举重训练到健身再到养生的过程（Kang等，2012）。在1990年代，举重训练占据绝对主流，杠铃和哑铃运用最为广泛，因此它被认为是男性体育时代。1998~2005年的亚洲金融危机导致大量健身俱乐部的倒闭，同时市场逐渐趋于建立新兴体育健身俱乐部，更注重发展女性群体及有氧运动器材（例如，跑步机等）。在2005年之后，健身俱乐部更专注于身体及精神的平衡，类似瑜伽及普拉提这类运动开始流行。这一改变既是社会文化价值体系变化所致，也是大型健身产业结构变化所造成的。

健身俱乐部的最大问题是私人健身俱乐部面临巨大挑战。第一，随着当地政府资助的公办健身俱乐部兴起，其极具竞争力的价格正在蚕食私人健身俱乐部的利益。第二，由于租金成本越来越高，私人健身俱乐部的利润也随之降低。但是与之相反的是，小型私人健身培训工作室却在兴起。因此，政府亟须出台相应政策，平衡公办及私人健身俱乐部之间的利益。

三　韩国体育市场价值网络面临的挑战及问题

（一）宏观环境

（1）韩国人口分布处于快速变化中。人均寿命的延长及出生率的降低，使韩国成为人口快速老龄化的国家之一。据韩国统计服务中心（KOSIS）研究报道，2013 年，韩国人口出生率 8.6‰，为 1970 年的 1/4，且为人口数据统计以来最低之年。这预示着韩国将会在 2026 年正式加入人口老龄化国家行列。到那时，韩国超过 65 岁人口将占到国家人口总数的 20%。此外，独生子女家庭数量也会由 2010 年的 23.9% 增长到 2035 年的 34.3%。如此巨大的人口分布变化，定将大大影响韩国体育市场发展。人口老龄化及出生率的降低，将会造成青年人口的大量下滑。青年作为体育消费群体的主要组成部分，尤其是观赏类赛事的主要参与者，其人口的减少终将导致体育消费需求逐渐减少。然而，从另一方面来看，体育市场也可以随着人口结构的变化开发潜在的老年人口市场，适应他们的健身需求。

（2）每周 40 小时工作制的全面推广执行。2003 年，韩国首次推广执行劳动标准法，将原来每周 44 小时工作制变为 40 小时。自 2004 年起，公共企业、银行、保险公司这些雇员超过 1000 人的大型用人单位就开始执行新的劳动标准法。2011 年雇员少于 20 人的小型企业也开始执行每周 40 小时工作制。自 2012 年开始，小学、初中及高中也开始执行五天工作日新规则。该项政策的执行使得人们的业余时间增多，促进了体育活动消耗产品的增长。换言之，40 小时工作制的执行提高了人们对体育活动的消费需求。同时，随着体育参与类及体育观赏类赛事的拓展及分类，新兴衍生市场将会通过与其他行业的融合逐渐形成。

（3）产业之间的界线正在逐渐消失。体育市场供应商不仅与体育市场中相似的供应商进行竞争，也在与娱乐、休闲市场及其他业余时间消费市场进行竞争。此外，体育产业也期待与快速发展的 IT 及媒体产业进行合作并且寻求可能的突破。增强现实仿真场景构建，物联网（IOT）、大数据、SNS 技术等将从根本上改变生产、分配和运动体验的方式。数字化运动的内容和环境将会引领观赛和参赛体验进入一个全新的时代。此外，由于注入科学技术，体育观赏类及体育参与类市场也会形成新兴衍生市场。

（4）体育观赏类赛事的国际化竞争趋势越来越显著。体育具有超越语言、种族、文化和宗教的特征，使其国际化传播便捷。随着大众传媒的国际化，体育观赏类市场的国际化发展变得十分快速，体育市场国际化竞争也随之而来。越来越多的韩国运动员在国外市场中占有重要地位，外国体育产业信息也通过大众传媒得到传播。韩国体育观赏类市场供应商应当继续为消费者提供高质量的体育类产品。

（5）市场总需求正在逐渐减少，两极分化逐渐明显。韩国经济在过去40年中得到前所未有的发展。然而，2010年，韩国经济却受到低出生率和人口老龄化的影响，其总需求量大大减少，家庭债务不断增加、就业机会减少，反过来造成了低增长的"新常态"。同时，富人与穷人之间的差距越来越大。这些状况的改变，直接影响了体育市场的发展。有限的可支配收入直接减少了大众休闲体育活动的参与次数，包括体育观赏类及体育参与类赛事活动。普通消费者趋于追求高性价比消费，高层次消费者则更追求奢侈型消费，因此，韩国体育市场需要在不断变化的环境中审时度势，满足市场需求。

（二）消费者视角

（1）人们期待通过参与健康休闲活动提高生活质量，体育有助于实现这个生活目标。大量研究表明，体育活动可以对个人健康和生活质量有较大的正面效益。专家表示，各个年龄段的人群都在追求更健康更快乐的生活方式，因此各种形式的新兴体育观赏类及参与类赛事，包括青年体育活动、银发体育活动层出不穷。各个群体的体育活动特色更为鲜明，参与极限运动的多为年轻人，环保类赛事的关注度也越来越高（国家体育调查报告，2012）。

（2）消费者分类更为明确。随着个人自我关注度的提高，人们更倾向于通过体育来进行自我表达与自我实现。根据第一通信（2006）的研究报告，体育消费者可分为五类：参与非观赏类活动（18.6%），观赏非参与类活动（18.1%），参与及观赏类活动（14.8%），非参与及非观赏类盈利活动（33%），非参与及非观赏类非盈利活动（15.5%）。这五类活动分类越来越清晰，即使有些活动在体育领域没有任何利益或效益平平。因此，在未来，体育产品供应商需要仔细研究体育及其相关产业的市场需要，明确每一分类人群的需求并且提高市场价值。

（3）消费者将会获得更多信息。在日常生活中，大众传媒及信息技术的发展简化，促进了人与人之间的交流，并且能够使人们即时分享体育衍生产品所带来的体验。因此，即使在经济危机的大背景下，还是有一大部分的消费者会理智地追求更高质量的体育体验。在体育观赏类及参与类市场中，供应商不仅仅需要保障消费者权益，更需要降低成本来提高产品价值。

（三）供应商视角

（1）职业体育运动队的运营管理模式正在逐渐改变。大多数韩国体育职业运动队是由大企业的子公司代为运作的。虽然这种运营模式可以带来稳定的经济收入，但从长远来看，职业队过多依赖母公司将导致其难以实现独立的运营模式。然而，由于母公司经济收益的下滑，许多职业运动队正在逐渐转变成独立运营模式，因此整个职业体育运动队的运营管理模式正在逐渐改变。耐克森英雄棒球队（Nexen Heroes）就是典型的代表之一，其母公司并没有给予其财政支持，因此该队的财政预算非常有限。然而，该队将自己的冠名权卖给了一个叫尼克斯的公司。英雄棒球队和其他大企业财团（三星、LG等）赞助队伍之间的竞争好似小矮人和巨人之间的比赛，八年后，英雄棒球队的成功向人们展示了职业体育市场的一种全新的运营管理模式——"纯"职业体育运营模式，标志着公共运营模式结束了。

（2）业余体育组织正在不断追求管理创新。到目前为止，业余体育组织主要依靠政府及大财团的经济支持。然而，环境的快速变化、运动员的减少及财政预算的减少，使得除了足球之外的大多数业余体育组织的管理经营模式亟待完善。因此，需要引入创新经营模式，例如，发展创新政策、聘用管理专家、增加财政资源、整顿治理组织结构、有效管理财产、培养运动员、扩大基层、主动营销等。

（3）运动员的发展将变得更加重要。运动员是最重要的人力资源，在体育观赏类市场中可以创造无限的价值。在体育观赏类赛事市场中，运动员发展是整个产业链中非常重要的一环。没有这些优秀的运动员，体育观赏类市场也不会繁荣。然而，业余体育中的运动员数量正在逐渐减少，尤其是非流行运动项目。这一现象严重影响韩国体育市场和体育体制。因此，韩国政府、韩国奥委会和国家体育联合会应该共同合作，制定促进运动员健康发展的策略。

（4）在国际体育赛事市场中寻求更具战略性的突破方式。如前文所述，自2000年以来，地方政府一直不遗余力地申办大型体育赛事，其中也包括冬奥会、国际足联世界杯、世界田径锦标赛、亚运会、一级方程式大奖赛等。在未来，中央和地方政府将需要更具战略性和系统性地处理国际体育赛事。但是，一级方程式的财务残局及2014年仁川亚运会在场馆建设上的财务超支，让人们开始怀疑大型体育赛事的效益被夸大。未来，中央及地方政府在申办国际大型体育赛事的过程中应当更具战略性及系统性。

（5）体育参与类非赛事市场应将关注点从设施设备导向市场转移至服务导向市场。例如，在高尔夫球市场繁荣发展时，设计、建设、保护高尔夫球场的服务产业就是高尔夫运动获得成功的关键。然而，自2010年以来，高尔夫球市场开始饱和，随着经济的低迷，高尔夫球市场也持续低迷。因此，高尔夫球市场的竞争更加激烈。这一趋势将促使整个高尔夫球市场向提供细分服务和监督管理业务转型。同样，随着房地产市场价格的飙升，健身市场的利润也越来越低。他们需要提供更好的增值服务，以此吸引新客户和维护现有客户。

（6）如果韩国体育市场全球竞争力得不到提高，体育用品制造企业将面临困境。韩国体育市场相对较小，但是并没有排斥外国公司参与到自由竞争市场中。因此，如果体育用品制造市场的产品缺乏全球竞争力，本土企业将会在竞争中处于劣势。公司需要关注客户的需求变化，提高产品竞争力并制定全面经营战略，以期为客户提供具有差异化价值的产品。

（7）传媒为了获得更有价值的体育转播及报道，其竞争越发激烈。大部分广播网络主要执行企业联合模式。而随着各种新媒体的出现，传媒产业自由竞争开放度越来越高，企业联合模式已经无法正常运作。任何体育报道都可能被本地抑或是跨国媒体转载及报道。此外，关注度较高的职业棒球联盟则通过卫星进行直播。

第九章 韩国：从量到质促转变

四 结语

20世纪60、70年代，韩国体育市场规模还没有成型。自80年代开始，韩国体育市场迅速发展。自90年代起，韩国体育市场持续扩张，运动员开始走向国外职业俱乐部。进入21世纪后，韩国体育步入体育国际化进程，媒体更关注全球体育变化，韩国本土也多次举办了世界大型体育赛事。2010年之后，市场理念转变为更注重运营质量的提高。

体育产业不是一个孤立的单一产业，而是由体育衍生出的多样化产业集群。为了正确地全面分析体育产业，相关人士需要运用市场导向的方式而不是供应商导向的方式去探索体育产业。因此，本文运用体育市场价值网络（sport market value network）对体育市场进行研究分析。体育市场价值网络共包含四个初级市场及其相关衍生市场。初级市场包括两个体育观赏类市场（职业与业余市场），两个体育参与类市场（赛事市场与非赛事市场）。每个初级市场可以衍生出九类市场：人力资源、体育用品、设施设备、赞助商、媒体与信息、商品销售信息、博彩业、旅游业及管理服务市场。

韩国体育市场价值网络的总规模约为336亿美元。其中体育观赏类市场约为49亿美元（占14.6%），体育参与类市场约为287亿美元（占85.4%）。初级市场总规模为157.4亿美元（占46.8%），而衍生市场总规模为178.8亿美元（占53.2%）。显然，韩国体育市场价值网络的87.3%由三类体育市场构成：体育参与类非赛事初级市场（154亿美元，占46%），体育参与市场中的体育用品衍生市场（106.3亿美元，占31.6%）及职业体育赛事市场中的博彩市场（32.59亿美元，占9.7%）。

对于职业体育市场而言，在过去的三十年中，大多数职业队在经济上主要依靠其母公司的资助，不能被认为是独立产业。同样，在博彩业中，大多由政府所属公司进行发行及管理，这种非独立的产业运作模式在职业体育中尤为明显，因此导致衍生市场的价值被高估。除此之外，业余体育赛事市场规模则较小。韩国奥委会、国家运动协会及政府应当在业余市场中寻求合作，尤其是在运动员发展方面。体育参与类赛事市场规模也较小，但是随着赛事种类的多样化发展，其市场规模也在逐渐扩大。此外，体育参与类非赛事市场基本占到整个体育市场价值网络的一半，其极易受到宏观环境变化的影响，例如，低出生率、人口老龄化、低经济增长率及政府政策。

韩国在亚洲体育市场中占有重要地位。虽然宏观环境、消费者及供应商正在改变，但是韩国体育仍然在寻求从数量到质量的转变方式。因此，韩国应当建立一个可持续发展的体育赛事发展网络。未来的研究，应当更多关注体育市场价值网络中的个人市场。

参考文献

Brooks, C. M. (1994). *Sports marketing: Competitive business strategies for sports*. Englewood Cliffs, NJ: Prentice Hall.

Chinese Association of Sport Science (2011). Chinese sport industry statistics. China: People's Sport.

Council of Europe. (1992). *European sports charter*. Strasbourg, France: Author.

Cheil Communications. (2006). *Sposumer report*. Seoul, Korea.

Japanese Ministry of Economy, Trade, and Industry. (1990). *Sports Vision 21*. Tokyo, Japan.

Kang, J. (1997). The third wave of sport phenomena and sport market. *Sport Science*, Summer, 4 – 14.

Kang, J. (2005). The concept and the categorization of the sport industry. *Korean Journal of Sport Science*, 16 (3), 118 – 130.

Kang, J., Kim, H., & Oh, J. (2012). *A new classification for the sport industry: Sport market value network*. Working paper, The Center for Sport Industry at Seoul National University.

Kang, J., Kim, H, Lee, J., Oh, J., & Kim, K. (2012). Strategic planning for the Korean sport industry. Seoul: Korea Sports Promotion Foundation.

Kang, J., Kim, H., & Kim, J. (2013). Classification principles and applications of the sport market: Focusing on sport market value network. *Korea Institute for Industrial Economics & Trade, Research Report 2013 – 12 – 1*.

Kim, H., Kang, J., Lee, J., & Kim, J. (2014). Statistics and policy directions under sport market value network. *Korea Institute for Industrial Economics & Trade*, *Research Report 2014 – 12 – 26*.

Kim, H. (2004). *Sport economics*. Seoul, Korea: Park – young – sa.

Korea Institute of Sport Science (2004). *A survey on the sport industry*. Seoul, Korea.

Li, M., Hafacre, S., & Mahony, D. (2001). *Economics of Sports*. Morgantown, WV: Fitness Information Technology.

Meek, A. (1997). An estimate of the size and supported economic activity of the sports industry in the United States, *Sport Marketing Quarterly*, 6 (4), 15 – 21.

Milano, M. & Chelladurai, P. (2011). Gross domestic sport product: The Size of the sport industry in the United States. *Journal of Sport Management*, 25, 24 – 35.

Ministry of Culture, Sports and Tourism. (2012). *2012 national sports survey*. Seoul, Korea.

Pitts, B. G., Fielding, L. W., & Miller, L. K. (1994). Industry segmentation theory and the sport industry: Developing a sport industry segment model. *Sport Marketing Quarterly*, 3 (1), 15 – 24.

Sports TOTO. (2013). *The annual report*. Seoul, Korea.

Statistics Korea. (2015). *Population and household* [Korean statistical information service]. Retrieved from http://kostat.go.kr/portal/korea/index.action

第十章
美国：发展势头正强劲

瑞克·波顿

瑞克·波顿（Rick Burton）教授，（美国）雪城大学的体育管理学教授，大西洋海岸联盟（ACC）和全国大学生体育协会（NCAA）的教师体育运动代表。原澳大利亚国家篮球联盟（NBL）委员，曾担任2008年北京夏季奥运会美国奥林匹克委员会（USOC）的首席营销官。

第十章 美国：发展势头正强劲

学者深入研究美国体育产业及休闲产业后，发现体育产业在美国经济发展中具有重要作用，其规模及历史重要性远远超出学者的想象。2014年的研究估计，"美国体育产业"的市值约为4851亿美元，约占全球体育产业1.5万亿美元的1/3（Plunkett研究，2015）。据方特诺特（Fontenot，2014）报告，美国体育资产包括职业体育运动队，其收入主要来自国家橄榄球联盟（NFL）、棒球联盟（MLB）、国家冰球联盟（NHL）、国家篮球协会（NBA）、职业足球大联盟（MLS）、纳斯卡赛车比赛和全国大学生体育协会（NCAA）举办的各项体育赛事。体育产业收入还包括业余及半职业观赏类赛事、体育用品及健身俱乐部和体育广告收入：

体育用品销售438亿美元

体育观赏类赛事358亿美元

体育相关广告349亿美元

职业体育联赛（NFL, MLB, NBA, NHL, MLS and NASCAR）274亿美元

健身俱乐部224亿美元

虚拟体育游戏（Fantasy Sports Gaming）31亿美元（Gawrysiak等，2014）

电子体育游戏（Sports Video Gaming）224亿美元（娱乐软件协会，2015）

以上数据的重要性不言而喻。统计学家对这些数据进行比较分析之后发

现，美国汽车产业的年收入为2300亿美元，房地产业年收入为3300亿美元，餐饮业年收入为4700亿美元。体育产业的发展势头正强劲，更多的赛事、积极的传媒、技术的创新进步为观众、运动员和运动队创造了不断进行交流互动的机会。据估计，美国体育产业中8000名雇员，每年在现有工资基础上可增加5%的收入（Fontenot，2014）。

以职业棒球为例。拉米（Lemire，2015）研究发现，职业棒球大联盟2014赛季的收入为90亿美元，连续12年创新高，观众人数2014年达到7400万，2015年也有望达到这一数值，而且这还不包括4000万其他小型棒球联盟的观众。这种情况形成的部分原因是：联盟中的高级媒体部门对无线运营商及技术伙伴投资了近1亿美元，来帮助提高30个棒球大联盟球场的网络基础设施（Lemire，2015）。

这些数据统计结果令人瞠目结舌。美国体育产业是如何发展至如此大规模且能持续增长的呢？两个不同领域——观赏性、参与性体育赛事及报道这些赛事的大众媒体的紧密联系能够解答这个问题，体育与大众传媒在美国社会中具有一种共生关系，从某种角度来说，体育运动能获得如此惊人的普及，主要是得益于大众传媒对其提供了巨大的关注（McChesney，1989）。

资本主义社会的特性表明，由于体育运动范围广泛，媒体能够通过对其宣传获得大量流通及广告收入。媒体关注会刺激球迷的兴趣，从而增加球迷对于体育媒体的关注度。这种现象在美国近200年的历史中得到了体现。麦克切斯尼提出，美国体育与大众传媒的紧密关系主要来源于1830年代以来的美国资本主义精神（McChesney，1989）。

一 体育产业的历史发展

（一）早期美国体育产业

虽然美国在1776年获得独立，但是直到19世纪早期，美国人民的识字率才达到一定水平，媒体才开始报道体育。威廉·克拉克研究发现，在19

第十章 美国：发展势头正强劲

世纪 20 年代末期，美国体育杂志首次亮相，随后体育杂志如雨后春笋，但获得成功的却寥寥无几（William Clarke，1989）。1790 年后，大英帝国成熟的体育杂志产业对美国杂志及读者产生了很大的影响。在那时，体育被很大一部分读者认为是粗俗、低下的项目。因此，体育类杂志倾向于报道更体面的项目如赛马，对于拳击等吸引中下层阶级的项目报道不多。然而，随着 19 世纪 30 年代及 40 年代美国逐步发展成为工业化国家，大量移民来到美国的东南部，美国读者的数量和大众对于体育的兴趣都有着巨大的增长。杂志出版发行也变得非常有利可图（McChesney，1989）。

同时，一项新兴体育运动正在兴起，人们愿意将闲暇用于该项运动。克拉克指出，19 世纪 30 年代，美国人将"球和杆"的体育运动相结合，在英国甚为流行的"圆场棒球"游戏，迅速演变成为在纽约极为流行的垒球、棒球、门球及板球运动（Clark，2003）。体育历史学家认为，板球的历史可以追溯到 1000 年前的英国中世纪，但是正式的官方比赛规则直到 1744 年才确定，1787 年马里伯恩板球俱乐部（Marylebone Cricket Club）对一系列的规则又进行了一定的修订。

据 Clark 研究表明，棒球与"圆场棒球"游戏的联系，直到 1939 年才被一位图书管理员罗伯特·W. 亨德森（Robert W. Henderson）发现。他对儿童游戏书的研究发现，"圆场棒球"与棒球运动的早期规则基本相同。1829 年，威廉·克拉克（William Clarke）的一本讲述儿童游戏的《男孩自己的书》在英国与美国同时出版，该书描述了"圆场棒球"运动的规则。1834 年，一位来自波士顿的出版商人罗宾·卡弗（Robin Carver）在《体育的书》小册中引用了"圆场棒球"游戏的规则，并将"圆场棒球"改名为"棒球或门球"，因为卡弗发现，这两个名字更适合美国人。

有趣的是，长久以来人们一直认为"棒球"这一单词是美国人的发明（把英语中的 base 和 ball 两个单词变为一个单词——baseball），实际上带有连字符的棒球（base-ball）一词第一次出现在约翰·纽伯瑞（John Newbery）的《一本漂亮的袖珍书》中（Clark，2003）。1768～1787 年，纽伯瑞的作品在美国多个城市再版，但是根据克拉克的研究发现，"棒球"这一单词最早出现在一位美国士兵乔治·尤文（George Ewing）的日记中，当时这位士兵正在宾夕法尼亚州的瓦利福奇参加反英战争。他在1778年4月7日的日记中写到，他玩了一个与棒子相关的运动，这表明这个游戏成功地跨过大洋并且逐渐在美国殖民地生根发芽。

到了1791年，棒球运动的雏形已经形成，由于对附近居民的窗户可能造成破坏，棒球的名声并不好。1791年，马萨诸塞州的一个名叫皮茨菲尔德的小镇颁布了这样一个城镇条例。

1791年9月5日，在皮茨菲尔德举行了一次法律条例投票会议，为了保护会议室窗户不受损坏，政府采取了：

开会期间，在会议室80码的距离内，镇上居民不得参与任何球类活动，包括板球、棒球、足球等——如果有居民在这些禁止区域内进行与球类相关的活动，将会被处以5先令的罚款，并将会被镇政府起诉承担一定的刑事责任。

除此之外，政府还规定，如果肇事者是未成年人，他的父母或者监护人必须代为缴纳罚金。

但是形式多样（马萨诸塞州风格、纽约风格，城镇风格）的"棒和球"的游戏，在当时的13个州（现为50个州）中发展势头依然十分强劲。到了1845年，一个纽约书商亚力山大·卡特赖特（Alexander Cartwright）设计了一个完整的棒球比赛规则，并且迅速被当地纽约灯笼裤俱乐部所采用。20年后，1865年，卡特赖特（Cartwright）将旧棒球规则改为目前我们最为熟悉的棒球规则。在美国内战之后，棒球更成为美国"国球"。

室内棒球与室外棒球的联系也变得异常紧密。1866年，室内棒球运动被称为铂锐室内棒球（Sebring Parlor Base Ball），比赛在两尺宽的木制区域内进行，其比赛场地设计与现代棒球极为相似。室内棒球的兴起使得青少年和成年人都能接触到棒球运动，同时也是体育游戏的雏形，场地也对虚拟体育游戏具有一定的影响。但是，在20世纪80年代之前，当球迷在虚拟游戏

第十章 美国：发展势头正强劲

中选择来自大联盟的真实球员与另一支真实球员队伍竞赛的时候，并没有意识到室内棒球与游戏之间的关系。

促进棒球发展的原因，还有美国逐渐成熟的报业及出版集团，他们迅速认识到棒球对于报纸销量的作用。19世纪50年代，出版商人威廉·波特（William Trotter Porter）首先意识到了棒球的吸引力并且在他主办的报纸《时代的精神》中十分注重棒球运动的报道。不久之后，《纽约快船》聘用英国人亨利·查德威克（Henry Chadwick）作为第一个成熟全面的体育撰稿人，并且由于他在棒球传播过程中的巨大影响力，人们亲切地称他为"棒球之父"（Betts, 1953; McChesney, 1989）。

到1869年，美国开始出现职业棒球队，同时通过查德威克全面专业的报道促进了棒球运动规则的完善，确定了相关概念，例如个人成绩表及其他数据统计测量方式（McChesney, 1989）。1845~1890年棒球在美国风靡一时并且得到快速发展。

棒球比赛同时也使得当时许多相关名人从中受益。在19世纪80年代后期，棒球运动员越来越注重公众形象，体育巨星们也寄希望用多种方式来扩大其职业影响力。1888年，前棒球职业运动员、时任芝加哥白袜队老板艾伯特·斯伯丁（Albert Spalding）设计并销售相关棒球用品（印有他的名字）给那些精力旺盛的棒球运动爱好者，包括棒球比赛器材、棒球规则书。斯伯丁在当时甚至想到了带领美国顶尖运动员到澳大利亚、埃及、意大利及法国等地进行巡回表演。

1889年4月，他们回国后，斯伯丁及两支集训队受邀参加在纽约曼哈顿Delmonico餐厅举办的晚餐会。作为嘉宾演讲的马克·吐温（知名作家）向包括未来总统罗斯福在内的人群讲到，"棒球是19世纪美国的象征，它是美国社会外在及可见的推动力，在各种体育比赛的博弈和斗争中保持着蓬勃发展的态势"。马克·吐温是一位十分严谨的演说家，当时他在其最新小说《误闯亚瑟王宫》中加入棒球元素（尽管故事背景是在六世纪）。同时，马克·吐温和斯伯丁的私人关系也非常不错，马克·吐温曾是哈特福德深蓝队（Hartford Dark Blues）的老板之一，同时在斯伯丁还是球员的时候他也常去看他在波士顿红袜队的比赛（Burton，2014）。

值得注意的是，马克·吐温并不是19世纪80年代唯一关注棒球的名人（或资本家）。伯顿（Burton，2010）的研究发现，1883年，由于体育运动越来越受到欢迎，这迫使报刊出版商约瑟夫·普利策（Joseph Pulitzer）在《纽约世界》史无前例地成立了体育部门。这一点也不奇怪，在那个时代，棒球运动与社会交际及娱乐活动紧密相关。1883年，流行歌曲"Slide，Kelly，Slide"加入棒球元素。1888年，厄内斯特·塞耶（Ernest Thayer）创作的诗歌《卡西在击球》也以棒球运动为背景，被认为是棒球运动的颂歌和主题曲，1889年该诗歌更被搬上了舞台。

这些流行文化（大众传媒、文学作品、诗歌、歌曲及戏剧）的推广大大促进了棒球运动在全美的发展。

（二）20世纪美国体育产业

直到19世纪末，美国体育产业仍然以一种民间或家庭作坊的运营方式蓬勃发展，而从20世纪初期开始，体育逐渐转变为一项产业。当时最具代表性的人物是一位知名的棒球运动员博比·鲁斯（Babe Ruth），他于1914~1934年效力于波士顿红袜队及纽约洋基队。鲁斯的名声鹊起，不仅仅是因为他在俱乐部的优异表现，还因为他在新闻、杂志（最为著名的《体育生活和体育新闻》）及广播上的专业运作。作者格伦·斯多克（Glenn Stout，2002）在《纽约洋基队史》中指出，鲁斯是纽约城市的化身，他体格强壮、不拘小节、势不可挡，如星星般闪闪发光。

鲁斯、拳击手杰克·邓普西（Jack Dempsey）、瑞德·格朗吉（Red Grange）和高尔夫球员博比·琼斯（Bobby Jones）等体育运动员对于体育赛事发展、体育法制定、体育设施、体育营销、体育广播、体育场馆建设都具有一定影响力。而这些体育产业经济的蓬勃发展，又推动了职业体育运动队及体育场馆的发展。由于相关权益能够得到保障，投资者也更乐于在体育领域进行投资。波顿注意到，正是20世纪的实业家所制定的这些规章制度，彻底改变了美国消费者对于体育的固有印象并且形成了成熟的体育产业模式，使其能够每年创造近4000亿美元的收益（Burton，1999）。随后颁布的体育活动纲要也进一步解释了美国体育产业的发展，这些纲要大多由波顿编写并发布在《纽约时报》（1999~2000）上。

（三）国家棒球保护

1915~1922年，共有3个案件的判罚表现了美国加大保护棒球这一"国球"利益的决心，从而促进整个职业体育联盟的发展。第一个案件发生在1915年，在这起案件中两个职业棒球队涉及贸易限制和反垄断问题，由联邦法官兰迪斯（Kenesaw Mountain Landis）进行判罚。恰巧这名法官是棒球迷，他倾向于保证棒球大联盟的利益，并且希望推迟执行由其他竞争小联盟提出的反垄断规则。兰迪斯支持棒球大联盟的决定最终导致其他小联盟面临破产及倒闭。由于判例法默认了棒球大联盟的垄断经营，美国大大小小的棒球联盟迅速进行了合并。总之，兰迪斯默认了非规范化的垄断保护形式，他认为棒球运动不能被认为是一种劳工形式，这也就意味着棒球的经营管理由相互竞争变为大联盟模式。

棒球的第二个发展是在1920年，当时棒球大联盟（MLB）的老板一致投票通过选择兰迪斯当选联盟终身最高行政管理经理。这是因为在1919年，8位芝加哥白袜队的队员试图在规模最大的棒球赛事——世界巡回赛中，暗箱操作比赛从而获得大额博彩利益。为了提高棒球运动的赛事形象，兰迪斯被任命为最高行政经理来保护整个棒球联盟及产业的形象。这项任命颇为有趣的是，兰迪斯在当时并没有从联邦法院退休，他同时担任了联邦大法官及棒球联盟最高行政管理经理。兰迪斯运用了球队老板给他的至高权力，永久禁止这8名运动员参加任何职业比赛。除此之外，兰迪斯执行了一项名为"纯粹棒球"的改革运动，禁止任何与体育相关的博彩行业。

1922年，第三个大发展来自最高法院的一项裁决，最高法院法官奥利弗·温德尔·福尔摩斯（Oliver Wendell Holmes）发布了一项决议，授予棒球职业大联盟反垄断豁免权。要理解这项法令须注意一个关键点：美国联邦反垄断法对州际商业行为有一定冲击，在棒球这个案例中，法院认为，棒球赛事是展示棒球魅力的纯粹州内商业行为。换句话说，虽然棒球队需要跨州进行比赛，但是最高法院认定跨州参加比赛只是一种附属行为，不改变其州内商业行为的属性（Burton, 1999; Wolohan, 1999）。

虽然球队老板可能将棒球比赛视为一种商业活动，但这并不能改变棒球比赛的竞赛属性。棒球比赛仍然是体育活动，并不是通常意义上的商业或贸易活动。这项决议再次大大保护了职业棒球大联盟的权益并为所有体育联盟提供了明确的政府管理模式（Burton, 1999）。1922年联邦棒球决议在1953年及1972年的两个案例中最后被采纳，也正是这两项裁决进一步巩固了职业棒球大联盟特有的豁免属性。同样值得注意的是，虽然许多美国职业联盟得益于这三条与棒球相关的决议，但是到目前为止，也只有职业棒球大联盟享受过反垄断豁免权。除此之外，自从1998年通过《科特弗勒德法》（The Curt Flood Act）后，职业棒球联盟在球员方面已不再享有反垄断法豁免（Wolohan, 1999; Wolohan, 2003）。

（四）美国体育中的其他法律及社会发展

如果说至少有三个法律或社会的发展因素深刻影响着美国体育产业，那么前两个一定源于棒球。第一个涉及一项不成文的规定和一个名叫杰克·鲁滨逊（Jack Robinson）的非洲裔美国棒球运动员。他在UCLA读大学，"二战"期间参军并且在战后1946年加入AAA国际联盟中的蒙特利尔皇家队（比棒球职业大联盟低一级的小联盟）。让鲁滨逊成为蒙特利尔队明星的原因，是因为在1889~1946年，非洲裔美国人被禁止（或者说官方禁止）在美国白人的职业大联盟中出现。但是到了1946年，布鲁克林道奇队的经理布兰奇·瑞基认为"种族隔离"制度应当取消，因此像鲁滨逊这样具有勇气和信念的年轻黑人得以有机会代表布鲁克林道奇队在联盟比赛中出现（Burton, 2015）。

鲁滨逊能够进入布鲁克林道奇队的名人堂，并不是因为他作为击球手和外野手的运动天赋，而是在于他打破了美国体育运动中具有种族隔离色彩不成文的规定。随着鲁滨逊在棒球运动中开了先例，1946年新成立的职业篮球联盟在1950年也为美国黑人球员打开了大门。职业篮球联盟宣告每一位职业运动员都享有1776年美国《独立宣言》提到的"每个人生来平等"的权利。

在1969年美国职业棒球大联盟赛季结束之际，圣路易斯主教队决定将外野手科特·佛洛德（Curt Flood，非裔美国人）交易到费城人队。佛洛德不愿意被交易，他请求俱乐部总裁波维·库恩（Bowie Kuhn）取消这次交易。库恩没有同意，于是佛洛德选择通过法律途径解决问题，从圣路易斯一直起诉到美国最高法院。最终国家最高法院在1972年根据1922年福尔摩斯决议（将棒球运动归为特殊商业活动的决议）做出判决，拒绝了佛洛德解除或摆脱保留条款的请求。根据保留条款，棒球俱乐部"拥有"球员（Burton，1999）。然而，在1975年赛季结束后，棒球投手安迪·梅瑟史密斯（Andy Messersmith）及戴夫·麦克纳利（Dave McNally）（在联盟球员领导马尔文·米勒的帮助下参加多次"集体谈判"后）加入佛洛德对于美国法律制度的请愿。米勒的多次谈判最后迫使美国职业球大联盟同意建立三人仲裁小组，对波维·库恩（Bowie Kuhn）的合同进行审查。这两名棒球投手——安迪·梅瑟史密斯（Andy Messersmith）和戴夫·麦克纳利（Dave McNally）利用媒体，对佛洛德提出的公民自由保留条款制度进行宣传，大声疾呼"已经到了做出自己选择的时候了"，每位球员都应有权利选择最高价竞买人。从那时起，美国职业运动员对美国体育的发展越来越重要，他们可以自由地与经纪公司签订协议，保证签订工资最高的合同。

1972年，比棒球自由球员制度更具里程碑意义的发展是一项法案（总统尼克松亲笔签署）："在任何情况下都需要保证每个人的平等权益"。其中最为我们所熟知的，就是在这项法案中提出保证女子运动员在参加比赛时必须与男子运动员享受同等待遇（Burton，1999）。开始执行这项法案之后，全国大学生运动协会（NCAA）中的各所高校便开始与各部门合作贯彻实施该法案，并获得巨大的成功。在法案的实施过程中最为受益的是美国高中女生体育的发展。由于专为女学生设置的体育奖学金越来越多，大量年轻女性开始在足球、篮球、曲棍球和排球比赛中拼尽全力。除此之外，随着女性在室内及室外体育活动竞争中越发激烈，美国职业女性运动员也开始出现在校园联盟俱乐部或职业体育联盟中。虽然美国女性并没有获得与男性完全一样的权益，但是美国体育已不仅仅是男性专属的领域了。

（五）运动品牌授权及体育产品制造业

在美国体育产业中有多种多样的体育相关产品及零售产业，在20世纪的美国共有三个企业脱颖而出。第一个企业来自马萨诸塞州的马尔登镇，Marquis Mills Converse 在这里开创了匡威塑胶鞋公司。1917年，公司设计了第一双名叫"全明星"的篮球鞋，这种篮球鞋有塑胶底及帆布的鞋身。到了1921年，半职业篮球运动员查尔斯·泰勒（Charles Taylor）拜访了匡威公司并打算在他巡回比赛期间售卖这些鞋子。泰勒迅速地在高中建立了篮球培训班并且完成了他预期出售全明星系列球鞋的目标。1923年，在泰勒对鞋子提出一系列技术升级建议后，他的名字被印在了鞋子的脚踝处，开创了签名运动鞋的先河（DeMello, 2009）。匡威全明星系列（被称为"Chucks"）很快成为职业篮球运动员的首选，并且在接下来的60年中成为篮球的代名词。

虽然本土化的匡威鞋占据市场的主导优势，但是到了1963年，一位名叫菲尔·奈特（Phil Knight）的前俄勒冈大学的跑步健将决定进口日本的跑步鞋，以此来抗衡来自德国的知名鞋类生产商阿迪达斯。直到这时，体育用品市场的竞争仍然不是十分激烈。但是在20世纪70年代之后，吉列（剃须刀）、威帝（早餐麦片）和美乐啤酒（低热量啤酒）在广告中开始大量运用体育元素及体育明星作代言，奈特深知这些销售策略改变的重要性，所以决定将体育与流行文化相结合形成一个全新多维的市场。耐克公司从此应运而生，不仅仅生产跑步鞋和篮球鞋。在那时，体育运动鞋还是一个相对较新的产业，他们依靠波特兰（俄勒冈）的一个广告公司，与约翰·麦肯罗（John McEnroe）、迈克尔·乔丹（Michael Jordan）、博·杰克逊（Bo Jackson）及后来的泰格·伍兹形成合作（Burton，1999）。自此耐克不再依靠进口鞋创造收益，来自俄勒冈的比弗顿的耐克公司从此一跃成为运动鞋类及运动服装销售的先锋，到2017年其全球销售额将达到360亿美元（Townsend，2013）。此外，耐克极具远见地赞助了莎拉波娃、小威廉姆斯及中国的李娜等诸多女子网球运动员。

另一个划时代的体育营销事件发生在1928年，当时芝加哥的企业家戴维·华沙（David Warsaw）想要说服芝加哥小熊队的老板菲利普·瑞格理，允许他的体育专业公司在小熊队的主场箭牌体育场内出售其生产的陶瓷烟灰缸。当华沙提出每出售一个烟灰缸就支付一笔提成时，这一历史性的体育销售许可协议就此达成。大约35年之后，戴维·华沙的体育专业公司成为第一位拥有美国橄榄球联盟授权许可的零售企业（Burton，1999）。体育专业公司还开发了体育世界最著名的促销赠品，包括摇头娃娃（陶瓷俑超尺寸短弹簧头）和带有主场球队标志的棒球帽。体育专业及匡威这两个公司分别在1993年及2003年被耐克公司收购。

（六）体育设施发展

在过去3000年体育运动的发展中，体育场具有无法取代的重要作用。从公元前776年雅典奥林匹亚运动场，公元70年的罗马角斗场，1854年建立的墨尔本板球场，到1910年建于英格兰曼彻斯特的老特拉福德球场，这些宏伟壮观的体育场，作为体育产业的实体在体育发展中具有举足轻重的作用。在美国，家喻户晓的体育场有前文提及的箭牌球场、芬威球场、洋基体育馆、密歇根大学体育馆、玫瑰碗体育馆和可容纳10.8万人的A&T体育馆（2013年落成）。有两个球场是20世纪最具代表性及值得纪念的。

第一个代表性球场，是曾被称为第八大世界奇迹的休斯顿阿斯托洛圆顶运动场（Houston Astrodome），由休斯顿天文队的老板罗伊·霍夫恩兹（Roy Hofheinz）出资建造。1965年，它首次对外开放，改变了整个室外体育的竞技方式。霍夫恩兹为他的豪华包厢取名为"sky boxes"。当他发现球场内的草皮由于缺少阳光纷纷死去后，1966年，他毫不犹豫地引入人工草皮。这些发展对体育运动具有巨大的影响。在阿斯托洛圆顶的室内运动场内，任何比赛都不会受到天气的影响，比赛不会再因为下雨而被取消。同时，由于经过高科技处理，在比赛过程中草皮的纹路和外观都不会受到人为破坏。此外，校园篮球比赛、NBA全明星赛、拳王金腰带争夺赛、职业牛仔竞技及摩托车赛室内体育赛事，都喜欢在阿斯托洛圆顶运动场进行。其中，最为著名的比赛是1973年比利·简·金（Billy Jean King，女球员）及博比·里格斯（Bobby Riggs，男球员）之间的网球赛。这场所谓的"性别之战"吸引了史无前例的3.3万名观众来到阿斯托洛圆顶运动场观看比赛（Burton，1999；McClellan，2003）。

第二个代表性体育场，是1988年由底特律活塞队的老板戴维·森威廉（William Davidson）出资兴建的奥本山宫殿球场（the Palace at Auburn Hills）。该球场是为NBA底特律活塞队专门兴建的室内场馆，共有180个豪华包厢。套房所增加的额外收入便可资助整个球场的建设（Burton，1999）。正是这种全新的融资模式，使得美国超过200个体育场开始兴建或者重修。然而，有一些体育专家认为，这种高消费的包厢可能会使得贫困人群看不起球赛。因为一旦包厢价格上涨，看台座椅及其他视线良好的位置都会随之涨价，越来越多的美国人将不能承受观看职业球赛的费用。

（七）大众传媒的发展

在大众传媒的发展上，大部分的学者一致认为，20世纪电子传媒的出现彻底改变了传统媒体的宣传方式。首先，在20世纪20年代收音机及广播第一次出现在人们生活中。麦克切斯尼指出，20世纪20年代体育播音员格雷厄姆·麦克纳米（Graham McNamee）对于体育知之甚少并且经常在播报过程中发生错误，但是他却用独具特色的嗓音传递着体育新闻（McChesney，1989）。事实上，根据《无线电文摘》的报道，共有127名拳击爱好者在听麦克纳米播报芝加哥士兵体育场的一场拳击比赛中因紧张过度，导致身亡（Rader，1984）。麦克纳米是第一位体育新闻及播报名人，同时他也是一位娱乐工作者（McChesney, 1989; Parente, 1974）。

直到电视出现前，广播一直是最重要的赛事传播工具，随着20世纪40年代电视的发明及推广，人们开始逐渐把体育视为一种视觉享受。但是，当时电视并不是十分普及，这意味着广播在20世纪50年代末依然是最为流行的媒体。但是从20世纪50年代末期至60年代初期，电视的兴起迅速带红了一批电视棒球明星，例如米奇·曼特尔（Mickey Mantle）、威立·梅斯（Willie Mays）、汉克·亚伦（Hank Aaron）等。这里有三个体育方面的进展值得关注。

第一，在1958年的职业橄榄球联盟中广播及电视这两种方式一同采用。在第一次电视转播中，联盟总经理伯特·贝尔（Bert Bell）就提出允许比赛为电视转播留出电视广告休息时间。利用这个时间，运动员可以进行休息，电视台可以转播广告。电视转播暂停对于美国橄榄球这项运动来说，执行起来较为方便，因为橄榄球运动的规则中就有"开始、停止"，在得到每一分后都会有短时间暂停。此外，因为美国职业橄榄球联盟每周只在周六下午进行比赛，这就意味着如果生产商是想吸引男性顾客购买产品，那么，这个时间段的大部分目标客户群体在观看比赛。对于大部分美国男性来说，每周六的下午意味着汽车、轮胎、啤酒、雪茄和观看一场酣畅淋漓的体育比赛。因此，棒球比赛也按照橄榄球的转播方式在半局后设置了休息时间，以此来插播广告。

第二，虽然棒球联盟并没有意识到电视广告的重要作用，但是美国职业橄榄球联盟（NFL）的敏锐触觉使他们迅速意识到电视广告的魔力。在1958年的12月28日，NFL的冠军之战在纽约巨人队和巴尔的摩小马队之间展开激烈角逐，并且运用"瞬间死亡"赛制。此前，冠军争夺战从未在常规时间结束时仍保持平局，这场在纽约洋基队进行的比赛，让成千上万电视观众看得激动不已，这也预示着美国体育传播方式正式进入电视时代。这种"瞬间死亡"赛制遵循着"胜者为王"的冠军理念：第一个在加时赛中得分的球队则立马加冕为冠军球队。现在，"瞬间死亡"赛制已被大多数观众所熟悉，但是在1958年，无论是电视观众还是现场观众都从未接触过这种比赛方式。

第三，1959年，橄榄球联盟总经理贝尔突然离世，继任的皮特·罗泽尔继续执行着贝尔的运营理念。1962年，他与CBS电视台（美国三大电视台之一）签署了一份45万美元的转播合同。1964年，由于观赛人数增加了50%，罗泽尔与CBS达成新协议，将每年的转播费调整为140万美元。自此之后，转播费成为美国橄榄球联盟的一项重要收入来源。随后在1966年赛季，罗泽尔创造了"超级碗"这项橄榄球赛事。美国橄榄球联盟和国家橄榄球联盟（现改为美国橄榄球联合会和国家橄榄球联合会）之间的冠军总决赛被称为"超级碗"。现在"超级碗"赛事已经成为一年一度的美国电视盛宴，一直是美国收视率最高的节目之一。

在这种繁荣背后，人们不禁要问，美国人到底多久看一次球赛？三大广播电视台是否真的为体育转播权争得不可开交？在20世纪70年代，事实证明，职业体育联盟最为成功的管理及融资方式就是开发联盟的潜在权益。从某种角度来说，商业体育赛事已经被商业广告征服，体育对广告资金永不知足的渴求促进了美国近年体育产业的大发展，联盟、冠军赛越来越多，球员收入持续增长，赛制及规则令体育赛事越来越紧张、刺激（McChesney，1989）。在篮球运动的发明地马萨诸塞州的春田，一名来自NBC电视台的节目主持人比尔·拉斯姆森抓住了这一契机，其在1978年决定将所有体育赛事有限电视及广播纳入一个网络。因此，他和乔治·格兰德（George Grande）及李·伦纳德（Lee Leonard）在1979年9月7日，共同创办了第一家以体育作为唯一节目的体育娱乐节目电视网（Entertainment and Sports Programming Network，ESPN）。同年的9月20日，有线电视公司允许ESPN使用卫星设备，从此ESPN就能够24小时不间断播报世界体育新闻（Burton，1999）。

但是美国媒体对于各类联盟总是不遗余力地进行推广，非传统广播电视台FOX、WGN、YES（纽约洋基队下属电视网络公司）也开始重视体育报道。同时，特纳体育及ESPN的良性竞争发展对于体育界来说也是一桩美事。当然聪明的美国人不可能就此满足。1989~1991年，美国在互联网诞生之后，立马利用这一新兴网络传播工具。全新的数字化平台并没有立即威胁电视在体育传播过程中的地位，而是将体育传媒形式变得更为多样化。简而言之，美国体育传媒经历了从报纸杂志、广播、电视到网络、社交网络（Facebook，Instagram，Twitter，Google+，YouTube，Linked In 及 Tumblr）这一发展历程。

20 世纪还有一个改变体育传播方式的发明。美国职业篮球联盟总经理大卫·斯特恩（David Stern）创办了 NBA.com 电视网站，从此美国职业篮球联赛的每一个球队都可以拥有自己的卫星及有线电视网络。这个创新为体育开辟了一条全新路径，通过这种方式，每一位球迷可以更加便捷地了解所支持球队的最新动态（Burton，1999）。

二 美国体育产业的现状

到了 2015 年，美国体育产业发展最为有趣的现象是，通常在美国职业联盟的比赛赛季开始之前，球票、包厢、赞助商、广告、球队装备、食物及饮料就已经销售一空。另外，虽然多个职业联盟之间相互竞争激烈，但是竞争联盟之间的比赛总是放在同一时间段。美国橄榄球联盟（NFL）作为美国最大的职业联盟，共有 32 支球队，每年的比赛时间为 9 月至次年的 2 月（最后以"超级碗"来结束整个赛季）。职业棒球大联盟（4~10 月）、篮球联盟（11 月至次年 6 月）、冰球联盟（10 月至次年 6 月）都各自拥有 30 支球队。2015 年，职业足球大联盟的赛季在每年的 3~10 月，共有 20 支球队，预计到 2020 年，联盟将会扩大球队规模至 24 支球队（MLSsoccer.com.，2013）。这意味着在这 5 项体育运动的大联盟中共有 142 支职业队，并且各大联盟在接下来的几年中都将会扩大规模。

对于大部分球迷来说，赛事已经趋于饱和。电视、广播、网络上的体育报道在一些月份狂轰滥炸，尤其是在 10 月份，一些联盟的赛事接近收官，一些联盟则开始了新赛季的征程。同样，3 月也是美国大学生联盟的巡回赛高峰期，在这个月份会有 68 支高校队伍进行高校巡回比赛。此外，在每年的 12 月及次年的 1 月，国家高校运动联盟（NCAA）设置了 42 个高校季后冠军赛。有趣的是，虽然赛事安排在常规赛结束后的 12 月、1 月，但是每年高校运动联盟的校园橄榄球 127 支球队中，65% 都会来参赛（McMurphy, 2015）。此外，美国体育爱好者不仅可以在 12 个月中看到本国职业联赛，同时，还可以通过电视及网络等各种途径观看各类国际体育巡回赛，例如一级方程式大奖赛、纳斯卡赛车、武术比赛（终极格斗锦标赛）、拳击比赛（例如 2015 年 Mayweather-Pacquiao 在拉斯维加斯的比赛创造了 3 亿美元的收入）、职业高尔夫、网球、板球、斗牛等其他全球职业巡回赛及其他国家的职业联赛。

除了 NCAA 之前提到的招牌篮球及橄榄球赛事，NCAA 整个协会还有注册的 1300 所高等学校及 45 万学生运动员，每年举办 90 个冠军联赛，其中 44 场赛事是女性体育比赛，42 项为男性比赛，还有其他 3 项比赛（步枪、击剑和滑雪）采取男女混合赛制。从 2016 年开始第 90 个 NCAA 冠军赛——女子沙滩排球赛即将加入。

除此之外，NCAA 按照各校的实力和体育上的投入又分成 3 个级别，分别为 Division I, II 和 III。每个级别分为很多联盟（Conference）举行联赛，每个联盟由大约 10 个学校组成。第一级别的学校共有 65 所，下面共有 5 个联盟，分别是大西洋海岸联盟（ACC），10 大联盟（Big Ten），12 大联盟（Big 12），太平洋 12 大联盟（Pac 12），东南联盟（SEC）（见表 1）。这 65 所高校每年都会进行高校联赛，项目范围广泛，包括足球、篮球、排球、游泳和跳水、田径、越野赛跑、摔跤、冰上曲棍球、曲棍球、足球、棒球、高尔夫球、网球和其他项目。对于大多数美国人而言，这 142 支职业球队（见表 2）在 65 所高校的球队知名度极高，很多高校队的传奇运动员最后都可以进入职业联赛（例如，NFL、NBA、NHL、MLB 和 MLS）。第一级别的大学有：圣母大学、密歇根大学、佛罗里达大学、佛罗里达州立大学、俄勒冈大学、俄亥俄州立大学、阿拉巴马大学、杜克大学、迈阿密大学、北卡罗来纳大学、肯塔基大学、德克萨斯大学、雪城大学、密歇根州立大学、路易斯维尔大学、南加州大学、加利福尼亚洛杉矶分校、德克萨斯农工大学、华盛顿大学、威斯康星州立大学和奥本大学。

表1　NCAA 第一级别五大联盟

大西洋海岸联盟	十大联盟	12大联盟
波士顿学院老鹰队	伊利诺斯战斗队	贝勒熊队
克莱姆森老虎队	印第安娜尔队	爱荷华州立气旋队
杜克蓝色恶魔队	爱荷华鹰眼队	堪萨斯强盗队
佛罗里达州立印第安人队	马里兰水龟队	堪萨斯州立野猫队
佐治亚理工黄色夹克队	密歇根狼獾队	
密歇根狼獾队	奥克拉荷马先登者队	
路易斯维尔红雀队	密歇根州立斯巴达队	奥克拉荷马州立牛仔队
迈阿密飓风队	明尼苏达黄金地鼠队	德克萨斯长角牛队
北卡罗来纳州立狼群队	内布拉斯加州立居民队	德克萨斯基督教角蛙队
北卡罗来纳州立焦油高跟鞋队	西北野猫队	德克萨斯理工红攻略队
圣母院战斗爱尔兰队	俄亥俄州立七叶树队	西维吉尼亚森林人队
匹兹堡黑豹队	宾州狮子队	
锡拉丘兹橙队	普渡锅炉工队	
弗吉尼亚骑士队	罗格斯红骑士队	
弗吉尼亚理工冰球队	威斯康星獾队	
威克森林恶魔队		
太平洋12大联盟	东南联盟	
亚利桑那野猫队	阿拉巴马深红色浪潮队	
亚利桑那州立太阳恶魔队	阿肯色野猪队	
加利福尼亚金熊队	奥本老虎队	
科罗拉多水牛队	佛罗里达鳄鱼队	
俄勒冈鸭队	佐治亚牛头犬队	
俄勒冈州立海狸队	肯塔基野猫队	
南加州（USC）木马队	路易斯安那州立老虎队	
斯坦福红衣主教队	密西西比河反叛队	
UCLA熊队	密西西比州立斗牛犬队	
犹他州乌特队	密苏里老虎队	
华盛顿哈士奇队	南卡罗来纳州立斗鸡队	
华盛顿州立美洲狮队	田纳西州立志愿者队	
德州农工队		
范德比尔特准将队		

表2 美国八大职业联盟中的142支职业球队

NHL（30支球队）	NBA（30支球队）	
中部联盟	大西洋西北联盟	
• 芝加哥黑鹰队	波士顿凯尔特人队	丹佛掘金队
• 科罗拉多雪崩队	布鲁克林网队	明尼苏达森林狼队
• 达拉斯星队	纽约尼克斯队	俄克拉荷马城雷霆队
• 明尼苏达野生队	费城76人队	波特兰开拓者队
• 那什维尔食肉动物队	多伦多猛龙队	犹他爵士队
• 圣路易斯蓝调队		
• 温尼伯喷射机队		
太平洋联盟	中太平洋联盟	
• 阿纳海姆鸭子队	芝加哥公牛队	金州勇士队
• 亚利桑那狼队	克利夫兰骑士队	洛杉矶快船队
• 卡尔加里火焰队	底特律活塞队	洛杉矶湖人队
• 埃德蒙顿甲龙队	印第安娜步行者队	菲尼克斯太阳队
• 洛杉矶国王队	密尔沃基雄鹿队	萨克拉门托国王队
• 圣若泽鲨鱼队		
• 温哥华加人队		
大西洋联盟	东南联盟	
• 波士顿棕熊队	亚特兰大老鹰队	
• 布法罗军刀队	夏洛特黄蜂队	
• 底特律红色翅膀队	迈阿密热队	
• 佛罗里达美洲豹队	奥兰多魔术队	
• 蒙特利尔加拿大人队	华盛顿奇才队	
• 渥太华参议员队		
• 坦帕湾闪电队		
• 多伦多枫叶队		
都市联盟	西南联盟	
• 南卡罗来纳州飓风队	达拉斯小牛队	
• 哥伦布蓝夹克队	休斯敦火箭队	
• 新泽西恶魔队	孟菲斯灰熊队	
• 纽约岛民队	新奥尔良鹈鹕队	
• 纽约游骑兵队	圣安东尼奥马刺队	
• 费城传单队		
• 匹兹堡企鹅队		
• 华盛顿首都队		

第十章　美国：发展势头正强劲

全国橄榄球联盟（32支球队）

NFC 东部联盟	NFC 北部联盟	NFC 南部联盟	NFC 西部联盟
达拉斯牛仔队	芝加哥熊队	亚特兰大猎鹰队	亚利桑那红雀队
纽约巨人队	底特律狮子队	卡罗来纳黑豹队	圣路易斯公绵羊队
费城老鹰队	绿湾包装工队	新奥尔良圣徒队	旧金山49人队
华盛顿红人队	明尼苏达维京人队	坦帕湾海盗队	西雅图海鹰队
AFC 东部联盟	AFC 北部联盟	AFC 南部联盟	AFC 西部联盟
水牛法案队	巴尔的摩乌鸦队	休斯敦德州队	丹佛野马队
迈阿密海豚队	辛辛那提孟加拉虎队	印第安纳波利斯小马队	堪萨斯市酋长队
新英国爱国者队	克利夫兰布朗队	杰克逊维尔美洲虎队	奥克兰攻略队
纽约喷气机队	匹兹堡钢人队	田纳西泰坦队	圣迭戈充电器队

足球大联盟（20支球队）

东部协会	西部联盟
o 芝加哥火灾队	o 科罗拉多急流队
o 哥伦布船员队	o 达拉斯足球俱乐部
o 华盛顿联合队	o 休斯敦发电机队
o 蒙特利尔冲击队（加拿大）	o 洛杉矶银河队
o 新英格兰革命队	o 波特兰木材队
o 纽约市足球俱乐部	o 真盐湖队
o 纽约红牛队	o 圣若泽地震队
o 奥兰多市 SC 队	o 西雅图桑德斯队
o 费城联盟队	o 堪萨斯市体育队
o 多伦多足球俱乐部（加拿大）	o 温哥华白帽队（加拿大）

注：两支新球队将于2017年加入大联盟：亚特兰大联合队、洛杉矶足球俱乐部。

棒球大联盟（30支球队）

美国东部联盟	AL 中部联盟	AL 西部联盟
巴尔的摩金莺队	芝加哥白袜队	休斯敦太空人队
波士顿红袜队	克利夫兰印度人队	洛杉矶天使队
纽约洋基队	底特律虎队	奥克兰田径队
坦帕湾射线队	堪萨斯市皇家队	西雅图水手队
多伦多蓝鸟队	明尼苏达双子队	德克萨斯游骑兵队

续表

美国东部联盟	NL 中部联盟	NL 西部联盟
亚特兰大勇士队	芝加哥幼崽队	亚利桑那响尾蛇队
迈阿密马林鱼队	辛辛那提红队	科罗拉多落基山脉队
纽约大都会队	密尔沃基酿酒人队	洛杉矶道奇队
费城费城人队	匹兹堡海盗队	圣迭戈教士
华盛顿国民队	圣路易斯主教队	旧金山巨人队

一个值得注意的现象是，NCAA 的加盟高校分布在美国 50 个州，除去每年的学校假期（北美大多数学校在 6~8 月放假），这些学生精英运动员每周都会参加比赛，这也就意味着全年只有 6~8 月是没有高校比赛的。NCAA 联赛的媒体关注度较低，主要是因为这些学生运动员并没有任何工资，他们的津贴主要是奖学金、住房补贴、餐饮补贴、医疗服务及相关器材补助。NCAA 每年的收入大约是 10 亿美元，一般会有 800 万美元的盈余（Strachan，2015），这些盈余也会分发回各个高校。有很多提案都指出，NCAA 这种过时且不公平的经营模式（保护业余体育发展）阻碍了高校学生运动员挣取他们应得工资及代言的权利。这些提案可能在将来具有里程碑的意义，如果 NCAA 改变其经营模式，那么整个美国校际运动的本质将会在一夜之间发生变化。

同样值得一提的是，美国女子职业篮球联盟（WNBA）快速成长。WNBA 共有 12 支队伍，每年 5~10 月开赛。同样，2015 年美国女足在加拿大女子足球世界杯中的优异表现也大大促进了大众对于女子足球的关注度。在温哥华（加拿大英属哥伦比亚省）举办的 FIFA 世界杯决赛成为美国有史以来收视率最高的足球比赛（Associated Press，2015），至少有 432 万美国人观看了决赛。值得注意的是，FOX 体育的数据显示，这场比赛在 FOX 的收视率超过上年职业棒球大联盟中旧金山与堪萨斯城的第 7 场决胜场的收视率；ABC 电视台数据显示，该场决赛的收视率超过 NBA 金州勇士队和克利夫兰队的总决赛收视率；NBC 电视台数据显示，该场比赛的收视率超过斯坦利杯芝加哥队对阵坦帕湾队的第 6 场比赛的收视率（Associated Press，2015）。

第十章　美国：发展势头正强劲

除了这些女子团队运作的成功吸引了大众的关注之外，职业网球手赛琳娜·威廉姆斯（Serena Williams）及其他女性高尔夫及滑雪运动员的成功持续提高了女子体育运动的收视率，相关体育用品的销售量也随之增加。事实上，这些网球运动员，例如威廉姆斯姐妹、中国的李娜、俄罗斯的莎拉波娃，还有赛车运动员丹妮卡·帕特里克（Danica Patrick）、滑雪运动员林赛·沃恩（Lindsey Vonn）等，这些明星女子运动员高达上千万美元的年收入主要来自商业广告及商业出场费（除去职业巡回赛收入及冠军赛收入）。

在另一个虚拟体育游戏领域（fantasy sports）中，整个产业的发展也十分迅速。来自虚拟体育贸易联盟（FSTA）2015年的研究显示，在2015年已有超过560万美国人开始参与到虚拟体育游戏中，已经占到全美人口的15%。令人震惊的是，在加拿大参与虚拟体育游戏的人数已接近总人口的19%。有趣的是，1998年虚拟游戏玩家人数还只有5万，而到2006年玩家人数飙升至180万，可见在这短短9年之间虚拟游戏的玩家人数翻了30多倍。对于大多数人来说，虚拟游戏的流行促使人们更多地关注运动员的表现。在FSTA的一份研究报告中，61%的受访者表示在虚拟的环境中他们感觉更像是在观看一场现场比赛，60%的受访者表示在参与虚拟体育游戏之后，他们较从前更关注体育运动。除此之外，虚拟体育游戏玩家平均每年花费465美元在球队相关产品以及单人挑战游戏上面（FSTA，2015）。

在电子游戏（video gaming）方面，据娱乐软件协会（ESA）2015年的统计数据，越来越多的美国人开始热爱电子游戏：大约有1.5亿美国人（约占总人口的42%）经常玩电子游戏（每周多于3小时）。娱乐软件协会的统计报告还显示，2014年，消费者在游戏内容、相关硬件及配件上的花费约为224.1亿美元，每5户美国家庭中就有4户装有电子游戏设备。虽然这些电子游戏可能并不都与体育相关（体育相关游戏有Madden NFL 2016、NBA 2K等），但是电子游戏这种活动及行为被许多学者定义为体育活动，因为体育与电子游戏的列表计分方式如出一辙。同时娱乐软件协会还指出，每周56%的玩家会与其他玩家一起参与游戏，54%的玩家则喜欢多人模式。同样，电子游戏的社会属性与户外体育运动是一致的，但是对

369

于大多数的家长而言，坐在电脑屏幕前玩电子游戏，与室外体育运动的属性是完全不同的。这一争议随着电子游戏竞技的兴起变得越来越激烈，职业电子游戏玩家每年也可以得到一笔可观的收入，同样也可以与赞助商签订代言协议。

除了上文提到的问题（涉及职业体育、NCAA、女子运动和虚拟/电子游戏），当代美国体育产业还面临着许多其他的挑战。

第一，绝大多数电视体育节目收视率开始呈现低迷的态势。从前，美国只有3个有限电视网络（CBS、NBC及ABC），4个职业联盟（NFL、NLB、NBA和NHL）及不到75支专业球队。现在每个美国人平均可以接触到500个频道，多达50个体育相关节目可供选择观看。这种情况导致观众对于体育节目的满意度开始出现下降（除了NFL年度超级碗总决赛）。2015年的超级碗具有一定的里程碑意义，超过1.14亿的美国观众观看了这场超级碗（SB49）年度大赛（Bibel, 2015），创造了美国电视史上观看人数最多的纪录。较之2014年，观赛人数增加了22万人，家庭平均打分为47.5分，是近30年超级碗得分最高的一次。历史上最高的是在1986年1月超级碗年度总决赛的打分为48.3分（Bibel, 2015）。同样引起产业界关注的是，超级碗比赛中的30秒广告报价已经上升到450万美元，平均每秒的价格是15万美元。相比之下，1967年第一届超级碗比赛中的所有广告金额加起来才只有4.2万美元，不到2015年一秒广告费用的1/3（Kramer, 2015）。

表3 超级碗打分完整记录

比赛	时间	有限电视网络	比例(%)	份额(%)	广告($/30秒)	场地	观众	NFC冠军	AFC冠军
XLVII	2013年2月3日*	CBS	46.3	69			108690	旧金山	巴尔的摩
XLVI	2012年2月5日*	NBC	47.0	71			111346	纽约巨人	新英格兰
XLV	2011年2月7日*	FOX	46.0	69			111010	格林湾	匹兹堡
XLIV	2010年2月7日*	CBS	45.0	68	2800000	51728	106476	新奥尔良	印第安纳波利斯
XLIII	2009年2月1日*	NBC	42.0	64	3000000	48139	98732	亚利桑那州	匹兹堡
XLII	2008年2月3日*	FOX	43.1	65	2699963	48665	97448	纽约巨人	新英格兰
XLI	2007年2月4日*	CBS	42.6	64	2385365	47505	93184	芝加哥	印第安纳波利斯

第十章 美国：发展势头正强劲

续表

比赛	时间	有限电视网络	比例(%)	份额(%)	广告($/30秒)	场地	观众	NFC冠军	AFC冠军
XL	2006年2月5日*	ABC	41.6	62	2500000	45867	90745	西雅图	匹兹堡
XXXIX	2005年2月6日	FOX	41.1	62	2400000	45081	86072	费城	新英格兰
XXXVIII	2004年2月1日	CBS	41.4	63	2302200	44908	89795	卡罗来纳州	新英格兰
XXXVII	2003年1月26日	ABC	40.7	61	2200000	43433	88637	坦帕湾	奥克兰
XXXVI	2002年2月3日	FOX	40.4	61	2200000	42664	86801	圣路易斯	新英格兰
XXXV	2001年1月28日	CBS	40.4	61	2200000	41270	84335	纽约巨人	巴尔的摩
XXXIV	2000年1月30日	ABC	43.3	63	2100000	43618	88465	圣路易斯	田纳西
XXXIII	1999年1月31日	FOX	40.2	61	1600000	39992	83720	亚利桑那州	丹佛
XXXII	1998年1月25日	NBC	44.5	67	1291100	43630	90000	格林湾	丹佛
XXXI	1997年1月26日	FOX	43.3	65	1200000	42000	87870	格林湾	新英格兰
XXX	1996年1月28日	NBC	46	68	1,085000	44145	94080	达拉斯	匹兹堡
XXIX	1995年1月29日	ABC	41.3	62	1150000	39400	83420	旧金山	圣地亚哥
XXVIII	1994年1月30日	NBC	45.5	66	900000	42860	90000	达拉斯	野牛
XXVII	1993年1月31日	NBC	45.1	66	850000	41990	90990	达拉斯	野牛
XXVI	1992年1月26日	CBS	40.3	61	850000	37120	79590	华盛顿	野牛
XXV	1991年1月27日	ABC	41.9	63	800000	39010	79510	纽约巨人	野牛
XXIV	1990年1月28日	CBS	39	63	700400	35920	73852	旧金山	丹佛
XXIII	1989年1月22日	NBC	43.5	68	675000	39320	81590	旧金山	辛辛那提
XXII	1988年1月31日	ABC	41.9	62	645000	37120	80140	华盛顿	丹佛
XXI	1987年1月25日	CBS	45.8	66	600000	40030	87190	纽约巨人	丹佛
XX	1986年1月26日	NBC	48.3	70	550000	41490	92570	芝加哥	新英格兰
XIX	1985年1月20日	ABC	46.4	63	525000	39390	85530	旧金山	迈阿密
XVIII	1984年1月22日	CBS	46.4	71	368200	38880	77620	华盛顿	洛杉矶RAI
XVII	1983年1月30日	NBC	48.6	69	400000	40480	81770	华盛顿	迈阿密
XVI	1982年1月24日	CBS	49.1	73	324300	40020	85240	旧金山	辛辛那提
XV	1981年1月25日	NBC	44.4	63	275000	34540	68290	费城	奥克兰
XIV	1980年1月20日	CBS	46.3	67	222000	35330	76240	洛杉矶公羊	匹兹堡
XIII	1979年1月21日	NBC	47.1	74	185000	35090	74740	达拉斯	匹兹堡
XII	1978年1月15日	CBS	47.2	67	162300	34410	78940	达拉斯	丹佛
XI	1977年1月09日	NBC	44.4	73	125000	31610	62050	明尼苏达州	奥克兰
X	1976年1月18日	CBS	42.3	78	110000	29440	57710	达拉斯	匹兹堡
IX	1975年1月12日	NBC	42.4	72	107000	29040	56050	明尼苏达州	匹兹堡
VIII	1974年1月13日	CBS	41.6	73	103500	27540	51700	明尼苏达州	迈阿密
VII	1973年1月14日	NBC	42.7	72	88100	27670	53320	华盛顿	迈阿密

续表

比赛	时间	有限电视网络	比例(%)	份额(%)	广告($/30秒)	场地	观众	NFC冠军	AFC冠军
VI	1972年1月16日	CBS	44.2	74	86100	27450	56640	达拉斯	迈阿密
V	1971年1月17日	NBC	39.9	75	72500	23980	46040	达拉斯	巴尔的摩
IV	1970年1月11日	CBS	39.4	69	78200	23050	44270	明尼苏达州	堪萨斯城
III	1969年1月12日	NBC	36	70	55000	20520	41660	巴尔的摩	纽约喷气机
II	1968年1月14日	CBS	36.8	68	54500	20610	39120	格林湾	奥克兰
I	1967年1月15日	CBS	22.6	43	42500	12410	26750	格林湾	堪萨斯城
I	1967年1月15日	NBC	18.5	36	37500	10160	24430	格林湾	堪萨斯城

资料来源：电视数据，2014。

第二，球员代表及球员工会（例如，NFL球员协会）已经变得十分精明，他们擅长在球员与俱乐部之间进行集体谈判（collective bargaining agreements，CBA），这就意味着，球员相较于之前获得的福利越来越多。表面上看，这些似乎都是符合逻辑的，但是这意味着每年球队和联盟会向球迷收取更多的费用，例如提高门票费（包括收取门票更新费）、特许商品价格（食品、饮料、商品和服装）、有线电视费、宽带费（包括在线消费）、停车费及任何球队可控制商品的销售价格。在美国，体育消费的持续上涨，意味着越来越多的球迷很难支付现场观看比赛的费用。通过赛场越来越多的没有售出的座位，人们可以看出体育比赛的亲和力正在逐渐下降，广告商及赞助商将不再愿意支付体育相关费用，电视广播台也不会再支付职业联赛（或NCAA）电视转播费（独家或非独家）。就像前文提到的，电视广播转播收入是美国体育运动的生命线，如果联盟的观众人数少，那么电视网络公司就会支付相对较低的转播费。虽然现在这一切还没发生，但是产业专家（及体育记者）正在拭目以待，不断扩大的体育产业有一天会变成泡沫。

第三，随着体育产业的国际化发展，媒体的报道方式将会改变。当印度板球超级联赛（the Indian Premier League，IPL）将比赛视频上传至YouTube之后，这就意味着世界各地的人都可以观看IPL比赛。在美国，这一行为并没有引起体育产业的连锁反应。但是全球体育产业中的足球联盟，例如英国超级联赛（EPL）、西甲、意甲和德甲，都在打造符合全球审美的比赛，这种发展形势势必会影响美国体育产业的整体发展。国际足联（FIFA）和欧洲足球联盟（UEFA）凭借着世界杯和欧洲冠军联赛在全球的影响力，正逐渐将美国人转变为足球迷。相反，美国橄榄球运动由于对球员健康方面的负面影响（例如容易导致脑震荡、脑损伤），在美国之外地区的媒体关注度并不是很高，可见美国橄榄球在全球的普及相对较为困难。另外，NBA在世界三大人口大国——中国、印度和巴西的发展都初具规模，市场占有率也极高。因此，可以说，橄榄球增长空间已经被篮球占领，它并不能像棒球（在日本、委内瑞拉、多米尼加共和国、澳大利亚和古巴都十分流行）和冰球（在俄罗斯、欧洲北部和中部、瑞典、德国、挪威、芬兰和捷克共和国都十分流行）一样在全球都有固定的观众群体。

最后，美国体育发展不容忽视的两个新兴力量——虚拟体育游戏机与电子体育游戏，正在吸引日益增长的年轻体育球迷。普遍看来，现在年轻的消费者正在拒绝体育观赛群体的传统方式（先参与一项体育运动，随后成为该项目的职业比赛观众）。取而代之的是，许多年轻人正在通过各种电子设备参与到体育运动中，例如Xbox、游戏站（PlayStation）、Oculus Rift（Facebook所有）及当地手机供应商提供的电子游戏。娱乐软件协会（Entertainment Software Association）的报告显示，全球电子游戏的收入已达到220亿美元。如果在接下去的几年内，球迷由于票价高涨而不能到现场观看比赛，或者是被其他新兴娱乐产品吸引而不去参加体育运动的情况持续发生，美国体育产业的发展源动力将会是科技进步而非运动场上的明星。

三　当代美国体育产业所面临的挑战与问题

虽然我们很难预测未来十年美国体育产业的发展方向，但是美国经济体系是影响体育产业繁荣发展的重要因素，整个经济系统的进步将会促进体育产品及服务发展的效率。这并不是说美国体育系统是唯一或是最佳的方式。

然而，我们仍然可以说体育产业的波动性非常大，美国体育产业在其

200年的发展历史中波动也较为频繁。由于数字化平台的普及，例如iPad、平板电脑、手机和GoPro相机的出现，美国体育产业发展会越来越繁荣，但是其最终以何种形式表现，人们仍需持观望态度。当然，体育馆的作用可能会发生改变，它将逐渐被更为便捷的新兴科技产品（如电视机、环绕声音响系统、饮料机、制冷机等）所取代，日后人们在家里就能轻而易举地享受到体育场的观赛体验。

就像体育场必须做出改变一样，许多运动员也应该审时度势。现在，许多球星都开始习惯将社交软件作为与球迷直接互动交流的方式。这改变了只有大众媒体报道体育信息、球队控制信息传播的传统方式。从前，一位球员在发售自传的时候只能为球迷签名，但是却不能和他们讨论自己的合约问题，或者发表对其他球员的看法。现在，球员自传可以通过纪念品公司在网上销售，球员自己也可以通过微博（Tweeting）与球迷畅所欲言。同时，这些球星也在寻求最大的保护服务，如果由比赛（足球或曲棍球、拳击/无限制综合格斗、冰球比赛）引起的脑震荡或者（在赛车、自行车、雪橇运动中）碰撞十分严重，运动员有权利要求改变规则，或者要求改变场地设计来保护并延长自己的职业生涯。

此外，体育产业的多样化及同质化，也会在不同维度同时发生。曾经一个体育联盟的运动员全部来自本国，而现在一支球队的球员来自世界各地已经变得司空见惯。同样，从前职业体育只接受身强力壮的男性运动员，而现在，体育运动的参与者也越来越广泛，性别、性取向、出生地、国籍、种族、宗教、残疾都不再重要（Burton和O'Reilly，2015）。这种包容性为更多的运动员提供了潜在的发展可能，并且让更多的观众自由选择自己热爱的体育项目及明星。一个典型的例子就是，1976年奥运会十项全能运动金牌得主布鲁斯·詹纳（Bruce Jenner）做了变性手术并宣布改名凯特琳·詹纳（Caitlyn Jenner）。虽然凯特琳·詹纳已经是一名退役运动员，但是他仍然利用其作为前奥运冠军的影响力，向人们诠释了变性后"另类家庭"的生活模式。

也许，体育运动唯一最大的变化就是持续国际化，包括运动本身及赛事

第十章　美国：发展势头正强劲

管理者的行为。优秀的运动员可以拿着满意的工资，过着舒适的日子，在世界各地的联盟或者职业赛中打比赛。有些常规赛及表演赛也开始在其他国家及地区进行。大众媒体越来越国际化，大的广告商及赞助商都希望给最具全球关注度的运动项目进行投资。但是体育产业是大多数产业的先锋，许多颠覆性的产业创新都来自体育产业（Burton 和 O'Reilly，2013）。至少在美国，如果一个人想要涉足体育产业，那么他一定是一位全面了解大众传媒、娱乐趋势、法律责任及义务、财务需求及义务、运动员福利、销售创新及市场营销的全才。这些要求看上去苛刻，却是日后涉足体育产业所必须具备的个人素质。

表4　美国体育产业及娱乐业数据分析

项　目	总计	单位	年份	资料来源
美国体育产业总体规模	498.4	十亿美元	2015	预估
全球体育产业总体规模	1.4	百亿美元	2015	预估
美国公司年度体育广告开支	34.9	十亿美元	2015	预估
国家棒球大联盟总收入	7.9	十亿美元	2014	福布斯
国家棒球大联盟总营业收入	617	百万美元	2014	福布斯
国家棒球大联盟球队数量	30	支	2014	国家棒球联盟
国家棒球大联盟联赛平均出席人数（162季联赛）	30450	人次	2014	娱乐体育节目电视网
国家棒球大联盟团队平均价值	1.2	十亿美元	2014	福布斯
国家橄榄球联盟总收入	9.6	十亿美元	2013/2014	福布斯
国家橄榄球联盟总营业收入	1.7	十亿美元	2013/2014	福布斯
国家橄榄球联盟球队数量	32	支	2013/2014	国家橄榄球联盟
国家橄榄球联盟联赛平均出席人数（16季联赛）	68775	人次	2013/2014	娱乐体育节目电视网
国家橄榄球联盟团队平均价值	1.4	十亿美元	2014	福布斯
国家篮球联盟总收入（篮球相关收入）	4.8	十亿美元	2013/2014	福布斯
国家篮球联盟总营业收入	692	百万美元	2013/2014	福布斯
国家篮球联盟球队数量	30	支	2013/2014	国家篮球联盟
国家篮球联盟联赛平均出席人数	17809	人次	2013/2014	娱乐体育节目电视网
国家篮球联盟团队平均价值	1.1	十亿美元	2014	福布斯

续表

项　　目	总计	单位	年份	资料来源
国家冰球联盟总收入	3.7	十亿美元	2013/2014	福布斯
国家冰球联盟总营业收入	453.4	百万美元	2013/2014	福布斯
国家冰球联盟球队数量	30	支	2013/2014	国家冰球联盟
国家冰球联盟联赛平均出席人数（48季联赛）	17502	人次	2013/2014	娱乐体育节目电视网
国家冰球联盟团队平均价值	490	百万美元	2014/2015	福布斯
美国职业足球联盟（MLS）总收入	494.2	百万美元	2012	福布斯
美国职业足球联盟球队的平均价值	103	百万美元	2013	福布斯
全国大学生体育协会（包括Ⅰ,Ⅱ and Ⅲ）收入	989.0	百万美元	2013/2014	全国大学生体育协会
观众多的体育运动*	35.8	百亿美元	2013	人口普查
体育用品商店零售额	43.8	百亿美元	2014	人口普查
美国体育健康俱乐部	22.4	百亿美元	2013	国际健康体育协会
美国体育健康俱乐部所有会员	52.9	百亿美元	1.14	国际健康体育协会
全球健康俱乐部收入	78.1	百亿美元	2012	国际健康体育协会
全国运动汽车竞赛协会全部收入	886	百万美元	2015	福布斯
全国运动汽车竞赛协会每支队伍平均价值	139.2	百万美元	2015	福布斯

* 包括赛马场、运动队和其他体育观众。

资料来源：普伦基特研究有限公司。

参考文献

Associated Press. (2015). World Cup draws record television audience in US, *Syracuse Post - Standard*, July 7, C - 2.

Betts, J. R. (1953). Sporting journalism in nineteenth - century America, *American Quarterly*, 5, 39 - 46.

Bibel, S. (2015), Super Bowl XLIX is most - watched show in U. S. television history with 114.4 - million viewers, TV by the numbers, Feb. 2, Found at：http://tvbythenumbers.zap2it.com/2015/02/02/super - bowl - xlix - is - most - watched - show - in - u - s - television - history/358523/.

第十章 美国：发展势头正强劲

Burton, R. (1999). From Hearst to Stern: The shaping of an industry over a century, *New York Times*, Dec. 19, 52.

Burton, R. (2010). Syracuse and a Civil War Masterpiece, *Syracuse University Magazine*, 27 (2), 42 – 47.

Burton, R. (2013). Start of a fantasy. *Memories and Dreams*, Fall, 40 – 41.

Burton, R. (2014). Australia, baseball's diamond in the rough. *New York Times*, March 10, D1, D5.

Burton, R. (2015). Neighbors in history. *Memories and Dreams*, 37 (3), 46 – 48.

Burton, R., & O'Reilly, N. (2013). How to spot, benefit from next disruptive innovation in sports. *Sports Business Journal*, 16 (29), 25.

Burton, R., & O'Reilly, N. (2015). Are we serious enough about diversity to welcome all? *Sports Business Journal*, 18 (5), 23.

Clark, J. (2003). *A History of Australian Baseball: Time and Game*, University of Nebraska Press, Lincoln and London.

DeMello, M. (2009). *Feet and Footwear: A cultural encyclopedia*. New York: Macmillan.

Entertainment Software Association. (2015). More than 150 million Americans play video games. Retrieve April 14, 2015 at http://www.theesa.com/article/150 – million – americans – play – video – games/.

Fantasy Sports Trade Association. (2015). Industry demographics at a glance. Retrieve April 15, 2015 at http://www.fsta.org/? page = Demographics

Fontenot, A. (2014). Top 24 best sports management degree programs 2014 – Sports management degree guide. Retrieve December 1, 2015 at http://www.sports – management – degrees.com/best – sports – management – degree – programs – 2014/.

Fussman, C. (2007). *After Jackie: Pride, prejudice, and baseball's forgotten heroes—an oral history*. New York: ESPN.

Gawrysiak, J., Dwyer, B., & Burton, R. (2014). Understanding baseball consumption via in – home gaming. *Journal of Applied Sport Management*, 6 (3), 76 – 97.

Kramer, L. (2015), Super Bowl 2015: How much does a 30 – second television commercial cost?, *Syracuse Post – Standard*, Retrieve January 31, 2015 at http://www.syracuse.com/superbowl/index.ssf/2015/01/super_ bowl_ 2015_ how_ much_ does_ commercial_ cost_ tv_ ad_ 30_ second_ spot.html.

Lemire, J. (2015). For MLB, future is now. *USA Today*, July 10, C1, C6.

McChesney, R. W. (1989). Media made sport: A history of sports coverage in the United States. In L. Wenner (Ed.), *Media Sports & Society* (pp. 49 – 69). Thousand Oaks, CA: Sage.

McLellan, D. (2003), Sidney Shlenker, 66; Entrepreneur staged Astrodome events *Los*

377

Angeles Times, April 23, C1.

McMurphy, B. (2015), Sources: Bowl games added in Tucson, Austin, Orlando, ESPN. go. com. Retrieve May 6, 2015 at http: //espn. go. com/college - football/story/_ /id/12829390/ncaa - adds - bowl - games - raising - total - 42 - sites - include - tucson - austin - orlando.

MLSsoccer. com. (2013) . Major League Soccer to expand to 24 teams by 2020 season, says Commissioner Don Garber. Retrieve December 10, 2013 at http: //www. mlssoccer. com/news/article/2013/07/31/major - league - soccer - expand - 24 - teams - 2020 - season - says - commissioner - don - garber.

Naismith, G. (1968), Father Basketball: Yesterday in sport. In M. A. Edey (Ed.), *Sports Illustrated Books* (pp. 16 – 17) . *New York Times.*

Parente, D. E. (1974) . *A history of television and sports.* Unpublished doctoral dissertation, University of Illinois, Champaign, IL. .

Plunkett Research. (2015), *Industry Statistics Sports & Recreation Business Statistics Analysis.* Retrieve July 15, 2015 at http: //www. plunkettresearch. com/statistics/sports - industry/.

Rader, B. (1984). *In its own image: How television has transformed sports.* New York, Free.

Shieber, T. (2014). To Australia . . . and beyond. *Memories and Dreams*, 36 (1), 44 – 47.

Strachan, M. (2015). *The NCAA just misses MYM1 Billion in annual revenue. Huffington Post.* Retrieve March 11, 2015 at http: //www. huffingtonpost. com/2015/03/11/ncaa - revenue - 2014_ n_ 6851286. html.

Stout, G. (2002). Yankees century: 100 Years of New York Yankees Baseball. New York: Houghton Mifflin Harcourt.

Townsend, M. (2013). Nike sees MYM36 billion in sales by 2017 on apparel, Converse, *Bloomberg Business.* Retrieve October 9, 2013 at http: //www. bloomberg. com/news/articles/2013 - 10 - 09/nike - sees - 36 - billion - in - annual - sales - by - fiscal - year - 2017.

Twain, M. (1889). *A Connecticut Yankee in King Arthur's Court.* London, England: Chatto & Windus.

Wolohan, J. (1999). The Curt Flood Act of 1998 & Major League Baseball's Federal Antitrust Exemption. *Marquette Sports Law Journal*, 9, 347 – 377.

Wolohan, J. (2003). Two teams out: Contraction in Major League Baseball and Antitrust Law, *Villanova Sports and Entertainment Law Journal*, 10, 5 – 27.

第十一章
英国：迅速发展看未来

马克·基奇 约翰·诺瑞德

马克·基奇（Marc Keech）博士，英国布莱顿大学体育与服务管理学院首席讲师，体育、旅游和休闲研究中心成员，英国高等教育学院高级研究员。

约翰·诺瑞德（John Nauright）博士，英国布莱顿大学厄伊斯特本校园体育休闲管理教授，体育中心创始人。研究方向为体育和服务管理旅游与休闲。参与政府在体育和旅游政策方面的决策咨询以及世界各地大学的体育管理学术课程项目的开发。

第十一章　英国：迅速发展看未来

大不列颠及北爱尔兰联合王国（以下简称英国）由英格兰、苏格兰、威尔士及北爱尔兰四个部分组成，其体育产业发展呈现出复杂性和多样性的特征。群众体育及奥运会与残奥运等重大国际竞技体育运动开展所需的资金及团队人员经费都是由政府提供并且运作的。另一些项目则依靠职业联盟自身运营，如足球、英式橄榄球联合会比赛（15人制）、英式橄榄球联盟比赛（13人制）、板球、篮球、无板篮球及冰球。

2013年10月至2014年10月，英格兰体育理事会开展的一项体育调研表明，英国16岁及以上人群每周至少参与一次30分钟以上中等强度的体育运动的人口数达到1557万，占人口总数的35.8%。至少950万16岁以上人口为俱乐部成员，占英国人口数的22%。大约720万人口（16岁以上）接受运动指导，580万参与竞技性运动。同样有550万人口志愿参与与体育有关的活动。

英国与体育相关的经济总值，从1985年的336万英镑增加到2003年的1353万英镑。这反映了在国家经济增长59%的情况下，体育相关经济活动的增速已达到203%。2010年体育产业对英国经济贡献203亿英镑，占当年英国经济总量的1.9%，超过汽车业、电信服务业、法律服务业、会计业、出版业、广告业以及公共事业，成为英国12大行业之一。2010年体育及相关产业从业人数预计超过40万，占总人数的2.3%。体育及相关产业志愿活动的经济价值为27亿英镑。英格兰体育理事会估算，每年群众因参与体育活动而产生的健康价值达112亿英镑。2014年几大主流群众参与性运动项目分别是：游泳（270万英镑）；田径（220万英镑）；自行车运动（210万英镑）；足球（接近200万英镑）（英格兰体育理事会，2014）。体育运动

383

对于国家就业战略的重要意义在于，促进大学建立了许多体育商业项目，也催生了聚焦于运动与健康的项目。

一 英国早期的体育与政治

英国民众生活中，运动与身体活动扮演着重要的角色。这可追溯到几个世纪以前。早在1314年，英格兰国王爱德华二世率先开始禁止足球运动的开展，认为足球运动占据了军事训练的时间（1314年英格兰在对抗苏格兰班诺克本战役中失败）。苏格兰国王詹姆斯一世1424年同样禁止足球运动的开展。基于相同的原因，詹姆斯二世1457年在苏格兰禁止高尔夫运动的开展。这些早期的干预限制了民众的消遣行为。1640~1660年清教徒革命期间，更是在每周日用重刑责罚参与体育活动的人，进一步限制了体育活动的开展。

17~18世纪流行的消遣模式就是在忏悔星期二举行足球比赛，这与当时的工作模式及节日相关联，并且成为当地娱乐活动日的亮点（马尔科梅森，1973）。1707年英格兰和苏格兰的联合条约生效，建立了由一位君主集权统治的，包含英格兰、苏格兰、威尔士在内的联合王国（UK）。1801年，英格兰与爱尔兰更进一步的法案生效，直到1922年，爱尔兰自由邦在众多以天主教为主流的郡中建立，而以新教为主流的北部6个郡则划归英国，建立了今天的大不列颠及北爱尔兰联合王国。

英格兰首次编纂法典记录现代全球性的运动项目，此外，包括高尔夫、板球、赛马及拳击等在内的其他项目则被列于1800年所制定的一系列规则下。1863年，现代英式足球形成，也推动了类似的用手操作的运动项目的发展。1871年橄榄球学校成立，并推动了橄榄球运动的最终形成。盖尔运动协会（GAA）于1884年在爱尔兰成立，开展爱尔兰的各项体育运动，尤其是曲棍球及爱尔兰足球。18世纪后期，绝大多数的现代奥林匹克运动项目及其他项目，被编入法典，国家以及国际体育联合会逐步建立。由于大部分运动项目最终在英格兰形成且不具有明显的国家特征，因此，英格兰通过足球协会运作足球项目，通过橄榄球联合会运作橄榄球运动。苏格兰的国家运动协会几乎与英格兰同时出现，苏格兰和英格兰之间的第一场国际足球和橄榄球比赛，于18世纪70年代早期进行，与威尔士、爱尔兰之间的比赛也随之展开。由于各个"原籍国"的全国协会均比全球管理部门先成立，因此，在很多运动项目上各个"原籍国"始终保持着自己鲜明的民族特色，这在足球和橄榄球运动上尤为明显。

从联合王国整体以及英格兰、北爱尔兰、苏格兰和威尔士4个"原籍国"运动项目的结构和组织上，可以看出大不列颠及北爱尔兰联合王国政治宪法的复杂性和独特性。英格兰依靠人口数量和强大的资源优势，对宪法的制定起到主导作用。直到1922年，威斯敏斯特议会（伦敦）统治了整个爱尔兰、苏格兰以及威尔士，大家常用"英国的"这样的字眼代替"大不列颠的"，这也反映在历史进程中联合王国中权力分配的情况。直到最近权力才下放到了威尔士、苏格兰以及北爱尔兰的议会，使它们拥有宪法的权力，去做一些决定以及为不同活动分配国家内部资源，如教育资源、公共服务资源。需要注意的是，英国国内政治、经济以及社会文化改变经常在这些"原籍国"中重复发生，尽管当时仍存在对主义思想的抵制，许多运动项目都是沿着相同的路径在发展（霍尔特，1989；基奇，2003）。2012年奥运会成功申办后，体育在英国承担更为重要的、高度政治化的角色。结合北京2008年奥运会史无前例的成功，以及2012年伦敦奥运会开创纪录的成就来看，体育在英国所发挥的作用值得期待。

因为历史的原因，英国体育的结构和组织比较复杂，这同样也反映了全球范围内体育发展的进程，但这种发展进程目前却面临着巨大的挑战。当分析许多国家体育发展时，只是经常聚焦于竞技体育及大众体育这种二分法，鉴于目前英国体育发展的复杂性，可将英国体育划分为竞技体育、体育教育、学校/青年体育以及社区/大众体育这些相互独立又相互关联的四大部分。

二 英国体育的历史发展

"二战"后期，英国社会中体育和政治的关系越发复杂。例如某个体育政策，它不会将体育限定为一个单纯的随意的活动，而是将体育作为社会唯意志论传统的一部分。因此，体育组织更多地保留一定程度的自治权。19世纪50年代期间，在中央体育娱乐委员会的领导下，英国体育管理机构呼吁投入更多的资源，以满足人民群众日益增长的体育活动需求，因此寻求一个合适的介入模式变得非常重要。因为大家认为，体育是增强社会凝聚力和整合力的重要载体，体育发展获得社会的支持。阿尔伯马尔报告《英格兰及威尔士的青少年服务》(1960)以及沃芬顿报告《社会中的体育》(1960)两篇报告阐述了这样一个观点：体育和娱乐设施的缺乏导致青少年不安状态和不良行为的产生——这一观点在20世纪重新出现。连续几届政府将体育视为社会政治中越来越重要的运作机制，通过这个机制，政府可以处理在高度都市化和现代化的社会里出现的青年人问题。社会中还存在这样一种意识：19世纪60年代，英国失去大部分的帝王统治权，同时也开始失去在国际体育界的地位，政府介入体育的程度和所承担的责任也开始下降，这些导致不合逻辑的、不系统的体育政策的出现。

1986年，约翰·哈格里维斯对英国体育中政府介入的程度进行概念化解释。他的"社会民主主义"模型指出，国家是体育资源的服务商和供应者，而不能将体育作为控制社会的一种手段。诸如此类的例子，包括地方当局建设的康乐基础设施，在学校中身体教育所扮演的角色以及体育机构与政府部门之间的联络渠道（哈格里夫，1986）。科格伦（1990）和霍利亨（1991）在沃芬顿报告中首次对体育发展委员会扩展后资助、监督群众体育、竞技体育和竞技比赛的情况进行了概述。1964年，政府任命了第一位体育领域的部长洛德·海尔森，他的基本职责就是监督咨询体育发展委员会（1965年成立，成员包括1954年跑完4分英里赛的罗杰·班尼斯特以及英国第一位足球经理维尔特·温特波顿等在内的诸多体育机关人士如体育明星）的工作，19世纪60年代，几大主要的政党逐渐认同了体育委员会可以在地方社区中管理和使用经费用于体育发展这一事实。英国足球队1966年在足球世界杯上取得的胜利、1967年凯尔特人队的佳绩（格拉斯哥，苏格兰）以及1968年曼联首夺欧冠等事件，使英国社会的注意力集中在体育领

第十一章 英国：迅速发展看未来

域。1972 年，在皇家宪章下，英国体育委员会逐渐建立。就如霍恩等人（1999：217）所述："体育领域的政治共同体已经存在并且保持被划分为几大群体的状态。20 世纪三大主流意识形态均依附于体育，业余主义、社会福利主义和商业主义共存于同一时期并且互争高下。因此，社会上始终存在多样化的现象，不存在某一个全权解释国家体育政策的单一政党典型。"19 世纪 70 年代末期到整个 80 年代，体育始终属于政府政策的边缘领域。首相玛格丽特·撒切尔将体育问题视为一系列难题的集合，这一点从布拉德福德、海瑟尔以及斯堡等足球场难题上得到印证。同时，在 19 世纪 80 年代早期，从撒切尔夫人首创的"体育行动"计划中可以看出，她也将体育视为解决城市骚乱的象征性的方法（里格，1986）。在 19 世纪 80 年代以及运动狂热爱好者约翰·梅杰任首相时期，城市中动荡不安的状态将体育以及体育发展问题推向政治舞台的中心，但那仅仅是一个临时的状态（霍利亨 & 怀特，2002）。

1995 年，梅杰所代表的保守派政府发表《体育的中心主题：崛起的比赛》（DNH，1995）一文。这是一个相当重要的文件，因为这是英国历史上第一个公开发表并且清晰有力地阐述国家体育发展政策的文件。尽管在某种程度上这个文件仅仅侧重于英格兰体育的发展，但在这个文件发布之前，体育往往在政府视野的边缘领域。体育的发展很大程度上是在保守派政府的努力之下才取得的，并且分别在 19 世纪 80 年代和 90 年代被予以明确说明。《体育的中心主题：崛起的比赛》明确将体育发展的重点放在高水平竞技运动及学校体育上，文件还提出从 1995 年开始，开展专业化的体育发展实践活动。文件有一项内容是，地方政府的边缘化以及提升对学校体育、传统体育项目的重视度。对于保守派政党而言，这些政策文件，在政府部门高度认同重点发展传统对抗性团体运动项目这一观点时形成。在对政策进行陈述性介绍时，梅杰清晰地表述学校体育发展的中心就是拓展体育政策（霍利亨 & 怀特，2002）。

梅杰政府开创的许多政策被托尼·布莱尔所在的"新"工党接受，并给予了资源扶持，以推进相关举措。2000 年 5 月，"新"工党发布政策文件

《所有人的体育未来》（文化、媒体及体育部门，2000），提供了相关定义以及明确的焦点指向，使得该政策的领导作用得以发挥。首相布莱尔所撰写的前言，将体育政策视为"新"工党政策的试金石。1997年，劳动党在选举中取得的胜利与体育政策所产生的政策张力相同步。从历史的角度看，促进大众体育参与在某种程度上与竞技体育的发展目标并不一致。体育的宗旨与扩大社会福利的目标具有一定的共性，但对社会设施的投资与满足竞技运动员的特殊需求是不一致的。《所有人的体育未来》第一次将近期的政策文件贯穿于统一文件之中。该政策将体育发展与社区的建设、展现道德联系在一起。最重要的是，文件包含了对体育本质优点的认可（霍利亨 & 怀特，2002）。同时，工党政府"将资源更多地投向能够扩大体育参与度、发展社会体育的领域"的观点变得更为明确。

《比赛计划》的印发，代表着体育在公众及社会事务政策进程中的介入程度不断加深。《比赛计划》是第一份由社会排斥局（SEU）和文化、媒体及体育部门（DCMS）这两个政府部门授权的体育政策文件。它比其他任何体育领域政策文件都具有综合性，它试图为体育自身发展以及为体育参与者提供更多机会，并为消除社会排斥这两项内容提供理论基础和行动指南。其中，为体育参与者提供更多机会以消除社会排斥这一提案由政策行动团队10（SEU，1999）提出。《比赛计划》指出体育将成为政府实现对抗社会排斥这一项社会政治事务的潜在手段，清晰地表达了这样一个观点：体育和身体活动将作为一种潜在社会的手段，极大地减少市民进入社会机构这一过程中不平等现象（侯因翰 & 林德赛，2013）。

《比赛计划》涵盖了所有在体育和身体活动的人群。它改变了地方体育权力机构发展的本质，将发展优先权从发展体育转移到发展当地体育社团及处理社会排斥现象。此外，英格兰体育理事会结束了35年以来独立于政府而存在的状态，角色也被重新定位。然而，体育政策团体基本毫无争议地接受了《比赛计划》并指出文件的一些关键错误，如没有意识到贫困是引发社会排斥的根源（柯林斯，2003）以及忽视了公共运输的花费和不可靠性，也没有意识到目前缺乏足够的公共及私人投资以维持现在的设施及项目供给，而是单单提出"每周参与5次锻炼，每次时间达到30分钟的体育人口数达到70%"这样一个目标。工党在体育领域的雄心壮志是非常清晰的：让更多的人参与更多的运动，以及在竞技运动中取得更大的成功。《比赛计划》建议采取以下措施：

首先，创建一种大众参与的体育文化（如同像重视发展竞技体育一样重视推广身体锻炼）。其次，提高国际排名，目标是使英国及英格兰的团队和个人保持在世界前5的行列，尤其是广受欢迎的体育运动项目。最后，创新赛事举办手段。

直到2015年，这些建议才在英国发挥作用，但大部分已经发生改变，尤其是在英格兰。很明显，《比赛计划》很大程度上改变了整个英国的政治形态，同时它所提出的目标呈现出一些不切实际性的改变，这些改变并没有考虑到根深蒂固的政治结构和过程导向的政策变化。

三 社区体育中的国家框架

《国家框架》一定程度上阐述了英格兰体育理事会角色的变化。图1很清晰地说明了体育的广泛推动作用，尤其是体育政策对另外三个主要国家发展的推动。设置中参与的变化，被认定为是政策变化所必需的。这些改变说明：更多的产出结果与体育仅存在较为松散的关联；在一个地方区域中，社会改变的程度归因于体育的说法也存在一定争议。公共政策领域中那些工作本与体育存在较少关联却开始涉足体育领域的专家，对有关体育与社会改变之间存在关联这一结果持怀疑态度。尽管图1内容仅适用于英格兰，但对于解释在整个英国范围内体育政策与更为广泛社会产出物之间的关系具有一定价值。

随着《国家框架》的发布，政府对于体育的作用始终不满意，要求英格兰体育理事会议长罗德·帕特里特·卡特形成一个有关体育发展如何有效满足政府体育发展目标的报告（报告于2005年4月初发布）。卡特尔提出，为提升2012年奥运会功勋选手获奖机会，过去由英格兰体育理事会和体育组织分别执行的资助体系改为由英国体育理事会单独执行。2007年11月，

```
目的 ────→ 分析 ────→ 行动 ────→ 结果
```

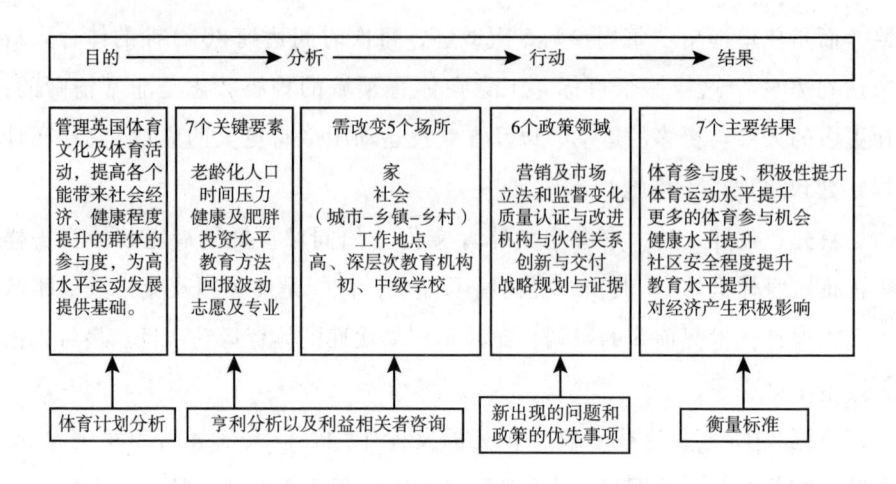

管理英国体育文化及体育活动，提高各个能带来社会经济、健康程度提升的群体的参与度，为高水平运动发展提供基础。	7个关键要素 老龄化人口 时间压力 健康及肥胖 投资水平 教育方法 回报波动 志愿及专业	需改变5个场所 家 社会 （城市-乡镇-乡村） 工作地点 高、深层次教育机构 初、中级学校	6个政策领域 营销及市场 立法和监督变化 质量认证与改进 机构与伙伴关系 创新与交付 战略规划与证据	7个主要结果 体育参与度、积极性提升 体育运动水平提升 更多的体育参与机会 健康水平提升 社区安全程度提升 教育水平提升 对经济产生积极影响
↑	↑	↑	↑	↑
体育计划分析	亨利分析以及利益相关者咨询		新出现的问题和政策的优先事项	衡量标准

图1 英格兰社区体育发展国家框架

州立文化、媒体及旅游部门的秘书詹姆斯·博内尔发表了具有巨大影响力的宣言，推翻了之前的政策，并将体育组织的工作重点重新放在了发展体育、提升群众体育的参与度上。博内尔的宣言否定了《国家框架》的大部分内容，让体育组织的工作重新聚焦到体育自身的利益上。

国家的这些体育文书将会受到批判。笔者对他们持有很深意见。英国试图用提供资金支持这一切入点构建所有的体育计划，我们将体育从如今阻碍它发展的官僚主义和行政命令中解脱出来。但是，反过来说，体育需要一个明确的目标去提升它的参与度、教练水平以及完善俱乐部结构。需要特别说明的是，体育需要证明它如何能够走进那些不爱运动的群体，包括妇女、贫困人群和少数民族群体。但是，只要我们在社会体育中投入更多，体育就能在社会问题解决中更加充分地发挥它的作用。笔者想让大家明白的是，精英体育和草根体育并不存在对立。所以对于那些愿意参与体育的人，我们要为他们打造更好的体育环境（博内尔，2007）。

四 政府的角色

面对独特的历史和体育演进的历程，英国始终没有一个体育部门，这一

第十一章 英国：迅速发展看未来

点也着实令人惊奇；英国体育由一个复杂的系统管理着。这个系统经过多年的发展最终形成，其成员包括：国家和地方体育部门，原籍国体育委员会，英国体育，负责英国体育发展的组织，国家体育管理主体（NGBs），专业体育组织及以体育为主要特色的地方、社区中的学校和俱乐部。在政府层面，体育发展的方向由文化、媒体及体育部门（DCMS）决定，这些部门监督他们所代表的体育委员会的相关工作。2012年文化、媒体及体育部门发布了一个主要针对英格兰的战略。在财政紧缩、公共领域投入资金减少的时期，《为生活培养一个体育习惯》一文形成（文化、媒体及体育部门，2012），这一政策表面上相异于《体育计划》所立下的雄心壮志，很多的内容关注青年体育，但实质却是保证政策连续性的一个重要因素。

我们追求经常参与体育锻炼人口数的持续提升，我们想要提升14～25岁参与体育锻炼的人数，我们探索建立一张学校与当地社区中体育俱乐部的关系网，这样就可以让青年人运动起来直至25岁。我们将与英格兰体育理事会合作，通过以下路径实现这一目标。

1. 在学校中建立竞争性运动项目的永恒遗产——学校运动会，在学校、行政区、郡县以及国家层面建立一个竞争性校园运动项目框架——到2015年，通过彩票、公共个人资金支持，筹集15亿英镑以提供担保，此外，体育课程将成为国家课程体系中的义务教育部分。

2. 加强学校与社区体育俱乐部的联系——我们将在足球、板球、英式橄榄球联合会（15人制）、英式橄榄球联盟（13人制）以及网球等领域开展工作，到2017年，在学校与体育俱乐部之间建立至少6000个合作关系——为青年人离开学校后继续开展体育运动提供更便捷的途径。

3. 开展与体育项目管理主体有关的工作。针对青少年——我们将要求那些主要服务于青少年参与者的体育管理主体，将他们60%左右的投资用于帮助青少年培养运动健身习惯的活动。我们将以成果换取回报的方式，确保体育完全聚焦于满足青年运动者需求——对于部门打造既定目标的管理主体我们将撤回对他们的经济资助。

4. 投资体育设施。16亿英镑将用于新建或更新体育设施，另外已有9亿英镑通过英格兰体育理事会的地域、人口、项目计划投入。其中也包括首次允许学校向社会开放运动设施（包括大于3/4学校的会堂及1/3学校的游泳池）。

5. 社区及志愿部分。我们也将与地方当局、志愿团体以及其他主体合作，以确保为青少年体育提供最大资金支持。从现在起至2017年，超过5000万英镑将会用于资助运营良好的体育俱乐部（无论他们是否与NGB有联系）、志愿团体以及其他提供迎合大众喜好的、受人欢迎的运动项目的主体。此外，我们在此战略中投资2.5亿英镑用于社区建设（文化、媒体及体育部门，2012）。

然而，培养终身体育习惯不是英国体育发展战略所迫切关注的内容。英格兰其他政府部门同样也为上述政策框架的制定贡献了力量，例如教育部门监督国家总课程中关于身体教育课程的开展情况；地方当局以直接负责或与当地休闲部门合作的形式担负着维护地方体育设施的职责，并向社区部门及当地政府（DCLG）汇报有关工作；健康部门（DoH）负责制定英国4个原籍国包括儿童、青年、成人及老年人群的身体活动指导方针（DoH，2011）。

五　英国体育理事会及其他机构的角色

英国体育理事会的体育政策聚焦于对国家层面竞技体育的扶持，同时也扶持全国范围内诸如反兴奋剂等项目及主要的赛事活动。英国体育理事会管理整个国家的体育国际关系，同时也协调国家范围内与国际组织的关系，该组织由文化、媒体与体育部门资助，并对此部门负责；但不负责协调围绕学校、青少年体育及社会、大众体育领域发布的有关政策。4个体育委员会负责在国家和地方政权之间为政府政策制定者建立联系，大部分的体育组织则

第十一章 英国：迅速发展看未来

提供多样化的体育以及特殊利益的服务。"英国体育理事会"由5个理事会构成：体育表演、国际关系及体育赛事、无药运动、政策及对外交流以及商业支持。2006年4月，英国体育理事会成为构建英格兰奥林匹克及残奥会运动整体框架的唯一责任机构，并且通过一定的程序认定并资助奥运奖章获得者。来自北爱尔兰、苏格兰以及威尔士的竞争者均享受自己所代表的国家提供的支持，但只有获得高水平荣誉的项目才会被纳入"英国体育理事会的世界一流"项目。这一项目主要用以支持具有取得荣誉能力和潜力的运动员及运动项目。

发展体育的资金主要有两大来源：财政部（也就是政府）与国家彩票。国家文化、媒体和体育部门及其在北爱尔兰、苏格兰、威尔士的分支机构接收来自中央政府以及各原籍国体育委员会的资金，这些资金依据优先等级用以满足政府需求。国家彩票资金则更为复杂，需要设立一些机构用以分配资金。英格兰体育委员会（2000，2008，2012）以"新"工党以及2010～2015年联合政府的名义，制定了一系列政治敏感性极高的战略，以平衡长期发展中的体育需求。欧克利以及格林认为，1995～2000年成为英国体育"选择性投资"时期（2001：74）。

在2013～2016年这4年期间，竞技体育与社区体育的资金周期已经被限定在同一个时间框架中。英国体育理事会有3个在世界一流表演路径下运作的项目。世界一流颁奖台（项目）支持那些在奥林匹克及残奥会这类级别比赛中，具有明显夺金实力的运动员及团队项目。地方项目则取决于4个条件：最后比赛的结果，对抗过程的记录（例如通过每年世界/欧洲冠军赛过程的评定），未来获得金牌的能力以及培养运动员的示范能力。在竞技体育层面，国家管理机构与体育委员会（如英国奥委会、英国残奥委会、英联邦运动委员会）等专业合作组织始终保持着紧密联系。同时，这些组织为英国参与国际比赛的队伍提供整合队员、筹备工作、后勤安排等各方面的扶持。到2016年奥运会为止的4年间，英国体育委员会为奥林匹克和残奥会运动分配了3.47亿英镑，这些资金分配给了各个国家管理机构用以开展冬季奥运会及残奥会筹备工作，另外还有3100万英镑用于帮助运动员筹备比赛。

从部分地区来看，一些国家管理机构被指责在提供广泛运动机会时，将地方当局、学校及学院排斥在外，为运动员的长期发展来实施整体体育计划，而这个计划将持续4年。英格兰体育理事会在2009~2016年为46个地方管理机构提供4.8亿英镑的资金，在2013~2016年这一新的周期为4.94亿英镑。这些地方管理部门根据一系列标准来选择发展项目，例如，田径运动、自行车运动和航海运动等为"优先"发展体育项目；篮球、排球、所有夏季奥运会和冬奥会项目以及参与人数超过75000的体育项目（包含冰雪项目）属于重点发展项目。所有的体育计划投资（税收和资本）必须为以下一个或者更多成果服务：14~25岁体育参与人群的增长；成年人群体育参与度的提高；为现有参与人群营造良好的体育体验，以使他们继续参与体育；注重高水平运动员的发展，打造培育途径，计划和世界一流水平的英国体育项目以及英国精英保持联系；残疾人群体育参与度的增长以及残疾人专业运动员的培养（英格兰体育理事会，2012）。

英国的各个体育俱乐部由国家管理机构经营管理。俱乐部需满足国家管理机构的优先发展顺序，确保有效的管理、高效的执行以及较高的参与度。一个重要的问题是，在地方社团中，是靠"资格"（例如持续参与体育的人口数）去争取发展的机会。比如社区中有资质的教练人员的短缺，就意味着缺乏资质的地方俱乐部需要等待发展机遇。3个原籍国体育委员会依据本国议会所给的政治优先权，已经形成自己的体育战略。

（一）北爱尔兰体育

北爱尔兰体育理事会在2009年发布其最新战略及合作计划。计划形成过程中面临着英国其他地区所遇到的同样的问题，但是却得到国家的支持。

北爱尔兰体育理事会是一个由DCAL所发起的无部门的行政公共实

体。它基于1973年颁布的《娱乐及青少年体育服务》法令，于同年11月30日建立，主要目的在于促进体育以及身体休养（北爱尔兰体育理事会，2008）。

体育理事会将2009～2019年的发展战略命名为"体育事态"，描绘了"体育终身享受和成功"的美好愿景，也描述了体育和身体休养关键战略的优先发展顺序，从参与度、竞赛表演和地方行政三方面，报告了未来投资方向。在实践中，这意味着北爱尔兰体育理事会建立以及发展了一个涉及三个战略目标的计划和合作关系：

（1）持续提高体育及身体休养的参与度；

（2）优化体育竞赛表演；

（3）提高体育行政机构运作的效率（北爱尔兰体育理事会，2009）。

同英国其他地区政策制定的途径一样，北爱尔兰体育理事会通过两个综合的相互交叉的主题，支持上述优先发展事务的履行。虽然这些主题带有更多乌托邦式的结果设想，但是却没有限制在一个或者多样化的部门之中：首先，在所有政策及项目中体现美好、平等的机会，未来将更好；其次，在所有政策和项目中，将构建一个持续发展的未来（北爱尔兰体育理事会，2009）。

（二）苏格兰体育

苏格兰体育政策由苏格兰议会制定，苏格兰执行委员会管理。这一管理模式使政策形成具有一定的自治权和主动权。苏格兰执行委员会在2007年发布了《实现飞跃：建立在21世纪体育的成功之上》报告，通过在苏格兰创造更多体育发展机会形成前期的政策，其中包括2014年在格拉斯哥举办联邦体育大赛。苏格兰体育发展主要的挑战是缓和国家体育政策发展中由来已久的矛盾：增加民众体育参与度和提高竞赛表演业发展水平。作为对《体育计划》的回应，《实现飞跃：建立在21世纪体育的成功之上》明确表示，到2020年，每周至少参与一次体育锻炼的人口数将超过60%。提升竞赛表演水平对于一个小国家来说同样具有挑战性。苏格兰已经为英国输送诸如多个奥林匹克自行车奖牌获得者克里斯·霍尔、网球运动员安迪·莫里以及大不列颠冰上溜石团队等体坛健将，但苏格兰在竞技体育发展中所呈现的原始特征是为大家所认同的（这种成功经验在威尔士和北爱尔兰也是可复制的）。

尽管在 ST. 安德鲁的领导之下，我们的英式橄榄球和足球队是具有机会参与国际竞争的，但是大部分运动员代表他们国家出战的经历都是在联邦体育大赛，这让我们每四年就能在一些体育项目上展现我们的能力。这个大赛是苏格兰精英运动员项目的核心。然而，沃恩需要识别并且考虑整个英国的大环境。我们的精英男女运动员，同样也是受英国体育理事会（苏格兰执行委员会，2007）支持的英国奥林匹克项目、残奥运动项目以及更广范围内的主要冠军赛项目团队成员的一部分。

《实现飞跃：建立在 21 世纪体育的成功之上》设定了 4 个优先发展目标，以维持能够使这个战略产生国家成果的体育架构。优先发展目标分别是：良好训练的人群；强大的组织；高质量的体育设施；正确的运动方式（苏格兰执行委员会，2007）。"良好训练的人群"是指增加教练员数量以及提升各层次教练员水平。"强大的组织"聚焦于提升组织架构质量，确保形成健康、强大的合作关系以满足实现国家成果的需要。在地方设施领域目前急于发展及投资的项目通常是涵盖整个英国国家领域的，而且苏格兰具有投资户外体育及活动的良好的环境，地方当局以及国家组织想要为竞技运动员发展更多合适的设施，建设环境的修整就成为另一个需要优先考虑的问题，同时也是一个巨大的挑战。

（三）威尔士体育

2005 年，威尔士议会发布了体育以及身体活动的发展战略（2006 年前期）《攀登更高》——一个基于体育及身体活动益处并且以确保人群更健康为目标的 20 年远景规划。对于社会资源严重分工不均的地区，自 1999 年开始，威尔士议会已经开始增加在体育以及身体活动方面的花费，并且率先提出"免费游泳"项目。但在相对消极的人群中推广更为积极的生活方式还未被列入政策之中。然而，《攀登更高》的核心内容与英国其他地区的政策极其相似，因为它同样聚焦于一些关键领域。作为对《攀登更高》这一政策的响应，威尔士体育委员会发布了（2005 年后期）《体育以及身体活动发展框架：从战略到行动》。和在英国随处可见的战略相比，威尔士体育委员会 2005～2007 年的合作计划承认了体育组织职能从拨款管理到体育发展，主要聚焦于对地方社团的干预，同时通过五大主要元素形成一个指导框架。这五大元素分别是：积极的年轻人群；积极的社区；发展中的人；发展中的场所；发展中的表演以及特色（威尔士体育委员会，2005）。威尔士体育委员会现在更名为威尔士体育，在《威尔士体育发展愿景》这一框架下，持续形成了诸多大胆而稳健的战略：在这个国家里，每一个孩子都将体育作为一种生活状态并为之入迷，威尔士也成为一个冠军国家。这个愿景得到了以下优先发展的事项所支持：体育革新；生活中的体育技能；体育社区；体育长处不断增长的高技能的、充满热情的劳动力（威尔士体育，2010）。

和英格兰一样，威尔士的体育政策，不仅仅适用于整个英国的竞技体育发展，而且也高度关注健康利益，但是参与程度的不断增加将会给国家或者某个特定地区带来严重的资源抢占。

六　2012年伦敦奥运会及残奥会

北京奥运会闭幕式上红色大巴士进入鸟巢体育馆，意味着英国体育史上最为重要的 4 年开始了。为确保伦敦做好主办 2012 年伦敦奥运会及残奥会的准备，为保证英国体育的长远发展及赛事遗产的可持续利用，除了需要负责赛事运作及赛事设施的组委会之外，政府也需要制定并颁布强有力的措施来促使奥运目标的达成。在工党政府领导下"遗产"一词随处可见，主要表现在以下五种固有的承诺中：

（1）在竞技体育、大众体育以及学校体育方面，将英国打造为世界一流的体育国。

（2）转移东伦敦核心。

（3）激励新一代年轻人参与当地志愿活动、文化活动以及身体活动。

（4）将奥林匹克公园打造成为可持续生活的乐园。

（5）体现英国是具有创造性的、包容性的、热情好客的居住地、旅游目的地以及商务活动目的地（文化、媒体以及体育部门，2008b）。

在申办办公室的基础上，联合政府于 2010 年形成、出版了一个经过改进的"遗产"行动计划，主要包括以下内容：

（1）扩大草根运动人群（特别是年轻人），鼓励群众参与更多的身体活动。

（2）利用举办奥运会提供经济增长的机会。

（3）通过举办奥运会，促进社区参与。

（4）确保奥运会后奥林匹克公园的发展能够推动东伦敦的城市再建（文化、媒体以及体育部门，2010）。

这些雄心勃勃的目标所引发的挑战巨大，由于伦敦奥运英国团队在奖牌榜优异的排名而得以缓解。本文展开讨论以及聚焦于第一点，即借助奥运会和残奥会的主办遗产，使英国成为世界一流体育强国。在英国存在相当大的争议的问题就是：一个世界一流的体育强国到底意味着什么，或者说一个世界一流的体育强国应该是怎样的？文化、媒体以及体育部门提出这样的建议（2008）：不仅仅局限于竞技体育，还应该包括世界级的社区、大众参与系统，而使得所有的运动系统是世界一流的？没有人明确回答。一个在高层次政策层面工作的同僚这样评论道：

> 我不知道世界一流的体育系统及其结构应该是怎样的，除非它切实出现并让我有了真实的感受。我所知道的看起来世界一流就是同其他国家开展竞争。我不知道除了竞技体育领域，我们在政策层面还能做些什

第十一章 英国：迅速发展看未来

么。除非所有机构将所有工作做到最好，这样励志成为世界领先或者世界一流就自然被理解了。

如果在2012年伦敦奥运会后10年，将满足当地社区的体育发展需求与奥运计划有关目标紧密结合，那么我们可以说，2012年伦敦奥运会可持续的、具有重大意义的遗产是成功的。评定奥运遗产成功的三个标准如下：

（1）奥运遗产计划——识别自发性需求，评定如何能够实现奥运项目的影响力；

（2）人群的广泛参与——这一问题的挑战在于，通过本地社区的角色模型和现有的网络来建立一座奥林匹克和残奥会理想与社区之间的桥梁，以避免比赛和运动员离我们太遥远；

（3）态度和行为的改变——避免赛会活动脱离人们日常生活（BMRB Sport，2007）。

当然，也存在部分对奥运遗产主张有怀疑的人。目前还没有证据显示，奥运会在最近的历史上已经成功地增加东道国的群众参与。2008年，体育和娱乐联盟（前CCPR）主席布利基德·西蒙斯宣称，他认为2012年伦敦奥运会在群众参与方面不存在奥运遗产。有关2012年后的相关早期研究证明西蒙斯的言论是正确的。英国工党政府2012年提出的《遗产行动计划》（文化、媒体以及体育部门，2008b），设定了一个横跨政府各部门的目标，到2012年通过开展体育以及身体活动来增加至少200万成年活跃体育人群。这一计划目标针对所有16周岁以上的成年人群，使他们达到每周至少3次、每次至少30分钟中等强度的运动量。2010年，当保守派领导下的联合政府成立时，这个目标与先前政府相比有所下降。英格兰体育委员会的职责再一次转变为完成《为生活养成一个运动习惯》战略所设定的各项工作，并且于2012～2017年在培养社区体育精神的相关活动中投资10亿英镑，即使群众参与率依旧没有增长。自从《比赛计划》发布后，有关群众参与方面的发展目标都被修改了。2002年，《比赛计划》提出70%的人口参加每周5次、每次30分钟中等强度体育运动这样不切实际的发展目标，并且相关证据表明，现有社会组织无法为人群获得体育锻炼机会提供支持。从此之后，政策中目标的设定不断变化，使得现行政府政策很难被理解。直到 2015 年换届大选之前，联合政府已经在英国体育领域投入 20 亿英镑，相比成功申办 2012 年奥运会时，每周参与一次体育锻炼的人群增加了 160 万（文化、媒体以及体育部门，2015）。奥运会不仅会提供一个闪光的记忆库，而且第一次提出促进国家健康、人口更健康的目标，这将体育放到了非常重要的位置，为健康、教育、财富和社会流动性发挥作用。然而，现实是，奥运遗产因为政党以及体育架构方面的因素，无法实现其宏伟的目标。

对政府的批评，主要集中在现有的体育政策已被汇总成一个总体方案，以证明奥运遗产在增加群众体育参与上的潜在可能性。结果，地方政府预算被破坏性地削减，已经对运动和娱乐造成不同程度的影响。在整个国家范围内，部分设施被关闭，部分被移交至私人手中，而那些计划对较为贫困地区开展的项目也被削减。还有一个事实未被提及，就是在过去的几年中，由于游泳池数量呈规律性下降，这使得每周至少参与 30 分钟体育锻炼的人群数下降了 125100。更令人不安的是，在最低社会经济群体中，体育人群减少超过 470000。抛开将我们变成一个体育大国这一观点，我们正处于沦为世界二流国家的危险之中。理论上来说，那些参与人数不断增加的运动项目是最可优先发展的。骑自行车和跑步就因为他们自然的特性，几乎对每一个人开放（吉普森，2015）。

与澳大利亚、加拿大、丹麦、芬兰、挪威以及瑞典不同，英国致力于制定不同形式的体育政策，包括经营体育、社区、学校以及青少年体育。自 1995 年以来，英国体育政策以相当快的速度在不断改变，不断形成。1995 年发布的《体育：崛起的运动》，清晰地展现了英国体育产业政策的转折点。自那以后，体育产业政策领域的投资以及投入的热度，远远超过先前人们所能预料的程度。英国大量的资源涌入体育领域，这使得许多国家感到羡慕。不过，由于英国政治以及体育结构上历史遗留下来的复杂性，体育发展的蓝图并未因此而发生改变。因此，现在可以了解到底有多少人真正参与到了体育中。参与人数的增长应当与教练员、志愿者以及管理人员的增长保持同步，一半的人口不参加有组织的体育运动。体育中的志愿活动已经成为国家志愿者活动中最流行的内容，所以国家管理机构所承担的工作重心，将放在提高体育参与度上也是理所应当的。由于各个家庭承受着由于2008年经济危机所产生的经济压力，对于由于财政紧缩政策而面临资金削减的体育组织来说，让志愿者数量满足需求水平成为一个挑战。体育政策以及条款并不是解决社会问题的灵丹妙药，即使是在消除障碍的时候，个人也有权出于利益考虑拒绝参与。

七 公共资金和2012年伦敦奥运会之外的职业体育

2012年夏伦敦举办了奥运会，成为历史上首个第三次举办奥运会的城市。奥运会时间英国承担历史上和平时期最大的军事和警务运作，并允许许多国际首脑在此聚集。产业和政策的重点是举办一个成功的奥运会以及发掘能够影响未来几代人的奥运遗产。尽管任何一个可能的机遇都会提高群众的体育参与度，但是实际上这种作用却是微乎其微。关注减少居民手术花费的英国国民医疗保障制度（NHS），其体育公共形象的提升引起了民众对国民医疗保障制度改革的争论。在2012年之后，英国又继续主办包括2013年英式橄榄球世界杯、2014年弗朗西斯之旅的伟大启程、2014年英联邦运动会、2014年苏格兰莱德杯以及2015年英格兰英式橄榄球世界杯（一部分比赛被放置在威尔士的加迪夫）等在内的大型体育赛事。英国申办大型国际体育赛事的欲望并没有受到限制，英国将继续主办2015年世界体操锦标赛，2016年国际自行车联盟世界轨道自行车冠军赛、2017年世界田径锦标赛以及2019年板球世界杯赛。

足球、英式橄榄球联合会（15人制）、英式橄榄球联盟（13人制）以及板球等主要的团队体育项目，均是基于专业基础开展合作；然而个人项目则基于专业基础展开竞争，尤其是在自行车、高尔夫及网球等全球化运动项目中。英国国家足球联赛分层运作，顶层为英超联赛（在1992年取代旧的英国足球），其次是冠军赛（曾经的乙级联赛）及其他联赛。地区联赛支撑着国家联赛体系。这些联赛在一个升级与降级的系统中运转，低级联赛的顶级队伍可以进入高级别联赛，同样，高级别联赛的底层队伍也会降到低级别联赛中。英超联赛是世界足球规格最高的联赛，它所拥有的曼联、曼城、阿森纳、切尔西以及利物浦俱乐部，均排在世界十大最具价值足球品牌之列。英超联赛的受欢迎程度引起国外投资的快速进入（诺瑞德 & 罗姆福，2010）。2016～2017年，天空体育及英国电信体育花费51亿英镑（76亿美元）获得了英国未来3年的电视报道权利，比先前时期增长了70%。此外，可能还存在一个额外的15亿～20亿英镑的全球权利，大部分的全球权利收入将会直接分配给联赛中的俱乐部。顶级的英超联赛俱乐部现在雇用着近百名工作人员，发展起了先进的训练设备，女性、青少年团队以及培养未来之星的院校。苏格兰也有一个相似的职业联赛结构，其中的格拉斯哥、凯尔特人以及流浪者，成为到目前为止历史上最大也是最成功的俱乐部。威尔士的斯温西、加迪夫俱乐部同样在英超联赛中出场，但是威尔士俱乐部则在自己的原籍国联赛中出场。

尽管英超联赛1992年便已形成，但至2014年只有曼联（13次）、切尔西（3次）、阿森纳（3次）以及曼城（2次）拿过冠军，唯一例外的是1994～1995年赛季，由布莱克本捧得冠军。除去这些俱乐部，各个赛季的亚军由阿斯顿维拉、利物浦以及纽卡斯尔联队包揽。这种通常由4个俱乐部包揽各项荣誉的局面在2015年发生了改变，利物浦和托特纳姆热刺开始独揽大局。在一个有20支队伍的联赛体系中，缺少一定的竞技平衡，尤其与美国NF、德甲相比，这个问题尤为突出。一些具有引领性的足球品牌的全球化，也为当地支持者制造了紧张的氛围。外国所有权控制着大多数股份，或拥有许多英超联赛和冠军赛（英国第二联赛）俱乐部，包括曼联、曼城、切尔西、阿森纳、阿斯顿维拉、南安普顿、女王公园巡游者、桑德兰、赫尔城、莱切斯特城、诺丁汉森林、伯恩茅斯、查尔顿竞技、德比郡队、卡迪夫城、富勒姆、利兹联队、雷丁、沃特福德、谢菲尔德星期三以及米尔沃尔队。截至目前，英格兰足球第四联赛中没有一个俱乐部为外国人所拥有，其中有4个俱乐部（AFC温布顿、伯里、埃克塞特城以及朴茨茅斯）是为自己的支持者所拥有的，3个英格兰足球甲级联赛的俱乐部（英格兰第三等级的联赛）则为大不列颠岛以外的人所拥有，这3个队分别是考文垂队、谢菲尔德联队、莱顿东方队。足球已经成为一项在经济层面具有风险的商业活动，大部分队伍在各个赛季中存在运营中的损失。

2014～2015年赛季，一些占据领先地位的俱乐部经历了团队价值的大幅上升，同时，英超所有俱乐部营业额总和首次与累计利润持平，这主要得益于分配给联赛各个团队的全球媒体权利指数的增加。为了抗议美国的所有权（格雷泽家族拥有曼联还拥有NFL坦帕湾海盗队），一些曼联球迷离开俱乐部在2005年成立联曼队。如今，这个俱乐部已经拥有数以千计的"粉丝"。2015年5月29日，在这个俱乐部成立10周年之际，球迷以非暴力的方式抗议葡萄牙巨人本菲卡，就像1998年，俱乐部的支持者成功地阻止默多克鲁伯特接管俱乐部一样（诺瑞德&罗姆福，2010）。曼城的球迷则一直抗议城市足球集团的全球计划，尽管这个计划使他们的主场球馆不断扩张，但球迷仍认为这样的做法使比赛在逐渐地远离球迷。事实上，城市足球集团的公司办公室设在伦敦，而不是曼彻斯特。

英式橄榄球联合会也是类似的组织。英国最受欢迎的橄榄球队的比赛，平均观众在22000人左右。但是，即使在橄榄球联赛顶级比赛中，观众平均上座率也低于足球联赛中的莱斯特老虎队，每年的橄榄球赛季的高潮是来自英国、苏格兰、威尔士、爱尔兰（爱尔兰共和国和北爱尔兰运动员在橄榄球比赛中一起参赛）、法国和意大利6支冠军队伍相互争夺北半球最佳团队称号。冠军联赛中的足球和橄榄球俱乐部，为争夺欧洲最佳俱乐部相互抗衡。

英式橄榄球诞生于1985年，由北部英国橄榄球运动员组成。他们大部分是劳工，他们要求获得因工伤而损失工作时间的赔偿金。当时橄榄球官员是"业余主义"的坚定捍卫者，他们拒绝批准劳工赔偿金的请求。因此，北部球队离开，形成了北橄榄球联盟，并最终形成了橄榄球联赛。1908年，相似的情况出现在澳洲橄榄球联盟。虽然近年来新西兰也表现良好，但澳大利亚在国家橄榄球联盟中仍然占主导地位，这使得英国在全球排名中位列第三。

由于男子足球运动获得强有力的支持，使得女子职业体育失去了活力。无板篮球和曲棍球如同篮球一样，拥有国家联赛体系。英国一直缺乏对女子项目的媒体报道，英国广播公司电视曾对2015年在温布利（国家体育场）举办的女子足总杯决赛进行了全面报道。所有女子体育运动项目只占有0.4%的商业投资，7%的媒体报道（妇女的体育和健身基金会，2014）。

英国范围内的篮球、羽毛球、无板篮球以及冰球联赛运营都已呈现专业化特征。其他体育项目有坚挺的支持，国家队也得到了广泛的关注，但是，在未来的几十年里，如果缺乏成功的运营，体育泡沫可能会破裂。英国体育产业的最后一部分是赛马。2014年赛马产业由超过20000个全职、兼职以及比赛日岗位构成，涵盖了17400个全职人力工时。另一些与赛马相关的活动支撑了29000个工作岗位。英国赛马产业在2012年创造了2.75亿英镑的税收，2010~2014年累计税收高达14亿英镑。赌马业2012年为政府带来1亿英镑的税收，足球领域的博彩业也呈现快速增长的趋势。2012年，英国赛马业累计产生的直接、间接以及相关消费达到34.5亿英镑（体育和娱乐联盟，2014）。

全球经济为英国和英国体育事业对海外投资创造了机会，同时也对英国许多全球领先的体育项目和在全球体育管理与商业中的历史影响力提出了严峻的挑战。英国是许多F1方程式车队的发源地，也是许多对自行车赛起到变革作用的自行车队的发源地，如天空之队（查德威克，2015）。此外，英国运作着许多一年一度的重要体育赛事，包括温布尔顿网球冠军赛、F1大奖赛以及GP摩托赛，同时苏格兰的格拉斯哥，已经公开宣布其通过吸引主要的体育赛事发展体育政策和产业的野心，在2015年运动协议奖中格拉斯哥被提名为体育领先城市。

八 英国体育产业发展的挑战及预期

研究英国复杂的体育结构是一项具有挑战性的任务。体育机构和专业组织的数量只能在表面层次上阐释合作伙伴需求的自然关系，他们主要为年轻人及越来越多的成年人提供服务以及运动机会。近几年英国体育政策的不断变革，证明体育结构在不断地趋于精细化，以应对政策重点的改变以及组织责任的变化。而政府的变化意味着体育结构和体育特权的改变，两大主要政党一直致力于发展竞技体育并将其视为英国影响力扩大的一部分，同时通过体育运动的推广，促进积极健康的生活方式。

由于两大政党对英国社会经济以及社会结构存在不同的认识，苏格兰及威尔士具有强烈民族主义色彩的政党，也主张将权利进一步下放甚至完全独立，北爱尔兰问题长期存在，许多外部挑战都对体育产生影响。尽管全世界都赞扬2012年伦敦奥运会，全世界都在追随英超足球联赛，但隐藏在这表象背后的是，提升群众体育活动参与率的需求和专业运动队和联赛的可持续性问题。英超四强到六强的俱乐部有着巨大的全球竞争力，但除他们之外，其他俱乐部几乎没有竞技平衡可言。欧洲足球联盟设立的财政公平竞赛规则已开始生效，并在2014年对曼城俱乐部给予罚款。金融危机摧毁了先前成功的、看起来富有的苏格兰格拉斯哥流浪者队、英格兰朴茨茅斯队和英格兰利兹联队。

我们阐述了各种与体育相关的计划是如何相互影响的，也阐明了在复杂的"拥挤政策空间领域"这些政策所处的位置（霍利亨，2000）。这样的阐述过度简化了政策现实，这一点是大家公认的，但它们确实证明领域的复杂性、组织重叠和模糊的程度以及参与政策执行机构数量。事实上，作为一个连续的设想，可进一步建立联系。商业部门的角色在当地体育及娱乐供给中越来越重要，日益商业化的国家管理机构认为，英国体育将越来越基于商业利益进行运作，并逐渐成为新自由主义的经济原则驱动的一部分（cf. 柯林斯，2014；诺瑞德，2014）。

现在体育政策的重心转移到了学校体育，同时，专项体育主管机构（NGBS）也越来越多地将体育职责，从完成国家体育政策目标转向体育产业的各个方面，为私人供给持续增加创造了更多雇佣机会，并且对非专业体育部门施加压力，争取获得巨大资源，以满足更广泛的体育活动中提高参与率的目标，进一步促进国民健康和幸福。基于体育参与度与卫生改革的潜在联系，以及推广社区体育活动精神与打击犯罪和恐怖主义的潜在联系，体育产业将在未来几年迅速成长。

参考文献

Albermarle Report. (1960). *The Youth Service in England and Wales*. London: Her Majesty's Stationary Office (HMSO).

Bale, J. (2005). *Roger Bannister and the Four-Minute Mile: Sports Myth and Sports History*. London: Routledge.

BMRB Sport. (2007). *Olympic Legacy Research: Quantitative Report*. London: DCMS.

Carter, P. (Lord) (2005). *Review of National Sport Effort and Resources*, London: DCMS.

Chadwick, S. (2015) Britain is losing miserably in the global race for sporting success, *The Conversation*, Online, March 30th, https://theconversation.com/britain-is-losing-miserably-in-the-global-race-for-sporting-success-39481 (accessed March 29th, 2015).

Coghlan, J, & Webb, I. (1990). *Sport and British Politics since 1990*, London: Falmer.

Collins, M. (2003). Sticking to the Plan, *Recreation*, May, pp. 32-34.

Collins, T. (2014). *Sport in Capitalist Society*. London: Routledge.

Department of Culture, Media and Sport. (2000). *A Sporting Future for All*. London: DCMS.

Department of Culture, Media and Sport. (2008). *Before, During and After: Making the Most of the London 2012 Games*. London: DCMS.

Department of Culture Media and Sport. (2010). *Plans for the legacy from the 2012 Olympic and Paralympic Games*. London: DCMS.

Department of Culture, Media and Sport. (2012). *Creating a Sporting Habit for Life*: London: DCMS.

Department of Culture, Media and Sport. (2015). *A Living Legacy: 2010-15 Sport*

第十一章 英国：迅速发展看未来

Policy and Investment. London: DCMS.

Department of Health. (2011). *Physical activity guidelines*, Available via https://www.gov.uk/government/publications/uk-physical-activity-guidelines (accessed January 15th 2015).

Department of National Heritage. (1995). *Sport: Raising the Game*. London: DNH.

Gibson, O. (2015). Golden promises of London 2012's legacy turn out to be idle boasts, *The Guardian*, Online: http://www.theguardian.com/uk-news/blog/2015/mar/25/olympic-legacy-london-2012-idle-boasts? CMP=share_btn_tw (accessed March 25th 2015).

Hargreaves, J. (1986). *Sport, Power and Culture*, Cambridge, UK: Polity.

Holt, R. (1989). *Sport and the British*. London: Oxford University.

Horne, J., Tomlinson, A. & Whannel, G. (1999). *Understanding Sport*. London: E&FN Spon.

Houlihan, B. (1991). *The Government and Politics of Sport*. London: Routledge.

Houlihan, B. (2000). Sporting Excellence, Schools and Sports Development: the Politics of Crowded Policy Spaces. *European Physical Education Review*, 2, 171-193.

Houlihan, B. & White, A. (2002). *The Politics of Sport Development: Development of Sport or Development Through Sport?* London: Routledge.

Houlihan, B. & Lindsey, I. (2013). *Sport Policy in Britain*. Abingdon, UK: Routledge.

Keech, M. (2003). England and Wales. In J. Riordan and A. Kruger (Eds.), *European Cultures in Sport: Examining the Nations and Regions* (pp. 5-22). Bristol, UK: Intellect.

Malcolmson, R. (1973). *Popular Recreations in English Society, 1700-1850*. Cambridge, UK: Cambridge University.

Nauright, J. (2014). Sport and the neoliberal world order. *Catalan Journal of Communication and Cultural Studies*, 6 (2), 279-286.

Nauright, J. & Ramfjord, J. (2010). Who owns England's game? American professional sporting influences and foreign ownership in the Premier League. *Soccer and Society*, 11 (4), 428-441.

Oakley, B. & Green, M. (2001). Still Playing the Game at Arms Length? The Selective Reinvestment in British Sport 1995-2000. *Managing Leisure*, 6, 74-94.

Purnell, J. (2007). *Speech to the School Sport Partnership Conference*, Telford, UK, 28 November.

Rigg, M. (1986). *Action Sport: an Evaluation*. London: Sports Council.

Scottish Executive. (2007). *Reaching Higher: Building on the Success of Sport 21*. Edinburgh, UK: Scottish Executive.

SEU. (1999). *Policy Action Team 10: The Contribution of Sport and the Arts.* London: Cabinet Office.

Sports Council for Wales. (2005). *Climbing Higher: the Framework for the Development of Sport and Physical Activity: From Strategy to Action*, Cardiff: Sports Council for Wales.

Sport England. (2004). *The National Framework for Community Sport in England.* London, Sport England.

Sport England. (2008). *Grow, Sustain, Excel: Sport England's Strategy for 2008 - 2011.* London: Sport England.

Sport England (2012) National Governing Body 2013 - 17 Whole Sport Plan Investment Guidance, London: Sport England.

Sport England. (2014). *Active People Survey.* London: Sport England.

Sport Northern Ireland. (2009). *Sport Matters: the Northern Ireland Strategy for Sport and Physical Recreation.* Belfast, UK: Sport Northern Ireland.

Sport and Recreation Alliance. (2014). *Sport and Recreation in the UK: Facts and Figures.* Online: http://www.sportandrecreation.org.uk/lobbying-and-campaigning/sport research/UK-fact-figures (Accessed 6 April 2015).

Strategy Unit/DCMS. (2002). *The Game Plan: a Strategy for Delivering the Government's Sport and Physical Activity Objectives.* London: HMSO.

Wolfenden Committee on Sport. (1960). *Sport and the Community*, London: Central Council for Physical Recreation.

Women's Sport and Fitness Foundation. (2014) *Women's Sport: Say Yes to Success.* London, Women's Sport and Fitness Foundation.

第十二章
代表性国家体育产业的比较分析

张建辉　詹姆斯·杜　王俊奇

张建辉（James J. Zhang），博士，美国佐治亚大学（UGA）体育管理学教授。研究方向为测量和研究体育消费与组织行为学的应用。北美体育管理协会（NASSM）会长，体育和运动科学（MPEES）体育管理部测评主编。上海杰出的东方学者，上海体育学院经济管理学院名誉院长。

詹姆斯·杜（James Du），美国坦普尔大学福克斯商学院的博士研究生。研究方向为体育管理与公共健康之间的跨学科研究。曾荣获2015年北美体育管理协会（NASSM）学生研究竞赛亚军。

王俊奇（Jerry J.Wang），美国佐治亚大学体育管理专业博士生。研究方向为体育营销和消费者行为，探索运用相关性分析和实验方法探究环境和心理变化对消费者市场需求的影响。

第十二章　代表性国家体育产业的比较分析

　　本章对前十一章各国体育产业的发展进行比较分析，从五方面进行讨论：（1）各国体育产业的近代史和发展阶段；（2）各国体育产业的现状，如范围、规模、结构、管理、主要政策、设施、项目及主要事件；（3）各国体育产业发展的特点、优势及重点；（4）当前各国体育产业面临的挑战和问题；（5）各国体育产业的发展趋势。本文根据芭比（1992）、克雷斯韦尔（2012）以及克里彭多夫（2004）的研究，将内容分析作为定性研究的方法之一，搜集一系列文件，系统地阅读并记录下每个文件持续一致的特点，综合不同内容，发现本质特征，并揭示不同国家和地区扑朔迷离的特点。

一　近代历史的发展

　　体育产业的发展历史丰富、多样且复杂（哈格里夫斯，1986）。它给我们提供了有趣的故事，这些故事抑或是受独特的文化影响，抑或是受特殊的地理环境、不同的政策议程以及飞速发展的技术创新的影响而形成的。大多数西方国家丰富的体育运动历史传统，已经为当代体育运动发挥竞技、组织和消费等职能铺设了一条康庄大道（莫罗，2015）。同时这也让我们更加理解体育运动在这些国家文化构造中所扮演的主要角色，以及体育运动是如何被铭刻在每个国家的民族身份中的。从历史角度来看，体育象征着一种促进社会凝聚和整合的媒介（伯顿，2015）。它有提升社会福利及幸福感的潜能（海涅曼，2005）。各国政府已经开始在社会政策中，利用体育作为一种有效的机制解决飞速发展的现代社会出现的问题（格林，2007）。

一直以来体育被当做是消除种族隔离以及促进社会平等的一个关键的刺激性因素。在美国，社会公平的进步曾在某种程度上缓解了体育运动中的种族隔离和种族歧视。自1969年起，美国允许征募、训练美籍非洲裔运动员，并准许他们加入职业体育活动。1972年，理查德·尼克松总统签署的教育法修正案第九条，提出"禁止任何联邦政府级别的教育项目性别歧视"（罗斯，2015）。这一联邦法律标志着女子在美国体育运动中的参与进入全新的时代。另一个展现体育运动促进社会福利的事例出现在南非，从1948年到1994年，种族隔离政策使这个国家的种族隔离行为合法化，致使其体育史支离破碎。自1994年总统就职典礼后，纳尔逊·曼德拉利用"跳羚"国家橄榄球队的影响，使整个国家从分离走向团结。在中国，自2014年国务院发布《关于加快发展体育产业促进体育消费的若干意见》后，政府也利用体育作为一项干预来推动全民健身，促进经济稳步增长。

除了回顾历史上体育在文明社会中所扮演的角色，每一章的前面都描绘了一条追溯每个国家体育产业发展源头的时间轴，并且提供了一幅勾画体育随着时间发展的路线图。总的来说，全球体育产业的历史发展可以分为三个阶段：早期/前工业化阶段、实验/发展阶段、现代/后工业化阶段。值得注意的是，前文所提的这些术语在这本书的前面是可交换使用的。尽管当前这份研究所包括的所有国家经历了上述三个阶段，但它们的变化和发展却是在不同的时间轴上，步伐和侧重点也有所不同。

在前工业化阶段，体育和体育运动的出现可以追溯到好几个世纪以前。殖民征服和传统文化交杂所导致的影响，为新的体育竞技和体育规则创造了一片繁殖地（莫罗，2015）。例如，在加拿大，第一次大众体育活动就在一定程度上受到《第一次国家运动会和英国传统》的影响。在亚洲，19世纪下半叶，体育产业随着高校现代体育活动的蓬勃发展得以进入日本。以澳大利亚和俄罗斯为代表，业余主义的意识形态代表着一种占据统治地位的模式，支撑着这一时代的世界体育活动（卡什曼，1995；麦克米伦，2011）。在近代史上，各国政府将体育活动视为一种提高国家威望和自尊心的工具，如中国、韩国以及其他一些国家。因此行政支持的焦点主要是在竞技体

第十二章 代表性国家体育产业的比较分析

育上。

所谓的业余主义的道德优越性，在体育产业的发展阶段开始土崩瓦解。这是一个全球性的特点。这份研究所包含的所有国家体现了这一特点。自20世纪初，传统的体育发展模式开始向商业模式转变。在19世纪初的美国，在殖民地人民捍卫自己从大英帝国争取来的独立权利之后很久，蓬勃发展的大众传媒、不断展开的体育运动和具有影响力的名人之间形成的一种共生关系，触发了上述模式转变（贝茨，1953）。美国工业化程度越来越高，体育和大众传媒的联姻使得体育活动成为最好的休闲消遣活动。从概念上讲，体育运动有创造社交的能力。这使得体育活动的生命力得以延续，比如棒球，已经传播到美国全民之中（汉弗莱斯 & 兰德，2015）。

同样地，大众传媒的加速发展以及与之相关联的体育赞助的提升，给当代澳大利亚和德国的体育产业带来了无数的商业企业（例如德甲职业足球联赛）和体育用品制造商（佩特里，施泰因巴赫 & 托卡斯基，2004）。相反，俄罗斯的私人体育产业则是随着为许多贵族和君主建造体育设施的现象出现而起步的（Solntsev, 2012）。继形成阶段之后，许多的标志性事件（见表1），作为关键刺激因素塑造并且超越了如今全球体育产业的状态，不管是在体育管理、法律、广告宣传、特许经营和销售、体育用品制造、设施管理、个人投资、转播权消费，还是通过体育活动促进社会平等和发展方面。

后工业化阶段，当代体育运动的倾覆点正在快速靠近。观赏性体育变得无所不在。在美国，四大职业体育联盟（全国橄榄球联盟、美国职业棒球大联盟、全美篮球协会和全国曲棍球联合会）与 MLS、WNBA、NCAA Division I Football、疯狂三月（美国大学篮球冠军赛）、小联盟职业体育、美国羽毛球公开赛、全国运动汽车竞赛协会、美国职业高尔夫球协会和女子职业高尔夫球协会等组织的特点是常年行程安排与竞争对手保持一致。与此同时，体育赞助和品牌活动也在争议中达到饱和。

在大部分发达国家中，许多国家的政府，例如澳大利亚、加拿大和德国开始探究大众体育参与的类型和模式的变化（SportsEcon Austria, 2012）。一系列成形的体育俱乐部和教育机构已经将重点重新转移到娱乐性的体育和社区体育（Houlihan& White，2002）。精英业余主义注重高水准的体育运动的意识形态，又开始出现在了社会主义体育的发展系统中（Wicker,hallmann，&Breuer，2013）。此外，商品化、过度商业化、全球化以及新兴技术定义了今天的体育产业，促进了体育产业在全球范围内的不断拓展（Burton & O'Reilly，2013）。

私人企业在基层体育和休闲用品供应中扮演着越来越重要的角色，预示着全球的体育产业将会在商业化的基础上发展得越来越远。NGBs从不断商业化的角度也发现了这一现象。总之，这份研究所包含的国家，尤其是西半球的那些发达国家，都有着丰富而复杂的体育历史，一定会影响部分甚至整个世界体育产业发展的格局。

二 体育产业的现状

第一，体育产业的范围在不同的国家有不同的解释。范围的定义和预计市场的大小，随着研究者和政策制定者的重心而变化。现如今，对于应该用什么来证明体育企业的全部价值尚无定论。学者对于各个国家实施的评估已经罗列在表2里。鉴于目前各国对于体育产业的范围还没有达成统一认识，我们有必要在实践中定义其参量。体育市场价值网络为我们理解体育产业的主要组成部分提供了一个很好的框架（Kang，Kim &Oh，2012）。基于体育市场价值网络的概念化，评估包括以下九个业务类别的加权总和，分别是人力资源、体育用品、体育设施、媒体和信息、体育赞助、特许经营和销售、博彩、体育旅游和体育管理活动。体育市场的规模在新兴国家和发达国家中差异显著。

在发达国家，体育产业是顶端部门中的一分子。就绝对值而言，体育产业在发达国家的国内生产总值中所占的比例为5%~6%，然而在发展中国家，这一数值则微不足道（Plunkett Research，2015）。值得注意的是，发达国家体育产业是由公共部门和私人共同支撑的，这一点极具特色。即使如此，实际的支撑体系在不同的国家区别很大。在资本主义自由市场的经济体系下（比如美国），财政资源主要依赖从职业体育和大学体育中获得的税收；然而，在社会主义市场经济体系（如英国和加拿大）下，财政支持除了来自私人企业的税收外，大部分来自国家层面的资助（Collins，2014）。

第二，就行政结构和组织而言，体育产业是一个具有多面性的事业，并且在各个国家都不同。大致上，核心管理的组成部分有三层：政府实体和组织（比如相关政策和核心公共利益相关者）、商业和私人体育部门（比如体育媒体、职业体育组织、体育场和设施以及行政机构）和通过体育俱乐部的网络构建的非营利性的志愿体育发展组织，这是许多西方国家体育发展的基础支柱（Doherty & Clutterbuck，2013）。在顶层设计上，一个集中制的国家，无论体育产业是否由政府资源资助，都会通过国家的干预以支持其发展。尽管全世界各国的体育产业管理比以往更加复杂，更加有组织性且更加职业化，但政府在各个层面（全国/联邦、州/地区、地方/自治区）上都对推动和监管体育产业起到越来越重要的作用。总体来讲，这一多面体系旨在设计和实施与体育相关联的政策，赞助和优先处理国家层面的计划和项目，提高国际竞争性，支持和促进体育的参与率，提升健康和福利水平，并且致力于使居民社区更加和谐。

具体地说，美国体育组织（NSOs）和体育管理部门（NGBs）的不同机构，集中代表着横跨北美的体育管理实体（如加拿大有58个公认的全国体育组织，美国有47个全国管理部门在运作）（Crossman & Scherer，2015）。在亚洲，日本的教育部、文化部、体育部、科学部和技术部（MEXT）共同负责体育产业的总体管理。在韩国，全民运动委员会是文化部、体育部和旅游部中的一个部门，作为一个全国性的执行者，为推动大众参与不同的体育活动提供服务、项目和信息。相应地，中国国家体育总局旨在推动国家独特体育体系的持续性发展，管理业余基层体育和竞技体育运动。

在欧洲，国家组织（比如德国联邦内政部和俄罗斯联邦体育部的国家办公室）管理整个国家层面的体育发展，而单项国家体育联合会主要负责管理和发展自己的项目。这一现象并不少见。大众体育参与的行政管理和资助，以及国际竞技体育活动的筹备和竞赛工作则往往由联邦政府负责；与此同时，职业体育联盟通过以营利为目的的特许经营体系运行（欧洲委员会，2007）。在此机制下，国家体育联盟就能获得国家政府的资助。另外，行政机构的每个层面都有自己的地方性的体育和娱乐部门，为地区和地方的体育和娱乐部门制定政策并提供管理。

与欧洲大陆的情况相比，英国由于自身多样和复杂的政治结构，以及一致性中存在的意识形态冲突，因而有着自己独特的体育发展体系。大英帝国与众不同的政治结构体现在体育产业的行政管理结构和组织上（Holt,1989），即英格兰、苏格兰、威尔士和北爱尔兰有着独立而相互关联的体育发展体系。英国体育局负责竞技体育工作，并与国家管理机构中的体育部门和专家组织密切合作。学校、俱乐部和以地方及社区为基础的体育组织是体育参与和竞赛的生命线。另外一个值得注意的现象是，英格兰、苏格兰、威尔士和北爱尔兰没有一个统一的体育部门；体育是通过一个多维度的系统在管理，这个系统包括每个母国的政府以及体育委员会（Hallman, Wicker & Schonherr, 2012）。虽然英国体育系统的管理结构很独特，但这些组织的目标却和其他民主国家的全国性的体育组织（例如加拿大体育局和美国奥林匹克委员会）相一致，即制定政策、规范运行、提供财力和专业支持，以及代表各种体育运动的利益。同样地，曾经在奥运会上难以取得突破的澳大利亚和南非，也对国家体育发展体系进行变革并取得了进展，变革之后建立的国家层面的组织，例如澳大利亚体育协会、澳大利亚体育委员会，南非全国体育大会，定义了这两个国家当代体育产业的性质和范畴。

商业和私人体育组织主要通过生产体育用品和提供体育服务获利。目前有各种形式的职业或商业体育组织，例如职业体育联盟及其成员，体育服装和装备生产商，主要的体育馆经营商、运动和健身中心、体育经营和推销公司及体育接待即旅游代理商。私人企业的体育组织在提供多种多样的体育运动方面起着很大的作用。不管是在业余的还是专业部门，这些组织都变得越来越正式，并且由受过体育管理及其他商业类型项目的教育和培训的专业管理人员来操作（Slack & Parent, 2006）。值得注意的是，北美、欧洲和南美的体育管理机构作为典型的民间组织在运作，他们运行的经济模式以国家政府完全或部分代替赞助商作为主要的资助资源。在众多的体育部门和比赛水平中，职业体育是观赏体育产业的最大组成部分。比如，美国总共有 42 个职业联盟，其归属于 4 大职业体育，包括 25 个棒球联盟、4 大美国足球联盟、4 大篮球联盟和 10 个曲棍球联盟。这四大主要职业体育（大棒球联盟、国家足球联盟、国家篮球联盟和国家曲棍球联盟）的出席人数也体现了观赏体育的巨大规模。在 2009 年就有超过 1.35 亿人次出席了四大职业体育运动中至少一项。美国大多数大城市，从纽约到洛杉矶都有一个共同点，那就是他们至少有一项职业体育的经销权。大多数美国人居住在这 39 个大都市中的一个，这些地方至少有一个职业体育团队驻扎。通常，美国的城市都很重视职业体育在社区中的存在。职业体育的财政价值、他们在创造新的商业契机和产生税收方面所带来的连锁反应，都反映了体育产业在现代社会中的巨大力量。体育爱好者在不同体育产品上花费了很多金钱，每年仅体育观赏的花费就累计达到 261.7 亿美元（Kim, Zhang & Ko, 2011）。

另一个例子，美国体育产业的健康、健身和运动俱乐部等部门，自 20 世纪 70 年代以来取得了巨大进展。这一潮流的兴起，一部分归因于人们对肥胖的担忧，对医药花销、疾病预防意识的提高，以及对积极健康的生活方式的接纳。在美国，每年有超过 5000 万人次至少有 100 天定期地加入体育和健身活动。美国大约有 64200 个健身中心，其中以商业化的健身俱乐部为主，并且有 20200 多所俱乐部服务于 2200 多万健身会员。这些健身俱乐部包括 25% 的健身和体育俱乐部，21% 的酒店、度假地和温泉渔场的健身设施，10.4% 的会员制俱乐部，8.3% 的公寓健身设施，8.35% 的大学健身设施以及 6.3% 的地方的、宗教的、公共的和公司的健身设施。在 20 世纪 90 年代之前，俱乐部都是单个运行机制，而在最近几年，主要的俱乐部连锁和特许经营群体却成为主要的驱动力，例如金牌健身房、Bally's 和 24 小时健身。许多健身俱乐部都和卫生保健行业内的组织形成了服务关系网。与此同时，非营利性的俱乐部和健身中心（如 YMCAs, YWCAs 和医院）正在与商业性的俱乐部展开竞争（Kim, Zhang & Ko, 2009）。近年来，商业化的武术学校在整个美洲也得到了很大的发展。在美国就有大约 13950 所武术学校

(Info-USA，2007）。在十年的时间里，武术的参与人数从1993年的380万增加到了2004年的460万，并且2002~2003年参与者运动中最重要的增长便是武术，增长率达15%。在美国各式各样的武术中，跆拳道（TKD）成为最受欢迎的武术课程并且成为一个奥运会项目。跆拳道是武术的一种形式，它起源于韩国。由于它给生理和心理带来的益处得到认可，跆拳道的地位在全球范围内得到显著提高（Kim，Zhang & Ko，2009）。

从基层来看，代表营利性和非营利性的体育参与部门组成的体育志愿服务体系是大众体育的主要提供者（Breuer，Feiler & Wicker，2013）。在欧洲和日本，非营利性的体育俱乐部和学校运动组织是提升大众体育参与度的支柱。俱乐部和学校的体育组织结构对于建设牢固的体育基石是根本的也是独特的。他们的基本目标是为人们提供各种机会参与到体育运动中去，并且有所突破。相反，支撑校内体育和大学间体育活动系统的业余主义在北美是独一无二的。例如，加拿大校内体育协会，和美国的大学生体育协会（NCAA）相似，在支持和传播国家校际体育活动方面起着基础性作用。美国大学生体育协会及其学校成员为学生运动员、教练和训练员提供平台，以供他们提高技术，并且利用设备来训练和比赛；同时大多数人也认为，美国大学生体育协会是美国职业体育运动的训练基地。大学生体育协会、全国大学校际体育协会（NAIA）和全国青年学院体育协会（NJCAA）是大学体育运动的管理机构，其中大学生体育协会是主要组织。大学生体育协会目前拥有1200多个成员机构，分为部门一、部门二和部门三三个竞赛层面，其行政管理人员包括大学校长、体育指导员和协会本身的工作人员，这些工作人员是按一个有组织的结构形成的，有主席委员会、执行委员会、行政理事会、指导委员会和职能委员会。大学生体育协会总部设在印第安纳州的首府印第安纳波利斯，其250名工作人员被编制进以下部门：（a）行政部，（b）商业部，（c）锦标赛部，（d）通信部，（e）监察部，（f）执行部，（g）教育资源部，（h）出版部，（i）立法部，（j）特殊项目部。今天，大学生体育协会高校体育已经成为一个价值50多亿美元的企业，最近几年以飞快的速度在继续发展。虽然税收增长持续稳定，但其支出似乎增长更快。

机构扩展项目、螺旋上升的教练工资以及顺应教育法修正案第九条的要求，都导致高校体育的预算经费暴增（Kim et al.，2011）。

上述所提及的三个部门并非单独运作，而是以联盟的形式合作。独特的地理和气候因素有助于人们体育兴趣培养和体育参与。环境也是影响每个国家目前体育状况形成和发展的因素。例如，加拿大跨越三大洋，长长的海岸线有着多种多样的风景。地理上散布的10个省和3个地区，以及它们各自不同的人口分布，使加拿大整体有素的体育系统变得复杂（Canadian Heritage, 2013）。与此相反，相对较小且地理上分散分布的人口，预示了澳大利亚独特的国家联赛、强大的地方俱乐部体系和以社区为依托的场地提供的发展条件；自然地，这些独一无二的地理特点也有助于培养澳大利亚地方政府对于体育的管理能力。

三 发展特点、潜力和重点

人们已意识到大多数国家体育产业的管理和发展上的许多相似的特点（见表3）。第一，体育产业正在越来越多地与其他相关行业（比如旅游及服务业、休闲娱乐、艺术和消遣、文化、环境和技术等）相互交流、合作甚至融合，从而引起了原有市场需求的增加以及形成新的需求市场，例如体育旅游和体育娱乐。在中国，各种各样的体育旅游展览会和节日正在形成并吸引着消费者。在日本，传统的文化和自然资源也被利用起来推动体育产业发展；比如，日本的一个政府组织——日本体育旅游联盟（JSTA），就是为了调整和整合旅游公司、物品运输公司和当地社区之间的合作而建立的。在韩国，举办与旅游业相关的参与性活动可以激活当地经济。在韩国和日本，体育旅游已经作为体育产业的一个主要组成部分，被计入其体育产业总体数据当中。在南非，体育旅游业极大地推动了国内经济的增长和发展，给该国带来了超过60亿兰特的收入（SRSA, 2009）；在全部游客中，超过10%的人是为了参加或观看体育赛事，因此体育旅游业也被认为是南非"潜在增长的有利可图的市场"。

第二，数字媒体、社交媒体以及大数据等技术的发展，正在极大地改变着传统体育市场的景象，在扩大市场规模、形成新的市场需求、帮助分析消费者行为和提高通信效率方面扮演了关键角色。比如，过去十年，虚拟体育和视频游戏的市场急速扩展；今天，大约19%的加拿大人参加了一种或多种形式的虚拟体育联盟（虚拟体育贸易协会，2015），42%的美国人每周花超过3小时的时间玩视频游戏（娱乐软件协会，2015）。同时，赞助市场也受到了网络和社交媒体的影响。脸书被体育组织用来与消费者交流、进行市场分析和发布广告。其他的媒体技术，像卫星广播和网络直播技术，极大地提高了体育广播的覆盖率，并且扩大了体育产业的市场范围。

第三，鉴于体育活动具有能超越语言、民族、文化和宗教界限的魅力，体育活动和赛事为一个国家减少和打破藩篱、提升社会和谐度、提高民族形象和产生国际影响提供了有效的方式。为实现上述目标，举办大规模的国际体育赛事，经常被大多数国家的政府策略性地作为一项国家优先考虑的事项。事实上，这份研究展示了所有国家举办国际重大体育赛事的丰富历史，如国际足联世界杯、奥运会（包括残奥会）、橄榄球世界杯、the Universidad、一级方程式赛车大奖赛和ATP锦标赛。除了在方便维护、筹措基金和社会不公等方面存在争议性事件外，这些国际体育赛事是广受欢迎的，因为它们对于举办国有着潜在的积极影响，如激发公民对体育的热情、扩大国内体育需求、树立和提升国际形象以及为外交需求服务。大多数国家举办重大国际体育赛事的热情持续增长（2016年里约奥运会、2018年俄罗斯足球世界杯、2018年平昌冬季奥运会以及2020年东京夏季奥运会的主办支持了上述说法）。在过去的几年里，中国一直在为2022年冬季奥运会的投标做准备。在某种程度上，体育产业内的发展中国家以及亚洲一些发达国家，他们更多地是受到以下动机的驱使，如塑造民族形象、拓展外交以及完成国内政治议程；然而，发达国家除了常见的驱动体育产业发展这一动机之外，则更强调举办体育赛事对激励人民参与体育的影响。例如，这是英国体育委员会和加拿大体育政府机构的主要考虑事项。

第四，体育运动的积极社会影响已经被广泛认识。比如，成功举办盛大体育赛事会增强民族凝聚力、加强人们的民族认同感；运动员的突出表现会激励年轻人去追逐成功，实现梦想。通过不同层面的体育活动的组织，挖掘社区的潜能和价值引起所有国家的关注。例如，日本职业棒球团队就积极地实施以社区为依托的策略，在棒球场内外提供独一无二的爱好者服务并且利用社交媒体建立爱好者社团。在韩国，商业团体经营职业体育团队的动机主要是发展公共关系并且激发社会责任感。

第五，女子体育的发展极大地促进了体育产业新的拓展。女性在参与健身休闲活动、参加职业和业余比赛、购买体育赛事以及观看体育产品和服务中逐渐扮演着重要角色，尤其是在一些体育产业高度发展的国家。在加拿大，有16.7%的女性定期参加体育活动（Canadian Heritage，2013）。2012年和2013年，女性参与英式橄榄球和出席澳大利亚橄榄球联盟的赛事的增长率在20%左右（国家橄榄球协会，2013）。2013年和2014年参与板球的女性也激增到39%（Cricket Australia，2014）。在美国，女子运动员（如塞丽娜·威廉姆斯）、女子职业联盟（如WNBA）和女子国家队（如女子足球队）的成功不断推动女子体育的成功和发展，其中一些成功是在大批媒体的报道和簇拥下获得的。女子参与体育的潮流也正出现在一些正在发展体育产业的国家。比如，南非女性体育运动的水平近年来持续升高。

第六，许多国家在发展体育产业的过程中，已经开始通过利用本国独特的历史、文化和自然资源，来提高体育服务质量和数量。例如，日本结合传统文化发展体育旅游事业；南非有效利用自然资源发展体育项目和设计体育设施；澳大利亚则强调传统体育项目，如澳式足球；中国则通过资助青少年和社区项目以及组织地方、省级和国家级别的赛事，推动多民族群体的本土体育项目发展。

除了上述体育产业发展过程中的共性特点以外，所有国家有各自独特的个性。在韩国，大多数职业体育队伍的运营极大地依赖跨国企业，如三星、LG和现代；不过，这些队伍也会以这些公司名称来命名。从短期来看，这种机制为体育团队提供了稳定的经费支持；然而，这也会阻碍独立的体育联盟和团队的长期发展。在中国，迅速的城镇化创造了巨大的体育用品和体育服务的市场需求，虽然体育产业的形成还处于婴儿期，但这却是中国体育产业发展的极大动力。在英国，政治和历史的因素导致了体育管理体系的地理分割。在俄罗斯，职业运动员的市场化相比体育产业内的其他部分更具影响力，也更有利可图。在美国，私人企业和大学体育组织主导了体育产业的发展，起着引领世界的作用。在澳大利亚，过去十年非组织性的体育、休闲和娱乐性的体育活动繁荣发展，这似乎得益于民众健康意识的增强、积极的生活方式的采纳、自然资源的利用、空闲时间的增加和社区供应品与服务的提供，当然科技、经济和现代化的进步提供丰富的空余时间（CSIRO，2013）。

四　当代的挑战和问题

体育市场的不断变化有诸多原因，既有来自体育产业内部的，也有外部的。这份研究中每个国家体育产业发展都面临着各种挑战和问题。一些常见的挑战和问题是可辨认的（见表4）。第一，全球化体育产业的过程正加速推进。大多数国家的民族产品和市场环境正面临着来自国外的严峻竞争，即使在亚洲体育产业领先的国家（比如中国、日本和韩国），海外体育活动的报道和广播费用在近年来显著增长，势不可当；通过媒体观看国内体育活动的人数则持续下降。有趣的是，这一挑战也出现在像美国这样一个拥有全球最大的体育产业和最强大的体育组织的国家；海外体育联盟，比如英超联赛（EPL）、西甲、意甲以及德甲，已经逐渐潜入美国市场。相比较而言，除了NBA，没有几个美国体育联盟成功地开拓国外市场。实际上，大部分美国体育活动要经历一段困难的时期方能走向世界，比如美国的足球、棒球和冰上曲棍球。

第二，人口统计学上一般的特点变化，影响了本研究涵盖的所有国家的体育产业的发展。延长的平均寿命和低生育率，使得大多数发达国家和部分发展中国家快速老龄化。在某种程度上，这种现象导致体育活动和体育产品消费的减少。例如，和1992年的数据相比，2010年加拿大15岁及以上人群的体育参与率下降了45个百分点。在澳大利亚，网球、游泳、自行车、高尔夫球和棒球等运动项目的参与率持续下降（澳大利亚统计局，2015）。在日本和韩国也出现了参与性体育项目的收缩。参与度的急剧下降造成了许多不同的问题，包括设施的规划、翻新已有的基础设施、支持体育系统基金的流动。另外，不同社区和社会团体的文化差异性，将导致不同的体育偏好和需求，尤其是在一些有大量新的移民的国家（如澳大利亚、美国和加拿大）。然而，这些人口统计学的变化也会导致体育市场实践的变化，它们也展现了体育产业的新市场需求的潜能。

第三，一些国家已经逐渐意识到举办体育赛事也会带来一些争议性的问题，比如体育资源的分配不公平、市场需求量少的体育设施的维修以及社会的低回报。比如，在巴西，人们已经意识到举办国际足联赛世界杯的财政和社会问题，包括多个体育场地的高额维修、对经济收入相对低者的物质上和精神上的不公正，以及人们通过媒体对大型体育赛事的消极消费。在英国，举办运动会并没有提升大众参与体育运动的积极性。在韩国，由于举办国际体育赛事而引起的财政赤字和设施维修费用已经开始出现，使得今后体育事项竞标需要更具战略性和进步性的方案。

第四，在经济发达的国家，如美国、加拿大、澳大利亚和韩国，观看体育赛事和参加体育活动的成本提升，从长远来看阻碍了体育人口基数的增长。那些空空的座位和爱好者热度降低，将拉低体育赞助的市场份额并且减少广告收益。在美国，球员和联盟的报酬不断提升，直接导致了体育爱好者的花费增加。在加拿大，参加高尔夫和冰上曲棍球的费用相当高昂，而这是全国最受欢迎的两个体育参与项目。虽然政府为商家参加青少年体育提供了减免税服务，但巨大的花费仍阻挡了一大批家庭参加这些体育活动，一些年轻家庭尤其如此。在韩国，消费者对于体育活动的需求两极分化，一极是以价值为取向的社会经济地位较低的群体消费，另一极则是以奢侈为取向的社会经济地位更高的群体消费。老百姓可支配收入的不足，也降低了消费体育产品和服务的能力与愿望。

在发展中国家，类似的现象是，政府在不同社会经济群体和地理区域内资源的分配不公平。在南非，全国范围内体育资源的不公平分配，导致不同社会经济群体间体育参与水平的不均衡分布（Maralack，Keim & de Coning，2013）。体育资源的缺乏和不公平分配，极大地限制了妇女、青少年、残疾人、老年人以及相对不发达的地区的人民的参与。在巴西，体育资源不公平地分布在不同的体育项目、运动员和地理区域。就运动项目而言，足球和排球是巴西人主要的偏好；就运动员而言，不同运动员的职业生涯千差万别；就地理区域而言，东南部和南部地区比东北部、北部和中西部地区更加发达。在中国，不同社会经济群体之间（如城镇与农村）和地理区域之间（如东部与西部）的体育资源分布和体育消费水平也相距甚远。

第五，运动员服用提高成绩的药物以及在比赛中作假，成为大多数国家体育产业健康发展的一个主要威胁。比如，据估计，有29%的德国精英运动员使用提高成绩的药物，10%的运动员承认自己在比赛中作过假（Breur&Hallmann，2013）。在加拿大，运动员使用类固醇的现象已经存在很长时间，尤其是在加拿大校际间足球联赛中。这些现象对运动的公平公正有害，并且会降低人们的信任、支持率以及相关的消费。

除了上述提及的各国体育产业当前所面临的相似的挑战，每个国家还各有自身特殊的问题。比如，日本的体育产业和经济发展状况相一致，在过去的十年也一直在缩水；特别是在今天，传统的体育项目（如相扑）已经不再受到新一代日本人的热情欢迎。在中国，大部分的体育资源掌控在政府体系中，体育产业的市场化也处在一个相当低的水平，这极大地阻碍了中国体育产业作为一个行业全面发展。在英国，由于本身政治体系固有的复杂性，近年来其体育政策的先后次序不断变化，从而导致偶尔的混淆、无效甚至是混乱。在德国，尽管有一些精英运动员是全世界最富有的运动员，然而，大部分运动员还是处于相对低的社会经济地位。鉴于他们参加体育训练中所付出的时间和资源的高昂代价，运动员的平均收入是相当低的（减去相关的费用之后每月只有大约626欧元）；事实上，35.4%的运动员对他们将来的财政状况毫无安全感（Breur&Wicker，2010）。在加拿大，职业和大学间的体育运动正面临着一些挑战，人们认为美国提供给运动员的报酬和市场环境比国内更好。在南非，一些历史问题（如民主进程）使得调和的过程很艰难。全体南非人民拥有参与体育活动的机会，但这一条路走得并不顺畅。在澳大利亚，几年来体育赌博快速发展，引起一些严重的社会问题。据统计，赌博的社会花销达到年均47亿多澳大利亚元（生产力委员会，2010）。

五　发展和未来趋势

这份研究涉及的所有国家的体育产业发展趋势有三个共同主题（见表5）。第一，需要形成一个国家联盟来对抗人类社会的重要变动，诸如由于体力活动不足导致公共健康危机的出现、肥胖率的增长、缺乏足够的健康素养以及不断增大的老年人口和下降的人口出生率，这些社会问题将共同对全球未来体育产业造成极大的影响。特别是体育活动参与，在身体活动水平下降部分，已被所有国家的报道所强调。身体活动参与度的低水平、不均衡地分布在许多西方国家社会经济群体当中，其中白人男性参与水平最高，黑人女性则最低（妇女运动和健身基金会，2014）。为了缩小这种差异，体育组织、医药协会和政府部门应该致力于召开一个大会，来设计有效的以社区为基础的干预行为，推进积极的生活方式、提高生活质量并且增强全民的社会幸福感。据报道，许多国家政府已经开始通过启动国家倡议来采取行动。比如，随着中国第十三个五年计划的发布，中央政府致力于扩展体育产业来提升人民的健康和幸福水平，并且为人们参与体育活动提供可利用的公共网点。在英国，建设世界级体育国家的重心集中在两点，即取得精英体育的成功和推动大众体育参与（Nauright，2014）。

第二，信息技术、体育设施和大众传媒的发展，将不断影响人民体育活动的体验和消费方式。理解成长于数字时代的新一代体育消费者，对于提供当代体育经纪人和从业者是非常重要的，这些准确分析对于体育产业的销售和管理具有广泛意义。由于科技和交通的发展，体育产业的国际化势不可当已成为现实。具备全球视野的领导者，将会成为塑造未来体育产业的主要驱动力（Nauright，2014）。在一个分析大数据的时代，由于各种数字平台的出现和扩张，全球体育产业的规模一定会不断增长。快速发展的电子设备、可穿戴技术、云计算和数据库等，将会从根本上改变体育活动内容的创造、分布以及在家、体育馆或是一个拥有便利网络连接的第三方体验体育运动。

技术的进步也将不断改变体育爱好者与体育组织、体育赛事之间以及体育爱好者之间沟通、关注和交流的方式（Burton & O'Reilly, 2013）。同时，体育组织正在不断探索许多和科技相关联、产生效益的其他来源，比如虚拟体育和在线媒体平台（Burton & O'Reilly, 2013）。在如今这个高速发展的环境里，数字媒介已成为体育组织战略性发展和未来繁荣不可或缺的部分。社交媒体对体育组织未来营利性或非营利性的数字战略，将会起到越来越关键的作用。不管他们的性别、年龄、种族和宗教背景如何，体育活动获取的便利性所产生的包容性，将为消费者和体育爱好者提供一条体验并认识各种体育活动、队伍、相关组织和商品品牌的路径；在一些拥有大量移民的国家（如美国、加拿大和澳大利亚），体育市场正在呈现一个不断增长的多元化趋势和不断变化的社会人口特点（Burton & O'Reilly, 2015）。

第三，在评价国际重大体育赛事所留下的遗产时，未来学术研究的议程，应该超越传统的经济范式来评价社会和环境对体育产业的影响（英国市场研究局，2007）。举办奥运会和国际足联世界杯等国际性的体育赛事，已经成为促进经济和基础设施发展的潜在动力；然而，我们需要基于事实的研究来提供经验支持，证明举办盛大的体育赛事能够从根本上改变体育发展体系、实施可持续的和可操作的战略计划，以及利用各个主办国的政策和体育建筑。

六 结语

虽然有充足的证据表明，在西方一些体育产业发达的国家，人们的体育运动越来越少，传统体育俱乐部的会员数量也在走下坡路，并且大中型的体育活动的参与度也在下降，但这些国家还是认为，体育是他们民族身份、团体荣誉和文化结构的一部分，并且在今天以及可预见的将来也代表着全球体育产业的领先力量。他们在发展体育产业的过程中所取得的成功、实践、失

第十二章　代表性国家体育产业的比较分析

败以及得到的教训，都能对非洲、亚洲和南美洲国家发展体育产业提供参考。对于非洲、亚洲和南美洲的这些国家而言，他们将举办众多重大体育赛事，政府对于建设各自的体育产业的关注度和支持力度、人们的健康意识和对体育活动的兴趣，以及体育参与者和消费者人数都在提高。然而，如何最好地发展一套适合他们自身的体育生产体系和以本地为取向的消费，仍然是一个关键问题。

表 1　研究对象国家体育产业的近代史和发展阶段特点

国家	历史简介
美国	• 美国社会中的共生关系可追溯到 19 世纪初。 • 1845~1890 年，棒球兴起，并促进了美国最佳娱乐的流行。 • 社会名人（如埃尔伯特·斯伯丁和马克·吐温）通过创造社会货币来推进体育运动。 • 20 世纪初揭示了一个战略模式转移，即将美国体育转向商业模式。 • 众多基准事件对塑造和推动美国体育产业发展到今天的水平起到关键性催化剂的作用。 • 在美国的政府反信任法案之外，美国职业棒球联盟在法律上作为一个合法的垄断实体在运行。 • 兰蒂斯作为棒球运动的独家专员和联邦法庭上的一名法官，宣布了所有（如果有的话）围绕体育展开的赌博协会。 • 体育方面的种族隔离由于社会公平和法制水平的提高而得到缓和。历史上首次，非洲裔的美国人被允许征募、训练并参与到职业体育活动中。 • 尼克松总统在 1972 年签署的《教育法修正案》第九条中禁止"在联邦政府资助的教育项目内的性别歧视"。 • 耐克、匡威及其他品牌的全球体育产品生产王国的兴起定义了当代体育特许经营和销售产业。 • 体育设施和大众传媒的发展经过多年已经彻底改变人们的消费方式，这也给了体育从业者很重要的提示，即在一个数字和大数据时代里要更好地理解新一代体育消费者。
加拿大	• 大众体育可追溯到 18 世纪 70 年代。早期，土著居民运动和竞赛（比如长曲棍球和箭术）的影响促使新的竞赛和规则出现。 • 在 19 世纪后期，国家体育组织（NSOs）开始形成，帮助管理和代表全国范围内各种体育运动团队的利益。 • 从 20 世纪开始，移民极大地推动了文化变迁以及当代体育产业方方面面的变化。 • 铁路系统的提升以及水路的通行使得竞赛性的体育活动可以传播到加拿大的其他城市。 • 在 20 世纪初，冰上曲棍球和棒球都成为主要的参与性和观赏性体育项目，创造了一个拥挤的市场的开端，但区别于加拿大当代职业体育产业的开端。 • 这次体育运动的新时代之后，社区俱乐部的出现对于扎根于娱乐消遣和社区活动的精英业余主义意识形态的形成重要性是突出的。

国际体育产业发展报告

续表

国家	历史简介
中国	• 前工业阶段(1978~1992年):政府意识到体育的价值更像是一种工具,可以利用起来提高国家威望和民族自豪感。这是由体育产业的私有化、不再强调的盲目爱国主义以及不再眼光短浅地盯着奥运会奖牌共同作用的。 • 实验和形成阶段(1993~2008年):因为体育事业的社会化、以市场为中心的产业化和体育的全球化而显著。体育产业的发展开始获得持续的关注。与此同时,体育产业已经开始经历与不同服务行业的各种不同的经济合作。 • 发展阶段(2009年至现在):2010年,国务院办公厅《关于加快发展体育产业促进体育消费的若干意见》发布,旨在战略性地提高体育标准并且将体育作为一种社会和环境刺激因素来推动全民健身并促进经济增长。
日本	• 相扑和柔道这两项代表日本的体育项目,已经有很长的历史。特别是相扑,据说可追溯到5世纪。 • 体育产业的基础奠定是在19世纪的后半叶,如棒球、网球、划船、足球和滑雪这些体育项目从西方来到日本,并受到欢迎,尤其是在大学体育俱乐部里。 • 第二次世界大战之后,体育产业的需求在20世纪60年代开始急剧扩展。触发这一现象的契机是1964年东京奥运会的举办,这也对经济的高速发展产生了重要影响。在20世纪70年代和80年代,职员把更多的时间和金钱花在休闲活动上。 • 受到泡沫经济瓦解的影响,体育市场1990~1998年一直收缩。 • 1999年,教育部、文化部、体育部、科学部和技术部(MEXT)制定了《促进体育运动的基本方案》(2001~2010),其中包括一个发展全面社区体育俱乐部的全国性的计划。 • 认识到体育旅游业的潜力,从而在2012年成立了体育旅游业联盟(JSAT)。这一联盟有许多来自不同领域的成员,如国家和地方政府、旅游公司、体育产品生产公司和地方社区。
韩国	• 体育产业在过去的30年高速发展,自20世纪80年代以来经历了各个发展阶段。 • 20世纪60年代和70年代韩国体育还未达到产业化,在80年代才开始形成市场。 • 体育市场在20世纪90年代开始扩展,并在21世纪通过运动员自由代理、全球媒介的运动内容以及举办各种国际体育赛事来达到全球化。 • 2010年以来,市场范式正处于一个产业化和质的飞跃的转型阶段。
澳大利亚	• 早期阶段,从19世纪中期到20世纪70年代,占据主导地位的业余主义支撑着的体育业,覆盖了田径运动、足球、赛艇、网球和板球等运动。 • 业余主义的意识形态在这个阶段代表一个占据主导地位的模式。 • 所谓的业余主义的道德优势在20世纪60年代和70年代终于开始瓦解,并且逐渐出现向职业化的转变。 • 一直到20世纪70年代,联邦政府在体育事业中的参与几乎没有。大多数体育组织基本依赖志愿者来完成传播和管理等方面的工作。联邦政府的改变源于1972年的卢姆菲尔德报告,这份报告提倡政府加大对精英体育的财政支持;然而,事实上几乎没有任何改变发生。 • 在经历1976年蒙特利尔奥运会的失败之后,联邦政府在体育事业中扮演了更重要的角色,并且推动了体育发展体系的主要结构变化。 • 随后一些国家层面的组织的成立,如澳大利亚体育学院(AIS)和澳大利亚体育委员会(ASC),开始在一系列连续不断的项目中分配资金。

第十二章 代表性国家体育产业的比较分析

续表

国家	历史简介
俄罗斯	• 早期体育历史可追溯到公元880年建国直到十九世纪晚期接纳东正教。 • 形成阶段占据了整个19世纪和20世纪的初期,在社会主义革命之前。 • 苏联时期的体育产业从1917年到1991年持续了74年,并且在运动员表现上是全世界最为出色的。 • 现代时期作为一个全新的、公开的和民主的阶段,开始于1991年俄罗斯联邦的建立,一直持续到2014年初。 • 后现代时期则开始于2014年索契冬奥会一直到现在。
英国	• 体育和身体运动在英国人生活中的作用可以一直追溯到好几个世纪以前。从17世纪到18世纪受欢迎的娱乐消遣都和工作模式与节日连接在一起,在忏悔星期二举行的足球比赛是地方娱乐事项中的亮点。 • 现代全球性的体育活动规则最早都编纂在英格兰部分,英国的其他部分在1800年以前都遵循大家一致认同的规则。 • 在20世纪50年代,体育全国管理机构(NGBs)在体育娱乐中心委员会(CCPR)的带领下联合起来,呼吁提供更多的资源来确保体育活动不断增长的需求得到满足。 • 在20世纪60年代后期失去许多帝国版图之后,它采用了一种"社会的民主的模式",因为人们认为国家应该是体育资源的促进者和提供者,而不是将体育活动作为社会控制的一个机制。 • 当代体育倾覆的标志是1995年发表的《运动:提升游戏》,这一政策文件的中心主题是明确强调高水平竞技运动和学校体育运动。这一文件也包含了许多更为清晰明了的政策,这些政策自1995年以来至少对体育发展中塑造职业性的惯例起到极其重要的作用。
德国	• 联邦内政部部长国家办公室在1914年成立。这一组织在为高水平的体育活动提供支持以及协调与其他联邦部门的活动方面担任指导角色,同时它也负责德国的体育事业并在国家事务和超国家事务中代表德国和德国体育。 • 在第二次世界大战之后不久,德国国家奥林匹克委员会(KOK)成立,1950年德国体育协会也建立起来。 • 1959年10月,德国奥林匹克协会(DOG)首先提出所谓的金色计划,是德国体育协会联合会中负责提高德国体育设施数量等特殊任务的一个协会。这一协会在接下来的15年投资了900万欧元并建立大约5万个体育设施。 • 2006年,这些组织合并成为德国奥林匹克运动联盟(DOSB),作为国家的伞形组织代表国家的体育联盟以及下属的16个联邦州。 • 德甲作为在德国最受欢迎的团队体育产业,建立于1963年。这是一个职业的国家足球联盟,在全国范围内组织竞争性比赛。
南非	• 以其作为一个"为体育疯狂"的国家而闻名,并且有着丰富的体育参与的历史传统。 • 体育的历史一直被分裂破碎的状况所困扰,因其种族分离政策使得种族分离1948～1994年处于合法状态。 • 在20世纪70年代后期到80年代,有着走向多民族体育的趋势。解放运动的一个主要动力来自南非体育委员会(SACOS),这一组织在20世纪90年代早期让位于全国体育大会(NSC)。

续表

国家	历史简介
南非	• 1993年全国运动大会举办了一场全国体育会议,"体育愿景"为统一体育结构和提出公平的体育项目设置了框架。这为第一份体育和娱乐白皮书《让国家运动起来》奠定了基础,这份报告在1996年被正式提交,即在体育和娱乐部(也称作南非体育与娱乐,SRSA)成立的两年后。 • 1996年的白皮书在2001年得到更新。然而这次更新是由于南非在2000年悉尼奥运会上的糟糕表现所导致的,旨在全面提升南非的体育系统。
巴西	• 世界上国土面积排第5位的国家。在它的民族形成历史过程中,有4个因素(文中只有3个因素)对于理解巴西民族的形成非常重要——葡萄牙人从1500年直到1822年(巴西解放)对巴西进行长达3个世纪的殖民统治,巴西人口包括非洲人和许多来自欧洲和亚洲的移民以及一小部分本地的土著居民。 • 一个民主共和国,分为27个联合实体(州)和5565个自治区。 • 足球和排球主导了公共和私有的主动性,并一起定义了巴西体育产业的垄断。 • 根据1988年巴西宪法,体育是每个公民的一项权利。在之后的法律条文有所概述,即根据国际规定,公共部门应该推动不同年龄段的包括校内和校外的精英体育、休闲体育、教育性体育的发展。任何公民都能建设或加入旨在推进不同层面的体育运动——精英、体育和教育这类的私有机构。

表2　各主要国家体育产业的现状

国家	现状综述
美国	• 2014年体育产业的总价值据估达4850亿美元。这一价值超过美国的汽车产业、酒店产业和房地产业相应值。 • 体育观赏无处不在。五大职业体育联盟和全国大学生体育协会一分部男子全国锦标赛的特点是活动日程安排表总是与竞争对手同行保持一致。 • 体育赞助达到饱和点。 • 体育场馆在美国体育发展过程中扮演了极其重要的角色。由于1988年出现了一个关键性的发展,其中包含豪华包厢,200多个体育场馆在美国兴建或翻新。 • 鉴于美国大学体育的长期流行性丑闻,校际田径运动和全国大学生体育协会的改革仍然迫在眉睫,然而也存在争议。
加拿大	• 拥有世界上最大的大陆块之一。健身运动、休闲和学校体育实践之间差别很大。10个省和3大地区的地理分散以及各个地区人口分布的不同,使得加拿大有组织的体育系统在资助和资源方面发挥作用变得复杂。 • 总共有58个公认的国家体育组织来协助制定政策、发展项目和举办国家队的竞赛。加拿大奥林匹克委员会(COC)、加拿大残奥委员会(CPC)和加拿大运动会代表的非营利性组织组成了加拿大体育系统的关键部分。 • 业余和职业方面的私有组织变得越来越正式,并且由职业的管理人员来运行,这些管理人员在体育管理和其他商业类型的项目中为了作专业准备而得到教育和训练。 • 体育系统的功能性极大地受到联邦政府的影响。

第十二章 代表性国家体育产业的比较分析

续表

国家	现状综述
加拿大	• 政策性文件如法案 C-131 塑造了加拿大的体育和身体运动。大多数这类政策性文件的出现是为了向全国和全世界证明该国的强大和对竞争力的需要与渴望。 • 加拿大体育局,建立于 1971 年,负责发展项目来管理系统内的基层和更高级别机构。这一组织参与了 3 大项目,包括主持项目、体育支持项目以及运动员协助项目。
中国	• 采用发达国家的一个更广泛的概念,体育产业的总市场值达到 1359 亿元(大约 220 亿美元),占国内生产总值的 0.6%。 • 体育产业的支出部分主要包括体育产品、设备以及服装生产。而从零售额、门票销售以及娱乐设施的入场费所产生的收益相对来说比较少。 主要事件: • 健身和娱乐产业持续发展。在 2006~2012 年这些部门取得了高速的增长。体育服务产业所带来的附加值增长到了 21.01%。 • 运动表演和娱乐商业的发展变得重要起来;体育彩票产业不断呈稳步扩张趋势,并成为支撑与体育相关的公共服务业的可持续系统的稳定资金来源之一;并且体育代理和体育旅游业也兴盛起来。外国具有成功代理经验的体育代理公司已经进入中国市场,并带来了职业运动员的管理经验以协助提升中国国内运动员的市场价值。
日本	• 根据日本生产力促进中心发布的《休闲娱乐白皮书》,2014 年体育产业的市场规模大约为 4 万亿日元(约 328 亿美元)。 • 体育产业可大致分为 6 个类别:球类体育产品和设备、户外体育产品和设备、其他类别体育产品、体育服装、体育设施和俱乐部以及观光体育场。 • 教育部、文化部、体育部、科学部和技术部(MEXT)负责体育事业的总体行政管理,包括体育环境的准备、国际竞争力的促进和学生身体素质及教育水平的提高。 • 社团之道和 Taiikukai 是负责日本高中阶段和大学阶段青少年的体育发展的两个组织。 • Jitsugyodan sports 被认为是半职业化的体育组织,这个社团体育组织为日本体育的国际竞争力做出很大贡献。
韩国	• 2014 年,韩国的体育市场价值网的总规模估计达到 336 亿美元。 • The SMVN estimate 由 9 大范畴组成,包括人力资源、体育用品、设施设备、媒体和信息、赞助、商品营销和特许经营、赌博和彩票、体育旅游和管理服务市场。 • 韩国体育协会是文化部、体育部和旅游部中的一个机构,作为一个全国性的组织,为提高公众体育参与率提供服务、赛事和信息。 • 目前市场由四大部分组成,分别是职业体育赛事、业余体育赛事、参与性体育赛事和参与性非赛事市场。

续表

国家	现状综述
韩国	主要事件： • 1962 年，体育促进法的建立为韩国体育发展奠定法律基础。 • 20 世纪 80 年代彩色电视引入，加速了韩国对观光体育的需求。 职业体育联盟（如棒球和足球）在 20 世纪 80 年代早期建立，标志着韩国体育产业的诞生。 • 1988 年的夏季奥运会和 1986 年亚运会促进了韩国经济发展，使体育成为政府一项重要的国家议程。 • 2002 年世界杯足球赛触发竞标国际重大体育赛事的竞赛，之后职业体育市场在持续扩张。 • 2010 年以来，经济的低迷和老龄化问题的持续恶化，导致以产业为导向并强调体育供应商的传统观念向以市场为中心的体育价值网的范式转化。
澳大利亚	• 在 2013～2014 年的财政年度，体育产业的总收益大约为 146 亿澳大利亚元（以现在的货币兑换率来算约合 108 亿美元）。 • 体育和运动娱乐行业的总范围包括提供体育服务的组织、生产商和体育设备分配商以及其他一些包括有偿就业和志愿服务的部分。 • 当代澳大利亚体育产业被联邦政府立法部门定义为一个全国性的体育系统，由国家体育组织（NSOs）、在非营利性框架内运行的职业体育联盟以及不断增长的广播产业商业行业和赞助中的集体成分支撑。 • 澳大利亚体育学院（AIS）和澳大利亚体育委员会（ASC），负责所有层面和所有形式的体育活动。这两个组织负责对澳大利亚国际体育赛事的成功举办并且在一些列连续的项目中分配资金。 • 在过去几年，澳大利亚的体育场馆在联邦政府和州政府的资金支持下进行了重大的重建或者翻新。这些通过政府支出和从举办世界级体育赛事与广泛的就业创造中获得收益来进行体育设施更新的重要的财政投资是具有战略性意义的。
俄罗斯	• 体育用品和服务的市场估计在 70 亿美元左右。 • 体育产业包括加入生产、促进、提高或组织任何以体育为焦点的活动、实践或商业企业的人民、活动、商业和组织。 • 具有独特的以国家为基础的体育系统。这一系统的目标包括举办主要的国际体育赛事，维持体育表现的优异以及培养体育创业和商业活动。 • 定义体育文化和体育活动的全部目标和内容的主要合法行为是联邦法《俄罗斯联邦体育文化和体育》。 • 体育的范围通过控制联邦的、地区的和地方的结构从而有严格的国家管理。政府机构的主要目标是设计和提高在这一领域的国家政策、优先融资并且掌控政府项目和程序的结果。

第十二章 代表性国家体育产业的比较分析

续表

国家	现状综述
英国	• 2010年,体育对经济的贡献达到203亿英镑(约合315亿美元),占国内生产总值的1.9%。 • 没有体育部;在政府层面,指示是由文化媒体体育部(DCMS)及各个子国通过卫星部门下放的行政管理机构提供的。 • 大众体育物资和部分精英国际体育活动的资金是由联邦政府操作和提供的,然而职业联盟则通过营利性的俱乐部系统来运行。 • 体育状况复杂程度的分析具体可深入3个独立却相互关联部分:精英体育、体育教育和学校或青少年体育以及社区或大众参与性体育。 关键政策包括: • 1965年成立了体育发展咨询局。1972年正式成立英国体育局,它能为体育事业控制和指导地方社区资金使用。 • 1995年,保守党政府发表了《运动:提升游戏》。这是一部重要的文件,因为它是英国第一个发表的且清晰的全国性的体育政策。 • 《运动计划》(战略研究所/DCMS,2002)的发表代表体育在公共和社会包容政策执行过程中越来越重要的干预作用。 • 2004年《国家框架》的发表阐释了影响政策实施的主要因素(7大关键动力),包括人口老龄化、时间压力、幸福感和肥胖、体育投资水平、教育应用、访问变化以及志愿者和专业人员。 • 2012年伦敦奥运会提出重塑英国在精英体育、大众参与和学校体育方面的世界级体育国家的身份。
德国	• 2012年私有家庭的与体育相关的消费总额达到467亿欧元(约合521亿美元),据估计占国内生产总值的2.3%。根据德国体育卫星账户(SSA),与体育相关的总价值增长——德国体育卫星账户在2008年确认——总计达到731亿欧元(约合818亿美元),占德国国内生产总值的3.3%。 • 国家统计局只通过体育设施的操作来衡量体育项目,对其他如体育产品生产商、赌博和体育旅游则忽略不计。体育活动的广义定义包括电视广播、接纳体育行业的客人(如水手、滑雪者和徒步旅行者)的酒店以及赌博,因为体育是这些行业生产过程中的重要投入。 • 体育产业毫无例外也是一个复杂的系统,通过不同的机构和组织的存在来推动运行。它起源于3大主要部分,包括公众(国家和政府)、市场(私有和营利)和志愿者(非营利)。 • 私有部分包括职业或商业体育组织、职业联盟和他们的成员队伍以及联盟组织;国家或公共部分包括联邦、州、地区和地方政府;自发的部分主要体现在90802个非营利性体育俱乐部。 • 根据《德意志联邦共和国宪法》第30条,16个联邦州负责下放的体育和设施建设,同时提出一条对毒品零容忍的政策。 • 总共有约231000个体育设施场所(如体育馆)和367000公里的道路和轨道(如跨越全国的滑雪道)。

续表

国家	现状综述
南非	• 2007年,体育建设对国内生产总值(GDP)的贡献约410亿兰特(约合33亿美元)。这一估算没有考虑高速增长的部分,如创造就业、赞助花费以及体育旅游业的市场规模。 • 2003年,7个独立的体育机构合并成为两个大型机构——SRSA以及南非体育联盟和奥林匹克委员会(SASCOC)。 • SASCOC,成立于2004年,是一个大型的非政府体育联盟。国家体育联盟主要负责各个体育行业的管理和发展。 • 国家体育联盟的全部182个成员基于服务层面的约定通过SRSA获得国家政府的资助。在地方层面,9个省份中的每一个都有各自的地方体育和娱乐部门,来发展地区体育和娱乐政策。 • 所有主要的体育政策是在1966年之后确立的,主要用于重申种族隔离的传统,同时推动其在国际上的成功。 • 体育和娱乐休闲白皮书以及国家体育和娱乐法案(1998年通过,2007年修订)为南非的体育和娱乐提供了全方位的政策框架。 • 体育由公共和私有部门共同资助。一个关于南非主要体育场馆和设施的总体综述也包含在这一章。
巴西	• 体育产业采用了高度理性化和官僚主义的模式。这些调整、管理、控制和支持体育实践活动的机构是国家体育系统的一部分,这一系统建立于2003年。这一部门并没有从总体的联邦预算中获得固定的资金,而是从彩票行业中获取一定数额的资金。每项体育运动在这27个联邦团体和一个巴西联盟中都有联合会。 • 负责足球和排球这两项在巴西人偏好排行中占主导地位的运动主要实体是巴西足球联合会(BCF)和巴西排球联合会(BCV)。然而,值得注意的是,这两个组织都是私有的。 • 上述两个组织遵循商业模式,都允许赞助商在制服上显示商标牌子。这一商业模式旨在用赞助商取代国家来作为主要资助来源。 • 2006年通过的一项激励法案允许公司和个人将他们由政府支付的部分税收投资到体育项目中。

表3 各主要国家体育产业的发展特点、优势和重点

国家	体育产业发展特点、优势和重点
美国	• 科技的进步极大地改变了传统体育市场的图景,并在扩大市场规模、创造新的需求、分析体育消费行为和提高促进活动的效率方面扮演了关键角色。 • 私有部分主导了整个体育产业的发展。 • 虚拟体育和视频游戏的市场在过去几十年迅速扩大。 • 女子体育构成成分的增长成为体育产业一个新的增长领域。女性运动员的成功(如塞丽娜·威廉姆斯)、女子职业联盟(如WNBA)和国家队(如女子足球队)在大批媒体的报道和推崇下不断推动女子体育的发展。

第十二章 代表性国家体育产业的比较分析

续表

国家	体育产业发展特点、优势和重点
加拿大	• 体育管理体系包括三个层面:(a)国家层面,在提供资金和制定政策方面起着重要作用。它更多地关注精英或高水平体育;(b)地区层面,则更强调培养运动员、推动基层体育和参与;(c)地方层面,作为体育运动的基础是为发展社区体育和体育俱乐部而运作的。 • 科技的进步极大地改变了传统体育市场的图景,并在扩大市场规模、创造新的需求、分析体育消费行为和提高促进活动的效率方面扮演了关键角色。 • 私有部分的资助和赛事广播的费用逐渐成为体育发展的主要贡献力量。 • 女子体育构成成分的增长成为体育产业一个新的增长领域。2010 年,16.7% 的女性定期参加体育活动。 • 越来越注重平衡促进大众体育的参与和促进精英运动员的国际竞争力上。
中国	• 体育的发展,包括精英体育和基层体育都极大地依赖政府体系的支持。 • 快速的城镇化为体育产品和服务提供了很大的市场需求,这对于体育产业的发展是一个巨大的推动力。 • 体育产品的市场成为整个体育产业的主要组成部分。体育产品消费主导了整个体育产业:91.9% 的人消费体育服装、46.8% 的人消费健身设备,还有 16.7% 的人消费体育设施,只有 7.2% 的人花钱观看或参加体育活动。
日本	• 体育产业的发展,包括精英体育和基层体育都极大地依赖政府体系的支持。 • 利用文化和自然资源来发展体育市场从而形成特殊的体育旅游业。 • 社区的价值在职业体育的发展中一直被强调。日本棒球队积极地实施以社区为基础的战略,在体育馆内提供独一无二的体育爱好者服务,并且利用社交媒体创造爱好者社区。 • 科技的进步,如卫星媒体和互联网技术,都通过提供丰富的内容、扩大消费者基础和增进消费者之间的交流来推动体育产业的发展。 • 体育产品的市场几乎占据了整个体育产业的一半。
韩国	• 体育产业的发展,包括精英体育和基层体育都极大地依赖政府体系的管理。 • 参与性体育成为整个体育产业极为重要的一部分。在 336 亿美元的体育产业中,85.4%(大约 287 亿美元)是参与性体育。 • 大多数职业体育团队的运行极大地依赖大企业。大多数企业经营职业体育团队的动机主要是促进产品曝光、公共关系、社会形象和社会责任感。 • 体育产品的市场是整个体育产业的主要组成部分。体育产品的规模已经达到 106.3 亿美元,占整个体育产业的 31.8%。 • 科技的进步,如卫星媒体和互联网技术,都通过提供丰富的内容、扩大消费者基础和增进消费者之间的交流来推动体育产业的发展。

续表

国家	体育产业发展特点、优势和重点
澳大利亚	• 体育产业的发展极大地依赖政府体系的支持。 • 志愿者工作,像教练、训练员、管理者、董事会成员以及行政官员主要通过维持全国范围的体育俱乐部对澳大利亚体育产业起着重要作用。2010年,有230万人(约占成年人口的14%)加入体育和身体运动组织的志愿者工作。 • 女性人口增加极大地提升了参与性体育的规模。比如,2012年和2013年女性在橄榄球联赛中的参与人数的年均增长率约20%。这一数据在2013年澳大利亚足球联盟中上升到24%。女性在板球中的参与率在2013~2014年度也飙升到了39%。 • 非组织性的体育和身体运动在过去的10年迅速发展。 • 冒险性或另类体育在年轻体育消费者中变得受欢迎,比如BMX、水上冲浪、风筝冲浪和滑板。这些体育运动为他们表达社会和文化需求提供了一条途径。 • 越来越多的重点放在了平衡促进大众体育的参与和促进精英运动员的国际竞争力上。
俄罗斯	• 国际重大体育赛事在体育产业的发展中扮演了关键角色。 • 体育产业的发展极大地依赖政府体系的支持。 • 和其他体育市场组成部分(比如体育产品)相比,职业运动员的市场更加有影响力也更有利可图。
英国	• 国际重大赛事在体育产业的发展中扮演了关键角色。 • 体育产业的发展极大地依赖政府体系的支持。 • 体育产业极大地依赖志愿工作和非营利性组织,他们提供了重要的人力资源、财政支持和组织服务。有550万人定期参加支持与体育相关的活动,据估计与体育相关的志愿活动的经济价值达到27亿英镑。 • 体育的社会影响被强调。在英国,体育被认为是处理与年轻一代相关的社会问题、迅速城镇化和现代化的社会问题和不公的社会资源分配等问题的有效工具。 • 越来越注重平衡促进大众体育的参与和促进精英运动员的国际竞争力上。
德国	• 国际重大赛事在体育产业的发展中扮演了关键角色。 • 体育产业的发展极大地依赖政府体系的支持。 • 体育产业极大地依赖志愿工作和非营利性组织,他们提供了重要的人力资源、财政支持和组织服务。据估计有170万志愿者在不同的体育俱乐部团体工作。这产生了全国范围内每月36200万欧元的额外价值以及每年43亿欧元的价值(Breuer&Feiler,2015)。 • 体育的社会影响被强调。精英运动员作为模范激励着人们。体育团队在国际比赛中的成功极大地提高了人们的幸福感并推动社会各阶层的融合。 • 越来越注重平衡促进大众体育的参与和促进精英运动员的国际竞争力上。 • 体育产品的市场在整个体育产业中占据了很大的比例。

第十二章　代表性国家体育产业的比较分析

续表

国家	体育产业发展特点、优势和重点
韩国	• 体育产业的发展极大地依赖政府体系的支持。 • 国际体育赛事,比如1995年的橄榄球世界杯、1996年的非洲国家杯、2003年的国际板球理事会板球世界杯以及2010年足球世界杯对于南非经济贡献巨大,尤其是体育旅游业市场。2010年足球世界杯810万外国游客到访南非,打破了世界纪录。根据联合国旅游组织(UNWTO)报告,国际体育业年均增长率为10.2%。在所有国际旅客中,南非超过10%的旅客是体育参与者或赛事观看者。据估计,南非有60亿兰特的价值是由体育旅游业带来的。 • 体育的发展与各种国际标准协定相一致,比如国际体育教育和体育宪章,反兴奋剂公约和联合国教育、科学和文化组织所筹办的世界体育部长会议中产生的政策。 • 尽管缺乏专业知识和资金,黑人、有色人种和女性的体育活动一直在增长,这些都是南非体育产业的潜力增长领域。
巴西	• 体育产业的发展极大地依赖政府体系的管理。 • 体育产业高度遵循"理性化和官僚主义"的模式,其中体育生产和体育消费之间有突出的空间距离。 • 外交需要,如提高国际政治地位驱使政府举办重大体育赛事。在举办这些体育赛事的过程中,媒体报道常常会给出举办国的正面信息、提高社会凝聚力并且打破已有的政策阻碍。 • 重大体育赛事,例如世界杯足球赛、奥运会、残奥会和美国运动会对巴西社会产生了巨大的经济和社会影响。

表4　各主要国家体育产业的当代挑战和问题

国家	挑战与问题
美国	• 观看体育赛事和参加体育活动的费用交易长期阻碍了体育人口基数的增长。空空的席位和降低的粉丝热度也影响了赞助市场并降低了广播收益。在美国,运动员代言和运动员工会使得运动员的报酬不断上升,这直接导致体育爱好者花费上升。 • 丰富的体育节目在某种程度上分散了消费者在体育上的注意力。人们经常发现,一个数字有线电缆包或许可以提供几百个频道,然而体育活动的内容相对来说很有限。 • 体育活动的不断国际化激起了各个体育联盟和组织之间的竞争,同时也与海外体育组织或联盟(如英超联赛、西甲、意甲和德甲等)展开国内市场的竞争。相反地,相当少的美国体育联盟成功拓展了它们的海外市场。大部分具有影响力的美国体育运动在走向世界时都经历了一段艰难的历程,如美国足球、棒球和冰上曲棍球。
加拿大	• 参加高尔夫和冰上曲棍球这两项全国最受欢迎的体育项目的花费是相当高昂的。虽然政府已经为青少年体育提供免税付款政策,但高昂的费用仍然将一大批家庭挡在体育运动门外,尤其是一些年轻家庭。 • 职业和校际体育已经面临挑战,即美国能为加拿大运动员提供相对更好的报酬和市场。 • 人口老龄化的趋势降低了参与性体育的规模。和1992年的数据相比,加拿大15岁以上定期参加体育运动的人数到2010年下降了45%。这一巨大降幅带来了很多问题,包括设施计划使用、翻新已有的设施和支持体育系统的联邦资金的流动。

续表

国家	挑战与问题
中国	• 体育消费的规模仍然处在较低的水平；体育消费者在全部人口中所占比例只是很小的一部分，同时体育消费的多样化水平也相对较低。 • 不同省、县和社区间的体育资源分配不公现象很严重。 • 体育产业的市场化水平需要进一步提高。大部分体育资源掌控在政府系统手中。市场没有在分配和再分配资源的过程中发挥基础性作用。 • 体育产业中的公共资源，如体育信息服务、产业数据、管理和监管系统及理论支持都不充足。 • 在体育组织、公共关系、体育市场化和设施管理方面缺少专业的体育人士。 • 体育产品和服务的供应水平需要进一步提高。体育产品和服务的多样化不足，几乎不能满足市场需求。和体育相关的企业缺乏独立创新和收集消费者需求的能力。
日本	• 海外体育的入侵减少了国内职业体育的市场需求。海外体育活动的报道和广播费用极大提高；而通过媒体观看国内体育联赛的消费者人数则持续下降。 • 由于不断延长的平均寿命和低生育率，国家进入持续老龄化，从而导致在体育参与和观看方面的消费水平下降。 • 与经济发展的总趋势一致，体育市场的规模在过去十年持续收缩。 • 传统的体育项目正在衰落，比如，在60岁以上人群中有67%的人观看职业相扑这一传统体育活动，而这一数据在20~29岁人群中则急剧下降到了16%。
韩国	• 海外体育的入侵减少了国内职业体育的市场需求。海外体育活动的报道和广播费用极大提高；然而通过媒体观看国内体育联赛的消费者人数则持续下降。 • 由于不断延长的平均寿命和低生育率，国家进入持续老龄化，从而导致在体育参与和观看方面的消费水平下降。 • 一些由举办国际体育赛事而引起的关于财政赤字和设施维护方面的争议开始出现，参与者需要更具有战略性分步骤的方式来参与竞标。 • 赌博市场成为职业体育赛事市场的主要部分，从而导致对相关市场规模的过高估计。
澳大利亚	• 尽管体育赛事的赞助不断提高，主要休闲型体育，如网球、游泳、骑脚踏车、高尔夫和板球的参与度持续下降。 • 体育赌博近几年增长迅速。虽然这一形式的赌博已经被政府所认可，但仍然导致严重的社会问题。如生产力委员会的调查报告所显示的，70%的澳大利亚人在过去的一年里有过赌博的经历。赌博的社会支出据估算年均超过47亿澳大利亚元。 • 人口统计学的变化如人口老龄化和不断增长的文化多样性，在创造新的市场需求的同时也带来了挑战。社区和社会团体的不同的体育偏好和需求是澳大利亚体育产业面临的巨大挑战。
俄罗斯	• 体育市场规模没有官方数据。 • 体育产品的市场份额很大程度上被海外品牌所占据，70%来自中国，15%来自欧洲，只有10%~15%的国内品牌。

续表

国家	挑战与问题
英国	• 由于固有的政治方面的复杂性,近些年的体育政策优先次序不断变化,这也导致了体育政策的不断优化。 • UEFA 为欧洲足球确立的金融公平竞赛法则对英超和苏格兰联盟中的强大足球俱乐部的发展造成负面影响。
德国	• 运动员的社会经济地位相对较低。在投入大量时间资源的情况下,运动员的平均收入相对很低(减去相关费用后约 626 欧元/月)。35.4% 的运动员对未来的经济状况都有不安全感(Breuer&Wicker,2010)。 • 增强体育表现的药物使用和做假行为影响着德国体育的前景。据估计,29% 的德国精英运动员用了增强体育表现的药物,10% 的运动员承认有做假行为(Breuer&Hallman,2013)。这极大地影响了人们对精英体育的财政和精神支持。
南非	• 由于历史问题(如民主进程),改革和和解是体育发展优先考虑的事情。体育资源在国家内部的不公平分配,不管是地域上还是种族上,都导致体育参与在不同社会经济群体内的不均匀分布。稀少的体育资源和不均匀的分配极大地限制了女性、青少年、残疾人、老年人以及不发达地区的人民体育参与。 • 缺少一个"同步的政策、实施和表现管理系统"来推动体育的发展。现在急需一个协调不同社区的更加复杂的管理体系和先进的管理技术以及战略计划的实施。 • 虽然已经成功举办一些体育赛事,但是仍然没有一个总体的竞标战略。
巴西	• 体育资源不公平地分配在不同体育项目、运动员和地理区域。就体育项目而言,足球和排球是巴西人的主要体育爱好;就运动员而言,不同运动员的职业道路千差万别;就地理区域而言,东南和南部地区比东北、北部和中西部地区更加发达。 • 人们认识到举办重大体育赛事的争议性问题,如体育设施的高额维护费、对经济水平相对低的人群的物质和精神不公以及仅通过媒体对重大体育赛事的消极消费。

表 5 各主要国家体育产业发展趋势

国家	发展趋势
美国	• 深嵌于体育产业中的经济体系本质是发展和繁荣起来的体育产品将消除没有效率的提供者和服务。 • 体育产业的另一个有极大增长的主要领域在虚拟体育中。 • 越来越多的人开始对视频游戏和娱乐软件联盟有了极大的热情。 • 由于各种电子平台的出现,体育产业的规模将持续扩大。 • 电子设备的发明、可穿戴技术和云计算将彻底改变人们消费体育的方式。 • 产生的包容性为更多的体育爱好者提供了一条忽略个人的背景与体育英雄相联系的大道。

续表

国家	发展趋势
加拿大	• 体育观赏呈向上趋势。 • 体育和身体活动的参与度在下降。在成年人中，缺乏身体运动和身体素质低下已经成为主要公共健康问题。 • 年轻一代人的体育参与率比老一代下降得更快。这一下降有诸多原因，包括人口老龄化、社会隔阂、教育和财政限制。 • 曲棍球、棒球、篮球和足球继续成为受人欢迎的电视观赏性体育，然而高尔夫、曲棍球和足球成为最具有参与性的体育实践。
中国	• 体育优先政策作为部分国家战略性计划推动大胆的改革来极大地扩大体育服务行业。领会到体育在中国教育体系中的角色。 • 改革税法，除去与体育相关的产业税。 • 鼓励海外投资来协助体育活动的倡议。 • 提供一个以业绩为基础的自助机制来支持体育发展。 • 建设一批最佳数量的公共体育设施来推动体育参与并充分满足体育消费者不断上涨的需求。 • 振兴与体育相关的消费并特别关注提高全民的身体素质，通过体育参与推动健康生活，并且创造环境和文化多元应急设施来促进健康的生活方式。 • 加速体育市场的扩张。中央政府将致力于对私人行业开放更多的体育市场，目标是创造一个以参与为导向的国民体育文化。 • 推动行业间如体育和技术、旅游和文化之间的融合与合作。 • 提高与体育相关的公共服务和行业标准。
日本	• 不同的体育爱好者服务和以社区为基础的战略正在成为日本体育观赏增长背后的主要驱动力。 • 职业相扑将变得越来越不受欢迎。 • 另一个值得注意的趋势在于，女性在日本观赏体育中的参与。随着女性体育技能水平和国际竞技水平的提高，女子体育变得流行，这一现象在团体体育中更为明显。 • 本土化运动属于一个概念，即越来越多的职业性体育凸显其地方社区的重要性，并且开始强调以社区为基础的团队和联盟管理。 • 由于东京被选为2020年奥运会的举办地，日本体育旅游者的数量将会增多。
韩国	• 低生育率和人口老龄化将降低体育需求。因为年轻一代消费者的数量将减少。 • 每周40小时的工作制将允许职业工作者将更多可支配的时间用于消费和参加体育运动。 • 高端技术将会极大地改变体育的生产、分配和体验方式。 • 经济状况将会持续影响体育市场。 • 由于社会经济的两极分化，体育产业也将更趋两极化。 • 体育将被作为传播和推进积极生活、品质生活和提升总体幸福感的工具。

第十二章　代表性国家体育产业的比较分析

续表

国家	发展趋势
澳大利亚	• 体育产业将不断探寻从其他源头获取利益，如在线流平台。电子媒体成为体育组织战略性发展和未来繁荣的一部分。 • 体育赌博行业持续扩张。虽然体育赌博行业的纯规模在快速增长，体育和赌博运营者的关系或联系如今却不断滋生重大分歧，因为赌博运营也在体育赛事的实况报道之中。 • 也正经历不断增长的人口老龄化和更显著的文化多样化趋势。 • 非组织性体育和身体活动相对于组织活动来说参与度显著提升。同样地，个人体育活动的参与度也在提升。冒险类或另类极限运动的流行趋势也在持续加强。
俄罗斯	• 目前，尽管受到约束，但在大规模体育设施的建设和成功利用、大型国际体育赛事在俄罗斯的举办，国家对于体育发展的政策和俄罗斯人民对体育和健康的生活方式的普遍增长的兴趣的基础上，体育产品和服务的市场已经得到很大发展。 • 为奥运会兴建的体育设施正在或将会被租借给国内或外国体育团队作为训练基地，因为这些设施都是世界上最具创新性的。
英国	• 向年轻人同时包括成年人传播体育服务和提供机会将会成为不断上升的挑战。 • 所有参与推动英国体育发展系统更好地发展的组织，将致力于利用体育推进积极和健康的生活方式。 • 商业成分在地方体育、休闲产品供应和NGBs不断商业化的方式中所扮演的日益重要的角色，显示英国体育将会越来越多地在商业基础上运作，因为这个国家的一部分是被新自由主义经济原则所驱动的。
德国	• 德国政府第13个体育报告强调，DOSB将努力重塑支撑体育运动员的资金机制，并发展法律和提供财政支持以抗衡体育活动中的毒品和腐败。 • 非营利性的体育机构将致力于寻找有效的方式解决志愿者的招募和保留问题。 • 根据市场营销指数，高尔夫和网球有望成为德国发展最快的两大参与性体育项目，但传统的市场巨头，像足球，计划通过建设一个全新的提高客户和赞助商的品牌认知度的身份来获得独一无二的地位。 • 德国体育产品生产业和健身行业将持续繁荣。
南非	• 未来的研究议程应该确保研究使体育旅游业具体化，从而提升主办国际重大体育赛事的团体的社会和经济效益。 • 体育参与水平将不断下降，并且将更加不均衡地分配在南非不同的社会经济群体和体育种类中，白人男性将拥有最高水平的参与度而黑人女性则最低。
巴西	• 国际重大体育赛事诸如2016年世界杯足球赛将为巴西提供一条全球化的重要途径。 • 未来的研究议程应该确保在情感与符号的范式之外重新思考"赛事遗产"，来使举办国际重大体育赛事的付出和收益合理化。 • 不到10%的巴西人能在休闲时间达到每周150分钟的运动时间的建议；今天2500万人（占人口总数的18.5%）处于肥胖状态，还有41%的人则是超重状态。 • 除了个人和团体的差异，体育的不公平也和社会不公平一样存在于不同地理区域，其中东南地区和南部地区常常比巴西东北部、北部和中西部地区更为发达。

参考文献

Australian Bureau of Statistics. (2015). *Participation in sport and physical recreation*, Australia, 2013 - 14 (No. 4177. 0): Canberra, Australia: Australian Bureau of Statistics.

Australian Football League. (2013). *Annual Report 2013*. Retrieved from: http://s. afl. com. au/staticfile/AFL% 20Tenant/AFL/Files/Annual% 20Report/2013% 20AFL% 20Annual% 20Report. pdf.

Babbie, E. (1992). *The practice of social research.* (6th ed.). Belmont, CA: Wadsworth.

Bao, M. X. (2005). The formation and development of Chinese sport industry. *Sport Science*, 6, 1 - 12.

Bate, J. & Rasmussen, E. (2007). *Complete works by William Shakespeare.* New York: Modern Library.

Betts, J. R. (1953). Sporting journalism in the nineteenth - century. *American Quarterly*, 5, 39 - 46.

British Marketing Research Bureau. (2007). *Olympic legacy research: Quantitative report*, London: DCMS.

Breuer, C., Feiler, S. & Wicker, P. (2015). Germany. In H. van der Werff, R. Hoekman, C. Breuer & S. Nagel (Eds.), *Sport clubs in Europe. A cross - national comparative perspective.* New York: Springer.

Breuer, C., & Hallmann, K. (2013). *Dysfunktionen des Spitzensports: Doping, Match - Fixing und Gesundheitsgefährdungen aus Sicht von Bevölkerung und Athleten.* Bonn, Germany: Bundesinstitut für Sportwissenschaft.

Breuer, C. & Wicker, P. (2010). *Sportökonomische Analyse der Lebenssituation von Spitzensportlern in Deutschland.* Bonn, Germany: Hausdruckerei des Statistischen Bundesamtes.

Burton, R. (2015). Neighbors in history. *Memories and Dreams*, 37 (3), 46 - 48.

Burton, R. & O'Reilly, N. (2013). How to spot, benefit from next disruptive innovation in sports. *Sports Business Journal*, 16 (29), 25.

Burton, R. & O'Reilly, N. (2015). Are we serious enough about diversity to welcome all? *Sports Business Journal*, 18 (5), 23.

Canadian Heritage (2013). *Sport participation 2010 research paper.* Ottawa, Canada: Minister of the Department of Canadian Heritage.

Cashman, R. I. (1995). *Paradise of sport: The rise of organized sport in Australia.* Oxford, UK: Oxford University.

Collins, T. (2014). *Sport in capitalist society.* London: Routledge.

Creswell, J. W. (2012). *Qualitative inquiry and research design: Choosing among five approaches.* Newbury Park, CA: Sage.

Crossman, J. & Scherer, J. (2015). *Social dimensions of Canadian sport and physical activity.* Toronto: Pearson.

Cricket Australia. (2014). *National participation hits one million.* Retrieved from: http://www.cricket.com.au/news/media-release-national-cricket-participation-hits-one-million/2014-08-11.

CSIRO. (2013). *The future of Australian sport: Megatrends shaping the sports sector over coming decades.* Retrieved from: http://www.ausport.gov.au/information/nsr/the_future_of_australian_sport/reports.

Doherty, A. & Clutterbuck, R. (2013). Canada. In K. Hallmann & K. Petry (Eds.), *Comparative sport development: Systems, participation and public policy, sport economics, management and policy* (pp. 321-342). New York: Spinger.

Entertainment Software Association. (2015). More than 150 million Americans play video games. Retrieve April 14, 2015 at http://www.theesa.com/article/150-million-americans-play-video-games/.

European Commission. (2007). *White paper on sport.* Brussels, Belgium: European Commission.

Fantasy Sports Trade Association. (2015). Industry demographics at a glance. Retrieve April 15, 2015 at http://www.fsta.org/?page=Demographics.

Green, M. (2007). Olympic glory or grassroots development? Sport policy priorities in Australia, Canada and the United Kingdom, 1960-2006. *The international Journal of the History of Sport,* 24(7), 921-953.

Hallmann, K., Wicker, P., Breuer, C. & Schönherr, L. (2012). Understanding the importance of sport infrastructure for participation in different sports - Findings from multi-level modeling. *European Sport Management Quarterly,* 12(5), 525-544.

Hargreaves, J. (1986). *Sport, power and culture.* Cambridge, UK: Polity.

Heinemann, K. (2005). Sport and the welfare state in Europe. *European Journal of Sport Science,* 5(4), 181-188.

Holt, R. (1989). *Sport and the British.* London: Oxford University.

Houlihan, B. & Lindsey, I. (2013). *Sport policy in Britain.* Abingdon, UK: Routledge.

Houlihan, B. & White, A. (2002). *The politics of sport development: Development of sport or development through sport?* London: Routledge.

Humphreys, B. R. & Lander, M. (2015). The business of sport. In J. Crossman & J. Scherer (Eds.), *Social dimensions of sport and physical activity* (277-299). Toronto: Pearson.

Kang, J. , Kim, H. & Oh, J. (2012) . *A new classification for the sport industry: Sport market value network*. Seoul, South Korea: The Center for Sport Industry at Seoul National University.

Kim, D. H. , Zhang, J. J. & Ko, Y. J. (2011) . Value of professional sport in the community: A confirmatory factor analysis of the Community Impact Scale. *Journal of Applied Marketing Theory*, *2* (1), 79 – 107.

Kim, M. K. , Zhang, J. J. & Ko, Y. J. (2009) . Dimensions of market demand associated with Taekwondo schools in North America: Development of a scale. *Sport Management Review*, *12*, 149 – 166.

Krippendorff, K. (2004) . *Content analysis: An introduction to its methodology* (2nd ed.) . Thousand Oaks, CA: Sage.

Maralack, D. , Keim M. & de Coning, C. (2013) . South Africa. *Comparative sport development: Systems, participation and public policy*. In K. Hallmann & K. Petry (Eds.), *Comparative sport development: Systems, participation and public policy, sport economics, management and policy* (pp. 253 – 268) . New York: Springer.

McMillan, P. (2011) . *Sport organizations and other sports services in Australia*. Melbourne, Australia: IBIS World Industry.

Morrow, D. (2015) . Canadian sport in historical perspective. In J. Crossman & J. Scherer (Eds.), *Social dimensions of Canadian sport and physical activity* (pp. 43 – 63) . Toronto: Pearson.

National Rugby League. (2013) . *The Game Plan 2013 – 2017*. Retrieved from: http://rugbyleague2013. nrl. com/PDF/NRL – Rugby – League – 2013. pdf.

Nauright, J. (2014) . Sport and the neoliberal world order. *Catalan Journal of Communication and Cultural Studies*, *6* (2), 279 – 286.

Petry, K. , Steinbach, D. & Tokarski, W. (2004) . Sport systems in the countries of the European Union: Similarities and differences. *European Journal for Sport and Society*, *1* (1), 15 – 21.

Plunkett Research. (2015) . *Industry statistics sports & recreation business statistics analysis*. Retrieve July 15, 2015 at http://www. plunkettresearch. com/statistics/sports – industry/.

Productivity Commission. (2010, February) . *Gambling: Productivity Commission inquiry report*. Retrieved from: http://www. pc. gov. au/inquiries/completed/gambling – 2009/report/gambling – report – volume1. pdf.

Rose, D. (2015) . Regulating opportunity: Title IX and the birth of gender – conscious higher education policy. *Journal of Policy History*, *27* (01), 157 – 183.

Slack, T. & Parent, M. M. (2006) . *Understanding sport organizations: The application of organization theory* (2nd ed.) . Champaign, IL: Human Kinetics.

Solntev, I. V. (2012) . The role of the sports industry in the development of modern *economy. Economic and Social Changes*, 6, 20 – 22.

Sport England (2014). *Active people survey*. London: Sport England.

SportsEcon Austria. (2012). *Study on the contribution of sport to economic growth and employment in the EU*. Final Report Retrieved 05. 08. 2014, from http://ec.europa.eu/sport/library/studies/study – contribution – spors – economic – growth – final – rpt. pdf.

SSA. (2009). *Newlands Aquatic Park redevelopment*. http://www.newlandsresidents.org.za/Property/09 – 03 – 30_ SWIMSA_ BUSINESS_ PLAN_ %282%29.pdf.

Wicker, P., Hallmann, K. & Breuer, C. (2013). Analyzing the impact of sport infrastructure on sport participation using geo – coded data: Evidence from multi – level models. *Sport Management Review*, 16 (1), 54 – 67.

Women's Sport and Fitness Foundation. (2014) *Women's sport: Say yes to success*. London: Women's Sport and Fitness Foundation.

图书在版编目(CIP)数据

国际体育产业发展报告/(美)张建辉等主编. --北京：社会科学文献出版社，2017.1
ISBN 978 - 7 - 5201 - 0256 - 8

Ⅰ.①国… Ⅱ.①张… Ⅲ.①体育产业 - 产业发展 - 研究报告 - 世界 Ⅳ.①G811

中国版本图书馆 CIP 数据核字（2017）第 002126 号

国际体育产业发展报告

上海体育学院体育产业发展研究院
主　　编 /〔美〕张建辉　黄海燕　〔英〕约翰·诺瑞德

出 版 人 / 谢寿光
项目统筹 / 邓泳红
责任编辑 / 陈晴钰

出　　版 / 社会科学文献出版社·皮书出版分社（010）59367127
　　　　　 地址：北京市北三环中路甲29号院华龙大厦　邮编：100029
　　　　　 网址：www.ssap.com.cn
发　　行 / 市场营销中心（010）59367081　59367018
印　　装 / 北京季蜂印刷有限公司
规　　格 / 开　本：787mm × 1092mm　1/16
　　　　　 印　张：28.5　字　数：410 千字
版　　次 / 2017 年 1 月第 1 版　2017 年 1 月第 1 次印刷
书　　号 / ISBN 978 - 7 - 5201 - 0256 - 8
定　　价 / 128.00 元

本书如有印装质量问题，请与读者服务中心（010 - 59367028）联系

▲ 版权所有 翻印必究